权威·前沿·原创

皮书系列为
“十二五”“十三五”国家重点图书出版规划项目

中国社会科学院创新工程学术出版资助项目

拉丁美洲和加勒比发展报告（2017~2018）

ANNUAL REPORT ON LATIN AMERICA AND THE CARIBBEAN
(2017-2018)

主　编／袁东振
副主编／刘维广

社会科学文献出版社
SOCIAL SCIENCES ACADEMIC PRESS (CHINA)

图书在版编目(CIP)数据

拉丁美洲和加勒比发展报告．2017～2018／袁东振主编．--北京：社会科学文献出版社，2018.6
（拉美黄皮书）
ISBN 978-7-5201-2700-4

Ⅰ．①拉…　Ⅱ．①袁…　Ⅲ．①社会发展-研究报告-拉丁美洲-2017-2018②社会发展-研究报告-西印度群岛-2017-2018③经济体制改革-研究报告-拉丁美洲-2017-2018④经济体制改革-研究报告-西印度群岛-2017-2018　Ⅳ．①D773.069②D775.069

中国版本图书馆CIP数据核字（2018）第091720号

拉美黄皮书
拉丁美洲和加勒比发展报告（2017～2018）

主　　编／袁东振
副 主 编／刘维广

出 版 人／谢寿光
项目统筹／高明秀　祝得彬
责任编辑／王晓卿　郭红婷

出　　版／社会科学文献出版社·当代世界出版分社（010）59367004
地址：北京市北三环中路甲29号院华龙大厦　邮编：100029
网址：www.ssap.com.cn
发　　行／市场营销中心（010）59367081　59367018
印　　装／三河市龙林印务有限公司

规　　格／开　本：787mm×1092mm　1/16
印　张：28.75　字　数：435千字
版　　次／2018年6月第1版　2018年6月第1次印刷
书　　号／ISBN 978-7-5201-2700-4
定　　价／99.00元

皮书序列号／PSN Y-1999-007-1/1

主编简介

袁东振　法学博士，中国社会科学院拉丁美洲研究所副所长，研究员，博士生导师，兼任中美洲和加勒比研究中心执行主任；中国拉丁美洲史研究会副会长，中国拉丁美洲和加勒比友好协会理事。

长期从事拉美问题研究，主要成果有：《拉美国家政治制度研究》（合著）、《拉美国家的可治理性问题研究》（主编）、《拉美国家政党执政的经验与教训研究》（合著）等著作，发表了《拉丁美洲崛起的世界意义及对中国的影响》《拉美“21世纪社会主义”的理论与实践特性》《拉美国家社会治理的经验与教训》《对拉美国家社会冲突的初步分析》《对拉美国家经济与社会不协调发展的理论分析》《拉美国家民主巩固与转型的趋势及困境》等论文。

刘维广　法学博士，中国社会科学院拉丁美洲研究所《拉丁美洲研究》编辑部主任、编审。主要研究方向为拉美政治、拉美国际关系等。

主要成果：担任2011年以来的《拉丁美洲和加勒比发展报告》以及《国际变局中的拉美：形势与对策》、《拉美国家现代化进程及其启示》等著作的副主编，主编《展望中拉合作的新阶段》（合编）；发表了《新世纪以来的中古关系》（合著）、《古巴社会主义经济建设与发展》、《中国拉美现代化研究评述》、《墨西哥国家行动党的渐进式改革以及党政关系的非传统模式》、《切·格瓦拉及其思想在中国的影响》等学术论文。

导　言

袁东振*

刚刚过去的一年多里世界发生了不可忽视的重要变化，出现一些值得关注的政治和经济现象。在经济领域，利好因素和稳定因素增加。2017 年，国际贸易恢复增长、国际投资反弹、全球工业生产增加，经济复苏范围扩大，越来越多国家的经济表现强于预期。在上述有利因素的推动下，世界经济摆脱 2010 年以来的低迷和低速增长状态，2017 年实现 3.6% 的增长。发达经济体经济普遍向好，增长率从 2016 年的 1.6% 回升到 2017 年的 2% 以上。与此同时，发达经济体失业率下降，其中，美国降至 4.3% 左右，日本仅为 2.8%；欧盟降至 7.7%，欧元区也创 2009 年以来失业率最低水平。新兴经济体 2017 年的经济增速为 4.6% 以上，高于发达经济体。作为最大的发展中经济体，中国的经济保持稳中有进、稳中向好的态势。在中国经济的带动和各国需求增长的刺激下，2017 年亚洲发展中国家经济增幅超过 5%；非洲经济增长虽面临不少风险，但加快回升。拉美在连续两年经济萎缩后，2017 年实现小幅增长。一度被拉大的南北经济增长差距再次趋于缩小。

在国际政治和国际关系领域，英国脱欧和特朗普执政后，反全球化或逆全球化力度加大。特朗普的“美国第一”理念和政策加大区域乃至世界发展的不确定性。全球政治和安全形势依旧严峻复杂，新老问题相互交织，旧矛盾未得到完全解决，新挑战又不断出现。与此同时，全球化和区域化的实践又有实质性推动。2017 年以来，欧盟与日本、加拿大达成自由贸易协定

---

* 袁东振，中国社会科学院拉丁美洲研究所研究员，副所长，博士生导师。

框架；美国与加拿大、墨西哥重开北美自由贸易协定修订谈判，美国与韩国修订自由贸易协定；太平洋联盟国家探索建立新的自由贸易区，并向区外一些国家发出邀请；美国退出“跨太平洋伙伴关系协定”（TPP）后，其他参加谈判的 11 个国家宣布将签署新的自贸协定。多个国际组织、金融机构也呼吁反对贸易保护主义，支持多边贸易。值得关注的是，发展中国家、新兴市场国家日益成为全球治理的重要参与者，不断推动不合理、不公平的国际经济和政治秩序的调整与变革，世界政治经济版图正在被改写。

在世界经济和国际政治发生重大变化的背景下，拉美地区经济增长形势、政治生态、社会环境已经或正在发生一系列新变化，一些国家酝酿新的政治变局，外部环境发生新改变，国内外政策调整压力加大。新时代，中国和拉美国家关系的发展迎来新机遇，但也遇到新问题、新困难和新挑战。本年度《拉丁美洲和加勒比发展报告》力图对 2017 年以来拉美地区经济、政治、社会和国际关系形势，以及中拉关系变化的新趋势进行分析研判，对主要拉美国家发展的共性和特性进行研究与思考。

一 “一带一路”倡议将开创中拉合作新局面

“一带一路”倡议提出后，拉美国家积极响应，乌拉圭、智利、墨西哥、哥斯达黎加、苏里南、特立尼达和多巴哥、古巴、委内瑞拉等都明确表达过加入的意愿。在中国政府确认拉美是“一带一路”建设不可或缺的重要参与方，特别是习近平主席提出中拉共建“一带一路”倡议后，拉美国家高度认同“一带一路”倡议对推进中拉合作、助力拉美社会经济发展的重要意义。很多拉美国家表示，“一带一路”倡议将为中拉全面合作伙伴关系提供新理念、注入新活力、开辟新前景，迫切希望参与其中。拉方赞同中方在“一带一路”倡议框架下提出的深化双方合作的新思路、新理念，认为“一带一路”倡议为拉美繁荣发展提供了新的重大机遇；希望通过共建“一带一路”实现中拉共同发展；愿在推进“一带一路”建设过程中实现中拉合作优化升级、创新发展，打造领域更宽、结构更优、动力更强、质量更好的中拉合作新局面。“一带一路”随即也成为中拉合作的重要“关键词”。

本年度《拉丁美洲和加勒比发展报告》围绕“一带一路”倡议与中拉战略对接，刊登两篇报告。其中，主报告《共建“一带一路” 开启中拉关系新时代》对“一带一路”框架下的中拉合作进行了初步研究，并为中拉凝聚“共建共识”、推进双方发展战略对接提出一些思考和建议。报告提出，应让拉美正确理解中国新时代经济发展战略，在国内、次区域、洲际三个层次推进“一带一路”建设和国际合作；从“一带一路”建设角度梳理中拉整体合作，总结成功经验；探索市场、资本、基础设施互联互通的对接与合作机制；围绕劳动与资本、政府与市场、国家与世界的辩证关系，凝聚“思想共识”；减少或消除拉美国家的结构性失衡，凝聚“发展共识”。专题报告之一《“一带一路”倡议与拉美对接的可行性探讨》，则基于历史、政策与现实维度的分析，探索中拉对接的可行性和挑战。报告认为，“一带一路”框架下的中拉对接具有历史、政策和现实基础。中拉贸易有“太平洋丝绸之路”的历史经验；“一带一路”倡议与中拉合作具有目标、原则与内容层面的高度兼容性；中拉双方面临着相似的现实挑战，已经开始实践某些领域的对接与合作，积累了初步经验。

二 中拉合作面临转型升级新机遇

在国际形势多变、国际格局深刻调整、世界经济脆弱复苏、拉美国家积极推进多元外交的背景下，中拉双方深化互利合作、共谋发展的共识进一步增强。在《中国与拉美和加勒比国家合作规划（2015～2019）》所确定的13个重点合作领域和相关措施的基础上，2018年1月的中拉论坛第二届部长级会议制定了政治与安全、贸易、投资、金融、基础设施和交通等重点合作领域的具体举措，开拓了反腐败、禁毒、反网络犯罪等新的合作领域，突出创新驱动发展、绿色可持续发展、联合国2030年可持续发展目标等新理念。中拉合作目标更精准、合作方式更务实，更符合拉美国家现实需要，更有利于中拉合作向更好、更快目标迈进。然而，要把上述共识、规划和目标切实落到实处，推动中拉全面合作伙伴关系真正迈上新台阶，需要中拉双方在平等互利、共同发展、包容共赢的基础上，不断共同努力，克服制度和体制的约束，突破政策方面的障碍，消除实践中的困难，应对不断出现的各种新挑战。

本年度《拉丁美洲和加勒比发展报告》围绕中拉合作主题，刊登若干篇专题报告。报告从不同视角对中拉合作的相关问题进行分析。专题报告《经济、外交“双转型”下的中拉关系战略定位》指出，当前中拉双方都面临经济和外交“双转型”任务，中拉关系具备延续“战略机遇期”的可行性。在中国“双转型”中，对拉战略定位主要聚焦于该地区市场容量、产能合作空间、全球治理合作等层面；在拉美“双转型”阶段，中国对其重要性更多地体现在市场需求、投资供给、外交多元化选择等方面。报告强调，中拉关系内在动能发生了重要变化，中国对拉政策的规划性更强，对拉政策手段趋于多样化；与此同时，拉美对华合作的主动性明显增强。报告建议，下一阶段中国对拉政策需做好整体与双边合作有效配合，将经济合作作为优先政策目标，谋划好对重点国家和重要领域的战略布局。专题报告《中拉命运共同体的文化构建：意义、路径和机制》认为，构建中拉命运共同体成为当前中拉发展合作的逻辑起点和基本目标，其中文化因素至关重要，是构建中拉命运共同体之船行稳致远的压舱石。报告认为，从文化上构建中拉命运共同体的基本路径包括语言、文化、学术和媒体，且亟须在此基础上推动构建中拉人文交流机制和文化产业合作机制，以期实现中拉人文交流的可持续性和复合效果。

三　拉美经济、政治、社会生态继续出现新变化

2017 年，拉美经济、政治、社会生态出现新变化。地区经济摆脱连续两年负增长局面，实现低速增长；对外贸易呈现复苏迹象，结束了连续五年出口商品价格下滑和出口量增长缓慢的状态。随着持续十几年的“粉红色”潮流继续褪色，仍继续执政的左翼政府也加大改革力度，执政方针趋于温和

与实用化。拉美地区有利于稳定的因素进一步增加，但仍存在不稳定因素，特别是委内瑞拉国内政治危机的负面影响给地区合作和国家团结带来严重挑战。拉美国家多国加大反腐力度，反腐斗争取得新进展。

对于拉美地区政治、经济和社会生态的这些新变化和新趋势，《2017～2018 年拉美经济形势》、《2017～2018 年拉美政治形势》和《2017～2018 年拉美社会形势》三篇报告做了详尽分析和展望。《2017～2018 年拉美经济形势》报告指出，拉美地区结束持续两年的衰退，经济重获增长，通货膨胀和国际收支等主要基础性指标也出现一定好转。在宏观经济改善的背景下，拉美国家财政政策以财政稳健为目标，增收节流成为多国的政策选择。然而，在国际比较视野下，拉美地区经济增长率偏低，被边缘化风险在加大。由于外部不确定性加大，地区经济在中短期内难以实现强势反弹，内部增长差异也将继续。《2017～2018 年拉美政治形势》报告认为，拉美地区政局基本稳定，但少数国家政局不稳和紧张状态持续，有的国家甚至发生严重的政治冲突。公众对传统政党和政治家的幻想进一步破灭，执政者的支持率普遍下降。传统政党陷入颓势、政治领导人贪腐案缠身，给反建制派或“政治局外人”的兴起创造了新的机会，为 2018 年大选年带来不确定性。《2017～2018 年拉美社会形势》报告认为，拉美地区贫困水平变化不大，减贫工作进入瓶颈期，中低收入阶层返贫风险加大，推动贫困继续下降的动力严重不足。尽管实际工资水平略有上升，但经济缓慢复苏对就业没有产生积极影响，就业困难、就业质量下降的局面有所加剧，社会支出无明显增加，社会不平等问题无明显改善，收入分配对减贫的效应正逐渐消失。拉美国家社会改革进展不一，遭遇了不同程度的社会抗议，反映出政府执政目标与民众期望间的矛盾。

四　拉美国家外部环境发生重要改变

在拉美地区经济、政治、社会生态急剧变化的同时，其外部环境也出现明显改变，对拉美国家对外政策和对外交往产生一定影响。拉美国家外部环境最重大的变化源于特朗普执政后奉行“美国第一”理念，大幅调整对拉政策。美国加强对拉美国家的贸易保护主义政策，退出 TPP，重新谈判北美自由贸易协定，驱逐在美国的拉美裔非法移民，全面收窄对古巴的政策，加大对委内瑞拉等左翼政府的打压力度。特朗普调整对拉政策，增加了拉美国家特别是与美国经济联系密切的墨西哥和中美洲国家的忧虑，加大了拉美左翼政府的困境，也在一定程度上加大了拉美国家间的矛盾和分歧，加剧了拉美外部发展环境的不确定性。围绕委内瑞拉政治危机，拉美国家间的分歧更趋明显，甚至发生严重对立。

《2017～2018 年拉美对外关系》报告认为，拉美区域内外和国家之间关系的主题仍然是如何顺应全球秩序和力量格局的变化，特别是在全球化大势和逆全球化潮流形成的旋涡中如何自处，并在各国经济形势和政治生态仍变动不居的“不确定性”中，设计和推出适时的应变战略和政策，以解决区域舞台上和各国所面临的一系列外交难题。报告强调，拉美国家的外交难题不仅源于国际局势变迁及其伴随的一系列挑战，而且困扰该地区国家多年的传统纠纷在新的条件和压力环境中重新发酵。拉美国家酝酿着新的针对北美、欧洲和亚太地区变局的政策动向以及域内国家间关系的处理模式，预示着未来若干年拉美国家对外政策发展趋势会出现新变化。

五　拉美国家间差异性的影响持续发酵

拉美国家在经济、政治和社会各方面的差异性依然存在，致使拉美国家执政者承受的经济、社会和政治压力不尽相同。拉美国家间的差异性首先表现为经济增长差异。由于各国和次区域的经济增长动力不同，其增长率有较大差异。以石油、矿产和食品等初级产品生产和出口为主的南美洲在连续两年负增长后，呈现较强活力。中美洲经济增长最快，加勒比地区受自然灾害影响增速较低。拉美地区主要经济体巴西、阿根廷、墨西哥、智利、委内瑞拉的增长率也有较大差异。拉美国家间的差异性还体现在社会和政治领域，体现在就业压力、社会矛盾和冲突剧烈程度等多个方面。由于面临的形势和压力不同，各国执政党的执政前景也不尽一致。对于拉美国家在政治、经济、社会领域的差异性及其后果，巴西、墨西哥、委内瑞拉、哥伦比亚、智利、秘鲁、古巴等20篇国别报告均有所涉及。这些国别报告为了解拉美各国的特殊性、认识拉美国家间的差异性提供了参考。

改革与发展、变化与调整、机遇与挑战、不确定性与差异性，是当前和今后一段时期拉美政治、经济和社会发展的关键词和重要特点。

2018 年 3 月

目　录

Ⅰ　主报告

Ⅱ　形势报告

Ⅲ　中拉关系专题报告

Ⅳ　国别和区域

Ⅴ 附录 统计资料

皮书数据库阅读**使用指南**

主　报　告

Main Report

Y.1
共建"一带一路"开启中拉关系新时代

谢文泽*

摘　要： 2017 年，拉美地区开始对接"一带一路"建设。2018 年 1 月，习近平主席提出了中拉共建"一带一路"倡议。为了加速推进对接进程，凝聚"共建共识"，建议开展以下几方面的工作。第一，让拉美正确理解中国新时代经济发展战略和"一带一路"建设实践。中国新时代经济发展战略可以解读为一个战略坐标，该坐标体现了中国经济发展战略的开放、包容、共享属性。中国以自身为支点，在国内、次区域、洲际三个层次上推进"一带一路"建设和国际合作。第二，从"一带一路"建设

* 谢文泽，经济学博士，中国社会科学院拉丁美洲研究所研究员，主要研究方向是拉丁美洲经济、拉丁美洲基础设施建设、中拉经贸合作等。

角度梳理中拉整体合作，总结成功案例的经验，例如中国与智利的自由贸易和产能合作、巴西美丽山输电线路Ⅰ期工程等。第三，探索市场、资本、基础设施互联互通的对接与合作机制，其中基础设施互联互通可以作为共建“一带一路”的优先领域。第四，围绕劳动与资本、政府与市场、国家与世界三对辩证关系，凝聚“思想共识”。第五，围绕如何减小或消除拉美国家的结构性失衡，凝聚“发展共识”。

关键词： 拉丁美洲　一带一路　中拉关系　区域联通　经济发展战略

2017年，中国与拉美地区开始对接“一带一路”建设。2018年1月，中拉论坛第二届部长级会议在智利圣地亚哥召开，习近平主席在写给本届会议的贺信中指出：“我们要描绘共建‘一带一路’新蓝图，打造一条跨越太平洋的合作之路，把中国和拉美两块富饶的土地更加紧密地联通起来，开启中拉关系崭新时代。”[①] 习主席在贺信中提出了中拉“共建‘一带一路’”的倡议，当前及今后几年是加速推进中拉对接“一带一路”建设和凝聚“共建共识”的关键期。

一　2017年：中拉对接“一带一路”建设元年

近年来，中拉在“一带一路”倡议的互动旅途上，双方多层次、多渠道、多领域的交流和交往频繁。自2017年起，中拉双方的互动开始由以沟通为主转向以对接和合作为主。

（一）巴拿马首签合作文件

2017年6月13日，中国与巴拿马建交。2017年11月16~22日，巴拿

① 《习近平致信祝贺中国－拉美和加勒比国家共同体论坛第二届部长级会议开幕》，《人民日报》2018年1月23日，第1版。

马总统巴雷拉（Juan Carlos Varela）应邀来华进行国事访问，11 月 17 日，中巴双方在北京签署政府间“一带一路”建设谅解备忘录。秘鲁《商报》的一篇评论认为，“一带一路”倡议是巴拿马与中国建交的重要原因之一，中巴双方签署的“一带一路”建设谅解备忘录对整个拉美地区都有特殊意义，这是拉美国家与中国签署的第一份“一带一路”建设谅解备忘录。[①]

2017 年 11 月 23 日，巴拿马主流媒体之一的《新闻报》报道，中巴两国签署了 19 份合作文件，其中 11 份集中在经贸领域[②]。12 月 7 日，中巴双方在巴拿马城签署了关于开展巴拿马铁路项目可行性研究的合作协议。2018 年 1 月，双方启动自贸协定可行性研究，并计划于 2018 年下半年开始自贸协定谈判工作。中巴两国从建交到取得这一系列重大进展，时间不足半年，巴拿马成为中拉对接“一带一路”建设的亮点之一。习近平主席同巴雷拉总统会谈时指出，“巴拿马完全可以成为 21 世纪海上丝绸之路向拉美自然延伸的重要承接地”[③]。

（二）乌拉圭、智利、阿根廷先后声明参加“一带一路”建设

乌拉圭是较早探讨“一带一路”合作的拉美国家。2016 年 10 月 16 日，乌拉圭总统府官方网站发布了一篇新闻报道，题目是《塔瓦雷向广东省政府提出：乌拉圭参加丝绸之路》[④]。同月 18 日，中国政府和乌拉圭政府发表关于建立战略伙伴关系的联合声明，指出“乌方重视‘一带一路’倡议，

---

① Paulina Garzón, “La Ruta de la Seda en Panamá”, El Commercio, http://www.elcomercio.com/opinion/ruta-seda-panama-columnistas-paulinagarzon.html.

② Yolanda Sandoval, Eliana Morales Gil, “Economía, la prioridad con China”, *La Prensa*, 23 Nov. 2017, https://impresa.prensa.com/economia/Economia-prioridad-China_0_4900759981.html.

③《习近平同巴拿马总统巴雷拉举行会谈：两国元首同意共同规划好中巴关系发展蓝图》，《人民日报》2017 年 11 月 18 日，第 1 版。

④ El portal de Presidencia de la República Oriental del Uruguay, “Vázquez propuso a gobierno de la provincia china de Guangdong que Uruguay participe de ruta de la seda”, https://www.presidencia.gub.uy/comunicacion/comunicacionnoticias/vazquez-reunion-china-autoridades. 2016 年 10 月 12 ~ 20 日，乌拉圭总统塔瓦雷·巴斯克斯应邀来华进行国事访问，按照行程，先到访广东并出席“中国（广东）－乌拉圭经贸交流会”。根据该报道，塔瓦雷总统与中共中央政治局委员、时任广东省委书记胡春华会谈时讲道，“乌拉圭想加入‘一带一路’”。

愿探讨相关领域合作”①。

2017年5月，智利总统巴切莱特（Michelle Bachelet）在首届“一带一路”国际合作高峰论坛（2017年5月14~15日在北京召开）上的发言中指出，“今天，我们来到这里就表示支持这一倡议”，“作为亚洲和拉丁美洲之间的桥梁国家，智利准备好了。我们认为‘一带一路’是缩短距离，建立现代化互联互通的途径”。② 阿根廷总统马克里（Mauricio Macri）在该高峰论坛上表示，“这是一个我们不想错过的机会”③，“没有互联互通，就没有发展”，“阿根廷的经济和社会发展现状与‘一带一路’的理念不谋而合”④。2017年5月17日，中国政府与阿根廷政府发表联合声明，确认“双方将在‘一带一路’框架内加强发展战略对接，推进互联互通和联动发展”⑤。

墨西哥、哥斯达黎加、苏里南、特立尼达和多巴哥、古巴、委内瑞拉等拉美国家也明确表达加入“一带一路”建设的意愿。例如，2017年9月4日，墨西哥总统培尼亚（Enrique Peña Nieto）与习近平主席在厦门会晤时表示，墨方愿积极参加“一带一路”建设⑥。

（三）拉美加入“一带一路”建设大家庭

2017年5月15日发表的《“一带一路”国际合作高峰论坛圆桌峰会联合公报》指出，“该倡议加强亚欧互联互通，同时对非洲、拉美等其他地区开放”；

---

① 《中华人民共和国和乌拉圭东岸共和国关于建立战略伙伴关系的联合声明》，《人民日报》2016年10月19日，第3版。

② Gobierno de Chile，“S. E. la Presidenta de la República，Michelle Bachelet，participa en la Sesión Plenaria del Diálogo de Alto Nivel del Foro ‘Una franja，una ruta’”，14 de mayo de 2017，https：//prensa. presidencia. cl/discurso. aspx?id = 53755.

③ Casa Rosada，“El Presidente expuso en el foro ‘Una Franja y una Ruta para la Cooperación Internacional’”，15 de mayo de 2017，https：//www. casarosada. gob. ar/slider-principal/39552-el-presidente-expuso-en-el-foro-una-franja-y-una-ruta-para-la-cooperacion-internacional.

④ 《29国领导人满怀希冀　丝路朋友圈人气爆棚》，《人民日报》2017年5月15日，第8版。

⑤ 《中华人民共和国和阿根廷共和国联合声明》，《人民日报》2017年5月18日，第3版。

⑥ 《习近平会见墨西哥总统培尼亚》，《人民日报》2017年9月5日，第2版。

第6条列举了21个国际、地区、国别合作框架和倡议，其中包含南美洲基础设施一体化倡议①；强调要“促进欧洲、亚洲、南美洲、非洲等地区之间伙伴关系的努力”。② 巴切莱特总统和马克里总统均明确表示，南美洲基础设施一体化倡议与“一带一路”倡议高度契合，二者的对接和合作是完全可行的。

截至2017年12月，已有7个拉美国家成为亚洲基础设施投资银行（简称“亚投行”）的准创始成员或准成员。2016年1月，巴西成为亚投行的准创始成员；2017年3～12月，秘鲁、委内瑞拉、玻利维亚、智利、阿根廷、厄瓜多尔6国的加入申请先后获得批准。③

“一带一路”建设成为中拉关系的高频词，但仍有一些拉美人心存疑惑或疑虑，甚至用地缘政治、“冷战”思维来解读中国的战略意图、战略目标以及相关政策措施。改革开放40年来的中拉关系发展成就表明，让拉美人准确理解中国的发展战略是中拉合作快速发展和取得成效的重要因素之一。

二 “一带一路”彰显新时代中国经济发展战略和气魄

根据十九大报告，笔者将开放、包容、共享的新时代中国经济发展战略解读为一个战略坐标。根据4年来的建设实践，将中国推进“一带一路”合作与建设的举措归纳为3个层次。

（一）中国新时代经济发展战略：开放、包容、共享

从现在起至21世纪中叶（2050年前后）是中国的新时代。

---

① 南美洲基础设施一体化倡议（Iniciativa para la Integración de la Infraestructura Regional Suramericana，IIRSA）于2000年开始实施，包括南美地区的12个国家，即阿根廷、玻利维亚、巴西、智利、哥伦比亚、厄瓜多尔、圭亚那、巴拉圭、秘鲁、苏里南、乌拉圭、委内瑞拉。

② 《“一带一路”国际合作高峰论坛圆桌峰会联合公报》，《人民日报》2017年5月16日，第5版。

③ “AIIB Approves Membership of Cook Islands, Vanuatu, Belarus and Ecuador”, Asian Infrastructure Investment Bank (AIIB), December 19, 2017, https://www.aiib.org/en/news-events/news/2017/20171219_001.html.

中国新时代经济发展战略可以用一个坐标来解读，如图 1 所示，坐标的原点是当前中国所处的经济发展阶段，即中高收入的发展中经济体。横轴为经济发展的两大主要目标，即实现中国国家现代化、提高中国经济的全球化水平。纵轴为经济发展的目的，即持续提高人民的幸福水平。经济建设的中心任务是建设现代化经济体系，追求质量型增长。在中国共产党的全面领导下，通过收入水平、法治建设、民主建设、民生改善、公平正义、社会文明、生态文明、国家统一、国家安全、世界和平等诸多领域的全面均衡发展，使人民普遍过上"美好生活"。

根据十九大报告，在 2020 年全面建成小康社会的基础上，中国的两个阶段性发展目标为：2020～2035 年基本实现社会主义现代化，成为高收入经济体；2035～2050 年成为社会主义现代化强国，也是发达经济体。十九大报告没有明确提出经济增长目标，这主要有两方面的原因。一方面，中国不再强调经济增长的数量，而是强调增长的质量；另一方面，中国共产党和中国政府对经济增长前景有充分的信心。

新中国成立前夕，毛泽东指出，"我们还有百分之九十左右的经济生活停留在古代"①。在 1949～1978 年的 30 年里，围绕着贫穷落后的农业国如何建设社会主义这一主线，中国建立了社会主义制度，奠定了经济基础，但没有解决贫穷问题。改革开放初期，邓小平曾经感慨："国家这么大，这么穷，不努力发展生产，日子怎么过?"② 1982 年，正式确立中国特色社会主义制度，随后明确了"三步走"战略，即依次实现"温饱、小康、中等发达"三个阶段性目标。1978 年以来，"经过改革开放近 40 年的发展，我国社会生产力水平明显提高；人民生活显著改善，对美好生活的向往更加强烈"③。在 2018～2050 年的 33 年里，在水平方向上，中国将向着"全面建成小康社会—基本实现现代化—成为现代化强国"稳步前进；在纵向上，将实现"共同富裕—共同美好"目标，持续提高人民的幸福水平。

① 《毛泽东选集》（第四卷），人民出版社，1991，第 1430 页。

② 《邓小平文选》（第三卷），人民出版社，1993，第 10 页。

③ 《习近平谈治国理政》（第二卷），外文出版社，2017，第 61 页。

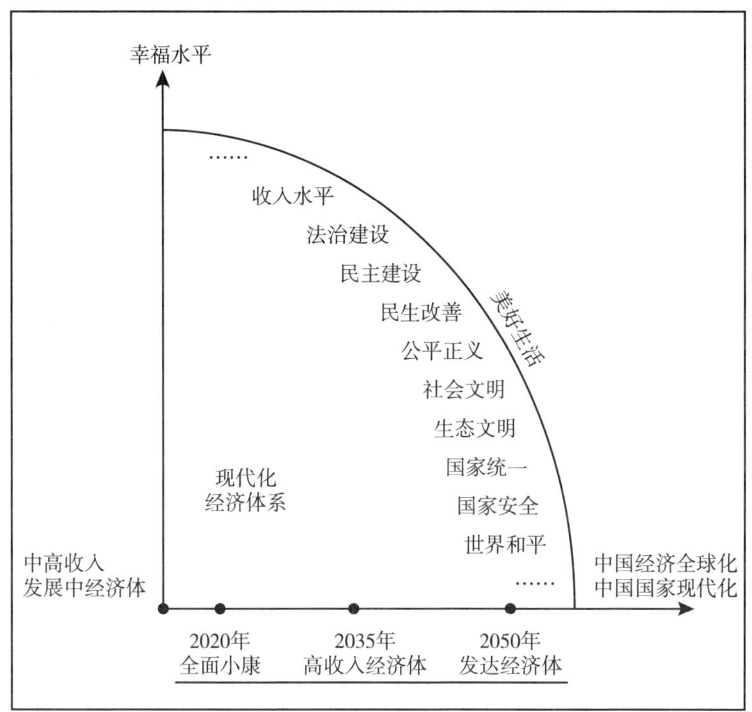

图 1　中国新时代发展战略坐标

正如开放、包容、共享是坐标的自然属性一样，中国的经济发展战略具有开放、包容、共享属性，“中国开放的大门不会关闭，只会越开越大”①。中国增加进口和扩大对外投资与金融合作的空间还很大，例如，2016 年商品进口额占 GDP 的比重，中国为 13.4%，23 个主要发达国家为 18.6%②；对外直接投资存量占 GDP 的比重，中国为 11.4%，23 个主要发达国家为

① 《决胜全面建成小康社会，夺取新时代中国特色社会主义伟大胜利——在中国共产党第十九次全国代表大会上的报告》（2017 年 10 月 18 日），人民出版社，2017，第 34 页。

② 根据世界银行 *World Development Indicators* 中的 GDP、商品进口额统计数据计算。参见 World Bank，*World Development Indicators*，http：//databank. worldbank. org/data/reports. aspx?source = world-development-indicators。23 个主要发达国家为澳大利亚、奥地利、比利时、加拿大、丹麦、芬兰、法国、德国、希腊、爱尔兰、以色列、意大利、日本、卢森堡、荷兰、新西兰、挪威、葡萄牙、西班牙、瑞典、瑞士、英国、美国。

43.9%[①]。截至2017年第2季度，银行业对外金融资产占GDP的比重，中国仅为8.3%，而21个主要发达国家高达186.7%[②]。开放应该是双向性和多边性的，因此，中国明确提出，“对外开放深入发展，倡导和推动共建‘一带一路’，积极引导经济全球化朝着正确方向发展”[③]。

美好生活是中国和拉美国家的共同追求，贸易、投资、金融是中拉合作的重要领域，拉美是提高中国经济的全球化水平、推动共建“一带一路”、推进构建国际经济新秩序、推进构建人类命运共同体的重要合作伙伴。

（二）中国先做先行：从三个层次推进“一带一路”建设

“五通”是“一带一路”倡议的主要内容，即政策沟通、设施联通、贸易畅通、资金融通、民心相通。近4年来，中国推进和开展“一带一路”建设的实践可以归纳为三个层次，以前“两通”为例简要归纳如下。

1. 第一个层次：中国先行开放与建设

为了便于“政策沟通”，中国全面推进改革开放。例如，2013～2017年中国形成了“1+3+7”的11个自由贸易试验区（简称“自贸试验区”）格局，这些自贸试验区是中国全面推进改革开放的“试验田”，不仅在沿海、中部和西部布局，而且遍及中国的东西南北中。作为“1”的上海自贸试验区，其负面清单目录从最初的190项缩减到95项。自2018年起，中国“有

① 根据联合国贸发会议的外国直接投资存量数据和世界银行 *World Development Indicators* 中的GDP统计数据计算。联合国贸发会议的外国直接投资存量数据，参见 United Nations Conference on Trade and Development，*Foreign Direct Investment*，http://unctadstat.unctad.org/wds/TableViewer/tableView.aspx?ReportId=96740。

② 根据国际清算银行的银行业对外金融资产统计数据（截至2017年第2季度）以及国际货币基金组织的2017年GDP预测数据计算。国际清算银行的银行业对外金融资产和负债统计数据，参见 Bank for International Settlement，*International Banking*，*Locational Statistics*，https://www.bis.org/statistics/bankstats.htm；国际货币基金组织预测数据，参见 International Monetary Fund (IMF)，*World Economic Outlook Database*，October 2017，http://www.imf.org/external/ns/cs.aspx?id=28。21个主要发达国家为澳大利亚、奥地利、比利时、加拿大、丹麦、芬兰、法国、德国、希腊、爱尔兰、意大利、日本、卢森堡、荷兰、挪威、葡萄牙、西班牙、瑞典、瑞士、英国、美国。

③《中央经济工作会议在北京举行》，《人民日报》2017年12月21日，第1版。

序放宽市场准入，全面实行准入前国民待遇加负面清单管理模式，继续精简负面清单”①。

为了提高“设施联通”能力，中国全面展开国内“一带一路”建设，提高国内“互联互通”水平。围绕“一带一路”建设，中国正在执行一系列的专项“十三五”基础设施规划，例如《铁路“十三五”发展规划》②和《全国海洋经济发展“十三五”规划》③等。铁路“十三五”规划的目标是到2020年全国铁路营业里程达到15万千米，其中高速铁路3万千米，复线率和电气化率分别达到60%和70%左右。“一带一路”建设是海洋经济发展“十三五”规划的主要依据之一，围绕“一带一路”建设，北部海洋经济圈着力打造现代港口集群，东部海洋经济圈是“一带一路”建设与长江经济带发展战略的交会区域，南部海洋经济圈是“21世纪海上丝绸之路”的重要枢纽，等等。

各省、自治区、直辖市全力参与“一带一路”建设，例如，位于中部的河南省着力拓展郑州—卢森堡“空中丝绸之路”，并将之延伸至拉美地区，等等。

2. 第二个层次：次区域互联互通

重点是中国同周边国家（地区）以及亚洲地区的互联互通，海、陆、空、石油、天然气、电力、信息、通信等领域的一批项目正在建设，中蒙俄、新亚欧大陆桥、中国－中亚－西亚、中国－中南半岛、中巴、孟中印缅六大经济走廊的规划日渐成熟，其中中国境内、中国与周边国家的部分项目正在实施。

3. 第三个层次：洲际互联互通

截至目前，亚欧大陆是重点。中欧班列（China Railway Express，缩写为“CR Express”）是亚欧大陆互联互通的一个缩影，2011年3月～2017

① 《中央经济工作会议在北京举行》，《人民日报》2017年12月21日，第1版。

② 国家发展改革委、交通运输部、国家铁路局、中国铁路总公司：《铁路“十三五”发展规划》，2017年11月20日。

③ 国家发展改革委、国家海洋局：《全国海洋经济发展“十三五”规划》，2017年5月4日。

年 12 月累计开行班列 6235 列（其中 2017 年开行 3271 列），运行线路 57 条，覆盖中国 35 个城市和欧洲（12 国）34 个城市，年运输货物的货值由不足 6 亿美元增至 145 亿美元[①]，到 2020 年每年开行的班列数量预计可达到 5000 列。

在非洲大陆众多的“一带一路”建设项目中，肯尼亚的蒙巴萨—内罗毕铁路（Mombasa-Nairobi Railway）是 2017 年的“旗舰项目”之一，铁路长度约 472 千米，总投资约 38 亿美元，建设期 3 年半，累计创造 30000 多个就业机会，其中 90% 左右是当地劳动力。肯尼亚政府计划修建 3500 千米的铁路，将肯尼亚、乌干达、南苏丹、埃塞俄比亚 4 国连接起来，蒙巴萨—内罗毕铁路是实施该计划的第一步。

三　“一带一路”与中拉整体合作

中拉整体合作虽然没有明确提及“一带一路”，但前者已经包含后者的部分内容，并且中国与部分拉美国家在自贸协定方面的政策沟通以及在能源、交通等领域的合作涌现了一些较为典型的成功案例。

（一）中拉整体合作包含“一带一路”部分内容

2017 年 5 月，习近平主席在首届“一带一路”国际合作高峰论坛开幕式上的演讲中，系统回顾与总结了主要的“五通”措施和实践[②]。《中国与拉美和加勒比国家合作规划（2015 ~ 2019）》［简称“中拉合作规划（2015 ~ 2019）”］、《中国对拉美和加勒比政策文件》（简称“中国对拉政策文件”）是中拉整体合作的两份重要指导性文件（合称“两份文件”），其中部分内容属于“一带一路”倡议的“五通”范畴。

① 《中欧班列六年开行 6235 列　年运送货物总值达 145 亿美元》，中国一带一路网，2017 年 12 月 27 日，https://www.yidaiyilu.gov.cn/xwzx/gnxw/41273.htm。

② 《携手推进“一带一路”建设——在“一带一路”国际合作高峰论坛开幕式上的演讲（2017 年 5 月 14 日，北京）》，《人民日报》2017 年 5 月 15 日，第 3 版。

1. 政策沟通

“政策沟通”主要有3项措施，即次区域多边政策对接、双边规划对接、签署“一带一路”合作文件。截至2017年年底，中国分别与乌拉圭、阿根廷、巴拿马发表了涉及“一带一路”的联合声明或签订了谅解备忘录。

两份文件均强调要完善双方对话磋商机制，促进政府间对话与合作。中拉合作规划（2015～2019）强调要充分发挥中拉论坛的平台作用。

2. 设施联通

“设施联通”近期的主要措施可概括为铁路先行、港口连接、管道畅通；中远期目标是以陆、海、空通道和信息高速路为骨架，以铁路、港口、管网等重大工程为依托，建设复合型基础设施网络。

港口连接是中拉设施联通的主要方式，但中拉距离较远，运输成本较高。截至2017年5月，中国已同14个拉美国家签署了航空运输协定或谅解备忘录，中拉之间已有4条定期航线。两份文件均强调加强拉美地区的基础设施建设，促进拉美地区基础设施互联互通。中拉合作规划（2015～2019）提出了选择重点项目的“两个有利于”原则，即有利于拉美一体化、有利于改善中国与拉共体成员国间的互联互通；同时，提出增设连接中拉的民航航线。中国对拉政策文件较为重视拉美地区物流、电力、信息三大通道的规划与建设合作，以及拉美地区基础设施建设的技术咨询、建设施工、装备制造、运营管理的“全业务链”合作。

3. 贸易畅通

“贸易畅通”重点推动贸易和投资便利化，扩大贸易额，促进投资合作。中国已与智利、秘鲁、哥斯达黎加3个拉美国家签订自贸协定。在投资合作方面，中资企业已在30个拉美国家开展基础设施建设合作，在部分国家开展了基础设施、能源等领域的投资合作。

两份文件均强调要加强服务贸易和电子商务合作，加强海关和质检合作。中拉合作规划（2015～2019）较为重视“力争10年内双方贸易额达到5000亿美元，双方投资存量达到至少2500亿美元”的贸易和投资合作目标。中国对拉政策文件较为重视包括自贸协定在内的各类贸易便利化安排。

在产能合作方面，对于高科技和高附加值商品生产以及重点领域，两份文件的不同表述所表达的含义大体一致。中拉合作规划（2015～2019）提出了中拉共建三类园区，即工业园区、经济特区、高技术产业园；中国对拉政策文件提出要商签更多投资保护、避免双重征税、防止偷税漏税等协定。

4. 资金融通

“资金融通”的重点是增加融资方式、拓展融资渠道。在融资方式方面，除贷款这一传统的间接融资方式外，作为直接融资方式之一，用于“一带一路”建设的熊猫债、专项债开始增多。在融资渠道方面，银行、保险、基金等金融机构正在建设“一带一路”金融服务网络。

中拉金融合作的主要方式是贷款，银行是主要融资渠道，中拉产能合作基金等开始发挥作用。两份文件有两项共识，一是加强中央银行间和金融监管部门间的对话与合作；二是利用中方金融资源，支持中国和拉共体成员国间双边重点领域合作与重大合作项目建设。中国对拉政策文件较为重视扩大跨境本币结算、商讨人民币清算安排、稳步推进货币合作等重要事宜。

5. 民心相通

“民心相通”重在人员往来。中拉相距较远，制约着人员往来，例如，2016年中国接待入境旅游外国游客2813万人次，其中来自拉美地区的游客约为39万人次①，仅占总人次的1.4%。

两份文件的共识程度较高，尤其是在教育和人力资源培训，文化和体育，新闻、媒体、出版，旅游，环保、灾害风险管理和减灾，消除贫困，卫生，民间友好等方面，但中国对拉政策文件增加了学术和智库交流、领事合作、社会治理与社会发展等内容。

（二）智利：自由贸易和产能合作案例

自20世纪90年代起，智利就将自由贸易确立为一项国策。中智政策沟通主要体现在自由贸易协定方面，中智贸易畅通包括贸易和产能合作两部分。

① 《中国统计摘要》，中国统计出版社，2017，第141页。

1. 自由贸易

智利不仅是第一个与中国签订自由贸易协定的拉美国家，也是第一个与中国完成自由贸易协定升级的拉美国家。智利出口到中国的商品有97.2%（7336种）实现了零关税，其货值占对华商品出口总额的99%。智利从中国进口的商品有98.1%实现了零关税，其货值占从中国进口商品总额的97%。

2005~2014年，中智双边贸易额由81亿美元增至335亿美元，年均增长17.2%。智利对华商品出口额由49亿美元增至184亿美元，年均增长15.9%。在对华贸易中，智利年均贸易顺差44亿美元。在此期间，尽管冶炼铜是智利对华出口的主要商品，其出口额年均增长15.4%，但农产品、鱼类产品出口额年均增长率高达55.1%，食品、腌制三文鱼、葡萄酒等制成品的年均增长率约为15.2%。[①]

受铜价下跌的影响，2015年、2016年中智双边贸易额略有减少，中方统计的年度贸易额分别约为318亿美元和313亿美元，中方贸易逆差分别约为53亿美元和57亿美元。2017年1~11月，中智双边贸易额约为316亿美元，同比增长12.6%，中方贸易逆差约为55亿美元[②]。

2. 产能合作

中智两国之间形成了一定规模的铜冶炼产能合作，智利的铜业企业向中国铜冶炼厂供应铜精矿、支付加工费，委托后者为其生产精炼铜。通过这种合作，智利的铜业企业降低了生产成本。例如，2017年1~9月智利国家铜业公司精炼铜的平均现金成本为131.7美分/磅[③]，同期中国铜冶炼厂收取的精炼铜加工费平均为8.1美分/磅[④]，后者仅相当于前者的6%。

---

① DIRECON，“Análisis de las Relaciones Comerciales entre Chile y China en el Marco del Tratado de Libre Comercio”，Departamento de Estudios de la Dirección General de Relaciones Económicas Internacionales del Ministerio de Relaciones Exteriores de Chile，Agosto 2015.

② Wind资讯数据。

③ Corporación Nacional del Cobre（CODELCO），“CODELCO：Beyond copper price recovery”，October 2017，p. 10.

④ 根据Wind资讯数据计算。

这种合作提高了智利精炼铜的国际竞争力，巩固了中国市场。根据智方统计，2007～2016年，智利对华出口铜精矿由113万吨增至276万吨，增加了163万吨①。根据中方统计，2007～2016年，中国从智利进口精炼铜的数量由73.8万吨增至130.5万吨②，增加了56.7万吨。

中智两国企业间的铜业产能合作，从表面上看，中国从智利进口的铜精矿这一初级产品大幅度增加，但实际上，大部分进口增加量主要用于产能合作，巩固和提高智利精炼铜的在华市场地位，2014～2016年中国进口的智利精炼铜占精炼铜进口总量的比重一直保持在35%以上。与此同时，智利铜业案例也反映出中拉产能合作是双向的，人们较多地强调中国向拉美地区转移产能，较少地关注拉美地区利用中国本土的产能扩大对华出口。

（三）巴西美丽山（Belo Monte）输电线路Ⅰ期：基础设施项目投融资案例

美丽山输电线路Ⅰ期是以（中国）国家电网巴西控股公司（简称“国网巴西公司”）为主的“特许经营项目融资”案例之一。该项目属于巴西联邦政府的国家级特许经营项目，2014年7月正式开始建设，工期44个月，原计划于2018年2月投入运营。2017年12月12日该项目正式投入运营，比计划工期提前了近两个月，这在巴西是非常罕见的。

1. 项目中的四类当事方

第一类是巴西联邦政府机构，如巴西国家能源政策委员会、矿产与能源部、国家电力能源管理局等。巴西联邦政府的这些机构在项目中有三重身份，即项目发起方、资产所有方、特许方，其中国家电力能源管理局是实际特许方。

第二类是投资方，国网巴西公司（51%）与巴西电力集团旗下的两家企业——福赫纳斯（Furnas，24.5%）和北方电力（Eletronorte，24.5%）

① Comisión Chilena del Cobre, *Anuario de Estadísticas del Cobre y Otros Minerales 1997－2016*, Santiago de Chile, 2017, p. 39.

② Wind资讯数据。

在里约热内卢注册设立项目公司——美丽山电力输送有限责任公司（BMTE，简称“美丽山电网Ⅰ期公司”）。

第三类是建设方和供应商。项目公司将建设工程分为8个标段，经过竞标，中国山东电建中标3个，巴西塔博卡斯（Tabocas）中标2个，巴西圣西芒（São Simão）中标2个，玻利维亚印杰莱克集团（Grupo INGELEC）巴西分公司——印科米萨（Incomisa）中标1个。巴西冶金（Brametal）等10余家巴西企业以及西门子、萨埃（SAE）、菲尔普斯·道奇（Phelps Dodge）等跨国公司通过公开竞标成为美丽山电网Ⅰ期公司的产品和服务供应商。截至2016年年底，巴西冶金、西门子、萨埃、菲尔普斯·道奇供应了近27亿雷亚尔的机械设备，约占完成投资总额（约43亿雷亚尔）的63%。①

第四类是融资方，以巴西国开行（即巴西国家经济社会发展银行，Banco Nacional de Desenvolvimento Econômico e Social，BNDES）为主要融资行，多家银行共同参与，为项目建设提供了融资支持。

2. 巴西“五权”分置的特许经营模式

“五权”是指特许经营项目的所有权、经营权、收益权、处置权、剩余索取权。“五权分置”是指巴西联邦政府拥有项目的所有权、处置权、剩余索取权，在特许经营期内项目公司——美丽山电网Ⅰ期公司拥有项目的经营权、收益权。

项目公司是特许经营权的受许方，负责美丽山输电线路Ⅰ期的投融资、建设和运营，特许经营期限为30年。特许经营期届满时，项目公司需将项目完好无损地原样移交给巴西联邦政府有关机构。

3. 项目现金流和融资来源

现金流的可预期性和稳定性是项目融资的主要基础，主要有两方面的保障。一是流量保障，依据巴西的特许经营法等有关法律，在特许经营期内，

① Belo Monte Transmissora de Energia SPE S. A.，*Demonstrações financeiras em 31 de dezembro de 2016*，Rio de Janeiro，23 de janeiro de 2017，p. 18.

项目公司享有联邦政府有关机构的最低电力流量保障，而电力流量是产生现金流的基础。二是技术保障，特高压输电技术是中国拥有完全自主知识产权、全球领先水平的重大创新成果，已在中国全面推广应用，实践已经充分证明了该技术的高效率、低损耗特性，能够较大幅度地提高电力流量和现金流量。

项目公司融资来源可分为四种。第一种是资本金，截至 2016 年年底，三个投资方按照各自的股份比例向项目公司注入资本金约 13.6 亿雷亚尔。第二种是债券融资，在巴西国开行的支持下，项目公司向联邦储蓄银行（CEF）、桑坦德银行（Santander）等金融机构发行公司债券，截至 2016 年年底，债券余额约为 3.7 亿雷亚尔。第三种是流动资金贷款，截至 2016 年年底，中国银行、中国建设银行、中国工商银行等在巴西的分行以及其他两家当地银行，向项目公司提供流动资金贷款约 5.7 亿雷亚尔。[①] 第四种是巴西国开行的项目融资贷款。2014 年年初，巴西国开行向国际社会公告了该银行对美丽山输电线路 I 期的融资支持政策。2015 年年初，巴西国开行向美丽山电网 I 期公司提供了 7.18 亿雷亚尔的过桥资金贷款。2017 年 1 月，巴西国开行批准了项目公司的项目融资额度，即 25.6 亿雷亚尔，其中包括前期发放的 7.18 亿雷亚尔过桥资金贷款。美丽山输电线路 I 期的投资预算为 50 亿雷亚尔，受通货膨胀、汇率波动等因素的影响，实际投资额预计为 56 亿雷亚尔左右。因此，巴西国开行的项目融资额度约占总投资的 45.7%。[②]

美丽山输电线路 I 期全长 2076 千米，可以使 2200 万人受益。工程建设创造了 2200 个直接就业机会。该项目是拉美地区的第一条特高压远距离输电线路，也是中国特高压输电技术首次“走出”国门。在美丽山电网 I 期的激励下，2017 年国网巴西公司成功中标美丽山电网 II 期。

---

① Belo Monte Transmissora de Energia SPE S. A., *Demonstrações financeiras em 31 de dezembro de 2016*, Rio de Janeiro, 23 de janeiro de 2017, pp. 10, 17, 20.

② “BNDES aprova R$ 2, 56 bilhões para sistema de transmissão da Usina Hidrelétrica Belo Monte”, 20 de fevereiro de 2017, https://www.bndes.gov.br/wps/portal/site/home/imprensa/noticias/conteudo/bndes-aprova-2-bi-para-belo-monte.

智利的自由贸易国策、巴西美丽山输电线路工程是各自国家战略的重要组成部分，凝聚着各自国内较高程度的政治共识和社会共识，这是两个案例取得成功的重要前提和基础。

四 “一带一路”与拉美地区互联互通

无论是在形式方面，还是在内容方面，拉美地区的一体化和互联互通都具有“一带一路”的“五通”性质，是拉美各国国家战略的重要组成部分之一，凝聚着拉美地区较高程度的国际共识。这些共识是“一带一路”建设与拉美地区互联互通进行对接和合作的良好基础。

（一）拉美地区的三层次一体化和互联互通

20 世纪 60 年代以来，拉美地区认真推进一体化进程，涉及政治、经济、社会等诸多方面，主要宗旨之一是实现市场、资本、劳动领域的制度一体化（Integración Institucional）。进入 21 世纪以来，拉美地区加速推进以交通、能源、通信为重点领域的基础设施互联互通，主要目标之一是实现基础设施一体化（Integración Física）。

1. 从三层次推进市场、资本、劳动领域的一体化进程

市场、资本、劳动领域的一体化主要是指商品和服务贸易、投资、人员流动的一体化。

在整个地区层次上，联合国拉美经委会和拉共体是较为重要的国际机构或地区组织。拉美经委会对拉美地区至少有三个方面的重要意义。第一，拉美经委会在一定程度上赋予拉美地区国际政治含义。第二，拉美经委会的发展理论、政策主张对拉美国家的发展政策、发展战略具有重大影响。第三，拉美经委会积极支持和参与拉美地区的一体化进程。

拉共体是拉美一体化进程的一项重要成就，在加强地区内部团结，促进地区政治、经济、社会和文化一体化建设，推进区域和次区域一体化组织的对话与合作，以及对内协调共同立场，对外发出“拉美声音”等方面，发

挥着积极而重要的作用。从历史的角度看，拉共体的成立和发展受三方面因素的影响较大。第一，团结反霸，维护和平；第二，内协立场，外争权益；第三，经济发展，实力提升。拉共体成立之前，拉美地区经历了进入21世纪以来的首轮经济繁荣，为拉共体的成立提供了较好的经济基础。

在次区域层次上，截至2017年年底，拉美地区有10多个地区和次区域一体化组织，例如，拉丁美洲经济体系（27个成员国）、加勒比国家联盟（25个成员国）、加勒比共同体（15个成员）、拉丁美洲一体化协会（13个成员国）、南美洲国家联盟（12个成员国）、美洲玻利瓦尔联盟（11个成员国）、东加勒比国家组织（9个成员）以促进政策协调和政治对话为主要宗旨之一且影响较大；南方共同市场（巴西、阿根廷、乌拉圭、巴拉圭）和安第斯共同体（哥伦比亚、厄瓜多尔、秘鲁、玻利维亚）在较大程度上是属于关税同盟性质的贸易集团；中美洲一体化体系（8个成员国）的主要宗旨之一是促进次区域政治、经济、社会全面一体化；太平洋联盟（墨西哥、哥伦比亚、秘鲁、智利）的主要目标是实现商品、服务、投资和人员的自由流动；等等。

在双边层次上，签订双边自由贸易协定或经济互补协议是重要方式。例如，智利是签订自由贸易协定或经济互补协议较多的拉美国家之一，除作为太平洋联盟成员国外（该联盟成员国之间均互相签订自贸协定），还与巴拿马签订了双边自由贸易协定，与哥斯达黎加、萨尔瓦多、危地马拉、洪都拉斯、尼加拉瓜5国集体签订了自由贸易协定；分别与玻利维亚、古巴、厄瓜多尔、委内瑞拉、南方共同市场签订了经济互补协议，等等。

表面上看，次区域一体化组织使拉美地区一体化呈现“碎片化”态势。实际上，一方面，不同的次区域组织通过成员国的相互交叉而彼此沟通，例如位于拉美地区北端的墨西哥和位于地区南端的智利均是拉丁美洲经济体系、拉丁美洲一体化协会、太平洋联盟等次区域组织的成员国；另一方面，拉美国家之间的制度性安排将不同的次区域一体化组织联系起来，例如，2017年11月，智利、阿根廷签订自由贸易协定，这将对加强太平洋联盟和南方共同市场之间的经济联系起到助推作用。总之，拉美各国正在通过不同的组织和方式稳步推进地区一体化进程。

2. 从三层次推进交通、能源、通信领域的互联互通

与一体化进程有所不同，拉美地区的互联互通主要集中在三大次地理区域，即墨西哥和中美洲、加勒比地区、南美洲，中美洲一体化和发展项目[①]、加勒比石油计划[②]与南美洲基础设施一体化倡议分别是三个次地理区域较为重要、影响较大的基础设施一体化合作机制。这三大合作机制有以下两个明显特点。

第一，三个次地理区域的互联互通各有侧重。

中美洲一体化和发展项目于 2001 年开始实施，主要涉及墨西哥和中美洲 7 国，基础设施一体化的重点是中美洲国家电网互联工程以及中美洲地区的公路路网、港口、两洋铁路等。

加勒比石油计划于 2005 年正式实施，主要涉及委内瑞拉和加勒比海 11 国，能源、基础设施为重点领域，委内瑞拉向其他参与国按国际市场价格供应原油或成品油，将部分货款转换为长期低息贷款，用于支持参与国的经济社会发展和基础设施建设。

南美洲基础设施一体化倡议于 2000 年开始实施，全面推进交通、能源、通信三大领域的一体化。截至 2017 年 8 月累计完成投资 485 亿美元，完成项目 153 个。截至 2017 年年底，该倡议的项目篮子有 562 个项目，投资估算总额为 1989 亿美元。其中，公路项目有 258 个，约需投资 694 亿美元；铁路项目有 53 个，约需投资 521 亿美元；电站项目有 25 个，约需投资 435 亿美元。[③] 公路、铁路、电站项目合计 336 个，占项目总数的 59.8%；约需

① “中美洲一体化和发展项目”的西班牙语全称为“Proyecto Integración y Desarrollo Mesoamericana”，有 10 个参与国，即墨西哥、中美洲 7 国（伯利兹、哥斯达黎加、萨尔瓦多、洪都拉斯、危地马拉、巴拿马、尼加拉瓜）以及南美洲的哥伦比亚、加勒比海的多米尼加。

② “加勒比石油计划”的西班牙语名称为“Petrocaribe”，有 18 个参与国，即委内瑞拉、加勒比海 11 国（安提瓜和巴布达、巴哈马、古巴、多米尼克、多米尼加、格林纳达、海地、牙买加、圣基茨和尼维斯、圣文森特和格林纳丁斯、圣卢西亚）、中美洲 4 国（伯利兹、危地马拉、洪都拉斯、尼加拉瓜）以及南美洲 2 国（苏里南、圭亚那）。

③ UNASUR，COSIPLAN，*Cartera de Proyectos 2017*，Diciembre de 2017，Buenos Aires，Argentina，pp. 41，56.

投资合计1650亿美元，占投资估算总额的83.0%。

第二，基础设施互联互通可分为三个层次。

三个层次是指国内互联互通、次区域互联互通、地区和洲际互联互通。本着“集体规划，分别实施”的原则，互联互通项目的筛选和确定都是由有关各国集体磋商和规划的。第一个层次项目较多，第二个层次项目较少，第三个层次项目（尤其是洲际互联互通项目）相对欠缺。以南美洲基础设施一体化倡议为例，在562个项目中，属于第一个层次的项目有468个，约占项目总数的83.3%；属于第二个层次的项目有94个，约占项目总数的16.7%。[①]

3. 规划“6+4”两洋通道格局

“6”是指中美洲一体化和发展项目在建或规划的6条两洋高速公路，自北向南依次为萨尔瓦多拉乌尼翁（La Unión）—洪都拉斯科尔特斯（Cortés）、萨尔瓦多拉利伯塔德（La Libertad）—洪都拉斯科尔特斯、萨尔瓦多阿卡胡特拉（Acajutla）—危地马拉巴里奥斯（Barrios）/圣托马斯（Santo Tomás de Castilla）、危地马拉盖特萨尔（Quetzal）—圣托马斯、哥斯达黎加利蒙（Limón）—卡尔德拉（Caldera）、巴拿马城（Ciudad de Panamá）—科隆（Colón）。

“4”是指南美洲基础设施一体化倡议框架内南美洲铁路一体化规划方案中的4条东西向两洋铁路，自北向南依次为巴西伊列乌斯（Ilheus）—秘鲁巴约瓦尔（Bayóvar），中部两洋铁路，即巴西桑托斯（Santos）—智利阿里卡（Arica）和安托法加斯塔（Antofagasta）、巴西帕拉那瓜（Paranaguá）—智利安托法加斯塔，阿根廷布宜诺斯艾利斯（Buenos Aires）—智利瓦尔帕莱索（Valparaiso）。

南美地区初步形成了“4横4纵”的铁路一体化规划和建设格局。“4横”是指4条东西向的两洋铁路。“4纵”是指4条南北向或大致南北走向

① UNASUR，COSIPLAN，*Carterade Proyectos 2017*，Diciembre de 2017，Argentina，Buenos Aires，p. 41.

的铁路，其中3条列入南美洲铁路一体化规划方案，即玻利维亚（圣克鲁斯）—阿根廷（布宜诺斯艾利斯）、巴拉圭（亚松森）—阿根廷（布宜诺斯艾利斯）、巴西（圣保罗）—乌拉圭（蒙得维的亚）。第4条为巴西南北大铁路（阿莱格里—贝伦），虽未被列入南美洲铁路一体化规划，但巴西正在建设。此外，南美洲铁路一体化规划方案中还包括巴西、巴拉圭、乌拉圭、阿根廷4国之间的几条铁路连接路段规划。

（二）市场和资本的对接与合作

中拉贸易存在着“两个不均衡”。一是贸易关系不均衡，绝大多数拉美国家对华贸易逆差，只有巴西、智利等少数国家对华贸易顺差。二是贸易结构不均衡，尽管中拉贸易结构正在改善，但中国主要从拉美地区进口大宗商品，向拉美地区出口工业制成品。消除“两个不均衡”是中拉经贸合作的重要目标之一，但完全依靠市场机制，难以实现这一目标，需要政府与市场相结合，以市场和资本为主要领域，探索和创新合作模式。

1. 多元化市场对接

提高贸易自由化程度并非只有签订自由贸易协定一条途径。拉美地区在经济特区、自贸区的建设与发展方面拥有较长的历史和较丰富的经验，中国正在大力推进自贸试验区发展和准备建设自由贸易港，因此，中国与拉美国家可以探索“区对区、港对港”的“窗口自贸区”。这些窗口自贸区或位于海边，或深入内陆，或沿江而建，不仅能够在一定程度上提高中拉市场对接程度，而且能促进拉美地区互联互通和中拉产能合作。

拉美国家普遍希望中拉在工业园区、经济特区、高技术产业园等方面深化合作，这3类园区均可作为窗口自贸区。窗口自贸区可根据拉美地区的互联互通和经济社会发展规划选择位置，至少有助于实现三个目标。第一，提高初级产品的出口加工程度，增加附加值和促进就业。第二，促进拉美地区的再工业化，减少工业制成品的进口。第三，配套基础设施建设有助于促进互联互通。

鉴于巴拿马特殊的国际枢纽地位，中国与巴拿马可以签订更高水平的自贸协定，建设集商品贸易、服务贸易、投资、产能合作、“一带一路”等于一体的高水平自贸区。考虑到巴拿马是中国向拉美出口商品的重要中转地，巴拿马可以作为拉美向中国出口商品的中转地，通过商定较低要求、较宽范围的原产地条件，巴拿马可以起到促进中拉双向商品流通的作用。

根据中拉论坛首届部长级会议发表的《北京宣言》，中拉双方均同意在论坛的政策和合作项目方面给予加勒比国家特殊待遇。位于加勒比海的国家绝大部分是小型经济体，对于其中的建交国，中国可以考虑通过中拉论坛向其单方面开放市场。虽然这些国家能够向中国出口的商品数量有限，但只要能够带来对华贸易增长，就能够对当地的经济社会发展起到一定的促进作用。

2. 加强国有资本合作

拉美地区的城市化率已达 80%，78% 的人口流动发生在 2 万人以上的城市之间[①]，而城市的住房、交通、就业“三重非正规化”（triple informalidad）严重制约着生产力水平的提高[②]。投资不足尤其是基础设施领域的投资不足，是导致“三重非正规化”的重要因素。

投资不足有两大主要根源。一是绝大多数拉美国家存在 3 项赤字，即储蓄赤字（总储蓄少于总投资），资本相对稀缺、投资率较低；政府收支赤字，除少部分拉美国家外，绝大多数拉美国家的政府收支处于赤字状态，制约着政府的发展性投资能力；经常项目账户赤字，绝大多数拉美国家的经常项目账户赤字需要由资本和金融账户来平衡，制约着拉美国家的外部融资能力。二是政府承担着基础设施领域的大部分投融资责任，例如南美洲基础设施一体化倡议的 562 个项目中，政府负责投资或融资的项目有 447 个，约需投资 1190 亿美元；政府与私人联合投融资项目有 44 个，约需投资 491 亿美元；私人投资项目 71 个，约需投资 308 亿美元[③]。

---

① Jorge Rodríguez Vignoli, “Efectos de la migración interna sobre el sistema de asentamientos humanos de América Latina y el Caribe”, *Revista de la CEPAL*, N° 123, Diciembre de 2017.

② CAF, *Crecimiento urbano y acceso a oportunidades: Un desafío para América Latina*, Bogotá, Colombia, Agosto 2017, p. 72, Prólogo.

③ UNASUR, COSIPLAN, *Carterade Proyectos 2017*, Diciembre de 2017, Buenos Aires, Argentina, p. 41.

将政府在基础设施领域的投融资职责转换为国有资本的投融资职责，加强中拉双方国有资本的合作，有助于探索和创新投融资合作模式，缓解或解决拉美地区基础设施领域的投资不足和融资难的问题。巴西美丽山输电线路I期是中国、巴西两国国有资本合作的典型案例之一。国有资本可以联合搭建较为有效的投融资平台，从而吸引和动员更多私人资本、国际资本参与基础设施领域的投资和建设。特许经营为推动拉美地区的基础设施建设发挥了重要作用，对包括中国在内的发展中国家（地区）具有参考和借鉴意义，但实践证明，单纯依靠私人资本和国际资本是不能满足投资需求的，主要表现在三个方面。第一，难以弥补基础设施投资缺口。第二，不能减轻政府在项目中的负担和职责，甚至要求政府满足苛刻的条件。第三，大部分项目不能按期完工，导致实施项目的时间成本和经济成本大幅度提高。

（三）基础设施互联互通对接与合作

基础设施互联互通可以作为“一带一路”建设在拉美的优先对接与合作领域，而项目合作和项目融资是其两大焦点问题。

1. 以国家为支点推进对接与合作

正如中国以自己为支点带动“一带一路”建设与合作，部分拉美国家可以成为中拉共建“一带一路”的支点国家，尤其是巴拿马、墨西哥、委内瑞拉、巴西、阿根廷、智利6个国家。

巴拿马因其运河而拥有全球航运枢纽地位，因此，不仅可以成为拉美地区的支点国家，而且可以成为“一带一路”全球联通的支点国家。墨西哥、委内瑞拉、巴西、阿根廷、智利等国家有较强的次区域带动和辐射作用。墨西哥是拉美大国之一，同时也是中美洲一体化和发展项目的常任主席国。委内瑞拉是加勒比石油计划的发起国，近两年来，由于原油价格下跌和原油产量下降等原因，该计划在艰难中前进。巴西是拉美第一大国，其国土面积约占南美大陆的一半，其国内基础设施建设和发展对南美地区基础设施互联互通有直接影响。阿根廷和智利均是南美大国或主要国家，在南美洲基础设施一体化倡议框架内，两国加速推进双边互联互通建设，如加速推进黑水

（Agua Negra）隧道、拉斯莱纳斯（Las Leñas）隧道的建设计划以及智利安托法加斯塔港—阿根廷萨尔塔铁路的货物运输安排等。

2. 项目合作应考虑五个因素

从国家和政府的角度看，一个重大基础设施项目是否可行，主要受国际、政治、社会、环境、经济五个方面因素的影响。

国际因素有两大类。第一类是拉美地区之外的国际因素，如果拉美国家的区外重要合作伙伴国不愿意看到中国参与其基础设施项目投资与建设，这会让拉美国家很为难，甚至不能或不敢与中国开展项目合作。对于此种情景假设，中国政府的态度很明确，“一带一路”没有地缘政治因素，开放、自愿是基本原则，中国理解并尊重有关国家的关切和选择。第二类是拉美地区内部的国际因素，如果中国与一个拉美国家的项目合作遭到该国其他拉美邻国的反对，则该项目也难以实施，甚至会影响中拉全面合作伙伴关系的发展。

中美洲一体化和发展项目、加勒比石油计划、南美洲基础设施一体化倡议等次区域合作机制，本着“集体规划，分别实施”的原则，基本实现了拉美国家之间的国际共识，所筛选的项目不仅是各自国家自己的国家项目，也是次区域各国集体磋商、规划并达成共识的项目。例如，2017 年南美洲基础设施一体化倡议框架内的铁路一体化规划在凝聚国际共识方面取得重大进展，尤其表现在两条两洋铁路的线路规划上。第一条是巴西—秘鲁两洋铁路，2017 年 7 月正式纳入铁路一体化备选方案，并提出了选择秘鲁北部的巴约瓦尔港作为太平洋沿岸港口的倾向性意见。第二条是贯穿玻利维亚的中部两洋铁路，玻方曾坚持以秘鲁南部的伊洛港为太平洋沿岸港口，并称之为秘鲁—玻利维亚—巴西两洋铁路。铁路一体化规划方案初步确定以智利阿里卡港和安托法加斯塔港作为这条两洋铁路的太平洋沿岸港口，玻利维亚境内需修建科恰班巴至圣克鲁斯路段，投资估算约 70 亿美元。

墨西哥城至克雷塔罗州高铁项目的发起人、业主和投资方是墨西哥联邦政府，该项目的失败集中反映了政治、社会和经济风险。首先，没有政治共识，在联邦政府准备实施该项目时，项目建设方案、投融资预算等重大事项尚未得到国会的批准。其次，没有社会共识，墨西哥民众对项目的必要性、土地征收等问题与政府的分歧较大。最后，石油收入是墨西哥联邦政府的一项重要财政收入来源，当时原油价格出现大幅度下跌，联邦政府的财政信心不足。

巴西—秘鲁两洋铁路的可行性研究是中国在拉美地区的首个重大基础设施项目多边合作研究和规划，尽管南美洲铁路一体化规划提出了倾向性意见，但秘鲁国内仍存在巴约瓦尔和利马两个港口的方案分歧。秘鲁国内的分歧较为全面地反映了政治、社会、环境、国际和经济风险。巴约瓦尔港位于秘鲁北部，铁路沿线人口较少，获得政治支持和社会支持的难度较高，铁路途经亚马孙雨林，环保压力较大，但投资成本较低，巴西支持这一方案。利马位于秘鲁中部且是首都城市，涉及人口较多，较易获得政治支持和社会支持，铁路远离亚马孙雨林，环保压力相对较小，但投资成本较高，巴西不支持该方案。

经济因素对项目实施与合作有两个方面的直接影响。一方面，决定着项目的商业可行性和融资能力，特别是技术标准、技术方案、施工管理、施工工期等对项目的建设成本有直接影响。中国的特高压输电技术在巴西美丽山输电线路I期工程中的应用是技术标准、技术方案对接的少有案例之一，其他大部分项目中，无论是工程承包类合作项目，还是特许经营项目投资，甚至包括工业生产项目，中国与拉美国家的技术标准和技术方案对接程度普遍较低，这种局面不利于充分发挥中国企业的综合优势。另一方面，其他四个方面的因素都有可能引发经济风险。笔者和其他中国学者曾经向多位拉美学者提出一个疑问，即对于基础设施项目建设，拉美国家如何在“如期完工、降低成本”与“拖延工期、增加成本”之间进行选择，拉美学者们普遍难以回应，认为这个问题非常复杂。对此，笔者的理解是，在大部分拉美国家，经济因素仅影响基础设施项目建设的20%，其他方面影响80%。

3. 资金融通应考虑四个要素

融通方式、融通渠道、融通管理、风险识别与管控可以作为资金融通的四个要素。

“金融驱动”对中拉经贸关系的发展日益重要，但中拉金融合作仍处于起步阶段。资金融通方式较少，贷款是主要方式。资金融通渠道较窄，尤其是中拉之间缺少直接融资渠道。中国与拉美国家需要构建政府间双边资金融通管理、风险识别与管控机制。

同中国相比，拉美国家融入国际金融市场的历史较为悠久，开展国际金融合作的经验较为丰富，融资方式相对较多，除银行贷款外，还包括国际债券、企业间借款等方式。据拉美经委会估计，2017 年拉美地区的外债总额约为 18117 亿美元[①]。根据国际清算银行的统计，截至 2017 年 6 月底，拉美地区的国际债券余额约为 7920 亿美元，其中政府债券达 3830 亿美元，企业债券达 2970 亿美元[②]。根据世界银行对部分国家的外债统计，截至 2017 年 9 月底，巴西、智利、哥伦比亚的企业间借款余额合计约为 3085 亿美元[③]。

同发达国家相比，中国的国际金融合作规模较小。截至 2017 年第 2 季度，21 个主要发达国家的银行业对外金融资产占 GDP 比重高达 186.7%，对外金融负债占 179%，而中国的这两个比重分别仅为 8.3% 和 10%[④]。主要发达国家已经构建了完善的融通方式、融通渠道和融通管理体制，其银行业对外金融资产和对外金融负债的总规模是其 GDP 的 3.5 倍以上，因此，它们的主要注意力集中在风险识别与管控领域。中国的对外金融合作刚刚起步，需要同步推进四项要素的建设，在此进程中，既要借鉴发达国家成熟的风险识别与管控经验，又不能被其捆住手脚。

---

① CEPAL, *Balance Preliminar de las Economías de América Latina y el Caribe 2017*, Santiago de Chile, Noviembre de 2017, p. 114.

② Bank for International Settlements, “Summary of debt securities outstanding”, amounts outstanding at end-June 2017, http://stats.bis.org/statx/srs/table/c1.

③ World Bank, *Quarterly External Debt Statistics*, http://datatopics.worldbank.org/debt/qeds.

④ 根据联合国贸发会议的外国直接投资存量数据和世界银行 *World Development Indicators* 中的 GDP 统计数据计算。联合国贸发会议的外国直接投资存量数据，参见 United Nations Conference on Trade and Development, *Foreign Direct Investment*, 2017 年 8 月 11 日，http://unctadstat.unctad.org/wds/TableViewer/tableView.aspx?ReportId=96740。21 个主要发达国家为澳大利亚、奥地利、比利时、加拿大、丹麦、芬兰、法国、德国、希腊、爱尔兰、意大利、日本、卢森堡、荷兰、挪威、葡萄牙、西班牙、瑞典、瑞士、英国、美国。

五 几点思考与建议

拉美学者在谈论“一带一路”时，时而激动，时而迷惘，但更多的时候面露忧色，例如，中国的人口规模和经济总量均是拉美地区的2倍以上，令拉美国家感到忌惮；不少拉美学者认为“一带一路”倡议是“国家主导”（Country-led）的，对此深表担忧；拉美地区不少学者认为，拉美国家缺乏明确的国家战略，中拉双方难以开展战略对接和政策沟通；也有拉美学者认为，中拉双方当务之急应该是对合作状况进行评估，而不是“一带一路”建设；等等。

“一带一路”倡议强调“顶层设计，政策沟通”。拉美国家不仅有制定和实施国家战略的历史经历与经验，而且正在推进的一体化、互联互通以及各国的发展目标与规划都是较为明确的国家战略。因此，中拉“一带一路”建设的对接与合作不仅有“共同基础”，而且有“共同目标”，只是双方基于不同的视角和理论，见解不同。

（一）凝聚“思想共识”

在当今世界错综复杂的诸多关系中，有三对关系较为重要，即国家与世界、政府与市场、劳动与资本之间的关系。以这三对关系为出发点，可以成为寻求“思想共识”的一个方法，以期达到同向理解“国家主导”的目的。

图2将劳动、政府、国家和资本、市场、世界分列为两组。一方面，资本、市场的世界性日益提高，而劳动、政府的国家化不断加强；另一方面，劳动和资本的多元化、复杂化程度不断提高，这要求市场的资源配置功能不断提高，同时要求政府发挥更大的作用。这两个方面如同一枚硬币的两面，而硬币自身就是“国家”，这一比喻可以作为理解“国家主导”的逻辑起点。

中国是劳动者、政府、国家的统一体，在此基础上，中国辩证地处理国家与世界、政府与市场、劳动与资本的关系，取得了改革开放的巨大成就。党的十八大以来，中国的改革开放进一步深入和全面展开。作为发展中国家，中国强调“发展中”一词的动词含义。过于强调三对关系中的对立性

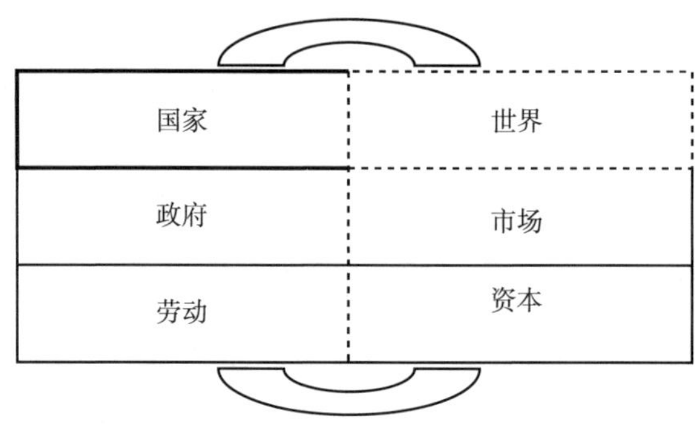

图2　国家与世界、政府与市场、劳动与资本的关系

是不利于发展的，因此，中国新时代发展战略重视和强调其统一性。

绝大多数拉美国家信奉公民社会理论，在理论方面，强调三对关系的对立性；在实践中，三对关系纵横交错、错综复杂。与此同时，绝大多数拉美国家的社会分为三大社会阶层（精英阶层、正规阶层和非正规阶层），经济分为四个部门（农村经济部门、外资经济部门、城市正规经济部门、城市非正规经济部门），政治表现为“五化”（经济国际化、利益集团化、社会分层化、政治精英化、政府社会化）①。因此，绝大多数拉美国家对三对关系的思想认识、价值判断、政治取向存在着较高程度的多元化。

中国对三对关系的辩证认识可以概括为“四观”，即世界观、时代观、国家观、价值观。国际政治格局多极化、经济全球化是世界观的主要内容，和平与发展是时代观的主要内容。“人民至上”是中国国家观的核心内容之一，体现着主权和人权的有机统一。欧美发达国家对自己“主权至上”，对其他国家尤其是发展中国家，则“人权至上”。在价值观方面，中国主张和平、民主、平等、包容等价值，但更重视体现和实现这些价值的“秩序”，“秩序”是中国传统文化中的一个重要基因。

美国将中国定义为“威权模式”，将自己标榜为“自由、民主”的典范。但是，美国民主是一只在编织严密的法制笼子里的“自由之鸟”。一方

① 谢文泽：《城市化率达到50%以后：拉美国家的经济、社会和政治转型》，吴白乙主编《拉美黄皮书：拉丁美洲和加勒比发展报告（2013～2014）》，社会科学文献出版社，2014。

面，美国将这只“自由之鸟”放飞到许多发展中国家，却没有把法制这个“笼子”或编织这个“笼子”的能力带给相关国家。另一方面，美国国内三对关系的对立使美国的政治、经济、社会分裂日趋严重，特朗普政府采取了“亲劳动”（Pro-Labor）、“亲国家”（Pro-State）选项。不仅美国如此，部分欧洲国家也出现了“亲国家”倾向。

同亚洲和非洲的发展中国家（地区）相比，拉美地区有三个明显特点。第一，绝大部分拉美国家独立较早。第二，拉美地区经济社会发展水平较高。第三，拉美地区长期团结反霸，是构建国际政治经济新秩序的重要力量。面对不确定性，2017 年拉美经委会关于拉美地区的“2030 年可持续发展议程”报告①从两个视角提出了应对主张和建议。第一个是拉美地区的整体性视角，主张加强地区一体化，使之成为促进拉美各国产业结构多元化和能力建设的重要政策工具。第二个是行为主体视角，即“国家”视角，建议发挥“国家”的行为主体作用，凝聚政府和各利益相关方的共识，在技术创新与进步、经济结构多元化、减少贫困和不平等、经济一体化发展四个领域，制定和实施新一轮结构性改革或调整。

（二）凝聚“发展共识”

尽管拉美国家之间国情差异较大，但在三项赤字方面，即储蓄赤字、政府收支赤字、经常项目账户赤字，绝大多数拉美国家普遍存在三个明显特点。第一，资本相对稀缺，其表现之一是存在储蓄缺口，投资率较低。2015～2017 年，32 个拉美国家（不包括古巴）年均总储蓄率（总储蓄占 GDP 的比重）为 18%，总投资率（总投资占 GDP 的比重）为 20.7%，储蓄赤字（总储蓄－总投资）占 GDP 的比重为 2.7%。② 根据拉美经委会的统

---

① Economic Commission for Latin America and the Caribbean（ECLAC），*Annual report on regional progress and challenges in relation to the 2030 Agenda for Sustainable Development in Latin America and the Caribbean*，Santiago，2017.

② 根据国际货币基金组织数据计算，参见 International Monetary Fund，*World Economic Outlook Database*，October 10，2017，http：//www.imf.org/external/pubs/ft/weo/2017/02/weodata/weoselagr.aspx。

计，2010～2014 年拉美地区的固定资产投资率（固定资产投资占 GDP 的比重）在 20% 以上，2015 年降至 20% 以下，2017 年降至 17.9%。第二，除少部分拉美国家外，绝大多数拉美国家的政府收支长期处于赤字状态，2017 年政府收支赤字占地区 GDP 的 2.8%。第三，绝大多数拉美国家的经常项目账户、国际收支主要靠资本和金融项目账户来平衡。例如，2017 年，19 个拉美国家的经常项目账户逆差合计约 863 亿美元，资本和金融项目账户净流入量约 1158 亿美元，实现国际收支盈余约 286 亿美元（误差 9 亿美元）。①

以三项赤字为分子，以 GDP 为分母，将三项赤字占 GDP 的比重之和称作"宏观均衡值"，如图 3 所示，拉美地区的宏观均衡值与地区经济增长之间存在着明显的同步性。1996～2016 年，拉美地区的宏观均衡值仅在 2004～2006 年为正值。根据国际货币基金组织的预测数据，2018～2022 年，拉美地区的宏观均衡值占 GDP 的 -10% 左右，拖累 GDP 的增长速度。三项赤字既是拉美地区结构性失衡的重要原因，也是结构性失衡的明显表现，缩小或消除结构性失衡是拉美国家的主要发展目标之一。

从"分子"的角度看，对于大部分拉美国家而言，缩小商品贸易逆差的主要措施有两个。一是增加大宗商品的出口，大宗商品是商品贸易顺差的主要来源，2012～2016 年拉美地区初级商品年均贸易顺差约为 2885 亿美元；二是实施再工业化战略，减少工业制成品的进口，2012～2016 年的工业制成品年均贸易逆差约为 3200 亿美元。② 减少或消除中拉商品贸易中的"两个不均衡"是中国对拉经贸合作的主要目标之一，单纯依靠市场机制和价格上涨难以实现这一目标，还需要发挥政府间政策沟通与协调的作用。关于政策沟通与协调，有拉美学者建议拉美国家借鉴甚至"移植"中国的产

① CEPAL，*Balance Preliminar de las Economías de América Latina y el Caribe 2017*，Santiago de Chile，Noviembre de 2017，pp. 106，108，109，129. 19 个拉美国家为阿根廷、玻利维亚、巴西、智利、哥伦比亚、哥斯达黎加、厄瓜多尔、萨尔瓦多、危地马拉、海地、洪都拉斯、墨西哥、尼加拉瓜、巴拿马、巴拉圭、秘鲁、多米尼加、乌拉圭、委内瑞拉。

② 根据联合国贸发会议统计数据计算。参见 UNCTADSTAT，"Trade structure by partner，product or service-category"，http：//unctadstat. unctad. org/wds/ReportFolders/reportFolders. aspx。

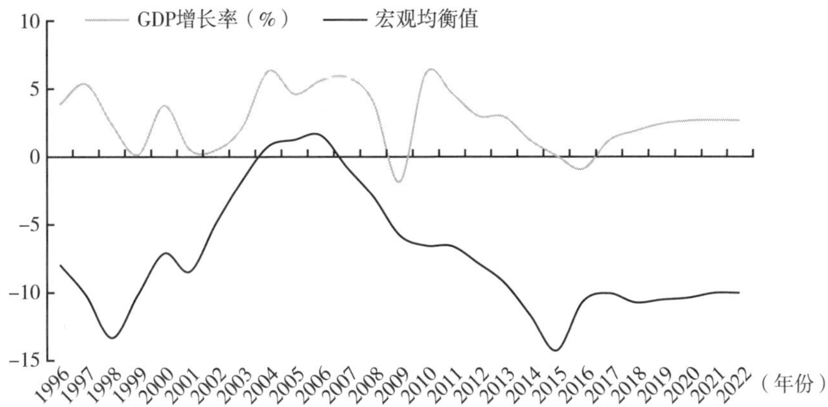

图 3 1996 ~ 2022 年拉美地区宏观均衡值与 GDP 增长率曲线

注：本图数据为 32 个拉美国家的数据，不包括古巴；2017 ~ 2022 年的数据根据 IMF 预测数据计算。

资料来源：根据国际货币基金组织（IMF）公布的有关数据计算，参见 *World Economic Outlook Database*, October 2017。

业政策。当然，不存在“移植”的必要性和可行性，但局部“无缝”对接还是有可能的。

从“分母”的角度看，拉美地区需要提高投资水平，增加 GDP 总量。尽管国有企业存在一系列问题且备受诟病，但从“五权分置”的角度看，国有企业、国有资产、国有资本之间有明显区别和不同。例如，国有资本的属性是“国有”，而其本质是“资本”。拉美地区的杠杆率相对较低，国有资本发挥杠杆作用的空间和余地较大。同时，国有土地，也包括私人土地，能够发挥“土地的储蓄替代功能”。

旅游、劳务、金融、航运等服务业是加勒比地区和中美洲地区国家经常项目的重要顺差来源，但是，一些霸权主义行径，例如限制甚至禁止合法的人员往来等，正在对加勒比地区和中美洲地区的服务业产生负面影响。2017 年 1 月，加勒比共同体峰会首次将旅游业确定为关键性经济部门，地区各国正在制订区域性旅游业和通信、能源等与旅游业密切相关的一体化发展计划，除委内瑞拉外，墨西哥也有望支持和加入加勒比地区的能源一体化规划。中国与这两个地区虽然相距较远，人员往来不便，但可以间接地支持其区域能源一体化，以直接投资、人道主义援助等方式促进区域旅游业的发展。

无论是工程承包，还是项目投资与建设，中拉“劳动”领域的合作备受争议。绝大多数拉美国家强调三对关系的对立性，加之关于对与错、好与坏、成与败的价值判断以及政治取向的多元化程度较高，从而形成了网状局面，使在拉美地区的中国企业感到自己如同一条撞进大网的小鱼。拉美学者关于评估中拉合作状况的建议非常中肯，这一项工作可以从讨论评估的立场开始，例如“国家立场”和“发展立场”。

（三）几点建议

当前及今后几年是中拉“一带一路”建设对接与合作的关键期。一方面，拉美地区将经历历史上少见的密集选举，尤其是总统大选，拉美地区的民众主义思潮也在发生变化或转型。另一方面，大多数拉美国家对“一带一路”倡议、中国发展战略仍有顾虑。因此，建议用尽可能简单、能让拉美老百姓听得懂的表述，阐明中国经济发展战略、“一带一路”倡议及其对拉美地区经济社会发展的意义。

以中拉论坛为重要平台，推进中拉“一带一路”建设对接与合作。有拉美学者指出，中拉论坛增强了拉共体的活力。中国一贯支持拉美地区一体化进程和拉美国家团结，但在中拉关系尤其是中拉经贸关系领域，次区域组织一直是“夹生层”。通过共建“一带一路”，推进中国与次区域组织的合作，在地区、次区域、国家三个层面共同推进拉美地区一体化进程。

美国是中拉关系无须回避的一个重要因素。美国将南北美洲看作一个整体，即“西半球”。美国对拉政策有三条底线，即不允许西半球以外的大国在拉美地区谋求军事存在，不允许与美国不一致的价值观和意识形态进入拉美并在拉美传播，不允许动摇美元在拉美地区的主导地位。因此，美国在军事、政治、美元三个方面影响着拉美国家的“活路”。中国与拉美国家的合作主要集中在经贸领域，中国对拉美国家的“饭碗”略有影响，但仅仅是

“多吃一点”还是“少吃一点”的问题。美国应该乐见中拉加强经贸合作，促进拉美地区经济发展、繁荣与稳定。如果美国执意选择抵制或排斥中国与拉美国家的合作，中国能够理解拉美国家的难处。中国对美国的政策立场已然清楚，在对拉合作中会尊重美国的国家利益关切，但是，在反对霸权主义、维护拉美地区和拉美国家利益方面，中国会坚定地站在拉美国家一边。

拉美经委会高度关注“一带一路”建设，执行秘书长巴尔塞纳女士积极呼吁拉美国家抓住这一历史机遇，加强与中国及亚洲地区的合作。根据《中国－拉共体论坛第二届部长级会议关于“一带一路”倡议的特别声明》，中拉论坛委托拉美经委会就中拉“一带一路”合作进行深入研究。拉美经委会是拉美发展主义理论的主要源头，建议以拉美经委会为主要沟通、交流和研究平台，中拉政、学、商三界以及有关机构和人士在这个平台上探讨、交流发展理论、发展理念，凝聚共识，力争在2021年前提出供中拉论坛第三届部长级会议参考的中拉共建“一带一路”方案。

中国在拉美地区已经完成和正在进行的合作项目迅速增多，但中拉双方，尤其是学术界和普通民众对“成功”的理解分歧较大，对合作案例中蕴含的“合作内涵”意见不一。建议选择部分典型项目或案例，中拉双方政府部门和利益相关方共同进行总结分析，理解差异，凝聚共识，共同完善，推进合作。

中国国家开发银行、中国进出口银行等开发性金融机构和政策性金融机构在中拉金融合作中发挥了重要作用。中国国家开发银行可以适时发起成立中国－拉丁美洲和加勒比国家开发性金融机构联合体，探索融资方式多样化，创新融资模式，进一步拓宽融通渠道，以促进和深化中拉金融合作。

（袁东振、贺双荣　审读）

形势报告

Situation Reports

Y.2 2017~2018年拉美政治形势：迎接大选年

杨建民*

摘　要： 2017~2018 年拉美地区政局基本稳定，政府换届均在宪法框架内进行，但委内瑞拉等国家政局的不稳定和紧张状态继续。洪都拉斯大选的合法性遭到严重质疑，发生了严重的政治冲突。公众对传统政党和老面孔的政治领导人的幻想进一步破灭，具体表现在当前几个大国领导人超低的支持率上。在传统政党陷入颓势、政治领导人被贪腐案缠身的背景下举行大选，势必给反建制派或“政治局外人”的兴起创造新的机会。此外，2018 年的拉美国家大选将在公

* 杨建民，法学博士，中国社会科学院拉丁美洲研究所研究员，政治研究室主任，古巴研究中心执行主任。

众的愤怒声中举行，蔓延整个地区的腐败案将给大选年带来不确定性。

关键词： 大选年 政治分裂 政治腐败 反建制派

2017～2018年拉美地区政局相对平稳，政府换届均在宪法框架内进行，但委内瑞拉等国家政局的不稳定和紧张状态继续。洪都拉斯大选的合法性遭到严重质疑，发生严重的政治冲突并造成人员伤亡。在拉美国家“左退右进”而又“左右共治”的大背景下，公众对传统政党和老面孔的政治领导人的幻想进一步破灭，具体表现在当前几个大国领导人超低的支持率上。在传统政党陷入颓势、政治领导人被贪腐案缠身的背景下举行大选，势必为反建制派或“政治局外人”的兴起创造新的机会。此外，2018年的拉美国家大选将在近几年因为政治腐败案层出不穷而令公众怨声载道的愤怒声中举行，蔓延整个地区的腐败案将给大选年带来新的不确定性。

一 拉美国家的选举与政局最新动态

2017年，共有厄瓜多尔、巴哈马、智利、洪都拉斯四个国家举行大选，其中厄瓜多尔和洪都拉斯的执政党在选举中获胜，其他政权发生更迭。阿根廷举行议会中期选举，执政联盟“我们变革”在参众两院又获得了一些席位，但在两院都没能获得多数派地位。委内瑞拉执政党统一社会主义党则在2017年10月的州长选举和12月的市长选举中获得重大胜利，该党的执政地位进一步巩固。

2017年2月19日，厄瓜多尔举行总统和国民大会选举，全国共有1280万名选民参加，选出新一届总统、137名国民大会议员和5名安第斯议会议员。厄瓜多尔总统和国民大会议员的任期均为4年。为保证大选的顺利进行，厄瓜多尔政府派出了3万名警察维护秩序。此外，美洲国家组织、南美洲国家联盟等多个国际组织派出224名观察员监督大选。执政党主权祖国联盟运动候选人莱宁·莫雷诺（Lenín Moreno）获得39.4%的选票位列第一，他曾受枪伤，腿部有残疾，在竞选宣言中他表示，如能当选总统，将重点解决儿童、残疾人和极端贫困人群等弱势群体所面临的切身问题，并将设立专项基金支持旅游业和生态农业的发展。反对派创造机会运动候选人吉列尔莫·拉索（Guillermo Lasso）获得28.1%的选票位列第二，和莱宁·莫雷诺一起进入第二轮总统选举。

2017年4月2日，厄瓜多尔总统选举进行第二轮投票。通过对99.65%有效选票的统计，厄瓜多尔国家选举委员会宣布，莫雷诺获得505.7万张选票，占全部有效票的51.16%，在厄瓜多尔总统选举中取得胜利，当选厄瓜多尔共和国第44任总统，他也是该国历史上首位残疾人总统。莫雷诺的最终获胜，意味着执政党主权祖国联盟运动自2007年以来第四次蝉联国家的执政党地位，也为拉美左翼在“左退右进”的政治格局中守住一城。拉索的得票率为48.9%，但他表示不承认统计结果，亲自前往国家选举委员会总部门前指责选举舞弊，并要求美洲国家组织敦促厄瓜多尔官方重新计票。当然，大选结果不可能再发生变化。5月24日，莫雷诺在国民大会上宣誓就职并发表演说，称厄瓜多尔将继续推进和深化前总统拉斐尔·科雷亚（Rafael Correa）提出的“公民革命”理念和国家现代化进程，加强同各党派与政治势力的对话和沟通。在保持国家政策稳定性和连贯性的前提下，改善投资环境，推动厄瓜多尔经济可持续发展。莫雷诺承诺，新政府将严厉打击毒品犯罪和腐败活动，促进社会公平正义。

2017年5月10日，巴哈马举行议会选举，政府发生更迭。自由民族运动（FNM）获得压倒性优势，收获全部39个众议院席位中的35席，进步自由党（PLP）获4席，民主全国联盟（DNA）和独立候选人未获得席位。自由民族运动赢得自1992年以来的第四次大选胜利，该党领袖休伯特·明尼斯（Hubert Minnis）成为该党继英格拉哈姆之后的第二位总理，于5月11日宣誓就职。

2017年11月19日，智利举行总统和国会选举。在国会选举中，中右翼联盟“智利前进”和中左翼联盟均未取得半数以上席位，而一举夺得20个众议院席位的左翼联盟“广泛阵线”则打破了智利原有政治格局，成为不可小觑的第三股政治力量。

在首轮总统选举中，中右翼反对派联盟“智利前进”候选人、前总统（2010～2014年在任）塞瓦斯蒂安·皮涅拉（Sebastián Piñera）、中左翼执政联盟主要候选人亚历杭德罗·吉耶（Alejandro Guillier）和左翼“广泛阵线”联盟候选人比阿特丽斯·桑切斯（Beatriz Sánchez）等8人角逐总统宝座。皮涅拉和吉耶得票获前两位，进入第二轮投票，最终皮涅拉获得54.57%的选票，当选总统，于2018年3月11日就职。前总统巴切莱特上台后实施了一系列宪法和税制改革，虽然提高企业税的税率使政府收入有所增加，而且在一定程度上打击了偷税漏税，但这一政策是在经济增长乏力、投资动力不足的大背景下出台的，因此对很多企业的未来投资产生不利影响，拖慢了经济增长步伐。2017年智利经济增长1.5%，是8年来增速最低的一年。[①] 皮涅拉在本次竞选中主打“经济牌”，以“更好的时代”为竞选口号，主张降低企业税税率，促进经济增长。他承诺到2025年将智利建成发达国家，彻底消除贫困，在其4年任期内将增加60万个就业岗位，把企业税税率从27%降至24%，提高工资和养老金水平，提高教育水平，改善治安，等等。

本次大选是智利自2015年5月选举法修改以来的第一次大选，选举改革将众议员选区减少至28个，每个选区选出3～8位众议员，众议院众议员席位增加到155个；将参议员选区减少到15个，每个行政大区作为一个选区，每个选区选出2～5名参议员，参议院参议员席位增

① CEPAL，“Chile”，*Balance Preliminar de las Economías de América Latina y el Caribe 2017*，Santiago de Chile，Diciembre de 2017，http：//repositorio. cepal. org/bitstream/handle/11362/42651/15/BPE2017_ Chile_ es. pdf，最后访问日期：2017年12月26日。

加到 50 个。第二轮大选过后，参众两院议员于 2018 年 3 月就职。由于皮涅拉领导的“智利前进”在参议院和众议院的议席均未超过半数，只有联合在野的“广泛阵线”或多数派力量，其提出的法案才可能在国会获得通过。

2017 年 11 月 26 日，洪都拉斯举行总统选举，在官方没有公布计票结果的情况下，现任总统、中右翼的执政党国民党胡安·奥兰多·埃尔南德斯（Juan Orlando Hernández）及反对派“反对独裁联盟”候选人萨尔瓦多·纳斯拉亚（Salvador Nasralla）就分别宣布自己胜选。最高选举法院曾在计票超过一半的时候宣布纳斯拉亚领先埃尔南德斯 5 个百分点，然而就在这个关键的时候计票系统出了问题，经过人工计票后埃尔南德斯的得票领先。这引发了反对派支持者连续几天在多个地点举行大规模抗议示威，其中一些游行升级为暴力冲突。政府 12 月 1 日宣布全国进入为期 10 天的紧急状态。2015 年 4 月，洪都拉斯最高法院废除了宪法中禁止现任总统连选连任的条款，现任总统埃尔南德斯遂获准参与 2017 年总统选举，但是其参选的合法性受到反对党的普遍质疑。12 月 2 日，纳斯拉亚要求举行重新选举。12 月 4 日，最高选举委员会在完成对总统选举 99.96% 选票的计票工作后，认为现任总统埃尔南德斯以微弱票数领先，且其优势不可逆。最终埃尔南德斯的得票率为 42.98%，纳斯拉亚的得票率为 41.39%。但根据洪都拉斯选举法的规定，总统选举的最终计票结果要经过数天的“公示期”，在接受有关各方质询后，最高选举委员会才可以宣布最终结果。12 月 17 日，最高选举委员会宣布，现任总统埃尔南德斯赢得选举，实现连任。尽管最高选举委员会主席戴维·马塔莫罗斯强调选举结果是在美洲国家组织、欧盟和国内外观察团队的共同监督下得出，经过了数天的审查和公示，其透明度前所未有，但反对派候选人纳斯拉亚表示不接受选举结果，将继续进行抗议。就在同一天，负责监督大选的美洲国家组织发现选举中诸多违规的事项，该组织秘书长阿尔马格罗建议重新举行选举。目前，因反对派不承认选举结果而发生的冲突已经造成 18 人死亡、1600 多人受伤。

二　传统政党和政治家的支持率下降，反建制派借势崛起

在拉美国家"左退右进"而又"左右共治"的大背景下，公众对传统政党的幻想进一步破灭，具体表现在当前几个大国领导人超低的支持率上。截至2017年7月，时任智利总统米歇尔·巴切莱特·赫里亚（Michelle Bachelet Jeria）、哥伦比亚总统胡安·曼努埃尔·桑托斯·卡尔德龙（Juan Manuel Santos Calderón）和委内瑞拉总统尼古拉斯·马杜罗·莫罗斯（Nicolás Maduro Moros）的支持率都在25%以下，墨西哥总统恩里克·培尼亚·涅托（Enrique Peña Nieto）的支持率只有8%，而巴西总统米歇尔·特梅尔（Michelle Temer）的支持率更是只有5%。拉美主要国家领导人中支持率最高的是上任一年多的阿根廷总统毛里西奥·马克里（Mauricio Macri），其支持率接近50%，[①] 这既反映了其右翼政策在左翼执政12年后受到欢迎，也是因为他还比较"新"。

在传统政党陷入颓势、政治领导人被贪腐案缠身的背景下举行大选，势必给反建制派或"政治局外人"的兴起创造新的机会。在2017年的智利大选中两位记者出身的政治家引人注目。亚历杭德罗·吉耶现任安托法加斯塔（Antofagasta）大区的参议员，2017年1月7日被提名为社会民主激进党候选人；4月9日，当选社会党中央委员并在秘密投票中以2/3多数击败前总统理查多·拉各斯（Richardo Lagos），在4月21日被提名为该党候选人；5月7日，智利共产党宣布吉耶为本党候选人；5月13日，民主党宣布其为2017年大选的总统候选人。由于新多数派联盟未能成功举行初选，吉耶宣布作为独立候选人参选。截至8月，吉耶收集到6万多个签名，成功注册为2017年总统选举的独立候选人。在2017年11月的首轮总统选举中获得22.7%的选票，得票居第二位，进入第二轮的

① The Economist Intelligence Unit, *Turning Tide: A Guide to Latin America's Busy* 2018 *Election Year*, http://pages.eiu.com/rs/753-RIQ-438/images/LATAM_elections_2018_FINAL.pdf，最后访问日期：2017年12月11日。

总统选举。比阿特丽斯·桑切斯是2017年获得注册的另一位独立候选人。2017年3月21日，她辞去记者工作参加总统角逐，迅速获得了民主革命党、自治主义运动、自由党左翼、民主进步运动的支持，相继获得权力党、自由党和绿色生态党的提名，作为候选人参加大选；7月2日，赢得“广泛阵线”的初选。桑切斯在2017年11月的首轮总统选举中获得20.27%的选票。

墨西哥左翼领导人安德烈斯·曼努埃尔·洛佩斯·奥夫拉多尔（Andres Manuel López Obrador）目前在墨西哥大选的民调中领先，而执政党墨西哥革命制度党推出的总统候选人——前财政部部长何塞·安东尼奥·梅亚德（José Antonio Meade）受到培尼亚·涅托超低的支持率和在腐败面前无能为力的不利影响；前第一夫人（2006～2012年）和议员（1994～1997年）玛格丽塔·萨瓦拉（Margarita Zavala）也已经离开中右翼的国家行动党而作为独立候选人参选，给中左翼的民主革命党和中右翼的国家行动党之间的联盟带来冲击，必将分流一些国家行动党的选票。①

巴西的前右翼军官哈伊尔·波索那罗（Jair Bolsonaro）以美国总统唐纳德·特朗普（Donald John Trump）为榜样，不断抛出自由主义的经济政策以博取选民的青睐，在2018年大选中的民调支持率也是不断爬升；圣保罗电视节目主持人、无党派人士卢西亚诺·胡克（Luciano Huck）在民调中获得60%的认可度，在所有潜在候选人中名列第一，得到社会主义人民党和民主党的支持。

在哥伦比亚，更有许多公众熟悉的政治面孔注册新的政治运动，而不是作为传统政党的候选人参加2018年的总统角逐。

三　“分裂的政府”与“分裂的拉美”

2015年以来拉美政治呈现出“左退右进”的新格局，拉美主要国家的

---

① The Economist Intelligence Unit, *Country Report—Mexico*, Dec. 2017, pp. 5－6.

中右翼在选举中获胜，但拉美左翼的力量仍然不可忽视，拉美国家权力机构的内部也就呈现出“府院之争”的分裂现象，这种情况反映到拉美地区事务中，造成了“分裂的拉美”现象。

（一）拉美政治的“左退右进”与“分裂的政府”

2015年阿根廷左翼政党正义党——胜利阵线在选举中落败、委内瑞拉左翼在议会选举中落败以及2016年巴西左翼总统迪尔玛·罗塞夫（Dilma Rousseff）被弹劾下台都是拉美政治中的重大事件，标志着拉美地区左翼执政高潮的结束，左翼失去了地区政治的主导权。拉美政治格局开始呈现“左退右进、左右共治”的新局面。目前，只有委内瑞拉、厄瓜多尔、乌拉圭、玻利维亚和尼加拉瓜等中小国家仍然由左翼政党执政，拉美地区的前四大经济体，巴西、墨西哥、阿根廷和哥伦比亚均由中右翼政党或政党联盟执政，对拉美政治格局产生了深刻的影响。2017年12月17日，智利中右翼候选人皮涅拉当选新总统，拉美第六大经济体也将在2018年转为中右翼执政。

2015以来，“府院之争”或“分裂的政府”成为地区现象，执政党在议会不占多数削弱了国家的可治理性。所谓“分裂的政府”，其实就是“跛鸭政府”，是指政府得不到议会多数支持而无所作为的情况。此外，“跛鸭政府”还特指国家马上面临大选，政府和社会聚焦选举而在治理方面无所作为的情况。2018年是拉美大选年，这种情况自然更加严重。目前，除玻利维亚和加勒比的议会制国家之外，“分裂的政府”遍布整个地区。玻利维亚执政党依然占有议会2/3以上席位。2017年10月，现任总统胡安·埃沃·莫拉莱斯·艾马（Juan Evo Morales Ayma）接受执政党争取社会主义运动的总统候选人提名，参加2019年总统大选。此举虽然引发了街头抗议，也可能涉及修改宪法和重新公投，但面对较弱的反对派，莫拉莱斯有可能成功参选并再度蝉联总统。[1]

---

① The Economist Intelligence Unit, *Country Report—Bolivia*, Nov. 2017, p. 5.

虽然中右翼在阿根廷、巴西、秘鲁和危地马拉等国的一系列选举中获胜，但在拉美各国内部，左翼仍然是非常重要的政治力量，左翼和中右翼的斗争仍然在继续。其中，委内瑞拉的“府院之争”最为激烈。2017 年 1 月，反对派控制的议会通过决议，宣布马杜罗总统因没能履行职责而“放弃职务”。马杜罗政府则多次连续宣布国家进入“经济紧急状态”（每次 60 天）。加上政府控制的最高法院裁定中止反对派组织的罢免公投、新国会通过的法律一律无效，反对派主导的国会则邀请美洲国家组织进行干涉并宣布马杜罗总统“自动离职”等诸多针锋相对的斗争，使得委内瑞拉的“府院之争”白热化。2017 年 5 月 1 日，马杜罗宣布制宪大会进程规定，新宪法通过前，制宪大会将是高于任何其他政府部门的特殊权力机关。按照制宪大会的成立目标，其将以对话方式维护委内瑞拉国内和平，改革依赖石油的经济体制，加强司法，整顿或解散国会。8 月 4 日，委内瑞拉制宪大会正式成立。在 2017 年 10 月举行的全国州长选举中，执政党再度获得重大胜利，获得 23 个州长职位中的 18 个。在同年 12 月 10 日举行的全国市长选举中，执政党再度获得重大胜利，赢得 335 个市长席位中的300 个。[①] 12 月 15 日，委内瑞拉政府与反对派第三次在多米尼加举行谈判，就成立真相委员会、经济保障、政治和选举保障、承认制宪大会、机构平衡、经济社会形势 6 个议题举行对话。政府方面要求承认制宪大会、取消美国对委内瑞拉的经济制裁，反对派则要求恢复国会立法权、改组全国选举委员会、释放政治犯和争取人道主义援助等。委内瑞拉左翼仍然掌握着国家权力，控制着行政、司法、选举等国家机构，制宪大会的成立、地方选举的胜利、逐渐回暖的国际油价等因素也有助于马杜罗完成总统任期。英国经济学家情报社预计，委内瑞拉在两种情况下会出现反对派领导的政府，一是经济崩溃，二是军事

① The Economist Intelligence Unit，*Venezuela politics*：*Quick View—The ruling PSUV sweeps municipal elections*，http：//www. eiu. com/index. asp?layout = displayVw&article_ id = 1926238376&geography_ id = 1540000154& id =，最后访问日期：2017 年 12 月 21 日。

政变，而大家希望通过选举实现政权更迭的可能性很小。[①]

在秘鲁，藤森派人民力量党控制了130个席位中的72席，佩德罗·巴勃罗·库琴斯基·戈达德（Pedro Pablo Kuczynski Godard）总统开始还受益于反藤森派的支持，他们甚至支持授予政府特别权力，这也是执政党费尔南多·萨瓦拉（Fernando Savara）内阁的信心所在，但到2016年年底政府和国会的斗争激化，利马大主教从中斡旋，才打破僵局。[②] 12月15日，秘鲁国会以93∶17的投票结果通过了反对党议员对总统库琴斯基的弹劾案，理由是总统本人涉嫌巴西建筑公司奥德布雷希特（Odebrecht）的腐败丑闻，确认库琴斯基在2004～2007年任经济部部长等职务期间，其掌握的西部田野资本公司和第一资本公司分别接受奥德布雷希特公司78.2万美元和405万美元贿赂。2017年12月21日，秘鲁国会就弹劾总统的提案正式进行投票，在130个席位中，库琴斯基获得79个席位的支持，距离罢免总统需要的2/3多数仅差8票。此外，有类似情况的拉美国家还有危地马拉、萨尔瓦多、哥斯达黎加、巴拿马、墨西哥等国。

拉美之所以出现“分裂的政府”，一方面，说明除中右翼崛起外，左翼内部也矛盾重重，面临困难，一些国家的左翼发生了分裂。墨西哥、厄瓜多尔和巴西的左翼已经分裂。奥夫拉多尔脱离民主革命党另立国家复兴运动党（Movimiento Regeneración Nacional，Morena），目前在墨西哥大选的民调中领先；厄瓜多尔左翼也发生了分裂，2017年8月3日，厄瓜多尔总统莱宁·莫雷诺发布行政令，宣布撤销前总统的亲密战友、副总统豪尔赫·格拉斯（Jorge Glas）的所有工作职权。2017年10月，法院发出针对豪尔赫·格拉斯的逮捕令，因涉嫌腐败对其进行预防性拘留。11月9日，厄瓜多尔最高检察院宣布以受贿罪正式对豪尔赫·格拉斯提出起诉，指控其在2012～2016年通过其亲属开设的离岸公司接受巴西建筑公司奥

① The Economist Intelligence Unit，*Country Report—Venezuela*，Nov. 2017，p. 2.

② *Winds of Change in the Latin American Political Arena for 2017*，http：//www.desarrollando-ideas.com/wp-content/uploads/sites/5/2017/01/170130_DI_Report_Elections_Latam_ENG.pdf，最后访问日期：2017年12月9日。

德布雷希特共计1350万美元的贿赂。新任总统莫雷诺还推动举行全民公决，通过修改宪法，规定总统两个任期的限制，禁止科雷亚在2021年再次竞选总统。2017年10月31日，执政党主权祖国联盟运动投票罢免了莫雷诺该党领导人的职务，主权祖国联盟运动发生分裂，该党44名议员支持莫雷诺，17名支持科雷亚，还有13位不站队，无论如何，政府都失去了在议会的多数席位，可能寻求反对派、右翼基督教社会党的支持。在巴西，巴西共产党自1985年来首次提出自己的候选人参加2018年大选，也是自1989年以来首次没有和劳工党一同提出候选人，说明劳工党已经不能将左翼团结在一起了。

另一方面，“分裂的政府”也说明拉美左翼的力量仍然不可忽视。比如，在委内瑞拉，左翼执政党仍然牢牢控制着国家权力，反对派控制的议会已经被制宪大会所取代，执政党重新获得了国家的立法权，加上一直掌握的行政、司法、选举等国家权力。政府给了军队领导如国防部部长很多行政权力，获得军队上层的支持，虽然军队下层仍然可能出现反政府行动，但毕竟使军队发动政变的可能性大为降低。这为执政党推动经济回暖、等待石油价格回升、推迟大选等挽回败局的措施争取了时间。执政党统一社会主义党则在2017年10月的州长选举中获得23个州长职位中的18个，执政党地位进一步巩固。在反对派方面，其力量分散，以洛佩斯为首的激进派和以卡普里莱斯为首的温和派难以达成一致，除了呼吁地区和美国干预之外也难以制衡执政党。况且，反对派也不敢呼应美国的所谓“军事干预”而落得“叛国”的骂名。

（二）拉美政治的“左退右进”与“分裂的拉美”

当前，拉美政治已经分裂，委内瑞拉成为拉美政治外交斗争的焦点。在外交和地区一体化方面，南方共同市场、美洲国家组织等地区一体化组织已经被美国支持的右翼政府所主导，南共市先是在2016年12月中止委内瑞拉的成员国资格，又在2017年8月宣布无限期中止其成员国资格，美洲国家组织也在美国的支持下向委内瑞拉政府施压，推动该国政治的右转。在上述情势下，拉美政治已经分裂为左、右两个阵营，以古巴、委内瑞拉、尼加拉瓜、厄瓜多尔和玻利维亚等左翼阵营为一方，另一方则是以巴西、墨西哥、阿根廷、哥伦比亚等为首的右翼阵营。实际上，在2015年前左、右两个阵营就已经存在，只不过此前左翼在拉美政治格局中占据主导，出现了拉美左翼的群体性崛起。尽管如此，拉美政治并没有出现明显分裂，而且建立了拉美和加勒比国家共同体这样一个包括地区所有国家的一体化组织，首次甩开美国，作为一个整体亮相世界，中拉整体合作也就此开启。2017年7月30日，委内瑞拉举行制宪大会选举，当日，巴西外交部公开表示“不承认委内瑞拉制宪大会选举结果”，认为马杜罗政府的做法“破坏了宪政秩序”。8月6日，南共市四个创始成员国巴西、阿根廷、乌拉圭和巴拉圭发表联合声明，决定无限期暂停委内瑞拉成员国资格。由于委内瑞拉危机造成大量难民进入巴西，委内瑞拉问题成为当前巴西外交的头等大事。2017年8月，在委内瑞拉召开制宪大会之后，特朗普称为解决委内瑞拉问题，不排除“军事干预”，再次暴露了美国实行地区霸权主义的野心，使拉美各国再次看清了美国的真面目，遭到包括委内瑞拉右翼在内的拉美右翼和左翼的集体谴责。这样，希望美国在解决委内瑞拉危机中发挥关键作用也是枉然。

拉美右翼政府通过向左翼政权施压推动“左退右进”，不仅导致了拉美国家国内政治的分裂，而且使巴西等地区大国的外交影响力和地区治理能力急剧下降。目前，以巴西、阿根廷为主的右翼政府对先前左翼的政策改弦更张，推动经济自由化和市场化，并在一体化政策上向太平洋联盟靠拢，外交上向西方发达国家靠拢，支持左翼执政国家的反对派，尤其是在委内瑞拉问题上形成了拉美的右翼阵营和左翼阵营的分裂局面。加上巴西等地区大国经济连续出现负增长，国内同样矛盾重重，对于重树地区内的外交影响力也是力不从心。可以说，右转的拉美地区大国难以发挥左翼执政时期那样的地区影响力。例如，在巴西，在卢拉和罗塞夫时期，巴西政府不仅可以调解委内瑞拉国内争端，还可以在叙利亚、伊核等问题上发挥作用。在2014年7月习近平主席访问巴西时，当时的罗塞夫总统可以临时把古巴、厄瓜多尔、委内瑞拉等11个拉美国家的首脑聚到巴西，举行了第一次“中国－拉美和加勒比国家共同体”峰会。而当前右翼执政的巴西特梅尔政府，首先要在国内保住自己总统的位置，不要像罗塞夫一样被弹劾下台，进而要解决捉襟见肘的经济财政问题。因此，巴西等拉美传统大国政治外交影响力的下降不仅仅是提出全面外交、转向西方的问题，更是自身经济实力和政治影响力下降使然。

四　腐败将给2018年大选带来新的变数

2018 年是拉丁美洲名副其实的大选年，有 9 个国家举行大选。按照现行宪法，前五大经济体中的四个都将举行大选，即委内瑞拉（5 月）、哥伦比亚（5 月）、墨西哥（7 月）和巴西（10 月）将举行大选或总统选举，哥斯达黎加（2 月 4 日议会选举，4 月举行总统第二轮选举）、格林纳达（3 月 18 日）、古巴（4 月 18 日）、巴巴多斯（5 月）、巴拉圭（4 月 22 日）也将进行全国选举。在已经结束的哥斯达黎加议会选举中，民族解放党获得 57 个席位中的 17 席，仍然是议会第一大党，民族重建党获得 14 席，执政党公民行动党仅获得 10 个席位。在格林纳达，新民族党在议会选举中大获全胜，获得全部 15 个议席，该党领袖基思·米切尔（Keith Mitchell）第六次组阁。4 月 15 日，危地马拉还将举行全民公决，决定是否将其与伯利兹的领土争端提交给国际法院裁决。上述选举将在公众的愤怒声中举行，蔓延整个地区的腐败案将给大选年带来新的不确定性。

（一）拉美国家的腐败问题仍然积重难返

拉美国家的腐败案每年都层出不穷。继 2015 年中美洲涉及多国的腐败问题，2016 年 4 月 3 日，一家德国报纸和国际记者共同体（ICIJ）发布《巴拿马报告》，披露了拉美和加勒比国家领导人在巴拿马利用离岸的壳公司进行洗钱的情况，涉及阿根廷、巴西、厄瓜多尔、墨西哥、巴拿马、秘鲁和委内瑞拉等多国领导人。阿根廷现任总统马克里也牵涉其中，这可能对马克里的执政和2017年执政党在议会的中期选举产生不利影响。报告披露，1998～2008年马克里担任巴哈马一家离岸公司的董事，而2007年马克里当选布宜诺斯艾利斯市的市长，在其资产申报中没有透露该情况。阿根廷反对派要求马克里说明此事。马克里通过电视采访说明公司的职务是合法的，公司也是其父亲成立的，本来计划投资巴西，后来目的没有达成。同时，总统的父亲弗朗哥·马克里也声明成立该公司并不是以逃税为目的。目前，已经对马克里展开司法调查。①

在巴西，贪腐案影响政局的稳定。2017年，围绕巴西石油公司贪腐案展开的反腐“洗车行动”升级。巴西联邦总检察长雅诺特3月14日向最高法院提出申请，要求对巴西高级官员展开83项新的调查。新调查名单涉及5名部长级官员、6位重要议员以及2名前总统，其中包括外交部部长、管理部部长、总统府总秘书处部长、科学技术部部长、城市部部长、国会参众议长，以及前总统卢拉和罗塞夫。“洗车行动”的升级可能进一步削弱特梅尔的执政基础。自上台以来，特梅尔更换了8名部长，如今又有5名内阁成员面临调查。然而，对于参、众议长以及阿埃西奥·内维斯等社民党议员的调查可能波及特梅尔在议会的基础，进而阻碍政府力推的包括养老金制度改革在内的经济紧缩计划。“洗车行动”的升级也将对前总统卢拉产生影响，他此前已经面临5项腐败指控。目前来看，“洗车行动”再次引发巴西政局动荡的风险较低。

2017年6月9日，巴西最高选举法院以4∶3的投票结果，裁决2014年总统选举获胜者罗塞夫及其竞选搭档特梅尔无罪；2017年8月2日，巴西联邦众议院举行投票（263∶227），否决了一项将特梅尔总统受贿案提交至联邦最高法院审理的议案。连续两次过关后，特梅尔保住了总统职位，巴西政治危机暂告一段落。

2016年7月19日，墨西哥于2015年出台的反腐败改革法终于获得批准，但该体制面临巨大挑战。其不仅在理论上受到广泛质疑，而且在实践上

---

① The Economist Intelligence Unit, *Country Report—Argentina*, June 2016, p. 29.

也暴露出严重的问题，主要是缺乏制衡和监督。其中最明显的表现就是韦拉克鲁斯州、金塔纳罗奥州和奇瓦瓦州的州长根据反腐败新体制在任命州的反腐官员时出现缺乏监督、任人唯亲的现象。例如，韦拉克鲁斯州州长罗伯特·博尔赫（Roberto Borge）和金塔纳罗奥州州长哈维尔·杜阿尔特（Javier Duarte）设立新的总审计长和检察官取代州审计长和检察官，并任命新的法官任职于行政法院和州最高法院；奇瓦瓦州州长塞萨尔·杜阿尔特（Cesar Duarte）因挪用公共基金并试图通过任命亲信担任反腐官员被调查；科阿韦拉州（Coahuila）州长温贝托·莫雷拉（Humberto Moreira）执政期间（2010～2015 年）政府债务水平大大提高，为逃避调查，任命了一位亲信为新的审计长。对此，墨西哥总审计长提请最高法院对上述各州的做法进行合宪性审查，几名州长的行为被调查。[①] 2017 年，墨西哥的革命制度党政府也面临着多位阁员卷入腐败案，同样增加了执政难度，降低了政府的支持率和公信力。两次地震之后，民众反建制的情绪不断增强。在这种情况下，国家复兴运动党候选人奥夫拉多尔领跑 2018 年大选的民调。

在 2017 年 10 月透明国际在拉美国家进行的调查中，有 62% 的受访者认为在过去的 12 个月中腐败情况增加了，只有 10% 的受访者认为腐败有所减少。在拉美 20 个国家的调查中，有 17 个国家的受访者认为腐败增加了。其中，认为腐败增加了的比例在委内瑞拉、智利、巴西和秘鲁尤其高。全区 47% 的受访者认为警察和政治家是最腐败的，而宗教界人士是最清廉的。在委内瑞拉，更有 76% 的受访者认为警察是腐败的，反映了国家安全部队的高度政治化，而且同样有 76% 的受访者批评委内瑞拉政府在反腐方面无所作为。2016 年透明国际公布的清廉指数排名中，委内瑞拉在 176 个国家和地区中排在第 166 位。[②]

在调查中，秘鲁腐败的严重程度在拉美排在第二位，73% 的受访者认为政府在反腐方面没有任何成效。2016 年 7 月就职的库琴斯基总统，在竞选

---

① The Economist Intelligence Unit, *Country Report—Mexico*, Oct. 2016, pp. 32 - 34.

② 透明国际：《2016 年国际清廉指数排名》，http://www.360doc.com/content/17/0314/17/17131115_636832882.shtml，最后访问日期：2018 年 1 月 15 日。

中承诺严惩腐败，但其执政党“为了变革秘鲁人”在议会130个席位中仅获得17个席位，[①] 反腐能力和治理能力十分有限。

（二）腐败议题将充斥2018年的选举

如前文所述，2018年巴西、墨西哥、哥伦比亚和哥斯达黎加都将举行大选，而这几个国家都是调查中腐败情况加剧的国家，每个国家的民众因腐败而对政治建制的不满都将影响大选的结果。

贪腐案也将影响巴西未来的政局，尤其是2018年选举。2017年7月12日，巴西联邦法官塞尔吉奥·莫罗宣布，前总统、左翼领袖路易斯·伊纳西奥·卢拉·达席尔瓦（Luiz Inácio Lula da Silva）因贪污和洗钱罪被判处9年零6个月有期徒刑。这是20世纪80年代以来，首位被判刑的巴西前总统。根据判决，卢拉拥有上诉的权利。罗塞夫被弹劾后，劳工党面临困境，在左翼中的号召力大不如前，在这种情况下，卢拉就成为劳工党重振雄风的最佳人选，而且在此前的各类民调中，卢拉依然是2018年大选呼声最高的候选人。2018年1月，卢拉被二审判决获刑12年零1个月，但卢拉即使入狱仍然享有政治权利，可以注册为总统候选人。同时，联邦法官的判决为2018年大选设置了一个很大的不确定因素，如果卢拉最终被剥夺参选资格，将根本改变巴西的大选形势。自四年前的选举开始，巴西政府和政治家们就被腐败案缠身，涉及巴西石油公司（Petrobras）、奥德布雷希特以及与两家公司相关的公司及其在国外的业务关系。现任总统米歇尔·特梅尔也两次被指控，虽然顺利过关，但其不可能有反腐的能力。面临2018年的选举，主要政党的许多政治家因腐败案缠身而声誉扫地。这就给“政治局外人”或反建制派的崛起提供了机会，哈伊尔·波索那罗声名鹊起，在2018年选举中的民调支持率不断上升。还有在民调中领先的前总统卢拉也是被腐败案缠身，但凭借其任职期间社会经济的良好表现仍然有穷人的支持。

---

① The Economist Intelligence Unit, *Spotlight on corruption in Latin America*, http://country.eiu.com/article.aspx?articleid=1596010543&Country=Brazil&topic=Politics，最后访问日期：2017年12月9日。

哥斯达黎加虽然是拉美最稳定、最透明的国度之一，但腐败仍然是其2018年大选的重要议题。一家国有银行出现腐败案，多名司法官员和议员牵涉其中。腐败案增加了选举的不确定性。在哥伦比亚，虽然腐败因素在选举中的作用远没有经济和安全重要，但公众对腐败的愤怒不可能不产生影响。几十位候选人创建了自己独立的运动作为选举工具，而不是依托高层被卷入腐败案的传统政党。此外，腐败还与贩毒相关，大大削弱了公共机构的公信力。

（三）其他国家的重要选举和政治形势

2017年11月26日，古巴举行市政选举，由选民直接从3万个候选人中选出12515位市人大代表（每个席位有2～8位候选人），然后逐级选举，直到2018年全国人民政权代表大会召开时选出新的国务委员会主席和部长会议主席。不过，原定于2017年10月举行的市人大代表选举直到11月底才举行，2018年的全国人民政权大会也因此延后举行。[①] 2017年12月21日，古巴第八届全国人民政权代表大会第十次会议召开，指出由于“厄玛”飓风的影响，市人大代表的选举工作已经延期举行，省人大代表的选举推迟到2018年3月25日举行，全国人大的换届选举即全国人大第九次会议推迟到2018年4月19日举行。在本次会议上，国务委员会副主席兼经济计划部部长做了关于2017年经济状况和2018年经济计划的报告，称2017年古巴经济增长了1.6%，2018年计划经济增长2%，而联合国拉美经济委员会的报告显示古巴经济增长了0.5%[②]。古巴部长会议副主席穆里略做了关于古共七大纲要落实情况的报告。财政和价格部部长莉娜·佩德拉萨做了关于2018年财政预算的报告。

---

① The Economist Intelligence Unit，*Municipal elections begin transition process*，November 27，2017，http：//www.eiu.com/index.asp?layout=displayIssueArticle&issue_id=1986168382&article_id=706167254，最后访问日期：2017年12月22日。

② CEPAL，“Cuba”，*Balance Preliminar de las Economías de América Latina y el Caribe 2017*，Santiago de Chile，Diciembre de 2017，http：//repositorio.cepal.org/bitstream/handle/11362/42651/12/BPE2017_Cuba_es.pdf，最后访问日期：2017年12月26日。

巴拉圭于2018年4月举行大选，现任总统奥拉西奥·卡特斯（Horacio Cartes）的任期到同年8月结束。虽然任期还有半年多，但他已经很少有机会实施其结构改革了。卡特斯曾试图修改宪法使自己连选连任，不仅没有成功，而且引发了红党内部的分裂，参议员马里奥·阿布多（Mario Abdo）激烈反对卡特斯，也反对卡特斯支持的红党候选人圣地亚哥·培尼亚（Santiago Peña）。在党内初选中，阿布多战胜培尼亚，获得红党提名的候选人资格。两个反对派政治组织真正激进自由党和左翼瓜苏阵线联盟正式宣布组成选举联盟参加2018年大选。正如英国经济学家情报社预测得那样，红党候选人阿布多赢得了大选，而且红党还是议会选举的赢家。①

2016年11月，哥伦比亚政府和游击队哥伦比亚革命武装力量（FARC）签署和平协定，结束了持续52年的内战。总统胡安·曼努埃尔·桑托斯（Juan Manuel Santos）的任期也将在2018年8月结束，落实和平协定仍然是其首要任务，但国内公众的注意力早已经集中在2018年的大选上。前游击队将作为候选人参加大选，但关于和平协定的争议仍然存在。政府和另外一支游击队的谈判也有进展，但进展缓慢。国内脆弱的经济表现、某些人对和平协定的不满以及巴西建筑公司奥德布雷希特涉嫌在上次选举中为桑托斯非法捐赠资金等问题削弱了总统的支持率，使其在剩余任期的决策更为复杂。而且上述问题可能影响桑托斯的前副总统、作为独立总统候选人参加2018年大选的赫尔曼·瓦加斯·列拉斯（Germán Vargas Lleras），目前他得到激进变革党和民族统一党的支持。英国经济学家情报社预测，瓦加斯可能在2018年总统选举中获胜。② 但截至2018年3月，在民调中领先的是两位来自左翼阵营的政治家，前波哥大市长古斯塔沃·佩德罗（Gustavo Petro）和前安蒂奥基亚省省长和麦德林市市长塞尔西奥·法哈多（Sergio Fajardo）。

玻利维亚虽然在2019年才举行大选，但选前的政治斗争早已经拉开帷幕。玻利维亚反对派力量仍然分散，执政党仍然控制着2/3以上的议席。

① The Economist Intelligence Unit, *Country Report—Paraguay*, 1st Quarter, 2018, p. 5.

② The Economist Intelligence Unit, *Country Report—Colombia*, Dec. 2017, pp. 2－5.

2015 年 9 月，多民族议会以超过 2/3 的选票通过了取消宪法关于总统任期的限制，但宪法修正案的生效需要全国公投通过。2016 年 2 月 21 日，宪法修正案在全国公投未获通过，但莫拉莱斯政府并不承认这一结果①。2017 年莫拉莱斯接受了执政党对其参加 2019 年大选的总统候选人提名。9 月，执政党议员向最高法院提起诉讼，要求就总统连续两届的任期限制进行裁决，认为该限制侵犯了总统的人权。据英国经济学家情报社预计，莫拉莱斯会作为执政党候选人参加 2019 年大选，并获得选举的胜利。②

（张凡　审读）

① 2013 年玻利维亚最高法院裁定，根据 2009 年新宪法，莫拉莱斯目前只是第二任期，2006 ~ 2009 年的任期不应该计算在内。

② The Economist Intelligence Unit，*Country Report—Bolivia*，Dec. 2017，p. 4.

Y.3
2017～2018年拉美经济形势：弱势复苏，被边缘化风险加大

岳云霞*

摘　要： 2017年，世界经济复苏企稳，全球贸易和投资扩大，大宗商品价格有较大幅度反弹，拉美和加勒比地区结束了持续两年的衰退，经济重获增长，通货膨胀和国际收支等主要基础性指标出现一定好转。三大次区域经济表现不一，地区间增长差异有所收敛，但以中美洲地区的持续减速为代价。在宏观经济改善的背景下，地区各国的财政政策以财政稳健为目标，增收节流成为地区多国政策的选择，而货币政策的弹性和空间有所恢复，在提供经济增长激励方面发挥一定作用。然而，在国际比较视野下，地区增长率仍然偏低，被边缘化的风险在加大。展望未来，在外部利好的形势下，2018年地区经济有望继续增长。但是，由于外部不确定性加大，地区经济在中短期内难以实现强势反弹，内部增长差异也将继续。

关键词： 拉丁美洲经济　加勒比经济　顺周期

2017年，在全球经济"同步"复苏、国际贸易增长和大宗商品价格回升的有力带动下，拉美地区经济恢复增长，通货膨胀和国际收支等主要基础

---

* 岳云霞，经济学博士，中国社会科学院拉丁美洲研究所经济研究室研究员、经济研究室主任。主要研究领域为拉美经济、国际贸易与投资。

性指标出现一定好转。但是，在国际比较视野下，地区被边缘化的风险在加大，而地区内部的多重分化加大了区域间的差异。未来一段时期内，由于世界经济增长将继续企稳，地区经济有望保持增长态势，但由于外部不确定性增加，且内部瓶颈性因素尚未消除，增长的稳定性不足。

一　2017年经济基本形势

2017 年，全球经济的复苏态势有企稳趋势，约 120 个经济体（占全球产值的 3/4）的年同比增速都出现上升，出现了 2010 年以来最广泛的全球增长同步上扬[①]。拉美地区经济在外部利好的带动下，结束了持续两年的衰退，经济重获增长，主要宏观经济指标均出现了一定的改善。地区整体经济的反弹仍相对偏弱，三大次区域之间的差距虽有所收敛，却以中美洲地区和墨西哥的增速继续下探为代价，而南美地区和加勒比地区的经济恢复仍不够强劲。

（一）经济微弱复苏，次区域间差异收敛

2017 年世界经济表现良好，美、日、欧等主要发达经济体的增速均超出预期，新兴经济体的增速稳中有升，全球经济七年来首次出现“同步复苏”。国际货币基金组织（IMF）在其 2018 年 1 月 22 日发布的《前景更光明、市场乐观但未来仍面临挑战》世界经济展望更新版本中估计，全球经济增长达到 3.7%。其中，发达经济体的平均增速为 2.3%，新兴市场和发展中经济体的增速为 4.7%，均较上年出现明显改善[②]。同期，全球商品和投资流动加速，特别是贸易增长量价齐升，贸易额增长达到了世界贸易组织

---

① 国际货币基金组织：《世界经济展望 2018 年 1 月最新预测——前景更光明、市场乐观但未来仍面临挑战》［World Economic Outlook Update（January 2018）—Brighter Prospects, Optimistic Markets, Challenges Ahead］, http://www.imf.org/~/media/Files/Publications/WEO/2018/Update/January/Chinese/0118c.ashx?la=zh，最后访问日期：2018 年 1 月 25 日。

② 国际货币基金组织：《世界经济展望 2018 年 1 月最新预测——前景更光明、市场乐观但未来仍面临挑战》，http://www.imf.org/~/media/Files/Publications/WEO/2018/Update/January/Chinese/0118c.ashx?la=zh，最后访问日期：2018 年 1 月 25 日。

（WTO）前期预测的3.6%的上限水平，五年来首次接近世界经济增速。对拉美地区经济有着明显影响的大宗商品价格也呈现总体震荡上行趋势，平均上涨13%，大体回升至2012年年底水平①。其中，金属价格同比上涨约25.8%，布伦特原油（Brent）与美国西得克萨斯的中质原油（WTI）的期货结算价同比分别上涨21.7%和19.0%，工业原料涨幅约12.2%，而食品价格涨幅略低于1%。

在上述利好因素的作用下，拉美地区出现了微弱复苏。2017年，据联合国拉美经委会和IMF估计，地区经济结束了20世纪90年代以来持续最久的衰退，实现了1.3%的增长率，人均国内生产总值也有0.3%的小幅回升②。地区33个国家中，尽管仍有4国③经济处于负增长状态，但2/3国家的经济增长情况好于上年④。从具体经济活动来看，消费、投资和出口的同步增长拉动地区总需求，推动整体经济复苏。前三季度，国内总需求上升1.5%，其中，私人消费增加2.3%，投资增加1.7%，而公共消费则因地区多数国家政府预算的压缩仅增加0.1%。总需求增加，加上有利的国际贸易环境带动了地区对外贸易的扩大，出口对GDP增长的贡献为1.2%，远高于上年水平⑤。值得一提的是，受经济形势好转的影响，地区固定资本形成结束了连续13个季度的下降，2017年前三季度增长0.7%。不过，地区内部差异依然显著，南美的地区固定资本形成增加1%，而中美洲地区、墨西哥和多米尼加的地区固定资本形成却下降了0.9%⑥。可以看到，拉美地区的

① ECLAC, *The Preliminary Overview of the Economies of Latin America and the Caribbean 2017*, Santiago, Chile, December 2017, p. 9.

② ECLAC, *The Preliminary Overview of the Economies of Latin America and the Caribbean 2017*, Santiago, Chile, December 2017, p. 10.

③ 即委内瑞拉、多米尼克、特立尼达和多巴哥、苏里南。

④ 增速不及2016年的地区11国为多米尼克、圣基茨和尼维斯、多米尼加、秘鲁、圣卢西亚、海地、尼加拉瓜、哥伦比亚、哥斯达黎加和智利。

⑤ ECLAC, *The Preliminary Overview of the Economies of Latin America and the Caribbean 2017*, Santiago, Chile, December 2017, p. 51.

⑥ ECLAC, *The Preliminary Overview of the Economies of Latin America and the Caribbean 2017*, Santiago, Chile, December 2017, p. 51.

经济恢复是周期性因素和外部因素共同作用的结果，前者表现为库存量回升带动的投资增长，后者则通过出口直接产生正向的经济激励，并通过侨汇和出口部门收入增加产生的传导作用，带动地区消费扩大，从而促进经济增长。因此，外部因素在地区经济中仍发挥着主导性的作用，拉美地区尚未形成有效的内源性增长动能。

拉美地区增长的内部分化依然存在，但由于经济的“南升北降”，次区域间的差异略有收敛。南美地区终结了持续两年的下降，年内实现了0.8%的微弱反弹；中美洲地区、墨西哥、古巴、多米尼加和海地的平均增速持续第二年回调，年内GDP增长率为3.3%，较上年略低；而加勒比地区面临美欧经济复苏、粮价上升压力减弱和侨汇上升的利好因素，但同时承受了飓风的严重影响和能源价格反弹的不利冲击，经济增长率仅为0.1%[①]。同期，国家间的差异也略有收敛，增长率标准差由2.9降为2.5（见图1）。联合国拉美经委会（ECLAC）数据显示，除了委内瑞拉外，其余南美国家均出现涨幅不等的增长，特别是阿根廷、巴西和厄瓜多尔恢复增长，GDP增长率分别为2.9%、0.9%和1.0%；巴拿马、多米尼加、尼加拉瓜、安提瓜和巴布达、巴拉圭的GDP增长率超出或达到了4%，而前两国的增长率依次为5.3%和4.9%，连续四年引领地区经济增长；委内瑞拉[②]、苏里南、特立尼达和多巴哥仍处于经济衰退中，GDP下滑8%、0.7%和2.3%；而多米尼克则是经济逆转最为明显的经济体，GDP增长率由上年的2.6%骤降至-8.3%。

拉美地区各经济部门的增长差异有所加大。据拉美经委会统计，截至2017年6月底，得益于对外贸易和国内需求扩大，农业和服务业都有一定的增长，制造业也有所恢复，为经济的持续增长提供了支撑。但是，尽管地区库存投资贡献在增大，区内多数国家产业投资不足的问题仍然存在，受此影响，地区采掘业和矿业继续收缩，成为经济增长中的不利因素。

---

① ECLAC, *The Preliminary Overview of the Economies of Latin America and the Caribbean 2017*, Santiago, Chile, December 2017, pp. 49 - 50.

② IMF估计值。

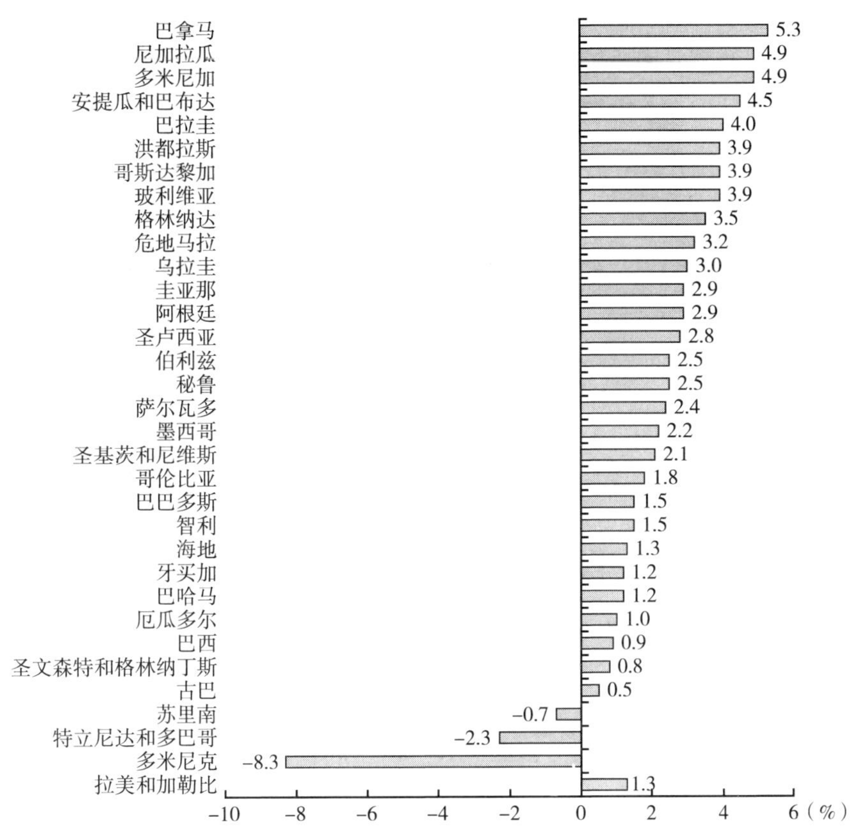

图1　2017年拉丁美洲和加勒比地区各国GDP增长率

资料来源：CEPALSTAT，Statistics and Indicators，http：//estadisticas. cepal. org/cepalstatWEB _ CEPALSTAT/estadisticasIndicadores. asp?idioma = i，最后访问日期：2017年12月30日。

（二）外部作用分化，通胀压力整体下降

拉美地区经济具有较强的外部性，外部冲击对地区通胀水平产生较大影响。2017年，地区价格变化主要受到两方面外部因素影响。一是国际粮价增速放缓对通胀压力形成疏导，使得地区食品和非酒精饮料的平均通胀率从2016年10月的10.2%降至2017年10月的3.5%。同时，次区域通胀反向变化的现象再次出现，同期食品通胀率在南美地区从13.2%大幅下降为

2.3%，而在中美洲地区和墨西哥却从4.3%增至6%①。二是本币币值变化引发的通胀调整。南美国家本币升值使其通胀率下降，而中美洲地区和墨西哥则因本币贬值而引发了价格抬升②。除此之外，部分国家采取的通胀抑制政策也开始发挥作用，阿根廷、巴西、哥伦比亚和苏里南等国的通胀率都因此而出现明显下调。

在上述因素的综合影响下，拉美地区的通胀水平出现了整体性下降，通胀率由2016年10月的8.2%降至2017年10月的5.3%，为近四年来最低值。次区域间的通胀变化情况则存在显著差异，南美和加勒比地区的通胀率分别下降5.7%和3.5%，而中美洲地区和墨西哥的通胀率则上升2.6%。截至2017年10月末，三大次区域的通胀率依次为4.9%、3.7%和6.4%，整体通胀压力有限。

国家间通胀率变化也各不相同。具体而言，截至2017年10月，拉美地区可获得数据的31个国家中，有14国的通胀率下降，17国的通胀率上升。其中，阿根廷（22.9%）和苏里南（30.9%）在抑制通胀方面的成效显著，但通胀率仍处于较高水平；海地（15.6%）和委内瑞拉的通胀则出现恶化，尤其是后者的通胀率处于极高水平③。与之相反，厄瓜多尔（-0.1%）和圣卢西亚（-0.3%）两国则出现了通缩，尤其是后者近年来持续性的通缩影响着社会经济活动的正常进行（见图2）。

（三）失业率上升，劳动力市场持续恶化

由于近四年来经济的持续低迷（2014年和2017年低增长，2015年和2016年负增长）以及劳动参与率上升，拉美地区的就业形势仍处于恶化之中。2017年，拉低失业率的两大因素继续产生影响。一方面，地区就业率

① ECLAC, *The Preliminary Overview of the Economies of Latin America and the Caribbean 2017*, Santiago, Chile, December 2017, pp. 59-60.

② IMF Western Hemisphere Department, "Latin America and the Caribbean: Stuck in Low Gear", Regional Economic Update, Washington, October 2017, p. 3.

③ 委内瑞拉官方公布数据显示其价格水平在2017年前10个月上涨152.8%。

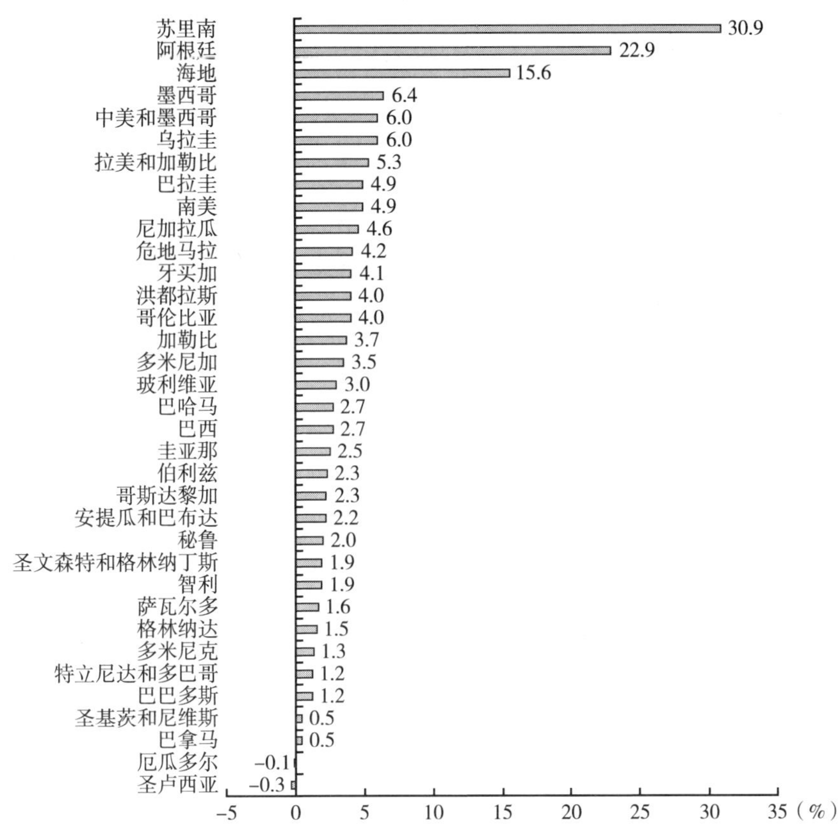

图2　2017年10月拉丁美洲和加勒比地区各国通胀率

资料来源：CEPALSTAT，Statistics and Indicators，http：//estadisticas. cepal. org/cepalstat/WEB_ CEPALSTAT/estadisticasIndicadores. asp?idioma = i，最后访问日期：2017年12月30日。

延续了自2014年第二季度以来的下降态势，降低约0.1个百分点，降幅有所收窄；另一方面，地区劳动参与率仍在上升，增幅与上年大体一致，约为0.3个百分点①。受上述因素影响，地区失业率仍在扩大，城市公开失业率②预计由8.9%升至9.4%，增速虽较上年回落，但使得新增失业人口规模

① ECLAC，*The Preliminary Overview of the Economies of Latin America and the Caribbean 2017*，Santiago，Chile，December 2017，p. 63.

② 仅包含数据可获的国家。

由上年的410万人增至700万人，地区失业人口总量由2130万人扩大至2280万人，创下了2005年以来的最高纪录[①]。在数据可获的地区19个国家中，有11国的城市失业率相对恶化[②]。

地区内部就业情况的差异同样显著。南美洲各国的失业率均出现程度不一的上升，其中，巴西的失业率在2016年第三季度达到11.8%，阿根廷、智利、哥伦比亚和厄瓜多尔的失业率也有明显上升，南美地区的城市公开失业率由2015年的8.2%涨至本年度的10.5%[③]。同期，中美洲地区和加勒比多数国家的失业率则出现先升后降的变化趋势。综合全年，中美洲地区、多米尼加和墨西哥组群城市公开失业率由4.9%降为4.6%，而加勒比地区的失业率则由10%降至9.3%[④]。

经济增长与劳动力市场的地区内部分化使得地区各国的失业情况各不相同。南美地区的失业率普遍上升，除了阿根廷和厄瓜多尔外，智利、哥伦比亚、巴拉圭、秘鲁和乌拉圭的城市失业率的增速虽有所减缓，规模却均有所增加，而巴西的失业率上升相对明显。中美洲地区的失业情况有所改善，除了巴拿马外，其余各国的失业率均在下降。加勒比地区则出现两极分化，巴哈马和牙买加的失业率在下降，而巴巴多斯、伯利兹、特立尼达和多巴哥的失业率却在上升。

非正规就业长期困扰拉美地区劳动市场，而在经济复苏微弱的背景下，这一痼疾有加重之势。据统计，近年来工资型就业在地区就业总量中的比重在下降，而自雇型就业的比重在增加，这使得地区实际工资呈现结构性的分化。对于工资型就业人群而言，通胀的有效控制和各国不断提高的最低工资规定，使其实际工资水平步入上升通道，2017年的增长中位

---

① ECLAC, *The Preliminary Overview of the Economies of Latin America and the Caribbean 2017*, Santiago, Chile, December 2017, pp. 63 – 64.

② ECLAC, *The Preliminary Overview of the Economies of Latin America and the Caribbean 2017*, Santiago, Chile, December 2017, p. 118.

③ UN, *World Economic Situation and Prospects 2017*, New York, January 2017, p. 145.

④ ECLAC, *The Preliminary Overview of the Economies of Latin America and the Caribbean 2017*, Santiago, Chile, December 2017, pp. 63 – 64.

数达到了2%[①]。而对于自雇型就业而言，其实际工资水平无法得到有效保障，反而受到通胀的侵蚀。由于拉美地区大规模非正规就业的存在，实际工资的复合增长率有限，这对其社会平均购买力的恢复不利，而且会通过消费的传导作用冲击经济增长，转而又对就业市场形成不利影响。

（四）国际收支总体顺差，外汇储备增加

与全球贸易加速复苏的态势一致，拉美地区的对外贸易也在外部需求增加、大宗商品价格上涨和区域内交易加大三大利好作用下，在2017年出现了明显增长，这有益于其经常项目逆差收窄。同期，尽管地区金融和资本项目顺差略有减少，但仍足以形成国际收支盈余，使得地区外汇储备增加。

经常项目的多数组成分项有利于缩小逆差，使得逆差额在GDP中的占比连续第二年下降。货物贸易依旧是经常项目逆差减少的主要来源。由于大宗商品价格反弹，2017年，拉美地区贸易条件终止了五连跌，较上年平均改善3%。其中，油气出口国的贸易条件改善最为显著，矿产品出口国次之，农产品出口国的贸易条件也有一定的改善[②]。但是，中美洲地区和加勒比地区则因进口能源和食品，贸易条件略有恶化。受此影响，拉美地区货物出口增加11%[③]，在数据可获的国家中，除了海地外，各国出口额均有所增长，尤以矿产品和油气出口国为甚，如秘鲁、巴西、厄瓜多尔、哥伦比亚、玻利维亚和智利的出口额增幅依次达到了20%、17%、14.1%、13.7%、12%和11.6%。出口超出了进口8%的增幅，使得地区货物贸易余额较上年明显增加，中南美地区的货物贸易出现顺差[④]。服务贸易则是地区各国的弱项。尽管随着旅游服务改善以及货物出口拉动的物流和金融服务扩大，地区

① ECLAC, *The Preliminary Overview of the Economies of Latin America and the Caribbean 2017*, Santiago, Chile, December 2017, pp. 65－68.

② 三类出口国贸易条件的改善幅度分别为12%、6%和1%。

③ 在出口额的增长中，价格因素贡献8%，出口量贡献3%。

④ 作者测算，数据来自ECLAC, *The Preliminary Overview of the Economies of Latin America and the Caribbean 2017*, Santiago, Chile, December 2017, pp. 105－106。

大多数国家的服务出口都有所增长[①]。地区服务贸易赤字约为 GDP 的 0.9%，与上年大体持平。收入项是经常项目的逆差来源之一，其主要构成为外资利润汇回和外债利息支付。由于跨国公司对外利润汇出增加，收入项逆差在 GDP 中的占比由 2.5% 扩大至 2.7%。经常转移仍保持顺差，地区侨汇平均增加 9%，促使该项盈余增加 7%。上述各项加总，拉美地区的经常项目逆差缩小，占 GDP 的比重由上年的 1.9% 降为 1.6%。需要指出的是，拉美地区年内经常项目逆差额下降的原因与上年有所区别，其被动性特点未发生根本性变化，但是出口扩大代替进口萎缩成为推动逆差缩小的主因，因此，出口扩大明显的国家经常项目的改善较大，巴西和秘鲁成为逆差收窄最为突出的国家，而以农产品出口为主的阿根廷则成为逆差扩大最多的国家。

资本和金融项目的净流入持续减少，顺差额下降。其中，直接投资是拉美地区最主要的资金来源，2017 年净流入额与上年大体持平，其中巴西的外国直接投资（FDI）净流入额增加 23%，而地区其他国家的净流入额则在下降。证券和其他投资流入量则大幅锐减。综合各项，地区金融和资本项目流入量较 2015 年减少 4%，但盈余额仍足以弥补经常项目逆差。因此，地区国际收支处于总体顺差状态，国际储备资产因而略有增加。据联合国拉美经委会统计，2017 年地区国际储备增加 4.2%，规模较上年增加 150 亿美元，扩至 346.7 亿美元。地区 33 个国家中，有 20 国的储备资产规模扩大，其中，巴西、乌拉圭、玻利维亚、秘鲁、危地马拉、哥伦比亚、洪都拉斯和萨尔瓦多 8 国的储备水平显著增长，而巴拿马（20.0%）、巴巴多斯（19.8%）、伯利兹（18.9%）、委内瑞拉（11.1%）、安提瓜和巴布达（10.0%）等国的国际储备资产则出现明显缩水[②]。

对比拉美地区经济复苏前后的主要宏观经济指标，能够看到，地区整体经济增长、通胀和国际贸易等指标均有所好转，但就业等多项基础指标仍在恶化，这表明地区经济复苏的基础仍有待夯实，当前增长仍具有脆弱性。同

---

① 在数据可获得国家中，牙买加是地区内唯一一个服务出口下降的国家。

② ECLAC, *The Preliminary Overview of the Economies of Latin America and the Caribbean 2017*, Santiago, Chile, December 2017, pp. 106 - 107. 括号中的百分比数据为下降幅度。

时，地区内部的增长差异虽有所收敛，但经济分项指标之间的差距缩小和扩大的态势不一，地区各国间的整体差距未见缩小。南美和中美洲地区因结构性差异，形成了镜像式的增长，多项指标近年来在两地之间此消彼长，整个地区内部的经济联动性在削弱，南北经济一体化的动能变弱；而加勒比地区的经济脆弱性和依附性日益突出，在地区内部呈现出相对明显的被边缘化趋势。整体来看，尽管拉美地区所面临的经济下滑压力得到了缓解，但是其增长中内源性动力不足的问题更加突出，投资不足、制造业偏弱和劳动生产率走低对地区发展前景仍构成明显的挑战，而人口年龄结构年轻化的红利正在为人力投资不足瓶颈所约束，地区结构性改革的紧迫性和必要性日渐突出，地区发展需要产生新动能和新活力。

二　2017年经济政策

2017 年，拉美地区的经济政策取向在上年的基础上有所调整。财政政策以财政稳定为目标，紧缩性政策占据主导，地区多国通过压缩公共支出来寻求财政平衡；货币政策所受的内外部压力减弱，部分国家有条件通过适度宽松刺激经济增长。整体而言，地区宏观经济政策的空间仍相对有限，在逆周期效用方面的作为有限。

（一）财政赤字相对稳定，外债高风险持续

2017 年，拉美地区的财政收入增加，但财政压力仍相对较大。为了保持财政稳定性，地区多国以压缩支出为代价，促使财政状况大体保持不变。

在财政支出方面，由于债务压力加大，拉美地区多国出台了“节支”措施，对初级经常性支出和资本支出进行压缩，这使地区平均支出水平大体稳定，为 GDP 的 21.3%。但是，地区各国的财政支出调整情况不一，南美各国缩减开支的压力最为显著，巴西、哥伦比亚、智利和秘鲁等国的财政支出几近零增长，而阿根廷等国的实际支出水平较 2016 年明显下调；中美洲地区和加勒比地区在财政支出调整方面呈现分散化的趋势，墨西哥、伯利

兹、特立尼达和多巴哥、安提瓜和巴布达等国大幅压缩支出，哥斯达黎加、萨尔瓦多、尼加拉瓜和牙买加的财政支出与上年大体持平，而圭亚那、圣基茨和尼维斯则提高了支出水平①。从支出的调整方向来看，支出上升的压力主要来自公共债务利息支出，由于近年来美元的相对升值、美国加息和地区国家融资条件的相对严苛化，拉美和加勒比国家的利息负担都有所加重，中美洲地区、墨西哥、多米尼加和海地的利息支出占 GDP 的比重已由 2016 年的2% 升至 2017 年的 2.2%；南美地区的利息支出占比也由 2.3% 增至 2.4%。支出的削减则主要集中于经常性支出项目，2017 年南美地区该项目数额较上年下降 1.1%，在 GDP 中的占比降为 18.1%，阿根廷和巴西两国支出控制相对严格；中美和墨西哥地区该项目数额下降0.7%，在 GDP 中的占比降为 12.9%。墨西哥和洪都拉斯两国的经常性支出压缩的规模接近 GDP 的 1%。加勒比地区沉重的外债负担严重制约了其财政政策能力，2017 年经常性支出项目降幅达 10.7%，在 GDP 中的占比降为 22%，安提瓜和巴布达、巴巴多斯、圣基茨和尼维斯、苏里南等国大幅缩减相关项目支出。资本支出项目则体现出不同的调整轨迹，南美多数国家仍在大幅压缩该项开支，相关支出在 GDP 中的占比降幅达到了 3.6%；中美洲地区、多米尼加、海地和墨西哥组群在该项支出上总体保持了稳定，占比仍为 GDP 的 3.7%，但是国别差异较大，墨西哥大幅削减了此项支出规模，而萨尔瓦多、洪都拉斯、尼加拉瓜和巴拿马等国则加大了相关支出②。加勒比地区因飓风后重建工程浩大，整体性资本支出增加，圭亚那、圣基茨和尼维斯等国的支出规模有了较大扩张，但伯利兹、安提瓜和巴布达等国的相关支出削减也相对明显③。

在财政收入方面，得益于经济向好趋势，拉美地区的收入状况有所改善。

---

① ECLAC, *The Preliminary Overview of the Economies of Latin America and the Caribbean 2017*, Santiago, Chile, December 2017, p. 129.

② 该组群国家的资本支出有较大比例为中央政府向国有企业的资本性转移，墨西哥的资本支出缩减也集中于相关转移性支出。

③ ECLAC, *The Preliminary Overview of the Economies of Latin America and the Caribbean 2017*, Santiago, Chile, December 2017, p. 129.

2017 年，地区财政收入占 GDP 的比重略有增加，从 17.6% 扩大至 18.2%。其中，税收占到了财政收入的 85.7%，其小幅增长（在 GDP 中的占比从 15.5% 增至 15.6%）主要来自经济好转带来的地区增值税的整体扩大；非税收收入、国际援助和捐赠等其他收入相对稳定，在 GDP 中的占比约为 2.6%。财政收入在总体扩大的同时，也呈现出次区域的分化特征。中美洲地区和墨西哥的财政收入有所下降，在 GDP 中的占比降低 1 个百分点，其中尤以洪都拉斯和墨西哥的收入降幅最为明显，仅税收占比就分别下降 0.4 个和 0.9 个百分点。南美地区的财政收入稳定在 GDP 的 20.2%，但税收出现增长，尤其是智利、哥伦比亚、厄瓜多尔和乌拉圭的税收增幅较大，在 GDP 中的占比分别扩大 0.5 个、0.6 个、0.8 个和 0.7 个百分点。加勒比地区的财政收入也在增加，总税收增加相对明显，在 GDP 中的占比增加 0.3 个百分点，但呈现出国别的两极化趋势，安提瓜和巴布达（在 GDP 中的占比增加 1.9 个百分点）、伯利兹（在 GDP 中的占比增加 1.1 个百分点）由于推出新税种而税收明显增加，特立尼达和多巴哥的税收则有较大降幅（在 GDP 中的占比增加 2 个百分点）[①]。

在收支的双向作用下，拉美地区的财政稳定性得以保持。2017 年，地区初级财政赤字预计为 GDP 的 0.8%（2016 年为 1%），总赤字为 GDP 的 3.1%（2016 年为 3%）。地区各国的财政赤字情况不尽相同。据联合国拉美经委会统计，南美地区的财政赤字规模经历连续五年的扩大后，开始回落，总赤字占 GDP 的比重由 2016 年的 4.2% 降为 2017 年的 3.9%，初级财政赤字占比则由 1.9% 降为 1.5%，巴西、智利、哥伦比亚、乌拉圭和厄瓜多尔的初级财政赤字规模都在缩小，但阿根廷和秘鲁的财政状况有所恶化。中美洲地区、多米尼加、海地和墨西哥组群的初级财政赤字状况良好，除了哥斯达黎加和巴拿马有较大规模初级财政赤字外，其余国家大体实现了初级平衡，萨尔瓦多和墨西哥的初级财政赤字甚至还保有较大盈余，但总体财政赤字因利息负担加重而变大，由上年的 2.1% 增为 2.4%。加勒比地区为了保持其偿债能力，初级

---

① ECLAC, *The Preliminary Overview of the Economies of Latin America and the Caribbean 2017*, Santiago, Chile, December 2017, pp. 80-82.

盈余与上年持平，仍为GDP的1.2%，而财政赤字总规模为GDP的2.3%。地区13个国家中，圭亚那、特立尼达和多巴哥、苏里南与巴哈马的初级财政处于赤字状态，且前两国赤字规模出现扩大趋势；而在财政总平衡方面，除了安提瓜和巴布达、格林纳达、圣卢西亚保有财政盈余外，其余国家均有规模不等的赤字，圭亚那、特立尼达和多巴哥的财政失衡现象相对严重①。

拉美地区的公共债务在近十年内保持总体上涨趋势，目前已处于相对高风险区域。2017年，地区公共债务总额占GDP的比重为51.6%，较2016年略低②。据联合国拉美经委会统计，地区33个国家中，有15国中央政府的外债余额较上年下降③，但其余国家外债出现了规模不等的扩张（见图3）。各次区域相比，南美地区的公共外债扩大，外债总额增加2%，在GDP中的占比增至38.7%。巴西、智利和厄瓜多尔的债务扩张速度超过了地区他国，巴西和阿根廷成为区域内外债规模最大的两国，外债总额占GDP的比重分别为73.9%和53.7%，均面临较大的外债风险；而厄瓜多尔、智利、秘鲁和巴拉圭的外债规模在拉美地区亦处于较低水平，其外债总额占GDP的比重依次为26.1%、23.8%、21.2%和20.8%，外债风险较小。中美洲地区、海地、多米尼加和墨西哥组群的外债规模略减，降至GDP的38%，区域外债风险总体较低，但地区内哥斯达黎加、洪都拉斯、多米尼加的外债规模在年内出现增大趋势。加勒比地区的债务风险远远超出了其他两大次区域，但其外债规模在2017年有所下降，降至GDP的70.9%，除了圭亚那、圣基茨和尼维斯的外债风险相对较低外，区内其他国家均面临较大的债务风险，尤其是牙买加和巴巴多斯仍是地区债务负担最高的国家，公共外债占到GDP的109.5%和102.7%④。

---

① ECLAC, *The Preliminary Overview of the Economies of Latin America and the Caribbean 2017*, Santiago, Chile, December 2017, p. 127.

② 截至2017年第3季度联合国拉美经委会初步估计结果。

③ 15国包括阿根廷、萨尔瓦多、危地马拉、海地、墨西哥、秘鲁、乌拉圭、安提瓜和巴布达、巴巴多斯、多米尼克、圭亚那、牙买加、圣基茨和尼维斯、圣卢西亚、特立尼达和多巴哥。

④ ECLAC, *The Preliminary Overview of the Economies of Latin America and the Caribbean 2017*, Santiago, Chile, December 2017, p. 127.

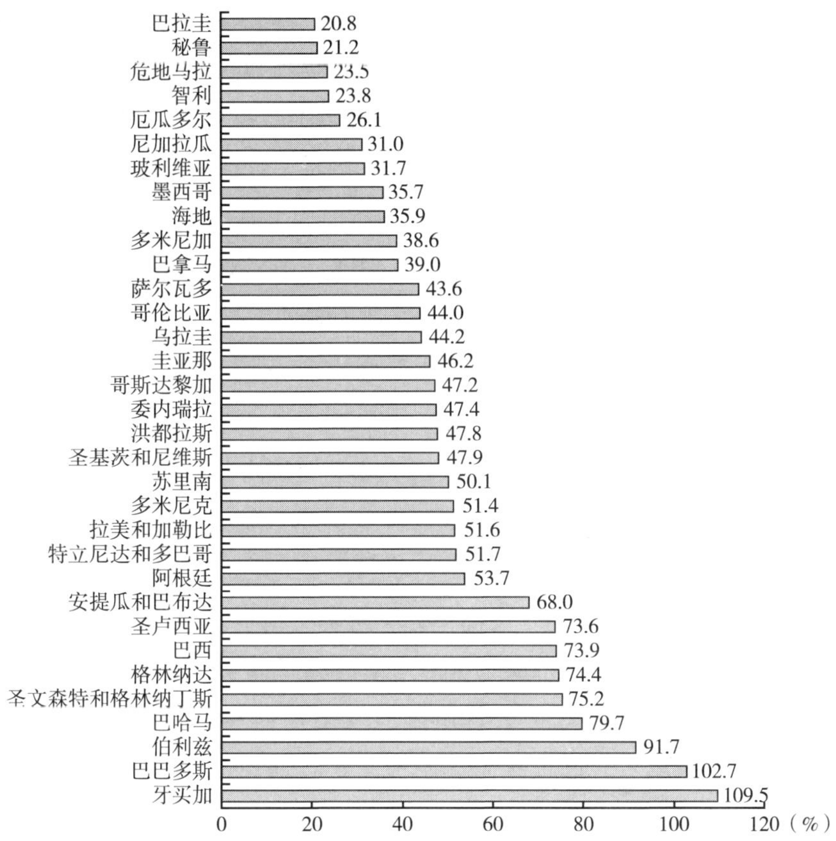

图 3　2017 年拉丁美洲和加勒比地区中央政府公共外债总额占 GDP 的比重

资料来源：ECLAC，*The Preliminary Overview of the Economies of Latin America and the Caribbean 2017*，Santiago，Chile，December 2017，p. 130。

（二）内外部压力下降，货币政策弹性加大

拉美地区的货币政策具有多元化目标，也相应承受多重压力，其外部压力是保持币值的相对稳定和防止国际资本大进大出，而内部压力则主要来自经济增长需求。2017 年，由于地区整体的内外部压力减弱，且通胀汇率处于相对合理的区间，货币政策的空间和弹性有所恢复，特别是南美和加勒比地区因通胀压力减轻，得以采取相对宽松的政策，刺激经济增长。

拉美地区各国以货币政策利率或总量作为靶向工具，调节宏观经济。以货币政策利率为主要政策工具的国家试图通过提高利率来控制通胀，或者通过降低利率来刺激经济增长。联合国拉美经委会数据显示，2017 年各次区域国家的政策方向明显不同，南美多数国家的货币政策偏于宽松，而中美洲地区的货币政策则相对宽松。地区各国中，巴西、哥伦比亚、智利、秘鲁、巴拉圭、多米尼加在通胀下降的前提下，调低了基准货币政策利率①；而阿根廷、墨西哥、哥斯达黎加鉴于通胀压力，分别将基准利率提高了 459 个基点、250 个基点和 150 个基点；而地区其他国家的基准利率变化不大，特别是多数加勒比国家保持利率不变②。

以货币总量为政策工具的国家，通过增加货币供应量来刺激总需求扩大或调整通胀。2017 年，拉美地区多数国家延续上年政策，继续放缓货币供应量的扩大速度，其中，中美洲和南美地区的基础货币供应量平均增速从 2016 年第 4 季度起逐渐下渐，降为 8.5%，同比降低 7 个百分点；加勒比地区的基础货币供应量平均增速也降低了 4 个百分点。但是，地区部分国家仍试图通过扩大货币供应量来提振经济，其中，巴哈马、巴巴多斯、多米尼克、厄瓜多尔、海地、牙买加和苏里南的基础货币供应量增速超过了 10%，而委内瑞拉的货币超发严重，平均季度增速超过了 200%③。

拉美地区在经历了 2015 年以来的汇率波动风险以来，随着内外部经济不确定性的下降，汇率政策趋于稳定。2017 年，地区多数国家的汇率波动较小，墨西哥（8.6%）、海地（5.4%）、智利（5.3%）、秘鲁（3.5%）、牙买加（2.2%）等国的本币升值幅度较大；阿根廷（10.2%）、尼加拉瓜（4.5%）、多米尼加（3.1%）、哥斯达黎加（2.2%）等国的本币贬值较为

---

① 降低幅度分别为：巴西（625 个基点）、哥伦比亚（250 个基点）、智利（100 个基点）、秘鲁（75 个基点）、巴拉圭（25 个基点）、多米尼加（25 个基点）。

② ECLAC, *The Preliminary Overview of the Economies of Latin America and the Caribbean 2017*, Santiago, Chile, December 2017, p. 124.

③ ECLAC, *The Preliminary Overview of the Economies of Latin America and the Caribbean 2017*, Santiago, Chile, December 2017, pp. 86 – 88.

明显；地区其余国家币值波动均不足1%[①]。

针对地区当前的经济形势，拉美和加勒比各国存在明显的政策能力不足的现象，多数国家缺乏逆周期政策能力，这使其在“脱钩”努力方面的手段有限，经济的外部依赖性和脆弱性始终存在。对此，国际机构在其形势总结报告中继续提出建议，例如，世界银行建议地区加大人力资本和投资，联合国拉美经委会倡导地区推进“去大宗商品化”政策。但是，在地区经济尚处于脆弱复苏的状态下，特别是由于财政预算的约束和外债的上升，多数国家实则无力采取相应的财政政策，地区发展处于政策选择的两难困境中。

三 2017年地区经济综评：新一轮边缘化的起点?

经历2015年和2016年持续衰退后，拉美地区经济重回上升通道，在历史纵轴下走出经济复苏的新周期，创下了近年来最好的经济绩效。然而，在国际比较视野下，地区经济复苏的势头还相对偏弱，增长稳定性也缺乏足够支撑。

通过比较IMF发布的世界经济展望数据（见表1），可以看到，拉美地区2017年的经济增长以全球普遍复苏为背景，其中短期增长率处于较低水平。2017年，拉美和加勒比是全球增速最缓慢的地区，而此种态势自2013年起大体保持。在近期发展中，该地区在下行周期，经济降幅相对偏大；而在上升周期中，其复苏速度却相对偏低，呈现出“急降缓升”的增长轨迹。在预测期内，拉美地区的GDP增速始终低于世界经济增长的平均速度，远低于其他新兴市场和发展中地区的增速，在2019年前甚至低于发达经济体的平均增速，这种增速使其丧失了“赶超”领先国家的可能性，也无法满足跨越“中等收入陷阱”的需要[②]。因此，该地区当前已成为经济增长的“边缘”区域，相对增长态势堪忧。

① ECLAC, *The Preliminary Overview of the Economies of Latin America and the Caribbean 2017*, Santiago, Chile, December 2017, p. 90.

② 岳云霞等：《跨越“中等收入陷阱”：巴西与韩国比较研究》，《国家行政学院学报》2017年第2期，第118～123页。

表1　世界经济增长预期（IMF）

单位：%

年份	2016	2017	2018	2019
世界	3.2	3.7	3.9	3.9
发达经济体	1.7	2.3	2.3	2.2
美国	1.5	2.3	2.7	2.5
欧元区	1.8	2.4	2.2	2.0
日本	0.9	1.8	1.2	0.9
英国	1.9	1.7	1.5	1.5
加拿大	1.4	3.0	2.3	2.0
新兴市场和发展中经济体	4.4	4.7	4.9	5.0
俄罗斯	-0.2	1.8	1.7	1.5
新兴和发展中亚洲	6.4	6.5	6.5	6.6
中国	6.7	6.8	6.6	6.4
印度	7.1	6.7	7.4	7.8
新兴和发展中欧洲	3.2	5.2	4.0	3.8
拉美地区	-0.7	1.3	1.9	2.6
中东、北非、阿富汗和巴基斯坦	4.9	2.5	3.6	3.5
撒哈拉以南非洲	1.4	2.7	3.3	3.5

资料来源：国际货币基金组织：《世界经济展望2018年1月最新预测——前景更光明、市场乐观但未来仍面临挑战》，http：//www.imf.org/～/media/Files/Publications/WEO/2018/Update/January/Chinese/0118c.ashx?la=zh，最后访问日期：2018年1月25日。

通过分解拉美地区2017年经济增长的原因，可以发现，该地区被进一步边缘化的风险非但未因复苏而减弱，反而由于地区缺少内源性增长动力、一体化联动发展和有效的宏观政策，有加大之势。具体而言，中短期内，地区发展面临三大困境。

一是增长困境。ECLAC研究显示，长期以来，大宗商品价格和国际金融市场条件对拉美地区的经济发挥了重要影响，20世纪90年代之前，后者是影响地区经济的主因；而在此之后，前者成为地区经济增长的决定性影响因素之一①。回溯拉美地区2013年以来的经济增长，能够看到，地区增长的外生因素在增强，尤其是能源、矿产品和农产品的价格波动与GDP增长

① ECLAC, *The Preliminary Overview of the Economies of Latin America and the Caribbean 2017*, Santiago, Chile, December 2017, pp. 44－45.

率呈现出明显的联动性。然而，地区增长内源性动力始终缺乏，内部市场无法创造足够需求推动经济增长。

二是区域经济一体化困境。拉美地区是全球最早实施区域经济一体化的地区之一，但其一体化程度处于相对较低水平。长期以来，该地区区域内贸易的相对份额不足20%，而亚洲区域内贸易的比重已接近60%。然而，近年来拉美地区经济形势的进展显示，南美与中美洲地区和墨西哥地区的增长速度、主要宏观指标呈现日益明显反向的变化趋势，这一变化使得两大地区之间的分化加剧，加大了一体化的难度，不利于形成统一的地区市场，无法形成增长合力抵御外部冲击。

三是经济政策困境。在开放宏观经济学的经典框架下，拉美和加勒比国家多属于小型开放经济体，其财政政策在现行汇率体制下效力不足，特别是受20世纪80年代债务危机以来财政整饬的影响，政府对外举债的空间在部分国家受到法律约束，进一步限制了财政政策的空间和能力。然而，在货币政策方面，该地区与多数新兴经济体一样面临政策的两难选择。表2对地区各国的货币政策框架做出描述，从中可以看到，多数国家需面对国内通胀控制和汇率稳定的双重压力，但现有实证研究显示，高通胀和本币贬值具有较强相关性，这加大了拉美和加勒比国家的政策协调难度，使其难以推行逆周期性政策。

表2　拉美地区的货币政策

国家	通胀目标制			汇率制度	法定准备金要求	
	当前实施	起始时间	2017年目标		当前实施	宏观稳定工具
安提瓜和巴布达	否			统一货币	是	否
阿根廷	是	2016年9月	12%～17%	浮动汇率制	是	是
巴巴多斯	否			有管理的浮动汇率制	是	—
伯利兹	否			有管理的浮动汇率制	是	是
玻利维亚	否			有管理的浮动汇率制	是	—
巴西	是	1999年1月	4.5% +/-1.5%	浮动汇率制	是	是
智利	是	1999年9月	1%～3%	浮动汇率制	是	否

续表

国家	通胀目标制			汇率制度	法定准备金要求	
	当前实施	起始时间	2017 年目标		当前实施	宏观稳定工具
哥伦比亚	是	2003 年 1 月	3% +/ -1%	浮动汇率制	是	是
哥斯达黎加	是	2015 年 2 月	3% +/ -1%	有管理的浮动汇率制	是	是
多米尼克	否			统一货币	是	否
多米尼加	是	2012 年 1 月	4% +/ -1%	有管理的浮动汇率制	是	是
厄瓜多尔	否			美元化	是	是
萨尔瓦多	否			美元化	是	否
格林纳达	否			统一货币	是	否
危地马拉	是	2005 年 1 月	4% +/ -1%	有管理的浮动汇率制	是	否
圭亚那	否			有管理的浮动汇率制	是	—
海地	否			浮动汇率制	是	—
洪都拉斯	是	2016 年 6 月	4.5% +/ -1%	有管理的浮动汇率制	是	是
牙买加	否			有管理的浮动汇率制	是	是
墨西哥	是	2000 年 1 月	3% +/ -1%	浮动汇率制	否	不适用
尼加拉瓜	否			有管理的浮动汇率制	是	是
巴拿马	否			美元化	是	否
巴拉圭	是	2011 年 5 月	4% +/ -2%	浮动汇率制	是	—
秘鲁	是	2001 年 2 月	1% ~3%	有管理的浮动汇率制	是	是
圣基茨和尼维斯	否			统一货币	是	否
圣卢西亚	否			统一货币	是	否
圣文森特和格林纳丁斯	否			统一货币	是	否
苏里南	否			浮动汇率制	是	否
巴哈马	否			有管理的浮动汇率制	是	否
特立尼达和多巴哥	否			有管理的浮动汇率制	是	是
乌拉圭	是	2005 年 6 月	3% ~7%	浮动汇率制	是	是
委内瑞拉	否			多重汇率制	是	是

注：本年度通胀率数据可参见本文图 2。

资料来源：转自 World Bank, *Between a Rock and a Hard Place: The Monetary Policy Dilemma in Latin America and the Caribbean*, Office of the Regional Chief Economist Semiannual Report, October 2017, p. 21, https://openknowledge.worldbank.org/bitstream/handle/10986/28443/9781464812170.pdf?sequence=2&isAllowed=y，最后访问日期：2017 年 12 月 30 日。

在上述三大困境的束缚下，拉美地区的经济增长处于多重结构性困难之中。在现有经济结构中，该地区的被边缘化风险会进一步积聚，经济增长的脆弱性和波动性仍将延续。

四 2018年经济形势预测

2017 年，拉美地区经济整体向好，多数国家的经济基本指标好于上年，宏观政策的弹性也有所恢复。但是，制约地区经济可持续增长的根本问题未得到解决，这将使地区经济未来一段时期的发展态势仍取决于外部因素。

就外部整体环境而言，2018 年拉美地区仍将面临有利条件。一方面，全球经济持续增长将有益于扩大总需求，带动地区经济继续复苏。据 IMF 预测，世界总产值的增速在未来两年内将达到 3.9%，这不仅会推动国际贸易继续上涨，而且将使大宗商品需求保持在一定规模，促使其价格相对稳定，这将成为地区经济继续增长的基本利好，特别有利于南美国家经济的进一步复苏。另一方面，全球价值链已进入深度重整的新阶段，为拉美地区融入全球生产提供机会。统计显示，2016 年以来，拉美地区新增投资已出现向制造业和服务业流动的趋势，可再生能源、电信领域和汽车产业成为新热点①，这对提升地区经济的多元化产生积极作用，从而促使增长的稳定性和可持续性提升。

然而，拉美地区经济的持续增长也面临诸多不利因素。首先，金融市场的风险正在集聚。当前，全球资本市场仍处于流动性相对充裕的阶段，但随着美欧缩表和加息提速，全球货币政策的宽松条件有可能逆转，进一步加大拉美地区的债务压力，并增大其融资困难。其次，保护主义和反全球化思潮仍在上升，以特朗普政府“美国优先”主张为代表，发达经济体的政策内顾倾向仍在加剧，加大了对包括拉美地区在内的发展中经济体的

① ECLAC, *Foreign Direct Investment in Latin America and the Caribbean 2017*, Santiago, Chile, 2017, pp. 33 -45.

竞争挤压。最后，政治不确定性明显加大。2017 年和 2018 年是全球大选年，全球20% ~30% 的国家在 2018 年举行大选[①]，拉美地区也将有巴西、墨西哥、古巴等国家举行领导人和议会选举，这都有可能带来政策的波动，对经济增长也将发生作用。此外，其他非经济因素，如极端天气事件和社会治安问题等都可能是使经济增长脱轨的“灰犀牛”风险因素，这些因素会加大地区增长所面临的不确定性。

就抗风险能力而言，拉美地区仍具有一定的脆弱性。首先，地区外债水平相对较高，外债的风险敞口较大，债务的可持续性差。国际金融市场条件的逆转，有可能使地区偿债成本增加，债务危机风险仍在加大。其次，地区财政政策空间有限，难以实施必要的宽松措施刺激经济增长。再次，随着全球通胀再次步入上涨周期，地区各国继续面临抑制通胀和保持币值稳定的两难选择，货币政策空间有限，经济激励效用有限。

基于上述分析，可以判断，拉美地区具备经济继续复苏的内外部条件，但也面临着激励和抗风险能力不足的挑战。在外部出现利好的形势下，2018 年地区经济有望继续增长。但是，由于外部不确定性加大，地区经济在中短期内难以实现强势反弹，其被边缘化的态势还将延续，反映经济基本面的各项基础指标仍难获得较大改善。

（杨志敏　审读）

① 陈文玲：《2017 ~2018 年世界经济的趋势、矛盾与变量》，《南京社会科学》2017 年第 12 期，第 5 ~23 页。

Y.4

2017 ~2018年拉美社会形势：发展遇瓶颈，改革难推进

林　华*

摘　要： 2017年，拉美地区的社会贫困水平变化不大，减贫工作陷入瓶颈期，中低收入阶层返贫的风险加大，推动贫困继续下降的动力严重不足。拉美经济的缓慢复苏对地区就业形势没有产生积极影响，就业困难、就业质量下降的局面有所加剧，但实际工资水平略有上升。尽管地区经济有所恢复，但社会支出仍维持了适度从紧的趋势。社会不平等的问题无明显改善，收入分配对于拉美国家减贫的效应正在逐渐消失。侨汇收入创下历史新高，主要得益于美国经济的稳定增长和劳动力市场的改善。腐败问题有所加剧，并已成为侵蚀社会风气的毒瘤。社会改革虽进展不一，但遭遇了普遍的社会抗议，反映出拉美国家政府执政目标与民众期望之间的矛盾。

关键词： 拉丁美洲　社会形势　贫困　就业　社会改革　侨汇

* 林华，经济学学士，中国社会科学院拉丁美洲研究所社会文化室副研究员，阿根廷研究中心秘书长，主要研究拉美社会问题和阿根廷。

一　减贫任重道远

（一）2002～2017年拉美地区贫困水平的变化

2002～2014 年，拉美地区的贫困水平持续下降。2004 年以后，拉美经济受大宗商品价格上涨和世界经济形势趋好的影响，进入历史上罕见的连续 6 年的中高速增长周期。此外，这个时期正值拉美地区左派政党纷纷上台执政。这些政党吸取了 20 世纪 90 年代忽视社会发展的教训，加大社会投入，在社会政策上更偏重于减少贫困和改善低收入群体的生活质量，使减贫工作取得了重大进展。在此背景下，拉美地区的社会贫困水平出现了自 20 世纪 80 年代以来从未有过的持续下降的局面。2008～2009 年的世界经济危机使拉美地区的减贫速度有所放慢，但减贫的步伐并未停止。到 2014 年，拉美的贫困和赤贫人口比重已经分别下降到 28.5% 和 8.2%，绝对数量分别减少到 1.68 亿人和 4800 万人。[①] 值得注意的是，2008～2014 年整个地区的减贫幅度明显小于 2002～2008 年。

随着经济繁荣周期的结束，2014 年以后拉美地区的减贫陷入停滞，贫困水平有所反弹。2016 年，全地区的贫困人口比重回升到 30.7%，其中赤贫人口的增加是一个十分重要的因素。根据联合国拉美经委会的估算，2017 年，拉美地区的社会贫困率仍维持这一水平，赤贫率略有提高（见图 1）。从绝对数量上看，2017 年，整个地区的贫困人口连续第三年呈增长态势，而且赤贫人口的数量已与 2002 年基本持平（见图 2）。这表明，拉美地区的减贫工作进入了瓶颈期，推动贫困继续下降的动力严重不足。

（二）对2002年以来拉美国家减贫成效的重新评估

2017 年，联合国拉美经委会采用了新的、更为科学的贫困线测定方法，

① CEPAL, *Documento Informativo de Panorama Social de América Latina 2017*, Santiago de Chile, Diciembre de 2017, p. 88.

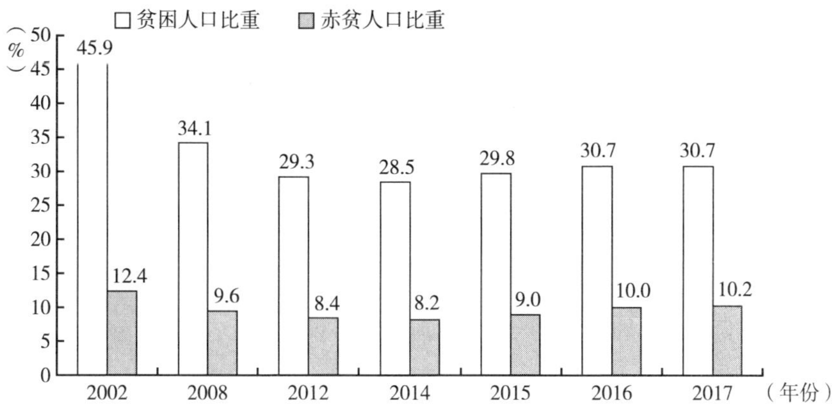

图 1　拉美国家 2002～2017 年贫困水平

资料来源：CEPAL, *Documento Informativo de Panorama Social de América Latina 2017*, Santiago de Chile, Diciembre de 2017, p. 88。

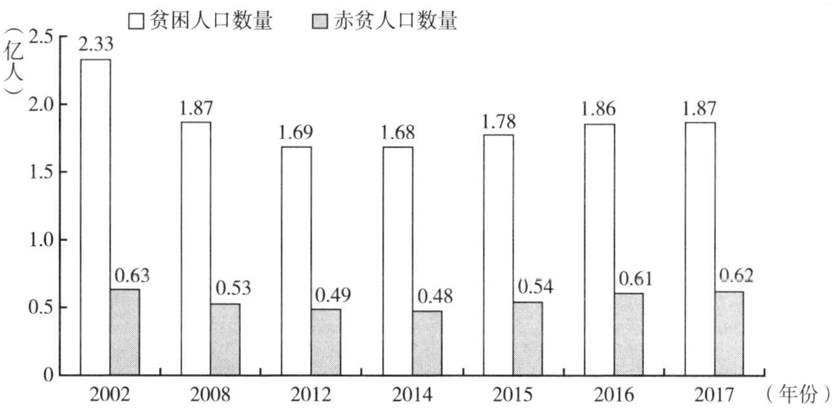

图 2　拉美国家 2002～2017 年贫困人口、赤贫人口数量

资料来源：CEPAL, *Documento Informativo de Panorama Social de América Latina 2017*, Santiago de Chile, Diciembre de 2017, p. 88。

对 2002 年以来拉美地区的贫困水平进行了修正。图 3 是 2016 年以前拉美经委会公布的地区贫困率和赤贫率。将图 1 与图 3 对比后发现，由于贫困线划定方法改变，在最新公布的数据中，贫困率略高，而赤贫率明显降低。因此，有必要根据修正后的数据对 2002 年以来拉美国家的减贫成效进行重新评估。

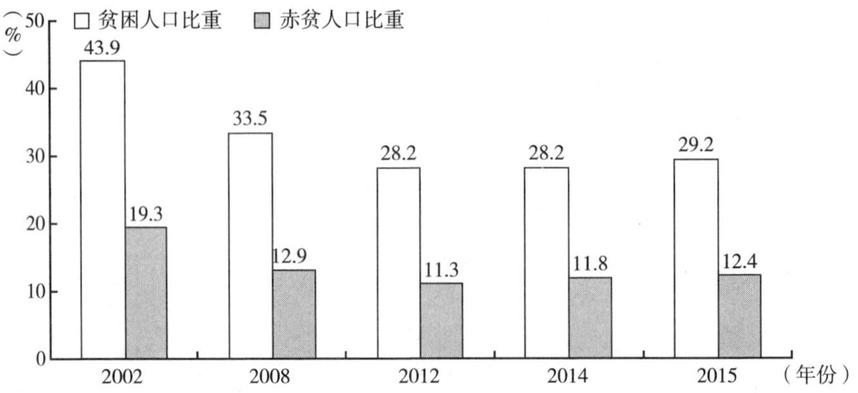

图3　2016 年公布的拉美国家 2002～2015 年贫困水平

资料来源：CEPAL，*Panorama Social de América Latina 2015*，Santiago de Chile，2016，p. 19。

首先，减贫的总体成效好于之前的判断。根据修正后的数据，2002～2015 年，拉美地区的贫困水平下降了 16.1 个百分点，高于原来的 14.7 个百分点。其次，极端贫困问题的重要性有所下降。根据修正后的数据，相同时期赤贫在贫困中的占比区间为 27%～30%，明显低于原来的 38%～44%。最后，赤贫人口的脱贫难度远高于之前的判断。2002～2015 赤贫的下降幅度只有 3.4 个百分点，低于原来的 6.9 个百分点。另外，在 2002 年之后的 15 年中，拉美的贫困人口减少了 4600 万人，但极端贫困人口只减少了 100 万人。

基于以上分析，2002 年以来拉美地区的减贫成效值得肯定，但减贫的主要成果在于一般贫困人口的脱贫，赤贫人口仍难以摆脱贫困。特别需要注意的是，赤贫人口在 2002～2014 年的 12 年时间里从 6300 万人减少到 4800 万人，但反弹到 6200 万人只用了 3 年时间。一方面，这意味着即使是在经济繁荣、扶贫力度加大的时期，最贫困人群受到的影响也是有限而缓慢的；另一方面，这也凸显了贫困的脆弱性和陷入极端贫困的巨大风险。因此，减少赤贫和防止返贫将是拉美国家未来一段时期减贫、扶贫工作不得不面对的棘手问题。

（三）减贫计划的缺陷影响减贫成效

在拉美地区，减贫成效除了取决于经济形势以外，与国家扶贫资金的分配和使用也有很大关系。2000～2015 年，拉美国家用于社会救助的公共开支在 GDP 中的占比增加了 4 倍，由 0.3% 提高到 1.5%。[①] 目前，有条件现金转移计划和非缴费型养老金计划是社会救助政策的两项重要内容。前者旨在阻断贫困的代际传递，后者旨在减轻老年贫困。虽然这两项计划都在很大程度上缓解了社会贫困的问题，但随着计划的实施，很多弊端也逐渐暴露出来。例如，有条件现金转移计划对于人力资本提升的效果是有限的，而且受益的贫困群体往往因依赖于救助而缺乏就业的动力；而非缴费型养老金计划不仅面临巨大的财政压力，也影响了就业者进行养老储蓄的意愿。

从资金的使用上看，无论是有条件现金转移计划，还是非缴费型养老金计划，都存在着覆盖面窄、资金使用效率低的问题。这两项计划分别只覆盖了一半左右有儿童或老人的赤贫家庭，而很大一部分受益家庭属于非贫困群体（见表 1）。也就是说，减贫资金并未完全用于解决贫困问题，相当多的贫困群体特别是赤贫家庭没能从减贫计划中受益。

表 1　2015～2016 年拉美国家社会救助计划的覆盖范围和受益家庭分布

单位：%

类型	项目	赤贫家庭	贫困家庭	非贫困家庭	总计
有条件现金转移计划	覆盖范围	48.8	36.8	16.4	24.7
	受益家庭分布	36.9	20.2	42.9	100
非缴费型养老金计划	覆盖范围	56.8	47.9	31.3	37.4
	受益家庭分布	31.2	17.3	51.5	100

资料来源：Suzanne Duryea，Marcos Robles，“Legado familiar. ¿Rompemos el molde o repetimos patrones?” BID，2017，pp. 157－158，https：//publications. iadb. org/handle/11319/8666?locale-attribute = es&，最后访问日期：2017 年 12 月 11 日。

① Suzanne Duryea，Marcos Robles，“Legado familiar. ¿Rompemos el molde o repetimos patrones?” BID，2017，pp. 157－158，https：//publications. iadb. org/handle/11319/8666? locale-attribute = es&，最后访问日期：2017 年 12 月 11 日。

二　就业困难加剧①

2017 年，拉美经济的缓慢复苏对地区就业形势没有产生积极影响，就业困难、就业质量下降的局面有所加剧，但实际工资水平略有上升。总体来看，墨西哥、中美洲和加勒比国家的就业形势好于南美洲国家。

首先，2017 年拉美地区失业率连续第三年攀升，达到 9.4%，同比增加 0.5 个百分点，比 2014 年提高了 2.5 个百分点，相当于在 3 年中新增了 700 万失业者。失业率的提高是由劳动力供给增加和创造就业能力不足两方面因素造成的。与 2016 年的情况类似，巴西劳动力市场的持续恶化拖累了整个地区的就业形势。2017 年，巴西全国 20 个城市地区的失业率高达 14.5%，但上升幅度相比 2016 年有所收缩。就业困难的情况在南美洲国家普遍存在，只有阿根廷和厄瓜多尔的失业率出现了小幅下降。

其次，企业创造就业的能力尚未恢复，就业质量继续下降。第一个表现是自雇者数量的增多。自 2013 年起，个体劳动者的增长速度超过了雇员。2017 年，这一趋势继续保持。前 3 个季度 12 个拉美国家的雇员数量同比增加了 0.4%，而自雇者则增加了 1.1%。一方面，这是因为企业对雇员的需求明显不足，难以创造更多的正规就业机会；另一方面，这与大量家庭不得不依靠自我雇用获取收入有直接关系。第二个表现是就业不足的现象依然严重。在巴西、智利、厄瓜多尔、秘鲁、危地马拉等国，就业不足的比重在 2017 年均有所上升。

再次，劳动力市场的不景气对青年人的影响更大。长期以来，青年失业一直是困扰拉美国家的严重社会问题。15 ~24 岁青年人口的失业率远高于其他年龄段，通常是平均失业水平的 2.1 ~2.3 倍。2014 年，拉美和加勒比地区 15 ~ 24 岁人口的失业率为 13.9%，但 2017 年前 3 季度已攀升到

① 除特别注明外，本部分数据均来自 CEPAL, *Balance Preliminar de las Economías de América Latina y el Caribe 2017*, Santiago de Chile, Diciembre de 2017。

19.5%。[①] 青年失业问题的加剧与巴西劳动力市场的恶化有直接关系。2017年前3季度巴西的青年失业率高达29.8%，为地区之最。[②] 如果不算巴西，拉美和加勒比地区的青年失业率比2016年前3季度还下降了1个百分点。即便如此，整个地区青年的就业问题仍十分严峻。在部分中美洲国家，青年人占到整个失业群体的一半以上。

最后，实际工资水平的小幅提高有助于促进家庭消费。在墨西哥和中美洲地区，2017年前3个季度的名义工资和通货膨胀水平均比2016年有所提高，而实际工资水平涨幅略低于2016年。在南美洲国家，情况正好相反，名义工资和通胀水平比2016年均明显下降，但实际工资水平出现了较大幅度的提高。与前几年相似的是，大多数拉美国家平均工资水平的上涨都得益于最低工资制度。在萨尔瓦多，实际最低工资提高了20.7%，在多米尼加、玻利维亚、巴拉圭和尼加拉瓜，实际最低工资的涨幅也都超过了5%。[③]

2018年，预计拉美地区经济的复苏将对就业需求产生积极影响，城市就业率将出现自2013年以来的首次小幅上升，失业率有望下降0.2个百分点，降至9.2%。同时，随着通货膨胀得到进一步控制，实际工资水平也将保持增长态势。

三　社会开支减少

2015年，拉美国家中央（或联邦）政府和公共部门的社会开支占GDP的比重分别达到了10.5%和14.5%，均为2000年以来的最高水平。[④] 2016年，随着拉美地区经济陷入低迷，各国在社会开支预算上均采取了谨慎态度，大部分国家减少了社会开支预算。2017年，尽管地区经济有所恢复，

① ECLAC, *Preliminary Overview of the Economies of Latin America and the Caribbean 2017*, Santiago, Chile, December 2017.

② Oficina Regional de la OIT para América Latina y el Caribe, *Panorana Laboral 2017*, Perú, p. 41.

③ Oficina Regional de la OIT para América Latina y el Caribe, *Panorana Laboral 2017*, Perú, p. 50.

④ CEPAL, *Panorama Social de América Latina 2016*, Santiago de Chile, 2017, pp. 103－104.

但社会支出仍维持了适度从紧的趋势。

阿根廷和巴西在2016年都受到经济衰退的影响，因此社会开支均有所减少。但阿根廷在2017年恢复了原有的开支水平，这主要是由于实施了针对退休人员的“全国养老金修复计划”，并且加强了对社会弱势群体的救助力度。巴西在2016年为平衡财政，设置了公共开支的增长上限，使得社会开支很难再有较大幅度的增加，因此2017年仍维持了正周期性的社会开支政策。墨西哥在2017年也减少了社会开支预算，但由于确立了将减贫作为首要预算项目的原则，因此没有降低用于社会保障的开支比重。大部分中美洲国家则保持或小幅上调了社会开支预算。

总体来看，教育和医疗卫生支出虽然向低收入阶层有所倾斜，但中高收入阶层占据的份额也不算低。社会保障支出规模较大且主要向中高收入人群倾斜，社会救助支出虽然倾向于低收入者，但支出规模较小。因此，在大多数拉美国家，社会开支不仅没能缩小收入差距，反而扩大了这一差距。这说明，社会开支的分配具有累退性，也就是说，社会开支对富有群体更为有利。近年来，阿根廷、巴西、乌拉圭、智利等国家通过推行非缴费型养老金制度，加大了社保支出向低收入阶层的倾斜力度，增强了社会开支的再分配功能。但这项制度在其他国家的覆盖程度还比较低。未来一段时期拉美地区的社会开支无论在规模上还是在调节收入分配的效能上都将面临挑战。

表2　2015～2017年部分拉美国家社会开支占GDP比重

单位：%

国家	实际社会开支	社会开支预算		
	2015年	2015年	2016年	2017年
阿根廷	14.7	14.0	13.7	15.5
巴西	12.8	13.8	13.5	12.2
哥伦比亚	9.2	14.7	13.4	13.1
哥斯达黎加	11.1	13.0	12.9	128
萨尔瓦多	7.7	7.2	6.9	6.2
危地马拉	7.1	8.0	7.2	7.6
洪都拉斯	8.9	8.9	9.5	9.6
墨西哥	12.4	12.2	12.1	11.3

续表

国家	实际社会开支	社会开支预算		
	2015 年	2015 年	2016 年	2017 年
尼加拉瓜	10.6	10.8	10.9	10.6
巴拿马	8.4	10.3	10.1	10.0
秘鲁	6.3	7.1	7.0	6.5
多米尼加	8.2	8.3	8.2	8.4

资料来源：CEPAL，*Panorama Social de América Latina 2016*，Santiago de Chile，2017，pp. 118－119。

四　收入不平等难以改善

2014 年以来，受经济低迷的影响，拉美地区社会不平等的问题一直无明显改善。最突出的表现是收入分配不公、贫富两极分化的现象仍然十分严重。最新资料显示，2016 年，拉美地区平均基尼系数为 0.467，国家之间差距较大，巴西、哥伦比亚、墨西哥和巴拿马的基尼系数超过了 0.5，而阿根廷和乌拉圭则低于 0.4。[①] 2014～2016 年，整个拉美地区基尼系数的年均降幅为 0.4%，低于 2002～2008 年的 1.5% 和 2008～2014 年的 0.7%。[②] 收入分配格局仍然以贫富悬殊为主要特点：20% 最富有的人群占据着 45% 的收入，而 20% 最贫困人群只占有 6% 的收入。[③] 在巴西和危地马拉，20% 最富裕群体的收入占比高达 50%。

收入分配的改善对于减贫和社会阶层结构的优化具有积极作用。据测算，在平均收入水平不变的情况下，如果拉美国家的基尼系数都下降到乌拉圭的水平，那么贫困人口将减少 3600 万人，中产阶级将增加 3000 万人。[④] 2002 年以来，拉美地区贫困问题的缓解在很大程度上得益于收入不公的改善，但近年来收入分配对于拉美国家减贫的效应正在逐渐消失。

① CEPAL，*Panorama Social de América Latina 2016*，Santiago de Chile，2017，p. 44.

② CEPAL，*Panorama Social de America Latina 2016*，Santiago de Chile，2017，p. 45.

③ CEPAL，*Panorama Social de America Latina 2016*，Santiago de Chile，2017，p. 42.

④ Suzanne Duryea，Marcos Robles，"Legado familiar. ¿Rompemos el molde o repetimos patrones?" BID，2017，p. 96，https：//publications. iadb. org/handle/11319/8666？locale-attribute = es&，最后访问日期：2017 年 12 月 11 日。

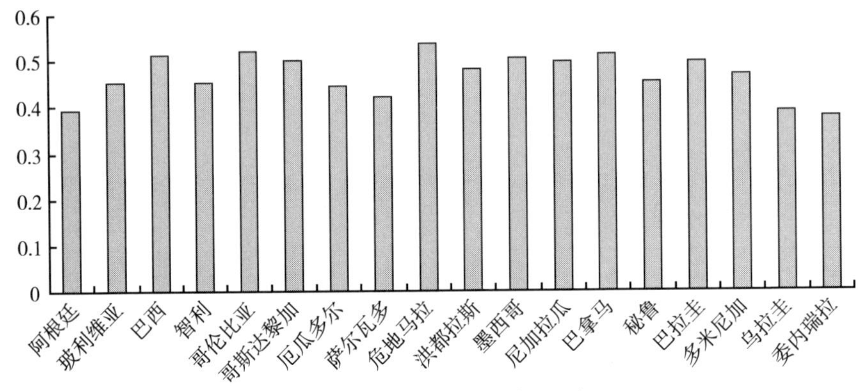

图 4　2016 年拉美国家基尼系数

注：玻利维亚、巴西、智利的基尼系数为 2015 年数据，危地马拉、尼加拉瓜、委内瑞拉的基尼系数为 2014 年数据。

资料来源：CEPAL，*Documento Informativo de Panorama Social de América Latina 2017*，Santiago de Chile，Diciembre de 2017，pp. 80 – 81。

五　侨汇收入创历史新高[①]

2017 年，拉美和加勒比地区的侨汇收入增长了 6.9%，达到 790 亿美元，创下历史新高。墨西哥作为拉美地区最大的侨汇接收国，2017 年的侨汇收入增加 6.5%，达到 305 亿美元。一些中美洲国家的侨汇收入增幅在 2017 年前 7 个月甚至超过了 10%。对于部分中美洲和加勒比国家而言，侨汇的重要性不亚于外来援助和外国直接投资。在海地，侨汇占 GDP 的比重超过了 30%，在一些中美洲和加勒比国家也超过了 10%（见图 6）。这说明侨汇收入对于部分国家减贫以及改善家庭的生活水平具有十分重要的作用。

由于美国是拉美对外移民的最主要目的地，因此侨汇的增长主要得益于美国经济的稳定增长和劳动力市场的改善。外来移民在美国就业压力较小。2017 年 8 月，非美国本土出生者的失业率为 4.2%，低于土生美国人的 4.6%。

① 除特别注明外，本部分数据均来自 World Bank Group，*Migration and Remittances*：*Recent Developments and Outlook. Special Topic*：*Return Migration*，October 2017，pp. 23 – 24。

侨汇持续增长的另一个原因是汇款成本的降低。2017 年第 3 季度，向拉美国家汇款的平均费率为 5.7%，同比减少 0.5 个百分点。但受制于当前的技术条件，拉美地区侨汇成本很难再有较快速度的下降，因此实现《2030 可持续发展议程》中提出的“将侨汇手续费降至 3%”的目标还有较大难度。

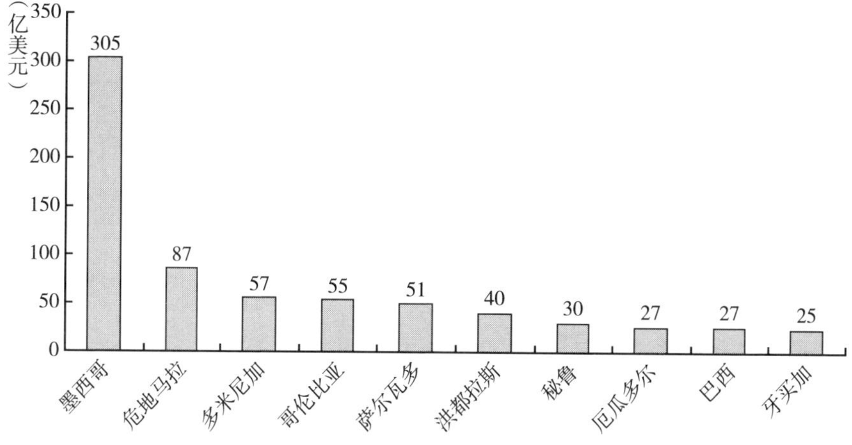

图 5　2017 年部分拉美和加勒比国家的侨汇收入

资料来源：World Bank Group, *Migration and Remittances: Recent Developments and Outlook. Special Topic: Return Migration*, October 2017, p. 24。

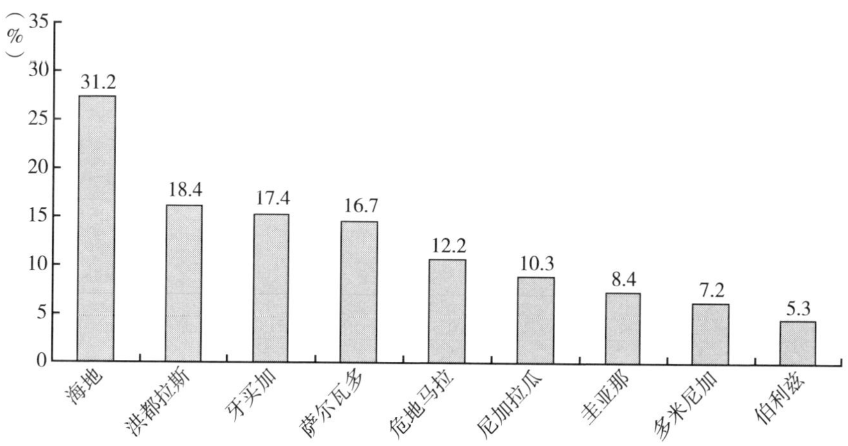

图 6　2017 年部分拉美和加勒比国家侨汇收入占 GDP 的比重

资料来源：World Bank Group, *Migration and Remittances: Recent Developments and Outlook. Special Topic: Return Migration*, October 2017, p. 24。

虽然美国收紧移民政策导致被遣返的移民数量有所增多，但尚未对拉美的侨汇收入产生太大影响。一方面，被遣返的移民数量相对于移民总量来讲还是少数；另一方面，移民政策调整反而促使一部分移民，特别是非法移民增加了汇款的频率和金额。2017 年 9 月，美国宣布将废除奥巴马政府期间推出的“童年入境暂缓遣返计划”（DACA），并由国会在 6 个月内拟定替代方案。该计划允许在美国居住 5 年以上且在 16 岁前首次进入美国的 31 岁以下非法移民，在美国学习或工作两年，暂时免遭遣返。这一移民群体有 80 多万人，其中 68.9 万人来自墨西哥。[①] 目前美国国内对于废止 DACA 计划存在较大争议，因此移民政策的调整究竟将对美国的墨西哥裔移民及其侨汇产生多大影响还有待进一步观察。

2017 年，拉美地区内部的移民也出现了一些新动向。首先，海地向巴西和智利的移民有所增多；其次，随着委内瑞拉国内局势的恶化，周边邻国秘鲁和哥伦比亚成为委内瑞拉人对外迁移的首要目的地；最后，阿根廷、巴西、智利等国为打击非法移民，纷纷收紧了其移民政策。

六　腐败破坏社会风气

2017 年，拉美地区不断爆出腐败丑闻，其中令人瞩目的巴西奥德布雷希特公司腐败案不仅牵扯多国政要，而且涉案金额高达数亿美元。腐败问题在拉美由来已久，但长期得不到有效治理，不仅对民主政治的稳定产生了消极影响，而且给各国造成了严重的经济损失。同时，腐败还极大地削弱了民众对政府、公共部门、政治制度的信任，进而影响到社会稳定和民心所向。民调显示，2017 年 62% 的拉美民众认为本国腐败问题有所加剧。[②] 在委内瑞拉、智利、巴西和秘鲁，这一比重超过了 3/4。

---

① World Bank Group，*Migration and Remittances*：*Recent Developments and Outlook. Special Topic*：*Return Migration*，October 2017，p. 25.

② Global Corruption Barometer，*People and Corruption*：*Latin America and the Caribbean*，October 2017，p. 9.

在透明国际（Transparency International）公布的2016年“清廉指数”排名中，拉美只有5个国家的得分超过了176个国家的平均分。[①] 乌拉圭和智利是排名最靠前的两个拉美国家，分别以71分和66分排在第21位和第24位。与2012年相比，12个拉美国家的得分有所下降，5个国家的得分有所提高。这说明多数拉美国家在腐败治理上不仅没有取得实质性的进展，反而出现了倒退。

腐败问题的日趋严重导致拉美民众对政府的治理能力产生了高度怀疑。民调显示，认为政府在腐败治理上表现欠佳和表现良好的民众分别占53%和35%。[②] 这表明，半数以上的拉美民众并不认可政府在解决腐败问题上的能力和成绩。然而，令人担忧的是，拉美国家的腐败不仅仅是一个政治现象，而是已成为破坏社会风气的毒瘤。普通民众在痛恨腐败的同时，却不得不充当腐败的帮凶。一方面，腐败行为广泛存在于公共部门和社会的各个角落。2017年的民调显示，29%的拉美民众在过去的12个月中曾经向公职人员进行过不同方式的行贿以获取便利，这一比重在墨西哥高达51%。[③] 另一方面，尽管多数人认为腐败行为应该被举报，但实际上只有少数人向有关部门进行过检举。这是因为人们普遍认为执法者和司法部门高度腐败，举报腐败不仅无法使腐败分子受到惩罚，反而会给检举人带来极大的风险。尽管70%的拉美民众认为普通人也能够在反腐上发挥作用，但是要实现这一点，还需要一个强大、清廉、透明的司法体系，保证贪腐者受到应有的惩罚。

七 劳工改革阻力重重

2016～2017年，中右翼政治力量在拉美地区的影响力得到了提高和巩

① 参见透明国际官方网站，“Corruption Perceptions Index 2016”，https://www.transparency.org/news/feature/corruption_perceptions_index_2016，最后访问日期：2018年1月31日。

② Global Corruption Barometer, *People and Corruption: Latin America and the Caribbean*, October 2017, p. 12.

③ Global Corruption Barometer, *People and Corruption: Latin America and the Caribbean*, October 2017, pp. 14-15.

固。一批由中右翼政党掌权的国家纷纷启动了社会改革。各国推行改革的目的不尽相同，有些改革旨在减轻左翼执政时期高福利政策给国家财政造成的沉重负担，有些改革是出于降低劳动力成本、改善投资环境的考虑，也有些改革是为了改善民生、扩大社会保护的覆盖面。劳工和养老金制度改革因涉及普通劳动者和中下层民众的切身利益而备受关注，同时也是引发争议最多的改革。

2017 年，数个拉美国家将养老金制度改革纳入了议事日程，但进展不一。哥斯达黎加和秘鲁开始就养老金制度面临的挑战和改革的必要性进行讨论。巴西、智利、阿根廷将改革方案提交给各自的议会。巴西政府最终放弃了改革计划；阿根廷议会虽然通过了改革方案，但由于未能取得广泛的社会共识，政府不得不宣布暂缓改革；智利的改革方案在 2016 年提出后也没能得到民众认可，此后智利政府对方案进行了修改，并在 2017 年 8 月提交议会审议。萨尔瓦多则通过了养老金制度改革计划，并已着手实施。

巴西养老金制度改革的初衷在于控制财政支出，实现财政平衡。巴西在 2016 年通过了财政改革法，规定政府支出的增长幅度不得超过上一年的通货膨胀率，导致社会开支的增长空间被大大压缩。根据巴西财政部的统计，整个社会保障支出占巴西社会开支的 55%，[①] 已成为巨大的财政负担。如果考虑到人口变化的趋势，未来巴西养老金制度造成的财政赤字还将进一步扩大。尽管经济学家和巴西政府均认为改革势在必行，但大多数巴西民众对此并不认可。推迟退休年龄、延长养老金缴纳年限等，均招致强烈反对。2017 年，巴西爆发了数次大规模的示威游行，抗议养老金制度改革。由于缺乏民意基础和议会支持，巴西政府不得不放弃了改革计划，没有要求议会进行讨论和投票。

在阿根廷，养老金制度改革同样引发了广泛的社会抗议。与巴西不

① CEPAL, *Documento Informativo de Panorama Social de América Latina 2017*, Santiago de Chile, Diciembre de 2017, p. 140.

同的是，阿根廷的养老金制度改革不完全是出于削减政府开支的考虑，其主要目的是完善用工制度和降低劳动力成本。但是根据新方案提出的养老金发放和计算方式，退休人员的养老金涨幅将会明显下降，因此阿根廷的养老金制度改革也遭到工会组织的强烈反对。尽管改革方案最终获得了议会通过，但由于未能得到工会的支持，阿根廷政府决定暂缓执行改革措施。

萨尔瓦多的养老金制度改革经历了长达20个月的议会讨论，在参考了政府、社会组织和政党提出的多个方案后才获得通过。虽然政府希望建立一种混合型的养老金制度，但最终通过的方案只是在保留个人账户积累制的基础上进行了一些改革，例如创立集体储蓄基金作为个人账户的补充。长期以来，萨尔瓦多养老金制度的主要问题之一是覆盖面较低，无论是缴费人还是领取人的比重都不高。2005～2016年，养老金缴费者占就业者的比重由21.9%提高到25.2%，但同期养老金受益者的比重几乎没有变化，2016年为21.5%。[①] 因此，此次改革的主要目的在于扩大养老金覆盖面。

智利在2016年提出了养老金制度改革方案，并在2017年8月提交议会审议。在改革方案中，企业主将额外缴纳雇员工资的5%，其中的2个百分点被纳入由公共部门管理的团结互助储蓄基金，另外3个百分点进入个人账户，以此建立一种更加强调团结互助原则的养老金制度。这项改革有三个目的：一是提高中产阶级的养老金水平，二是增强养老金制度的互助性和促进性别平等，三是加强公共机构和政府在管理养老金制度方面的职能。

从2017年拉美国家实施养老金制度改革的实践来看，除萨尔瓦多以外，其他国家的改革进程并不顺利，均遭遇了普遍的社会抗议。特别是在巴西和阿根廷，改革可谓步履维艰。这反映出最近两年来部分拉美国家政府执政目标与民众期望之间的矛盾。

---

① CEPAL, *Documento Informativo de Panorama Social de América Latina 2017*, Santiago de Chile, Diciembre de 2017, p. 146.

八　总结与前瞻

2015 年以来，拉美社会形势出现了明显变化。这种变化与经济形势的发展密切相关。宏观经济环境的恶化对劳动力市场造成了严重冲击，导致失业人口和非正规就业者迅速增加。在这种情况下，拉美国家的减贫事业陷入瓶颈，2003 年以来积累的减贫成果难以为继，中低收入阶层返贫风险有所加大，减贫动力明显不足。经济下行对各国财政收入产生了不利影响，为保持财政平衡，部分拉美国家不得不将削减支出作为重要的调控手段。这导致社会开支的正周期性特征日趋明显。巴西和阿根廷等国试图通过劳工和养老金制度改革，扭转左翼政党执政时期社会福利水平过高的局面，但因无法取得广泛的社会共识而面临巨大的阻力。

从社会心态来看，2017 年民众对民主制度和政府的满意度、对公共部门的信任度进一步下降，社会不满情绪依旧高涨。个人和家庭的生存危机、贫富之间的分化和对立、社会治安的恶化和暴力活动的增多、改革过程中产生的利益受损等，都对社会心态产生了不良影响，加重了民众的不信任感、不安全感和不公平感。随着社会阶层利益的多元化，利益冲突出现加剧的趋势，加之社会诉求表达机制的不健全和工会势力的强大，民众通过示威游行、罢工断路等非理性方式宣泄不满成为社会常态。这不仅给拉美国家推行结构改革制造了障碍，也对各国政府提高社会治理的能力提出了挑战。

预计 2018 年随着地区经济的复苏，拉美国家的社会指标将出现好转，改善的程度将取决于巴西社会形势的发展变化。鉴于多个拉美国家将举行大选，这些国家推行深度社会改革的可能性较小，同时为了吸引选民，将保持社会开支水平，维持原有福利政策。而其他国家，如阿根廷、智利、秘鲁等国，能否在社会改革方面取得进展，值得关注。从整个地区来看，增加就业特别是正规就业机会，以及巩固和扩大减贫成果是各国都需要面对的挑战与首要任务。

（郭存海　审读）

Y.5

2017～2018年拉美对外关系：应对变乱，超越困局

张　凡*

摘　要： 2017年，拉丁美洲区域内外和国家之间关系的主题，仍然是如何顺应全球秩序和力量格局的变化，特别是在全球化大势和“逆全球化”潮流形成的旋涡中如何自处，以解决区域舞台上和各国所面临的一系列外交难题，特别是与域外大国的关系和地区热点问题。美墨关系、美古关系、美委关系和涉及贸易、移民、毒品等问题的区域议程，以及欧洲、俄罗斯、中国等域外力量在拉美的存在，既呈现出不同以往的轨迹和特点，又似乎并未偏离区域国际关系的历史传统。无论是源于外部条件还是内部演变，2017年的事态在很大程度上具有指标性意义，可能催生新的针对北美、欧洲和亚太地区变局的政策动向以及域内国家间关系的处理模式，预示着未来若干年的发展趋势。

关键词： 拉丁美洲　国际关系　外交政策　美国　中国　委内瑞拉

2017年，拉丁美洲区域内外和国家之间关系的主题，仍然是如何顺应全球秩序和力量格局的变化，特别是在全球化大势和“逆全球化”潮流形

---

* 张凡，中国社会科学院拉丁美洲研究所研究员，主要研究方向为拉丁美洲政治和国际关系。

成的旋涡中如何自处，并在各国经济形势和政治生态仍变动不居的“不确定性”中，设计和推出适时的应变战略和政策，以解决区域舞台上和各国所面临的一系列外交难题。拉美国家的外交难题不仅源于国际局势变迁及其伴随的一系列挑战，如最为突出的美国“特朗普冲击”，而且困扰地区内国家多年的传统纠纷在新的条件下和压力环境中重新发酵。无论是源于外部条件还是内部演变，2017 年的事态在很大程度上具有指标性意义，酝酿着新的针对北美、欧洲和亚太地区变局的政策动向以及域内国家间关系的处理模式，预示着未来若干年的发展趋势。

一　不确定性与政策端倪

2017 年以来，外界对拉美形势最常用的描述是“不确定性”，这意味着域外力量和区域内各国的发展动态和方向还不够明朗。这既包括域外大国如美国政策仍有难以预料的一面，也表明拉美国家政策的确定尚需等待此轮政治周期（即 2018 年大选年）尘埃落定。与此同时，不同国家在不同问题领域已相对清晰地感受到外界或内部的重重压力，政府政策已经针对具体的议程开始调整。面对美国“特朗普冲击”，拉美国家正在适应美国政府的保护主义或重商主义对自身经济发展的负面效应，同时在政治和地缘政治领域寻求维护自身利益的最佳方式，前者如墨西哥政府在北美自贸区谈判中的举措，后者则表现为拉美国家在古巴问题、委内瑞拉问题以及俄罗斯、中国与拉美关系问题上有别于美国的独特立场和态度。

拉丁美洲国家与域外力量间的国际关系格局，历来以欧洲、北美为战略重心。无论是在全球化加速发展的大趋势中对发达世界的“追随”，还是以“反全球化”姿态出现的“替代性”全球化诉求，拉美国家的对外政策始终离不开欧洲北美这一基本战略指向。世纪之交以来，这一传统格局正在受到来自多方力量的冲击。世界经济重心向亚太地区的转移，以及发展中世界相对更为快速的经济增长，特别是新兴经济体的群体性崛起及其伴随的地缘政治演变，虽仍未达到新旧格局转换的临界点，但一个不争的事实是全球力量平衡已发生巨大改变。与此同时，发达世界对于全球化进程中的利益分配、权力操控和切身感受也随之发生着变化，以2016年美国和欧洲的变局为标志，发达世界已成为全球性的民粹主义、民族主义浪潮最为有力的推手，并开始为全球化进程注入全新的内容和难题。

上述变化导致拉美国家陷入至为尴尬的处境。原本是弱势国家在经济全球化浪潮中如何应对市场开放、要素自由流动和全球价值链形成的问题。例如，借助国家干预的方式，在跨境分工与交换的过程中，如何把握设置壁垒和障碍的成本，以真正实现本国资源配置的优化和规模经济效应；抑或是通过社会运动的动员，抵制大资本及多国公司对本地劳工、环保乃至国家主权的危害。概言之，拉美国家应对全球化一向是采取一种“自下而上”反对发达国家、多国公司和国际金融机构的姿态。然而，当发达国家开始转向带有保护主义、民族主义色彩的政策时，拉美国家政府和民众开始意识到这很可能带来比自由主义和市场开放更大的威胁，此前长期希冀和追寻“另一个世界”的诉求将更加难以成为现实。

在全球秩序和力量格局持续演变的新环境中，拉美国家的对外政策开始关注如何在维持传统以欧美为取向的联系纽带的同时，发展与新兴的日益重要的亚太地区（包括日本、韩国、印度、印度尼西亚、菲律宾等西太平洋乃至南亚国家）特别是已成为世界第二大经济体的中国之间的关系，使两个战略方向能够达到一种对自身发展更为有利的平衡。

“特朗普冲击”是这一年来传统战略方向上的最大变数，虽然这一冲击的后果仍具有巨大的不确定性，就2017年而言其破坏性也并不像当初预计得那样可怕，但美国与拉美国家关系中最关键的一些问题领域，包括贸易、移民、缉毒等问题，以及几对比较重要的双边关系如美墨、美古、美委关系均出现倒退，特朗普“美国第一”口号下的保护主义政策对拉美国家的冲击突出地体现在美国退出“跨太平洋伙伴关系协定”和重启北美自由贸易区谈判等举措上，年内美国副总统彭斯的拉美之行虽可视为修复关系的重要姿态，但未能改变拉美利益和美国声望双双受损的局面。2018年2月初，美国国务卿蒂勒森出访拉美，再次为地区最大热点的委内瑞拉问题加温，包

括声称考虑石油禁运并拒绝排除军事手段。蒂勒森重提“门罗主义”，指名道姓斥责中国并贬低中拉合作，进而可能将大国竞争因素再次引入拉美国际舞台。

拉美多数国家仍在努力维持并试图推进与北美、欧洲在贸易投资等领域的合作关系，同时也在继续开展与这些发达国家在科学技术、教育、能源、环境等方面的交流、共建，并准备在气候变化、金融服务、知识产权、农产品贸易等关键问题上展开对话、合作。拉美太平洋联盟国家均与美国和欧盟签署了自由贸易协定，南方共同市场与欧盟的自贸谈判则正在进行之中。但是，目前对拉美许多国家产生越来越大吸引力和影响力的却是太平洋对岸的亚太地区，特别是中国。太平洋联盟国家是“区域全面经济伙伴关系”协议的积极参与方，并且仍试图在美国退出“跨太平洋伙伴关系协定”后寻求替代方案。拉美主要国家与中国的贸易、投资和金融合作仍在正常进行，集中于农矿产品和能源贸易以及制造业和基础设施等合作项目，并基于务实合作建立了一系列的战略伙伴关系。目前双方的任务是寻求有效途径使中拉合作提质升级，更上一个台阶。2018 年 1 月，中拉论坛第二届部长级会议如期在智利圣地亚哥举行，会议通过了《圣地亚哥宣言》、《中国与拉共体成员国优先领域合作共同行动计划（2019—2021）》和《中国－拉共体论坛第二届部长级会议关于“一带一路”倡议的特别声明》3 份成果文件。

基于经济和安全等方面的考虑，区域合作和一体化历来是拉美国家对外关系的重要一环。但拉美国家间的区域内贸易在贸易总额中相对于其他地区占比过低，成为长期影响地区建设进程的不利因素。2016 年，英国“脱欧”和美国特朗普当选等事态发展，使拉美国家普遍感受到即将来临的外在压力，区域整合再次成为应对外部冲击的一个重要选项。拉美太平洋联盟和南方共同市场有意开展次区域集团间的合作，而北美的墨西哥与南美的巴西则在多年的疏远后重新走近。拉美国家如何凝聚共识，借助区域平台及相关机制解决与域外大国的关系和地区热点问题，仍面临诸多难题，其未来动态有待观察。

拉美国家间的关系经过20世纪80～90年代和21世纪初10余年间的两个政治、经济周期后，似乎又回到更为传统的国家间关系模式，其间既有历史积怨包括边界冲突问题的重新发酵，也不乏政治和意识形态差异造成的摩擦与对立，但最为重要并主导拉美国家间关系发展的主旋律仍然是协商、缓和、对话和合作。

二　美墨关系

2017年8月，美国、加拿大和墨西哥三国启动了北美自由贸易协定重新谈判进程。一方面，美国特朗普政府重复特朗普竞选时的老调，即北美自贸区使加、墨两国受益巨大，但是美国签署的最糟糕的协定，因此按特朗普本人的说辞就应该“以解约告终”。另一方面，美国贸易谈判代表办公室就重启谈判发布了正式文件，将首要目标确定为“改善美国贸易平衡并减少与其他成员国间的贸易赤字”。与选战时宣传不同的是，文件没有渲染对区内贸易征收惩罚性关税，而是承诺美国要维持“现行的互惠、免税市场准入”，并进一步整合北美区域的供应链，使北美自贸区涵盖数字贸易、反腐措施、能源以及知识产权等。虽然谈判结果尚难预料，但北美自贸区的重新谈判似乎并没有最初想象得那么可怕。这样一种相对放松的情绪也开始对墨西哥经济产生影响，例如，墨西哥比索在2016年年底特朗普当选时曾迅速下跌，但2017年上半年相对于美元已经升值18%，进而推动了墨西哥经济的向好预期。①与此同时，加、墨两国似乎已适应了特朗普式的威胁，如墨西哥外长就将美国总统经常挂在嘴边的“解约”宣示视为谈判策略，称墨方不会受此影响。

然而，经过年内五轮谈判，三国间的谈判并没有取得实质性的进展。美国与加拿大、墨西哥两国在若干重要问题上迟迟无法达成共识，最初希望

① “NAFTA negotiations：Less traumatic than feared?” *Latin American Economy and Business*, August 2017, https：//latinnews. com/print. php?mode = single&item_ id = 73069&archive_ id = 25&cat_ id =... 2018/1/3.

2017 年结束谈判的计划搁浅。2018 年 1 月举行的第六轮谈判，在一些问题上“略微取得进展”，但各方在关键性议题上仍存在较大差距。三国代表们希望在 2018 年墨西哥总统选举和美国中期选举前达成一致，并对谈判结果持谨慎乐观态度，但外界舆论认为谈判成功的可能性始终在 50% 上下波动。在汽车生产和贸易问题上，美国坚持实施更为严格的原产地规则，将目前区内价值含量的下限（62.5%）上调为 85%，且在美国市场上销售的产品需有美国投入 50% 的特别规定。这一要求遭到加、墨两国的拒绝。美国代表团还坚持所谓“日落条款”，即北美自由贸易协定每隔 5 年将自动失效，除非经三方特别审议后加以延续。美方认为这将有益于协定的更新和现代化，而加、墨两国认为这会导致不必要的不确定性，影响北美市场投资者的信心。美国特朗普政府坚持的“购买美货”政策意在限制墨、加两国企业竞标美国政府合同的能力，同时美方希望改变贸易争端解决程序，以降低加、墨两国挑战美国反倾销调查的可能性。美国的立场和态度令人怀疑美方的真实动机，加、墨两国代表始终无法摆脱的忧虑是，美方究竟是真想解决分歧达成协议，还是以谈判不成为借口最终废止协议？墨方的担心还在于，特朗普不仅是想达成一项于己有利的协定，而且还想让美国选民看到在一场零和博弈中美方如何取胜，而墨方如何蒙羞。因此，就墨西哥而言，伴随着北美自贸区的重新谈判，一系列应对举措相继出台。

首先，墨西哥政府开始在美国国内寻求利益攸关的盟友。在不放弃争取白宫和美国联邦政府部门官员的同时，开始“结交新朋友”，将主要精力投向美国各州和地方政府，特别是那些以墨西哥为主要出口市场的各州州长和州政府官员、农场主、中小出口商以及那些看重墨西哥市场的大型多国公司等。墨西哥国会议员还提出议案，为美国（主要是美国农业州）输往墨西哥的黄玉米数额设置上限，以此向美国政府和农业州政府施加压力。① 墨方的上述做法显然是基于自身处于弱势的清醒认识，在很大程度上属无奈之举，但毕竟将两国政府的较量推向了一种多方博弈的局面。墨方的举措效果

① “New fences make bad neighbours”, *The Economist*, Oct. 28th-Nov. 3rd, 2017, pp. 35 –36.

如何还有待观察，但初步成效业已显现，例如，美国国会参众两院均有部分议员开始表态，强调美墨关系的重要性，这些议员和部分州长、市长也意识到维护美墨关系对他们自己选区和选民的意义，企业界包括一些大公司也开始了相关的游说活动。

与此同时，从年初开始墨西哥政府就在考虑“第二方案”（Plan B）的问题，以加强在对美谈判中的地位，并准备应对一旦谈判失败两国关系恶化的最坏局面。墨方仍是“跨太平洋伙伴关系协定”的积极维护者，分别于5月和7月派出代表与其他10个签字国协商继续推进贸易协定的事项。墨西哥与欧盟早在2000年就已签署自贸协定，现在则在谈判协定更新的问题。墨方还积极推动与拉美主要国家如巴西、阿根廷等扩大经贸联系，并采取积极态度面向亚太，特别是中国。墨西哥政府还改变了传统上不同领域（如贸易与安全）的合作和分歧互不干扰的立场，将美墨经贸关系与其他领域（特别是安全）的合作“联系”起来，以使美方认识到在双方相互依存的关系中，破坏任何一个方面都会影响全局。一些墨方人士提出开放墨西哥南部边界并提供车票，直接将大批中美洲国家移民运抵得克萨斯边境。在2018年墨西哥大选年的政局演变中，一些政治人物借助反美主义赢得大选的可能性也在迅速加大，美国南部再次出现一个反美邻居对美国而言亦非幸事。但上述动态均可能伴随着墨方的自我伤害，因此墨西哥政府的首要出发点还是回到特朗普当政前的美墨关系状态。

三　美古与美委关系

在2016年竞选期间，特朗普宣称将改变奥巴马政府的对古政策。特朗普入主白宫后，对古政策如何演变或者说特朗普如何践行自己的承诺也成为美国新政府带给世人的众多“不确定性”之一。2017年6月16日，特朗普发表讲话，终于将矛头对准了奥巴马政府的对古政策。特朗普推出的措施主要是收紧美国公民赴古旅行的规定，同时限制与古巴政府和国营部门的商业交往。美国公民前往古巴将只能通过美国政府批准的旅行机构组团访古，美

国公司（以及个人）将不再可能与古巴政府、军方和安全机关相关的企业进行任何交易。这一举措短期内会影响古巴的旅游业，长期则会影响美国投资者赴古投资意愿，虽不至于对古巴经济带来剧烈的冲击，但仍会对古巴未来经济增长造成负面影响。但特朗普对前政府政策的改变相对有限而克制，远远谈不上是全面推翻了奥巴马的对古缓和政策，如古巴机场和港口均不在限制之列，美国的航空公司和船运部门仍可经营现行的赴古航线和班轮。特朗普新政策也未提及和限制奥巴马政府曾放宽的美古移民汇款、电信及互联网方面的政策，奥巴马结束任期前放宽食品、药品贸易规则的做法仍然有效。

另一个影响美古关系的事件是美国驻古外交官及家属遭到所谓“声波武器”攻击及后续调查情况。根据美国媒体报道，此类攻击自 2016 年 11 月中旬开始至 2017 年春终止，已有 10 名美国外交官和家属返美接受治疗，其中 2 名外交官已查明受到听力严重丧失等长期伤害，无法返回古巴履任。2017 年 6 月，5 名加拿大外交官及家属也报告出现与美国外交官类似的症状。在这期间，古巴政府已经展开了认真严肃的调查，声明查出真凶也是古巴国家利益所在。古巴政府于 2017 年 8 月发表的声明指出，古巴决不允许在古巴领土上从事针对外交人员及家属的任何活动。古巴甚至允许美国联邦调查局和加拿大皇家骑警派人员赴古调查。但多方调查没有任何结果。事件对特朗普上台后本已脆弱的古美关系造成十分不利的影响，美国国务卿蒂勒森曾对媒体表示古巴政府要对事件负责。古巴领导人劳尔·卡斯特罗于 2017 年 7 月发表讲话称，虽然特朗普政府对古巴充满敌意，但古巴仍希望继续改善古美关系。

特朗普政府政策的改变还不会产生立竿见影的效果，经过负责起草新立法的机构、国会的辩论及表决至少需要数月时间，现行政策仍然有效，贸易和人员往来如常进行，例如 2017 年 6 月美国销往古巴的食品药品价值达 2460 万美元，为 2016 年 6 月（950 万美元）的两倍以上。①2018 年 2 月，一

---

① “Cuba：Cuba denies responsibility for mystery sonic attacks”，*Latin American Security & Strategic Review*，August 2017，https：//latinnews.com/print.php?mode = single&item_ id = 73296&archive_ id = 26&cat_ i... 2017/11/29.

个美国国会两院代表团访问古巴，实地考察美国政策变化的影响，并与古方讨论所谓“声波攻击”事件的调查情况，同时还与教育、经济、生物科学等领域的专家探讨增加两国人民“经济机会”的可能性。

2017 年 1 月，美国当选总统特朗普入主白宫前夕，委内瑞拉总统马杜罗在一场新闻发布会上称，委内瑞拉希望与美国保持相互尊重和合作关系。马杜罗还谈到，世界政治正在发生巨大变化，变化之一就是人们正在热议的特朗普时代，“对于特朗普，我们是抱有希望的”①。考虑到特朗普竞选期间对委内瑞拉的敌视态度，马杜罗的谈话颇出人意料，多数观察家认为美委关系更有可能趋于恶化，而不是改善。相当一段时间以来，美国一直希望拉美国家在委内瑞拉问题上走向前台施加影响，而自己更多地作为幕后推手发挥作用。

3 月，美洲国家组织秘书长阿尔马格罗在关于委内瑞拉形势的最新报告中呼吁动用《美洲民主宪章》，中止委内瑞拉成员国资格，并建议在委内瑞拉立即举行大选。2016 年年中，美洲国家组织曾否决了动用《美洲民主宪章》的动议，继续支持委内瑞拉国内各派政治力量进行对话。阿尔马格罗认为对话失败的责任完全在于马杜罗政府，并坚称委内瑞拉宪法“已经没有任何意义”。委内瑞拉外交部反击阿尔马格罗的言论，认为这是西半球“法西斯右翼集团”对委内瑞拉进行肆无忌惮的恶毒攻击。除立即举行大选外，阿尔马格罗还建议立即建立人道救援渠道，恢复宪法秩序包括恢复立法机构权威、“用民主方式确立”全国选举委员会和最高法院的组成。由于中止成员国资格需要美洲国家组织 2/3 成员国的支持，而马杜罗政府仍在中美洲、南美洲和加勒比地区拥有众多盟友，阿尔马格罗能否获得足够支持尚存疑问，同时孤立委内瑞拉产生的后果也难以确定。阿尔马格罗的主要目的还在于施加压力，迫使委内瑞拉政府尽快举行大选，争取和平地向新政府过渡。

① “Venezuela: Maduro’s unlikely reach out to Trump”, *Latin American Weekly Report*, 19 January 2017, https://latinnews.com/print.php?mode=single&item_id=70978&archive_id=33&cat_id... 2017/9/13.

美洲国家组织的常设机构已经多次召开会议讨论委内瑞拉局势，但无法达成共识。4 月，该组织就是否举行一次外长会议专门讨论委内瑞拉问题进行表决，34 个成员国投票结果为 18 票赞成、11 票反对、4 票弃权、1 国缺席。美洲国家组织因委内瑞拉问题已经一分为二：支持委内瑞拉的国家除玻利维亚、尼加拉瓜、厄瓜多尔等盟友外，主要为以优惠价格进口委内瑞拉石油的加勒比国家。委内瑞拉外长宣布，为抗议美洲国家组织的“干涉主义”行为，委内瑞拉将退出该组织。在美洲国家组织近 70 年的历史上，成员国主动退出还没有先例。委内瑞拉的盟国如果采取一致行动，这个西半球目前最悠久的政治、外交组织有可能分崩离析。但委内瑞拉政府的退出威胁也有可能是一种外交策略，在委内瑞拉参与的其他区域性组织行动乏力的情况下，退出并非委内瑞拉的最佳选项。由于意见不一，美洲国家组织很难对委内瑞拉问题采取有效的行动，而委内瑞拉政府关于退出的警告也使该组织的任何行动仅有象征性意义。

美洲国家的分裂也在其他国际场合体现出来，例如，5 月联合国安理会曾应美国要求举行非正式闭门会议，美国代表会后宣称委内瑞拉国内局势已濒临人道主义危机，而委内瑞拉代表则抨击美国“干预内政”和“怂恿暴力”。时任安理会主席的乌拉圭代表表示委内瑞拉问题应在区域组织范围内解决，唯一出路在于委内瑞拉政治势力间的妥协。玻利维亚代表认为委内瑞拉问题并不构成国际和平与安全威胁，甚至也未构成区域性的威胁。与委内瑞拉接壤的巴西和哥伦比亚可能会与玻利维亚有不同感受，因此在这一问题上的处理有所不同。

7 月底，委内瑞拉如期选出了制宪大会；8 月初，美国的制裁措施接踵而至。8 名制宪大会成员被列入制裁名单，这些人在美资产被冻结、无法出入美国且无法与美国公民进行商业交往。此前，委内瑞拉总统、副总统以及最高法院宪法办公室 8 名法官已受到制裁。从 4 月至 8 月，以违反人权和民主规范受到制裁的委内瑞拉公民已达 30 人。8 月 25 日，美国对委内瑞拉实施经济制裁，委内瑞拉政府债券交易和发行新债受到限制。委内瑞拉本已脆弱的外部流动性进一步恶化，违约可能性加大。

8月，拉美16国外长与美国国务院代表（美方有意回避派遣高规格人员与会）在秘鲁利马召开会议，会后12国外长签署利马声明，宣称拒不承认委内瑞拉“非法的”制宪大会，而根据墨西哥外长会后对媒体的谈话，这包括拒不承认制宪大会行使国民议会的宪法权力，特别是有关石油公司和债务重组的立法权力，因此利马声明等同于对委内瑞拉政府施加的一项多边经济制裁。在利马外长会议的同时，古巴、玻利维亚、厄瓜多尔、尼加拉瓜外长齐聚加拉加斯，会上古巴外长宣称委内瑞拉制宪大会选举是“民主的一课”。

9月和11月，加拿大政府分两批次向委内瑞拉政府高官（包括马杜罗总统）实施制裁。与此同时，欧盟也宣布对委内瑞拉实施武器禁运。拉美巴拉圭、阿根廷等国政府还向美国建议对委内瑞拉石油部门实施制裁或禁运。至年底委内瑞拉问题作为地区热点仍不见降温，11月，欧盟外长会议批准对委内瑞拉实施武器禁运并出台制裁委内瑞拉政府高官的法律框架。美国针对10月委内瑞拉地方选举再次宣布制裁措施，将12名高官列入名单。在同月召开的联合国安理会非正式会议（中俄抵制）上，美国代表宣称委内瑞拉已成为“威胁地区、西半球和世界的暴力毒品国家”。标准普尔将委内瑞拉评级降为“选择性违约”，惠誉国际将委内瑞拉降为“有限的违约”。

2018年2月，委内瑞拉总统马杜罗呼吁与美国总统特朗普举行对话，并敦促特朗普改变对委政策。马杜罗称，无论对话地点在加拉加斯或在华盛顿，他都将“如约而至”。但白宫发言人拒绝了马杜罗的提议，并重申只有在委内瑞拉“恢复民主”之后才有可能实现对话。委内瑞拉随即开始举行军事演习，动员人数超过百万。

四　彭斯拉美之行

2017年8月，美国副总统彭斯开启拉美4国之行。由于特朗普政府并没有形成明确、具体的对拉战略和政策，美国领导人访拉行程和议题只能围

绕经贸、安全等问题领域的现实挑战进行安排。彭斯造访阿根廷和智利突出的是经贸合作，其中包括对阿根廷总统马克里的改革表示支持并扩大双边贸易，同时拉近与智利巴切莱特政府的关系并宣扬美智自贸协定作为“样板”的重要意义。安全问题则是彭斯首访哥伦比亚的最重要议题，美国副总统表达了继续支持哥伦比亚和平进程的立场，特别是帮助哥伦比亚应对巩固和平所需面对的各种挑战，但美国政府的主要关切在于哥伦比亚国内古柯种植和生产再创历史新高的问题，美方并未拿出具体解决方案，但着重强调上述局面“必须”加以遏制。哥方承认古柯生产的问题但认为和平进程将会促进问题的最终解决。

彭斯拉美之行的另一个重要使命是与拉美国家协调解决委内瑞拉问题的立场。美国特朗普政府在这一问题上一直持强硬立场，包括实施多轮制裁，但同时一直通过所谓“地区外交”，推动拉美国家走上前台而有意作为幕后推手发挥作用。特朗普总统关于不排除动用军事手段解决委内瑞拉问题的讲话，在拉美国家激起轩然大波，遭到包括委内瑞拉反对派在内的各方激烈反对。彭斯之行也被外界认为是一次降温、止损的访问。在哥伦比亚，桑托斯总统当面指责特朗普总统有关军事行动的威胁，明确表示军事手段“不应考虑”且“不可接受”。彭斯的表述则是，特朗普总统所言意在强调美国面对委内瑞拉危机不会袖手旁观，美国有多种选项，特朗普总统派副总统出访拉美就是要继续协调拉美各国通过“和平方式”恢复民主，而且相信通过这种方式能够达到目的。彭斯在明确拉美国家反对动武的立场后，试图为外交活动重新争取些许回旋余地，但仍坚持美方强硬立场。考虑到特朗普总统的执政风格，其动武宣示未必是成熟的意图或方案，恫吓的可能性更大，也不排除信口开河。

五　毒品与移民

特朗普上台后，美拉关系就笼罩在其“美国优先”政策的阴影之下。美国与拉美国家在各个领域存在的合作关系似乎都会受到冲击和负面影响，但又无法预料这种冲击和影响何时以何种方式显现并产生作用。与此同时，美拉关系中现存的合作网络也在“不确定性”的环境下继续运作，一些拉美国家以及美国政府某些部门也在试图减轻“特朗普冲击”的负面效应。

2017 年 12 月，哥伦比亚、墨西哥和美国三国司法部长在哥伦比亚卡塔赫纳就跨国犯罪问题举行会议，可视为三国间安全合作仍在现行机制下正常推进和深化。上述三国在全球性制止毒品交易及相关犯罪活动的合作中处于十分特殊的地位：哥伦比亚被认为是世界上可卡因最大生产国，美国则是毒品最大消费国，而墨西哥又是毒品输往美国的一条主要路线。此前美国缉毒署于 10 月发布了 2017 年国家毒品威胁评估报告，认为墨西哥贩毒组织仍控制着美国非法药品市场，哥伦比亚可卡因供给增长及合成类鸦片药剂增长导致美国民众健康问题恶化。

2017 年，墨、哥两国与美国的关系也处于某种令人不安的微妙阶段。美墨双方存在特朗普政府的边境建墙、遣返移民以及北美自贸区重新谈判等突出问题；美哥双方虽恶感较轻，但特朗普也曾威胁哥方若在减少古柯种植方面无法满足美方要求，美国将会改变在缉毒战中与哥方长期的合作关系。但墨、哥两国政府均力图维持与美国的合作关系。三国司法部长会议决定在打击有组织犯罪、毒品交易、洗钱和腐败等方面开展信息共享、阻断毒品通道、打击犯罪组织和人员培训等多项合作。

拉美安全局势中，另一受到关注的地区是中美洲“北部三角”。2017 年 6 月，由美国和墨西哥共同倡议的“中美洲繁荣与安全会议”在美国迈阿密召开。“北部三角”的洪都拉斯和危地马拉的总统、萨尔瓦多副总统，美国副总统及国务卿、国土安全部部长，墨西哥外长和内政部长等与会，商讨针对犯罪、毒品和非法移民的协调战略。美国副总统彭斯一度成为美国特朗普政府负责拉美事务的主官，在会上向中美洲领导人发动魅力攻势，宣称美国总统懂得中美洲的安全与繁荣“与我们的安全与繁荣直接相连”，并指出中美洲安全形势包括盗窃、敲诈勒索、绑架和贩卖人口等问题的严重性，大量毒品通过中美“北部三角”通道流入美国。美国国务卿则集中谈到经济问题，包括通过改革和投资创造就业进而减少向外移民，即通过强化正规经济以消除非法移民和其他非法活动的经济根源。“北部三角”三国领导人强调了各自国家取得的进展，如萨尔瓦多监狱系统的改进、洪都拉斯对毒品卡特尔的打击以及危地马拉谋杀率的降低等。会上美洲开发银行（IDB）宣布发起一项为期 5 年计 25 亿美元的基础设施基金，帮助三国的经济发展。在安全合作方面，出台了一项新的合作倡议即“福塔莱萨计划”，旨在加强三国及与墨西哥之间的边境管控。这被视为一项参照“哥伦比亚计划”的倡议，与会的哥伦比亚国际部长还表示要加强业已开展的合作计划，为中美洲国家培训警察力量。

与此同时，合作的深化仍面临难以克服的分歧和困难。美国与墨西哥双方在特朗普的“美国优先”和反移民政策上存在深刻的分歧和矛盾，会上各方虽避免谈及这些问题，但无法掩盖这一大背景的负面影响。墨西哥外长表示双方虽有分歧但仍有合作，会下墨西哥官员则明确表示美墨边界建墙对于控制移民和毒品“根本不起作用”。近年来墨西哥移民在进入美国的移民总数中占比很小，绝大多数移民来自中美洲“北部三角”国家。正是墨西哥南部的边境管控帮助减少了继续北上的移民潮。同时，中美洲国家还担心特朗普政府改变“临时保护地位”签证政策，导致大量在美移民返国，同时也相应减少了对这些国家十分重要的侨汇。特朗普政府减少外援的政策也将使这些国家任何发展蓝图的实施捉襟见肘。中美洲国家的贫困和动荡的根源是多方面的，犯罪、腐败、经济落后、美国毒品需求、非法移民、缺少就业机会各项因素互为因果、恶性循环。仅仅关注和处理其中一项或两项因素根本解决不了问题。美国政府长期关注的就是如何阻断毒品和移民浪潮。一种通盘考虑且可持续的解决方案还有赖于美、墨和“北部三角”国家的政治意志和互信。

值得注意的是，“北部三角”国家在国际舞台上与美国存在相当程度的协调和配合。例如，2017 年 12 月，危地马拉总统宣布将追随特朗普政府，将该国驻以色列使馆迁往耶路撒冷；在联合国大会表决多数反对特朗普政府的决定时，与美国站在一起的 8 个国家中就包括危地马拉和洪都拉斯两个中美洲国家。

2017 年 6 月，美国国务院还出台了一份针对加勒比地区的战略报告——《加勒比 2020：增强美国和加勒比地区人民安全、繁荣和福祉的多年战略》。报告的出台正值美国与加勒比国家在委内瑞拉问题上出现意见分歧之际。在 6 月的美洲国家组织大会上，由于加勒比国家的反对，会议未能就委内瑞拉问题做出决议。该战略报告包括安全、外交、繁荣、能源、教育和健康 6 个部分。报告的突出特点是美国外交已经打上了特朗普政府重商主义的烙印，处处体现了“美国优先”和美国利益的政策取向。在报告前言，该战略声言“2016 年活跃的经济伙伴关系为美国带来了 46 亿美元的贸易盈余”，“繁荣”章节开宗明义：“我们将支持美国出口和创造就业”，而关于小企业开发的段落则表示其目的在于“扩大私营部门就业并为美国企业创造新市场”。安全战略的焦点是承诺通过实施打击跨国犯罪和恐怖组织、遏制非法货物和人员的交易及走私、强化法治、改善公民安全与应对恐怖威胁等计划，加强相互安全并提高公民的安全感。但同时报告强调了美墨边境管控加强对加勒比地区的影响，即跨国犯罪组织可能将活动转移至加勒比地区，将其作为毒品、移民、武器及其他非法活动的转运点。报告建议通过能源政策改变加勒比地区对委内瑞拉石油的依赖，“美国天然气出口和美国可再生能源技术的应用将提供更为清洁、廉价的替代品”。委内瑞拉问题显然在报告起草者心目中占据重要的位置，但美国国务院试图通过美洲国家组织和联合国等平台，开展更广泛的多边合作来解决问题。

六　欧洲与拉美

由于需要更多地应对各国国内经济、政治议程以及英国“脱欧”等涉及联盟整体的事物，欧盟及其成员国与拉丁美洲国家的关系中并没有发生非常重要的事件。2017 年年初，法国时任总统奥朗德到访哥伦比亚，承诺支持哥伦比亚和平进程及战后重建。奥朗德还表示将推动欧盟与拉美太平洋联盟扩大贸易和投资。法国总统宣称，面对全球挑战，保护主义是“最糟糕的反应”方式，等于间接地批评了美国总统特朗普的一些言论。2017 年 9 月，法国总统马克龙和英国外交大臣约翰逊分别到访遭到飓风“厄玛”破坏的海外领地和自治领地，承诺向灾区提供援助。11 月，针对委内瑞拉局势的发展，欧盟决定对委内瑞拉实施武器禁运并出台针对委内瑞拉政府官员制裁的法律框架。

2017 年 6 月，在美国特朗普政府逆转与古巴关系的缓和进程，重新收紧与古巴的人员、货物交往之际，欧盟接待了古巴外长的来访。古巴与欧盟于 2016 年年底签订了“政治对话与合作协议”，取代了 1996 年欧盟的“共同立场”，这是欧古关系的重要里程碑。欧洲议会外事委员会于 2017 年 6 月 20 日批准了新协议。古巴曾是拉美唯一没有与欧盟签署任何协议的国家，协议的生效意味着双方实现了关系正常化。

2017 年，拉美南方共同市场与欧盟间的自由贸易协定谈判未能取得实质性进展。这一协定属于“第一代”自贸协定，会给双方带来巨大经济利益。双方曾有意在 2017 年解决最困难的谈判内容，最终于 2019 年完成谈判。主要的分歧涉及农产品贸易，欧盟成员国如法国、爱尔兰和波兰等国不愿放弃其农民享有的保护权利，但大多数成员国希望借自贸协定扩大对南美洲的制成品出口，特别是重型机械、交通设备以及化工制品。此外，双边自贸协定还带有地缘政治方面的意义，欧洲与拉美具有历史、文化、政治、经济等方面的联系，新的自贸协定可以帮助建立和激活大西洋两岸的经济与政治纽带，促进双边经济恢复并平衡亚太等区域日益增强的经济和地缘政治力量。

七　俄罗斯、土耳其与拉美

2017 年 10 月，俄罗斯总统普京在莫斯科接待了委内瑞拉总统马杜罗。普京表示将继续保持与委内瑞拉的友好关系，包括在经济领域的交往。马杜罗感谢俄方的支持，包括在委内瑞拉困难时期提供的政治和外交支持，以及提供粮食“帮助委内瑞拉维持消费稳定”。委内瑞拉石油部部长确认双方正在谈判，俄罗斯石油公司用持有的委内瑞拉国家石油公司在美国分公司 Citgo 的股份交换委内瑞拉国内油田股份。俄委两国目前都面临以美国为首的西方制裁，在美资产的处理应该考虑这一背景。俄方除向马杜罗政府提供贷款外，还购买和出售委内瑞拉的重油及其他产品，以此建立并维持俄罗斯在西半球的存在和影响。

委内瑞拉总统马杜罗于10月还造访土耳其，与土方达成多项合作协议。土耳其总统埃尔多安表示土耳其不支持任何外部势力干涉南美洲事务。

八　中国与拉美

2017年6月，巴拿马与中华人民共和国建立外交关系。巴拿马总统在电视讲话中称，中国长期以来在巴拿马经济发展中发挥着重要作用，现在比以往任何时候都更加重要：中国已成为世界第二大经济体，巴拿马运河第二大用户，巴拿马重要的投资方，科隆自由区商品主要供应方，等等。外界普遍认为，巴拿马与中国建交的举措将对中美洲其他国家产生影响，特别是尼加拉瓜（左翼桑解阵执政）和萨尔瓦多（左翼马蒂民族解放阵线执政）。

2017年11月，巴拿马总统巴雷拉访问中国，双方签署了包括联合声明在内的20份合作文件，为双边关系的“新阶段奠定了基础”。在19份合作协议中有11份为经贸合作协议，涉及贸易、投资、金融、基础设施等内容。巴雷拉总统在北京参加了中巴贸易论坛，并表示将参与“一带一路”倡议项目及其海运、电信、物流、基础设施建设。双方将开始自由贸易协定和巴拿马铁路建设项目的可行性研究。此前，8月，双方政府相关部门还就安全问题进行了磋商，包括联合打击非法移民、保障双方国民正当权益、分享信息以追捕逃犯、追缴赃款并进行人员培训等方面的合作。

2017年5月，智利总统巴切莱特和阿根廷总统马克里出席了在北京召开“一带一路”国际合作高峰论坛。巴切莱特总统高度赞赏这一“世界最大的经济项目”并表示智利愿意成为拉美与亚洲间交往的桥梁。马克里总统表示拉美与“一带一路”倡议的联系是一个“不可忽视的良机”，阿方需要基础设施建设投资，同时可向相关国家提供粮食安全援助。2017年9月，巴西总统特梅尔到访中国，参加在厦门举行的第9届金砖国家峰会并对中国进行国事访问。中巴双方签署了14项合作协议。

九　南共市与委内瑞拉

2017 年 8 月 5 日，南方共同市场创始成员国（巴西、阿根廷、乌拉圭、巴拉圭）在巴西召开紧急会议，就委内瑞拉制宪大会选举（7 月 30 日）以及制宪大会代表宣誓就职（8 月 4 日）一事进行磋商。会后，四国外长发表联合声明，拒绝承认委制宪大会并决定动用南共市民主条款，继续中止委内瑞拉成员国资格直至该国“民主程序完全恢复”。由于未能履行成员国义务，委内瑞拉已于 2016 年 12 月被中止行使成员国的政治权利，所以外长会议的决定仅具有象征意义。但巴西外长强调创始成员国的决定意在给出明确信息，即通过孤立推动委内瑞拉履行成员国“维护民主”的责任，并借此推动委内瑞拉再次作为“民主国家”回归和参与南共市活动。南共市是拉美第一个对委内瑞拉动用民主条款的地区组织。巴西外长还表示，中止委内瑞拉的成员国资格并不包括经济制裁内容，但该组织可以考虑在委内瑞拉国内局势继续恶化的情况下实施制裁。巴西外长敦促马杜罗政府为解决国内政治危机与反对派进行“认真的对话”。南共市的决定在巴西、阿根廷和乌拉圭国内均受到左翼政治力量（巴、阿）或左翼阵营内部激进派别（乌）的批评。委内瑞拉总统马杜罗表示，动用民主条款中止委内瑞拉成员国资格是“非法”行为，且不符合南共市关于任何决定均需所有成员国一致同意的决策规则。马杜罗谴责阿根廷总统马克里“引领”外部势力围攻委内瑞拉政府，并像对待古巴一样试图在经济、金融、政治上封锁委内瑞拉。

十　玻利维亚与邻国的关系：合作与冲突

拉美国家间关系的常态是合作与冲突并存，但合作的时段与强度要远远大于冲突。拉美各国均维系着各自的区域合作与邻国关系，篇幅所限，本报告仅以玻利维亚为例。

2017 年 1 月，玻利维亚与智利两国政府官员在时隔 6 年以后召开双边缉毒混委会会议，并就加强缉毒合作达成协议。玻智两国长期以来在玻利维亚太平洋出海口问题上存在争议，双边关系一向不睦。因此，两国达成任何协议均在双边关系发展中具有重要意义。除智利外，玻利维亚政府还曾就边境安全问题与秘鲁、巴西和阿根廷等国达成过多项协议。

2017 年 1 月，阿根廷总统马克里发布的一项总统行政令生效，改变了现行的阿根廷移民法。根据新规，任何有犯罪记录的外国人都将被禁止进入阿根廷或在阿根廷长期居留。虽然马克里政府宣称这一政策为改善治安状况所必需，但仍被邻国视为具有排外色彩。此前，阿根廷安全部部长的言论也使阿玻关系受到影响，阿根廷安全部部长将阿根廷暴力犯罪事件的增加（这是总统行政令的根据）归咎于邻国如巴拉圭、玻利维亚和秘鲁的贩毒组织，这些组织将活动扩展至阿根廷境内。玻利维亚外交部当即要求阿驻玻使馆对上述言论予以澄清。2 月初，玻利维亚参议长率代表团赴阿根廷与阿方就此事进行讨论。玻利维亚参议长指出，阿根廷布宜诺斯艾利斯省监狱系统关押的 3.9 万多名犯人中只有 190 名玻利维亚人，其中只有 14 人与贩毒案件有关；阿根廷政府将玻利维亚移民污名化是“绝对的不公正”。在阿驻玻大使建议安全部部长向玻方道歉，以及玻利维亚参议长向媒体透露阿根廷政府承认“99% 在阿玻利维亚居民诚实就业”之后，双方关系有所缓和。上述事件只是双方合作关系中的小插曲，双方在缉毒领域保持着长期合作关系，能源也是双方合作的重要领域（阿根廷为玻利维亚天然气第三大出口市场），阿根廷同时也是玻利维亚侨汇第三大来源国。

2017 年 3 月，9 名玻利维亚人在玻智边境被智利军警扣留，双边关系再度紧张。这 9 名玻利维亚人包括 2 名军人和 7 名海关人员，正在边境地区抓捕走私嫌犯。双方在涉事地点是否在智利境内各执一词。玻利维亚派出外交部部长前往日内瓦，向联合国人权事务高级专员申诉，智利军警非法进入玻利维亚境内“绑架”玻利维亚人员并进行虐待。玻利维亚国防部部长宣称要通过“法律的、外交的和国际的”渠道为玻方人员争取权益，并号召抵制智货。玻利维亚国防部部长还抱怨智方拒绝为其签发赴智利探访玻利维亚人员的签证。事件发生的时机正值玻方向国际法院呈递诉状的当口，玻利维亚政府坚持认为智方有义务为玻方提供太平洋出海口，该项义务源于1904年和平条约（智方未能履行条约承诺）以及一个多世纪以来的协议、外交实践及智方的声明。智利对此有不同的立场。虽然双方龃龉不断，但合作渠道始终畅通，除2017年年初双边缉毒混委会会议外，3月双方企业界还成立了贸易、产业、服务和旅游商会，以进一步促进双边商业联系和交往。

2017年5月，玻利维亚与阿根廷两国就天然气供应问题发生争执。当月，阿根廷媒体包括外交部网站报道阿根廷政府将与智利签约，输入智利天然气以满足6~8月冬季用气高峰需求。后续报道援引阿驻玻大使的谈话称，玻利维亚（阿方主要供气来源之一）未能保证满足阿方需求。玻利维亚政府反应激烈，断然否认玻方有任何毁约行为，指出玻方供应正按月逐步增加。事发后双方又马上采取措施降温，阿驻玻大使表示阿方愿意与玻方继续成为天然气合作“伙伴”，并宣称与智利签约反映了需求增加而非玻方供应能力不足。大使还表示阿根廷国家石油公司控股的炼油企业有兴趣与玻方签约以生产液化石油气。

6月，玻利维亚政府将3月玻利维亚人员被智利扣留事件提到美洲国家组织常设理事会上。玻利维亚外长称玻利维亚人员在智利遭受了酷刑。智利总统巴切莱特表示自己将对“这些新的谎言”不予理睬，智利外长称这是又一起“失败的宣传”事件。就扣人事件本身而言，玻方坚称玻方人员是追捕走私嫌犯，而智方认为玻方人员偷盗走私车辆、非法持有武器，事件本身是一个“法律问题”。玻利维亚国防部部长宣布将在边境通道修建栅栏以防止“走私车辆进入玻利维亚”。事件的背景仍离不开双方的太平洋出海口争议，除国际法院的诉讼外，玻利维亚总统在6月联合国总部召开的海洋会议上阐述了玻方立场。智利政府随即声明玻利维亚总统所述与会议主题完全无关，完全不涉及“国家、地区和全球层次关于更好保护和可持续利用海洋及其资源”的问题，玻方应明白联合国为一“多边论坛”，是“国家聚在一起为真正具有全球意义的问题寻求答案”的场合。

2017年12月，玻利维亚总体莫拉莱斯赴巴西访问，在巴西前总统罗塞夫遭弹劾下台后首次与现任总统特梅尔正式会晤。虽然双方存在“意识形态分歧”，但两国领导人仍签署了一系列合作协议。玻方代表团庞大，随行的有内政、公共工程和石油部部长。双方就修建两洋铁路签署了谅解备忘录。这项预计 100 亿美元、5 年时间完成的项目从巴西港口城市桑托斯出发，由玻利维亚东部圣克鲁斯省苏亚雷斯港进入玻利维亚境内，经拉巴斯省高原地带后进入秘鲁，以秘鲁港口城市伊洛为终点。铁路还将延伸至巴拉圭和阿根廷。双方建立了 4 个工作组商讨技术、战略、融资和管理问题。莫拉莱斯总统还与巴西临近玻利维亚的 4 个州州长举行会见，并决定设立 4 个双边工作委员会，探讨能源、公路和铁路建设、尿素出口和移民问题。双边天然气合作具有重要意义，此前 2017 年 5 月，玻利维亚政府石油部部长还与巴西 5 个州的政府官员和企业代表商讨对这些州的天然气供应问题。玻、巴政府供气协议将于 2019 年期满，玻方希望巴方地方政府成为后续合作伙伴。

十一　反腐合作

2017 年 10 月，一次非同寻常且十分重要的会议在巴拿马首都召开。来自 10 个国家的检察官或司法机构的官员，就巴西建筑公司奥德布雷希特行贿案探讨多方合作的问题。奥德布雷希特丑闻是拉美反腐历史上的重大事件，其政治效应和后续影响才刚刚显现出来，并波及越来越多的国家和政府官员。2016 年 12 月，经巴西、瑞士和美国检察机构的努力，奥德布雷希特公司承认曾花费 7.88 亿美元在 12 个国家行贿以获取重大公共工程合同。在呈交至一家纽约法院的自白中，奥德布雷希特公司供述了行贿情况并同意支付 35 亿美元的天价罚款。在巴拿马城举行的会议上，有来自瑞士、哥伦比亚、厄瓜多尔和秘鲁的检察官以及来自葡萄牙、危地马拉、墨西哥和阿根廷的政府官员。会议发表了一个包括七方面内容的联合声明，强调了逐国调查奥德布雷希特案件的重要性。卷入该案件的政治头面人物包括厄瓜多尔副总统（已于 2017 年 10 月被捕）和秘鲁三位前总统。有关墨西哥执政的革命制度党在 2012 年大选中接受该公司非法政治献金的指控，在事发 6 年后开始发酵，势必影响 2018 年该国大选走向。与会者指出反腐合作的一个关键

问题是各国间存在严重的信息“不对称”。巴西当局与一些国家分享信息，但拒绝与另外一些国家合作。有证据表明涉案公司只承认了部分违法活动而远非全部。各国政府在分享信息方面也存在法律上和政治上的障碍。与此同时，办案人员在调查过程中还面临着各国政治、经济权贵的压力甚至威胁，舆论对办案进展也缺乏耐心。腐败丑闻的不断曝光还影响着人们的政治观念，如拉美晴雨表的调查表明，大众对民主制度的认可度及民主制度的运行状况的判断正在向负面下滑，2017 年的民调显示，75% 的受访者认为自己的国家为有势力的集团利益服务，62% 认为近两年来反腐斗争毫无进展。①

（贺双荣　审读）

① “Region：Meeting of the Odebrecht prosecutors”, *Latin American Weekly Report*, 2 November 2017, https：//latinnews. com/print. php?mode = single&item _ id = 74139&archive _ id = 33&cat _ i. . . 2017//11/29.

中拉关系专题报告

Reports on Sino-Latin America Relations

Y.6

经济、外交“双转型”下的中拉关系战略定位

周志伟　齐传钧*

摘　要： 当前中拉双方都面临着经济、外交的“双转型”任务，从政策调整的具体内容来看，中拉关系具备延续“战略机遇期”的可行性。在中国的“双转型”中，中国对拉美的战略定位主要聚焦于该地区的市场容量、产能合作空间、全球治理合作等层面。在拉美的“双转型”阶段，中国的重要性则主要体现在市场需求、投资供给、外交多元化选择等方面。正因为如此，中拉关系内在动能发生了重要变化。中国对拉美的政策规划性更强，对拉美的政策手段趋于多样化。与此同时，

* 周志伟，法学博士，现为中国社会科学院拉丁美洲研究所国际关系研究室研究员，国际关系研究室副主任，巴西研究中心执行主任；齐传钧，经济学博士，现为中国社会科学院社会发展战略研究院副研究员。

拉美与中国合作的主动性明显增强。展望下一阶段，中国对拉美政策需做好三个统筹规划：整体与双边合作的有效配合；经济合作为优先政策目标；重点国家、重要领域的战略布局。

关键词： 中国　拉丁美洲　双转型　命运共同体

自进入21世纪以来，随着国际体系转型的持续演进、中拉经贸互补性潜力的不断释放，中拉合作关系进入加速发展的“战略机遇期”，尤其是在经贸合作的强劲驱动下，中拉关系不仅在合作维度上实现了突破，而且逐步建立且完善“立体交叉”的合作机制体系。自2012年开始，中拉双方在经济发展战略、外交政策安排上都呈现出明显的调整特征。中共十八大明确了“全面深化经济体制改革和加快转变经济发展方式”的经济发展思路，以及“倡导人类命运共同体意识”和“建立更加平等均衡的新型全球发展伙伴关系”的国际合作理念。与此同时，由于地区政治生态发生了重大变化，拉美多数国家处于内政外交政策调整的新周期，其中，调整思路多聚焦于市场开放、经济结构调整、产业升级、融入全球价值链、强化跨区域合作等核心议题。很明显，在中拉双方的经济、外交“双转型”阶段，政策导向存在着较强的一致性和吻合度，这为中拉关系延续过去十余年的“战略机遇期”提供了充分的政策支撑。鉴于此，本文旨在分析中拉关系在双方所处的经济、外交“双转型”阶段的战略定位，并为下一阶段中拉合作发展提供可供选择的政策思路。

一　中国经济、外交转型中对拉美的定位

在中国和平崛起的过程中，拉美国家日益成为中国越来越重要的合作伙伴。一方面，拉美国家不仅是中国经济社会发展所需的资源和能源的重要供给方，而且越来越成为中国制造业产品出口的重要海外市场；

另一方面，随着中国综合实力的壮大以及国际影响力的提高，中国的海外利益布局和国际决策参与度呈现出明显的增势，在这种局面下，中国的快速崛起面临着来自美国等西方发达国家的多层次压力和遏制，强化与包括拉美国家在内的发展中世界的合作仍然是中国未来较长时间内的外交优先内容。

（一）中国经济发展战略转型下的拉美角色

对中国而言，在经历了近 40 年的改革开放后，中国已逐渐具备了全方位参与国际经济竞争的综合实力，但与此同时，中国经济增长方式也暴露出一些亟待解决的问题，经济增长效率开始回落，政府主导的高投入驱动增长的模式已显露出疲态，而且这种以高投入、高能耗和高污染为代价的发展模式造成国内环境持续恶化、生态系统破坏、产能过剩问题突出。在这种局面下，中国适时地提出“三去一降一补”的供给侧改革理念，为下一阶段经济发展模式提出了发展思路。另外，中国经济高速增长虽然为其他国家发展带来了“搭便车”效应，但与很多国家也存在贸易结构失衡的现实问题，甚至引发了一系列贸易摩擦。尤其是随着全球民粹主义和贸易保护主义的回温以及国际地缘政治格局和国际体系的调整，加上全球科技的快速发展，中国经济发展面临的外部环境也发生了重大变化。

正因为上述国际、国内环境体现出来的新特征，中国经济发展战略必须实现转型，其中之一就是加快中国投资海外布局的节奏，进一步推动中国企业“走出去”。从改革开放初期引进发达国家的资金和技术，向扩大对外投资和贸易并举方向转型，合作优先对象也从以发达国家为主转向更加多元的合作伙伴范畴，尤其是强化与资源禀赋高、市场潜力大的发展中国家之间的合作关系。从理论上讲，任何国家的对外直接投资的动因主要为市场拓展、资源获取、寻求技术、追求效率。拉美国家和中国都属于发展中国家，总体来看，中国资本投资拉美的主要目的在于寻求资源和寻求海外市场，而不在于寻求技术和寻求效率。过去近二十年间，不管是在贸易层面还是投资层面，资源获取是中国对拉经贸合作的主线，而且在未来较长的发展阶段，中

国对拉美的大宗商品仍然具有较强的刚性需求。但是，正如前文所述，由于技术进步和国内经济转型，中国对于大宗商品的需求势必会呈逐步回落的走势。因此，中国对拉美的投资思路存在转型的必要性，即在继续保持对资源性产品关注的基础上，引导和促进本国资本开拓拉美市场，尤其是挖掘拉美地区的消费潜力。在这种投资思路下，中国能够实现出口促进和市场获取的双重效果，中国相关产业（如轻工、纺织、服装、机械、电子等）已具备一定优势，如这些产业能够对拉美开展有效布局，不仅有助于解决国内产能过剩问题，而且能带动设备零部件、技术和劳务的出口。

当前，投资拉美面临的重要现实约束是拉美基础设施较差和部分国家政府的低效运作问题，因此，投资拉美的重要前提是加快推进该地区的基础设施建设，即通过政府间合作，完善拉美地区的基础设施，这对中拉双方而言是共赢的目标。但由于受到拉美地区传统或地方势力的阻碍，需要开展富有成有效的官方和民间交往，消除偏见和价值观冲突，让拉美地区更广泛地融入全球化过程中，实现与中国发展战略更加有效率的对接。与此同时，中国在投资拉美的过程中，基于资产安全保障的考虑，中国应在投资国别选择上保持理性，初期优先选择治理性更优、市场化程度更高的国家开展合作，这也要求我们在对拉外交战略上做出前瞻性调整，即从基于意识形态和能源安全导向向投资安全导向的战略调整。

投资拉美还面临产业投向的问题，要根据双方的实际情况，进行有针对性的投资合作。相比而言，中国在劳动密集型产业具有明显的比较优势，但随着人口老龄化的加剧和城镇化成本的上升，中国劳动密集型产业外迁已在一定范围内形成趋势。从人工成本的角度来说，东南业和非洲或是优先选择，拉美地区的劳动力成本普遍较高，但也具备向拉美部分转移的可行性。一般而言，技术密集型产业合作一般发生在发达国家和发展中国家之间。中国与拉美国家都属于发展中世界，但在相关技术领域，特别是在信息化技术上，中国可以有针对性地开展与拉美的合作，一方面通过优势互补实现各方技术的发展，另一方面也可以进一步打破发达国家设置的技术壁垒，在某些领域结成利益联盟，在技术创新带来的各种标准之争中，争取更多的支持力量。对于资本密集型产业而言，因为资本投入较多，海外投资需要较高的国际资本应收能力，这对外汇储备不足且历史上多次爆发外债危机的拉美国家而言，需要慎之又慎。总而言之，中国的海外投资战略应该是多元化的，在拉美应该是以劳动力密集型产业为主，而在有条件的情况下展开技术密集型产业合作。但值得关注的是，首先，拉美地区民粹主义严重，在投资拉美的过程中需要与当地工会和民间组织搞好关系；其次，中国对拉美的投资虽应以劳动密集型产业为主，但不能以牺牲中国制造业为代价，避免陷入美国当前面临的制造业空心化的困境。对于拉美的战略可能给企业带来的成本劣势，必要时需要政府通过外汇和财税等手段予以支持。

（二）中国外交战略转型下的拉美角色

进入 21 世纪以来，和平崛起的中国逐渐成为推动国际体系转型的核心动力，并且也成为影响全球政经局势变化的重要因素。从国际决策中的国家身份来看，随着全球力量格局的持续调整，中国的国家身份逐渐从一个处在国际社会边缘地带的“体制外革命者”转变为一个居于国际社会中心地带的“体制内参与者”。在这个过程中，中国外交战略呈现出“从作为体制内新成员的追随外交向体制内老成员的领导外交转型”的清晰轨迹。[①]

党的十八大以来，中国政府基于国际政治经济新格局以及中国发展面临的新机遇和新挑战，提出了一系列外交新理念、新倡议、新举措，反映出中国外交战略较为清晰的转型轨迹。总体来看，仍处在不断调整过程中的中国外交战略体现出以下几个主要特征。第一，国际参与的姿态更加积极主动，在全球事务中的参与提升明显。伴随着中国综合实力及国际影响力的提高，国际社会普遍提高了对中国在全球治理中角色和作用的期待，与此同时，中国外交的责任担当意识也有了明显的强化。习近平主席曾明确提出：“世界那么大，问题那么多，国际社会期待听到中国声音、看到中国方案，中国不

① 赵可金：《建设性领导与中国外交转型》，《世界经济与政治》2012 年第 5 期，第 53 页。

能缺席。”[①] 中国外交部部长王毅也曾强调，“在外交上不断采取新举措，推出新理念，展示新气象，新时期的中国外交更具全球视野、更富进取意识、更有开创精神……积极探索走出一条有中国特色的大国外交之路”[②]。中国外交的积极主动体现在“以更加积极的姿态参与国际事务，发挥负责任大国作用，共同应对全球性挑战”[③]，“在追求本国利益时兼顾他国合理关切，在谋求本国发展中促进各国共同发展，建立更加平等均衡的新型全球发展伙伴关系”[④]，“不附加条件地提供全球公共产品”等多个方面。中国外交战略重心更多地由促进发展，营造与创造有利于发展的外部环境和条件，向引导地区和全球发展趋势，发挥负责任大国建设性作用，缓解国际社会对中国崛起的担忧和不适，推动国际秩序和全球治理体系变革的方向转变。第二，谋求广泛、坚实的合作伙伴关系，强化“命运共同体”意识。近年来，中国更加强调平等均衡的新型全球发展伙伴关系。与此同时，也重视与发展中国家建设“命运共同体”，强调在与发展中国家交往的过程中坚持义利并举、义重于利，提出中国愿意帮助贫穷国家，增加对发展中国家特别是最不发达国家不附加任何条件的援助，提高它们自主发展和可持续发展的能力。第三，强调基于市场原则的国际合作，追求互利共赢的合作效果。随着中国经济结构的转型升级，中国经济外交政策更加强调以市场为主导的原则，通过强化跨地区的广泛合作，强化市场的多元化，谋求互利共赢的合作模式。第四，加强与发展中国家在全球治理范畴中的合作。在全球治理层面，中国逐渐展现出越来越积极的参与态度，其中，强化与发展中国家之间的通力协作已成为中国参与全球治理的重要路径选择。

发展中国家是中国对外政策的基石，也是中国在全球重要事务中寻求协作的重要对象群体。拉美是一个发展中国家集中度较高的地区，并且在全球

---

① 《国家主席习近平发表二零一六年新年贺词》，《人民日报》2016 年 1 月 1 日，第 1 版。

② 王毅：《探索中国特色大国外交之路》，《国际问题研究》2013 年第 4 期，第 8 页。

③ 《中国积极参与国际事务，发挥负责任大国作用》，《人民日报》2012 年 12 月 4 日。

④ 《弘扬传统友好　共谱合作新篇——在巴西国会的演讲》，《光明日报》2014 年 7 月 18 日，第 2 版。

性重大事务中发挥着积极的作用。自进入 21 世纪以来，中国政府提高了对拉美的战略认识高度，对拉美的定位及政策途径做出了明确界定和规制，尤其是从中国对拉美的两份政策文件中，可以清晰地看出拉美在中国外交中所处的位置以及中拉合作的主要着力点。首先，中拉在经济发展、全球治理层面具备“命运共同体”的逻辑。2008 年 11 月发布的首份《中国对拉丁美洲和加勒比政策文件》明确提出：“拉丁美洲和加勒比是发展中国家的重要组成部分，是当今国际舞台上的一支重要力量……拉美各国积极探索符合本国国情的发展道路，政局保持稳定，经济持续增长，人民生活不断改善。各国有着联合自强的强烈愿望，致力于促进本地区和平、稳定、发展，整体实力不断壮大，国际影响力不断增强。各国积极参与国际事务，为维护世界和平、促进共同发展作出了积极贡献，在国际和地区事务中发挥着日益重要的作用。”① 2016 年 11 月公布的第二份《中国对拉美和加勒比政策文件》对世界格局和拉美角色的判断更为精准，指出：“拉美和加勒比地区是新兴经济体和发展中国家的重要组成部分，是维护世界和平与发展的重要力量……拉美和加勒比作为一个整体，拥有巨大发展潜力和良好发展前景，是国际格局中不断崛起的一支重要力量。”② 两份政策文件充分体现了中拉不仅具有实现经济社会发展、延续崛起趋势的共同利益，而且在维护世界多极化、全球化，维护发展中国家的合理权利方面具有“命运共同体”的含义，即中拉双方具有维护“和平与发展”两大时代主题的共同责任和使命。其次，拉美是中国发展国际合作关系的重要组成部分。2008 年首份对拉政策文件提出了“建立和发展平等互利、共同发展的中拉全面合作伙伴关系”的政策目标；2016 年的对拉政策文件再次明确“中拉全面合作伙伴关系以平等互利为基础，以共同发展为目标”，并且进一步细化了实现“携手发展的命运共同体”的合作路径。这些政策新内容进一步贴近拉美国家的发展需求，

---

① 《中国对拉丁美洲和加勒比政策文件》，中华人民共和国中央人民政府官网，http：//www.gov.cn/jrzg/2008-11/05/content_1140303.htm。

② 《中国对拉美和加勒比政策文件》，中华人民共和国外交部官网，http：//www.fmprc.gov.cn/web/zyxw/t1418250.shtml。

体现了中国兑现“与拉美实现发展战略对接”承诺的实践行动，不仅能提高拉美国家对政策文件的“接受度”，而且也能提高中拉合作行动规划的落实效率。

总体来看，伴随着中国综合实力和国际影响力的提高，中国海外利益边界已呈现出快速延伸的趋势，作为具有巨大发展潜力和国际影响力提高的重要区域，拉美无疑是中国海外利益的重要布局点。尽管中拉并非互为传统的合作伙伴，尤其是在中国外交格局中，拉美的重要性在发展中世界基本也处于边缘位置，但是，在中国海外利益全球布局的局面下，拉美很有可能成为中国外交中最显性的“增量项”。

二　拉美经济、外交转型中对中国的战略定位

最近二十年时间里，拉美地缘政治环境发生了显著变化。在政治层面，左翼政党在经历了超过十年的主政期后，面临着越来越多的现实挑战，左右力量轮替的“钟摆现象”是最近两年来拉美政治生态的重要特征，“左退右进”已成基本现实。与此同时，在经历了长达十年的初级产品出口繁荣后，拉美经济自 2014 年开始呈现衰退的态势，个别拉美主要国家的经济甚至出现了连续大幅下滑的局面，经济恢复和产业升级成为拉美多数国家最为迫切的现实需求。基于地区局势的上述变化，并且根据国际政治经济格局的新特征，拉美国家开始对其对外政策以及全球合作思路做出诸多政策调整，其中，中国已成为当前处在转型阶段的拉美国家的优先合作伙伴，正因为如此，中拉关系的内在动力较之前发生了根本性的改变。

（一）拉美经济调整下的对华战略诉求

进入 21 世纪后，中国经济进入高速增长阶段，也带动了拉美经济的快速增长。但是，中拉贸易不平衡问题日益严重，贸易逆差继续扩大，拉美对中国出口产品集中度过高，且主要集中于初级产品，因此，贸易摩擦和争端频繁爆发，一定程度上助长了“中国威胁论”。这不仅给中拉经贸往来的可

持续性带来障碍，而且迫使拉美国家寻求经济结构的转型调整，由过度依赖初级产品出口转向比较平衡的贸易结构成为拉美多数国家的普遍诉求。换句话说，过去20年拉美国家虽然从中国对初级产品的强劲需求中获益，但其新的战略诉求必然体现在拉美对中国贸易失衡问题及其背后去工业化问题中。

近几年拉美政治右转也表明拉美国家开始重视市场，这也与中国“寻求海外市场”的战略选择存在较大契合。另外，从拉美外部来说，特朗普当选所带来的诸多不确定性和英国脱欧等事件给欧盟一体化带来的挑战，拉美国家要想实现经济战略调整，在可选择的外部力量中，中国从某种意义上来说具有一定的不可替代性。因此，不论从中拉贸易面临的困境上来讲，还是从当前地区政治生态以及国际宏观形势来看，中拉关系具备深化全方位合作的可能性。在这种局面下，“一带一路”倡议贴近拉美地区市场开放的政策需求。智利、阿根廷两国参加“一带一路”北京峰会便体现了它们对全球市场环境变化的敏锐判断，直接提高了拉美对“一带一路”倡议的参与积极性。自此开始，拉美多数国家都表现出了对接“一带一路”倡议的强烈意愿。总体来看，当前拉美国家对“一带一路”倡议的着眼点主要体现在以下两个方面。

第一，强化与亚太的经贸纽带，融入亚太生产链。为应对“特朗普冲击”，开拓亚洲市场、吸引亚洲投资成为拉美国家重要的政策选项。2000～2015年，亚洲与拉美贸易增长10倍，亚洲超过美国成为拉美商品最重要的海外市场。与此同时，以中国、日本为代表的亚洲国家在拉美地区的投资也呈现出快速的增长趋势。

截至2016年年底，中国对拉美直接投资存量为1573.7亿美元，2005～2014年，日本在拉美的投资超过1100亿美元，2003～2012年，韩国在拉美的投资从40亿美元增至270亿美元。[①] 很明显，亚太地区通过贸易、投资

① ECLAC, *Economic relations between Latin America and the Caribbean and the Republic of Korea: Advances and opportunities*, April 2015, p. 73.

两大传导渠道成为影响拉美经济的重要外部变量。“一带一路”倡议为拉美国家提供了连接亚太市场的重要媒介，它不仅能刺激亚太市场对拉美原材料的需求，而且能创造中拉产能合作的机遇，提高拉美国家在全球价值链中的竞争力。

第二，“搭便车”实现本地区的“互联互通”。拉美地区（尤其是南美）有着比较成型的基础设施一体化规划，但由于拉美国家自身投资能力不足和融资渠道有限等因素，地区互联互通规划落实情况不佳。例如，在2017年的南美洲基础设施一体化倡议项目篮子中，政府负责融资或者投资的项目447个，约占项目总数的80%，投资额合计约1190亿美元，约占投资总额的61%。由于南美洲经济在过去两年间下滑明显，寻求外部资金成为拉美国家普遍的诉求。然而，在国际资本流动性依然萎靡的环境下，拉美国家还面临美元加息以及特朗普提出的“美国资本回归”等多重压力；相反，中国海外投资的快速推进则符合拉美国家当前的政策导向，尤其是以基础设施建设为核心的“一带一路”倡议不仅可能补充该地区紧缺的资金，而且有可能直接带动该地区互联互通的推进节奏。

（二）中国成为拉美“太平洋战略”的优先合作伙伴

随着世界经济、政治重心向亚太地区倾斜，亚太地区受到拉美国家的日益关注。尤其是随着中拉经贸密切度的加强，“中国机遇”和“太平洋意识”逐渐成为拉美多数国家外交的重要考量。其意图在于：一方面，进一步强化与亚太地区的经贸联系，以带动自身经济的发展动力，与此同时，通过融入亚太地区生产链，促进自身的“再工业化”，提高国际竞争力，实现产业结构升级；另一方面，加强与亚太地区的合作（尤其是与中国的合作）有助于强化外交“多元化”，增强自身的外交自主权，平抑美国在该地区的霸权。近年来，在拉美地区的主流舆论场，“中国威胁论”明显有所淡化，“中国伙伴论”和“中国机遇论”逐渐成为主流。

对拉美国家来说，中国的重要性不仅表现在中国对大宗产品的强劲需求上，而且体现在中国逐渐成为全球性资本输出大国的新角色方面。无论是在产业结构调整的资金需求方面，还是在优惠贷款方面，很多拉美国家都将中国视为重要融资方。另外，深化与中国的伙伴关系也符合拉美国家外交多元化战略诉求，提升其外交自主性，以对冲美国在拉美地区的霸权。基于上述原因，近年来，多数拉美国家强化了对华合作战略，希望更有效地借力中国经济的增长实现更大的“搭便车”效应。2008 年 6 月，巴西政府多个内阁部门联合制定了“中国议程”，旨在发掘中巴经贸合作的潜力，促进对华出口产品的多样化，吸引中国投资的流入。哥伦比亚前驻华大使巴勃罗·埃查瓦里亚（Pablo Echavarría）曾表示，“哥伦比亚应该调整其对外政策，将中国设定为外交优先目标”。哥斯达黎加总统索利斯也曾强调，“将包括中国在内的太平洋地区视为最重要的主体以及强化外交的地区”①。厄瓜多尔学者认为，对拉美而言，中国可以起到对 OECD 世界的“软平衡”作用。有拉美学者提出，与“华盛顿共识”的刚性约束相比较，中国在拉美和非洲的存在为南方国家提供了新的选择，这些国家的政策回旋余地更大。由此可以看出，中国外交倡导的“开放包容”合作观、义利观以及“命运共同体”等理念与拉美国家“东向”调整的外交战略具有较高的吻合度，中国外交新理念的道德感召力无疑增强了拉美国家深化对华合作的信心。因此，中拉双方在外交战略调整的过程中，具有深化务实合作的共识。

（三）中国在拉美地缘政治格局中的角色

自 20 世纪 90 年代中后期以来，拉美地区的政经局势总体较为稳定。在此阶段，由于美国全球战略中心相继向中东和亚太地区转移，加上拉美政治格局在进入 21 世纪后呈现整体“左转”的态势，美拉之间各层次的合作关系均有所弱化。与此同时，基于拉美国家外交多元化的利益驱动、经济全球化和跨区域合作的加速推进、域外大国（尤其是新兴经济体）全球利益的地域延伸，影响拉美地区地缘政治环境的变量不是在减少，反而呈增加趋

① 《中国是拉美外交“太平洋战略”的优先目标》，人民网，http：//world. people. com. cn/n/2015/0515/c1002-27007845. html。

势。其中，中国在拉美快速上升的存在成为最引人关注的重要变量。

一直以来，美国在拉美地区具有主导性的影响力。在过去十余年的时间里，美国在拉美地区的外交投入明显减少，影响力也呈现出减弱的态势。与此同时，通过与域外大国密切的经贸互动，拉美地区对美国的经济依赖有所减弱，本地区出现了联合自强意识高潮。面对拉美地区地缘政治经济新局面，美国政界和学界的危机意识有所增强，“回归拉美”的呼声明显回温。尤其是针对中拉关系的快速发展，美国调整对拉美的政策，以维护自身在拉美地区的权力和影响力空间。正因为如此，2013 年 11 月，时任美国国务卿克里做出“门罗主义终结”的表态，强调“美洲国家间关系建立在平等伙伴和共同责任基础之上”；2014 年 12 月，奥巴马开启美古关系正常化程序。事实上，在特朗普胜选之前，拉美地区的政治生态走势很贴近美国在拉美地区的利益取向：拉美左翼势头衰退，中右翼力量重新控制政治局面，改善对美关系成为拉美“右转”国家的政策主流意识；在“左退右进”的政治变局中，拉美一体化也基本陷入停顿状态；美古关系解冻，缓解了美拉关系中的敏感“神经”；巴西、阿根廷对美态度转好，美国面临“收复”其在南美影响力的有利局面；等等。然而，特朗普的胜选以及其随后提出的系列政策主张与拉美国家对美诉求存在明显错位，部分拉美国家（尤其是右翼政府）被迫对外交政策实施“再调整”。尽管如此，美国在拉美地区的影响力依然处于绝对的优势。根据拉美经委会的统计，截至 2013 年，美国在拉美的投资存量（不含税收天堂国家）达到了 3500 亿美元，约占拉美地区外资总量的 1/6，远高于同期中国在拉美的投资存量（1000 亿美元）。很明显，中拉关系上升并未改变以美国为主导的美洲经济和地缘政治结构。

近年来，域外大国成为拉美地缘政治中的新增变量，域外大国与拉美的互动频率加快。过去十年来，印度与拉美关系有了不小的突破，尤其是印度与拉美大国巴西开展了多维度的战略合作，两国在金砖国家、基础四国、印度－巴西－南非论坛、四国集团①以及二十国集团等多边机制下的合作涵盖

① “四国集团”指的是日本、印度、巴西和德国四个试图加入安理会常任理事国的国家。

了全球治理的诸多重要议题，如全球治理体系改革、气候变化、联合国改革等。除此之外，印度先于中国在2012年8月与拉共体的“三驾马车”举行首届外长会议，意在将印度的外交边疆延伸至拉美大陆。此外，俄罗斯在2008年11月高调宣布“重返拉美”。2013年5月，俄罗斯与拉共体“三驾马车”召开外长会议，提出了建立“常设性的政治对话与合作机制”的想法，目的是在拉美地区寻求外交强势的回归。除新兴大国外，欧盟和日本也加大了对拉美的外交力度。2016年10月，拉共体与欧盟在多米尼加举行外长会议，提出拉共体－欧盟行动计划（CELAC-EU Action Plan），创建欧盟－拉共体基金会（EU-LAC Foundation），旨在促进两地区间的相互认知、推进伙伴进程（尤其加强公民社会的参与）以及提高透明度。与此同时，日本也表现出对拉美地区的政策热情。2013年9月，日本与拉共体“三驾马车”举行会谈，表示愿与拉共体建立对话机制，加强双方的多领域协调。在最近几年间，日本与拉美多国互动频繁，旨在寻求与拉美国家开展更广泛、深入的经济与政治合作。

相较而言，中国进入拉美的时间晚于主要发达国家，但是中拉互动效率体现出一定的优势。从某种意义上可以说，中国是进入拉美的“后来者”，但体现出了“赶超者”的特性。随着拉美地区跨区域合作战略的深化，影响拉美地缘政治经济格局的要素有可能趋于复杂化。在这种局面下，中国因素既可能成为拉美国家平衡其他大国影响力、实现自身利益最大化的重要选项，也有可能成为拉美与其他大国合作平抑的对象。以拉共体为例，在最近几届峰会宣言中，单独列出了“与域外伙伴关系”的章节，尤其强调合作对象的“多元化”原则，重点合作对象包括印度、韩国、土耳其、俄罗斯、欧盟、中国等。

三　中拉战略对接的路径安排

如前文所述，随着中拉双方外交与经济政策的“双转型”，中拉关系内在动能发生了重要变化。一方面，随着综合国力的提高，中国在拉美的利益布局有了较大延展，中国对拉美的政策规划性明显增强，对拉美的政策工具也趋于多样化；另一方面，拉美对中国的诉求达到前所未有的高点，和中国合作的主动性明显增强。基于上述两点，中拉合作实际上进入了一个双向良性互动的阶段，合作动能面临转换、提质的机遇，也给中拉战略提供了更好的对接条件。展望下一阶段的中拉合作，以下几点思路可供借鉴。

（一）整体与双边合作的有效配合

当前，中拉关系形成了双边、多边和整体合作机制相互补充、并举推进的总体态势。从中拉关系当前的基础来看，主要还是以与拉美国家的双边合作、与拉美地区组织和次区域组织之间的协调为主要内容。没有这些基础内容的支撑，中拉整体合作很难得到有效的推进，中拉整体合作行动规划也很难得到有效的落实。特别是在中拉整体合作的初始阶段，中国与拉美国家、拉美区域组织之间的关系更是支撑整体合作机制的重要支柱。与此同时，中拉论坛是超越双边关系的整体协作平台，与两国双边合作的“优势互补”原则存在一定差异，也就是说，在整体合作框架下，相关参与国之间存在直接或间接的竞争关系，而这些利益关系更多地取决于双边协商和沟通。因此，一方面需要中国通过与拉美关键国家的协调配合，保障中拉整体合作机制的持续推进；另一方面也有必要通过双边渠道有效规避利益竞争，避免局部竞争影响中拉整体合作项目的落实。此外，通过双边渠道，中国也可以协调拉美国家在中拉整体合作中可能出现的立场和利益分歧，从而实现中拉双方在整体合作下的高效“聚焦”。另外，还需要特别注意的是，由于中拉整体合作机制是建立在拉美一体化基础之上的，中国也可以利用现有的对话机制（如 1990 年与里约集团建立的对话机制、1997 年与南共市建立的对话机制、1999 年与安第斯共同体建立的磋商机制等），支持包括拉共体、南方共同市场、安第斯共同体、加勒比共同体、里约集团、南美洲国家联盟、美洲玻利瓦尔联盟、太平洋联盟等次区域一体化进程，支持拉美地区一体化的深化，同时根据次区域的特点制定更有针对性的合作路线图，进而实现点面结合的合作局面。

（二）经济合作为优先目标

总体来看，经贸合作是中拉关系中基础最扎实的领域，也是中拉双方利益匹配度较高的领域，双方在贸易和投资领域具备相对成熟的供给关系。中国不仅是拉美整个地区的第二大贸易伙伴，而且在拉美的投资也呈快速增长的趋势，投资主体和投资产业布局日趋多样化。最近几年来，中拉双方普遍面临经济下行的压力，深化合作助力经济恢复成为中拉双方的政策共识。尤其是随着逆全球化和保护主义思潮的回温，拉美国家不仅希望中国在引领全球化发展方面发挥更大作用和影响力，积极回应“一带一路”倡议、亚太自贸区等区域合作倡议，而且从各自的层面加快了市场改革和经济开放的节奏，成为捍卫全球开放市场环境的重要力量。由此可以看出，从政策导向来看，拉美与亚洲具有节奏上的一致。加之拉美主要国家经济持续低迷这一因素，拉美国家的对华合作愿望达到了前所未有的程度。另外，从政策的顶层规划来看，2015 年中拉论坛首届部长级会议提出了“十年内贸易、投资双翻番”的目标，尽管目前面临全球经济普遍低迷的客观困难，但作为中拉整体合作机制启动后提出的首期指标，中拉双方应在经济合作模式上寻求创新，努力接近这一目标。正因为如此，中国政府相继提出了“1 +3 +6”的合作框架、“3 ×3”合作模式等倡议。从中期、短期来看，“三大引擎”中的贸易、投资仍将是中拉经贸合作的核心支柱，在贸易保持平稳增长的基础上，投资已经逐步成为中拉经贸关系的新增长点，贸易和投资“双核驱动”的中拉经贸合作格局有望形成。贸易和投资的增长将推动中拉中间本币结算、联合融资的开展，而金融合作的深化不仅为中拉贸易和投资提供便利，而且将促进人民币国际化、全球货币体系改革的持续推进。从具体合作领域来看，能源资源、基础设施、农业、科技创新将是中拉合作的优先领域。其中，基础设施合作是中拉之间供需契合度最高的领域。2014 年 7 月，《中国 - 拉美和加勒比国家领导人巴西利亚会晤联合声明》也明确指出，“重视基础设施对畅通物流、便利贸易、拉动经济增长的促进作用，强调铁路、公路、港口、机场、电信等基础设施建设和改造以及用好中拉基础设施

专项贷款的重要性，以便增进拉美和加勒比国家之间以及同中国间的互联互通"①。从长远来看，促进拉美地区互联互通不仅能促进拉美地区市场的整合以及产业链的优化配置，提高拉美国家对中拉合作的经济社会效益预期，而且有助于中拉经贸合作的延伸与深化。

（三）重点国家、重要领域的战略布局

不管是在政治制度、经济规模、对外政策方面，还是在对华合作的具体诉求方面，拉美国家之间的差异性都较明显，特别是在当前拉美政治生态的转型过程中，这种差异体现得更为明显。具体到中国与拉美各国之间的关系上，虽然中国与将近10个拉美国家建立了战略伙伴关系，但是各组伙伴关系的战略内涵以及合作维度也不尽一致，尤其是从中国与拉美具体国家之间的双边合作机制来看，差异性同样体现得非常明显。比如，中国与巴西在2006年便启动了"中国－巴西高层协调与合作委员会"（简称"中巴高委会"），并在该机制下针对不同领域的合作逐步建立了多个双边分委会，两国政府分别在2010年签署《中华人民共和国政府与巴西联邦共和国政府2010～2014年共同行动计划》、在2012年签署《中华人民共和国政府和巴西联邦共和国政府十年合作规划》、在2015年签署《中华人民共和国政府与巴西联邦共和国政府2015～2021年共同行动计划》，两国关系进入了规划推进的局面。与之类似，中国与墨西哥在2004年建立常设委员会；中国与阿根廷在2013年成立常设委员会，2014年制定《共同行动计划》，等等。在经贸层面，巴西、墨西哥是中国在拉美地区最重要的贸易伙伴，与此同时，还与智利、秘鲁、哥斯达黎加签订了自由贸易协定。总之，不同拉美国家在中拉关系中所处的地位及其权重存在较大差异，中国在规划和发展与拉美地区关系时需要对此进行客观评判，并据此安排好对拉美国家政策的战略布局。

① 《中国－拉美和加勒比国家领导人巴西利亚会晤联合声明》，新华网，http：//www.xinhuanet.com/world/2014-07/18/c_1111686540.htm。

针对与拉美的合作领域，中国政府做出了“五位一体”的远景设计，并且也提出了“3×3”的合作路径规划以及经贸合作的六大重点领域。总体而言，上述政策安排厘清了中国对拉美的政策目标和手段。但从政策实施的周期及其效果考虑，中国需要对上述政策进一步细化，特别是厘清短期、中期和长期的合作领域的优先安排，尤其是有针对性地设定好落实中短期任务的步骤安排，优先推进合作基础相对扎实、双方利益匹配度更高的领域合作，从而保障合作的早期收获，实现中拉合作的扩散效应和可持续动力。与此同时，也需要加快补充中拉关系发展中相对薄弱的环节。因此，随着中拉经贸关系的快速发展，有必要加大对拉美地区的公共外交力度，通过多渠道交流矫正误读，强化相互认知与理解，进一步夯实中拉整体合作的基础。

（王鹏　审读）

Y.7

中拉命运共同体的文化构建：意义、路径和机制

郭存海*

摘　要： 当前，构建中拉命运共同体成为中拉发展合作的逻辑起点和基本目标。其中文化因素至关重要，是构建中拉命运共同体之船行稳致远的压舱石。本文认为从文化上构建中拉命运共同体的基本路径包括语言、文化、学术和媒体，且亟须在此基础上推动构建中拉人文交流机制和文化产业合作机制，以期实现中拉人文交流的可持续性和复合效果。

关键词： 中国　拉丁美洲　命运共同体　文化构建

一　文化之于构建中拉命运共同体的意义

（一）中拉命运共同体的提出和实践

中拉命运共同体是人类命运共同体的有机组成部分，是人类命运共同体理念在拉美地区的具体实践，前者不仅完整、充分地体现了后者的思想内核，而且具有鲜明的区域特色。

普遍认为，"人类命运共同体"一词首现于党的十八报告，并在此后数

---

* 郭存海，法学博士，中国社会科学院拉丁美洲研究所副研究员，社会文化研究室主任，阿根廷研究中心执行主任，主要研究方向为拉美社会和中拉文化关系。

年间出现频次急剧增加。数据显示[①]，《人民日报》上出现“人类命运共同体”的次数在2013年只有20次，但2015年急剧攀升至196次，至2017年年底已达851次。“人类命运共同体”成为高频词的背后是这一思想从倡议上升到政策理念和国家实践的过程，其最新标志是“人类命运共同体”思想写入党的十九大报告和新修订的《中国共产党章程》[②]。其中，党的十九大报告专辟第十二部分予以全面阐述，特别强调“构建人类命运共同体，建设持久和平、普遍安全、共同繁荣、开放包容、清洁美丽的世界”[③]。由是观之，“人类命运共同体”理念就其思想内核而言可以概括为“新五观”，即以“相互尊重、平等协商”为核心的新外交观，以“共同、综合、合作、可持续”为核心的新安全观，以“开放、包容、普惠、平衡、共赢”为核心的新发展观，以“文明交流、文明互鉴和文明共存”为核心的新文明观，以“环境友好，合作应对气候变化”为核心的新生态观[④]。

人类命运共同体思想的发展过程也是其不断运用于地区实践的过程，拉美是其最早实践的地区之一[⑤]。2014年7月17日，习近平主席出席在巴西利亚举行的首次中国－拉美和加勒比国家领导人会晤，并发表题为《努力构建携手共进的命运共同体》的主旨演讲。在演讲中，他提议“共同宣布建立平等互利、共同发展的中拉全面合作伙伴关系，努力构建政治上真诚互信、经贸上合作共赢、人文上互学互鉴、国际事务中密切协作、整体合作和

① 钱钢：《“命运共同体”考源》，http：//mp. weixin. qq. com/，最后访问日期：2018年1月24日。

② 《中国共产党章程》，人民网，http：//cpc. people. com. cn/n1/2017/1029/c64094－29614515. html，最后访问日期：2018年1月10日。

③ 《决胜全面建成小康社会　夺取新时代中国特色社会主义伟大胜利——在中国共产党第十九次全国代表大会上的报告》，人民网，http：//cpc. people. com. cn/n1/2017/1028/c64094－29613660. html，最后访问日期：2018年1月21日。

④ 赵可金：《构建人类命运共同体》，中国网，http：//opinion. china. com. cn/opinion_ 26_ 173326. html，最后访问日期：2018年1月26日。

⑤ 2013年3月，习近平主席访问俄罗斯时首次对外提及了“命运共同体”，随后访问非洲时强调中非“从来都是命运共同体”，而首次真正呼吁构建区域命运共同体是在2013年10月访问印尼时，提出“携手建设更为紧密的中国－东盟命运共同体”。

双边关系相互促进的中拉关系五位一体新格局”①。这一新倡议得到了拉美领导人的积极回应，写入了2015年1月的《北京宣言》和2016年11月的第二份《中国对拉美和加勒比政策文件》，成为新时期发展中拉关系的基石和政策指南。就文件本质而言，建立“五位一体”的中拉关系新格局正是人类命运共同体思想在拉美地区的具体实践，是构建中拉命运共同体的核心内容。2018年1月，王毅外长在中拉论坛第二届部长级会议上提出的“五大”建议②更是中拉命运共同体思想的新拓展，映照出“一带一路”倡议“自然延伸”至拉美之后的新现实。

（二）文化之于构建中拉命运共同体的软支撑作用

从基本内涵而言，“命运共同体”的构建至少包括两个前提，一是理解和认同，就相互利益和责任形成共有观念或认识；二是尊重和包容，允许差异性和多样性表达的存在，“各美其美，美人之美”。这两个前提的实现有赖于文化理解，即不仅要求了解和理解他者的文化，而且要尊重和包容不同的文化，乃至通过文化交流实现兼容并蓄。就此而言，“中国提出的人类命运共同体理念就是一种基于文化理解与尊重的处理国家关系的新思维”③。

人类命运共同体理念对文化理解提出的迫切要求，使得“新文明观”应运而生。2014年3月27日，习近平主席在联合国教科文组织总部发表演讲，首次从中国视角阐述了文明交流互鉴之于人类进步和世界和平发展的作用。三年后，这一思想的核心，即“以文明交流超越文明隔阂、文明互鉴超越文明冲突、文明共存超越文明优越”，不仅被正式写入党的十九大报

① 《努力构建携手共进的命运共同体——在中国－拉美和加勒比国家领导人会晤上的主旨讲话》，人民网，http://cpc.people.com.cn/n/2014/0719/c64094－25301723.html，最后访问日期：2018年1月26日。

② 即建设陆洋一体的大联通，培育开放互利的大市场，打造自主先进的大产业，抓住创新增长的大机遇，开展平等互信的大交流，参见《新时代跨越大洋的牵手——王毅外长在中拉论坛第二届部长级会议开幕式上的致辞》，中华人民共和国外交部官网，http://www.fmprc.gov.cn/web/wjbz_673089/zyhd_673091/t1527887.shtml，最后访问日期：2018年1月23日。

③ 姜又春：《文化理解与构建人类命运共同体》，中国社会科学网，http://ex.cssn.cn/mzx/201712/t20171229_3799256.shtml，最后访问日期：2018年1月20日。

告，成为习近平新时代特色社会主义思想的重要内容，而且成为提高国家文化软实力和构建人类命运共同体的重要支撑。

这一“新文明观”随后践行于疾速发展的中拉关系，为中拉关系的发展注入了新内容和新活力。早在2013年6月习近平主席访问墨西哥时就提出“人文上，中拉要加强文明对话和文化交流”。一年后，这一论述被浓缩为“人文上互学互鉴”，成为新时期构建中拉关系“五位一体”新格局的核心单元之一。为推动实践这一理念，习近平主席还首次倡导了举办中拉文化交流年。在2016年11月的中拉文化交流年闭幕式上，习近平主席指出，文化关系是中拉整体外交的重要一翼，要以2016年中拉文化交流年举办为新起点，充分借鉴彼此文化成果，让中拉文明成为不同文明和谐相处、相互促进的典范。

文明交流互鉴的提升本质上也是基于中拉关系可持续发展的现实考量。过去一个时期以来，中国在拉美地区的经济存在被西方媒体鼓噪是搞“新殖民主义”，严重损害了中国的国家形象，也引起了拉美人的疑虑。其中固然有拉美对外来者历史性的不信任，但很大程度上是文化和价值观念差异所致，中拉文化关系发展的长期滞后无疑加剧了这一局面。这不仅将影响中拉整体合作机制，而且势必给中拉命运共同体的构建带来重大挑战，由此凸显出文化缺失的严重性和加强文化交流与文明互鉴的紧迫性。这里需要特别指出的是，中拉关系的发展主体是不平衡的，即中国是积极主动的，而拉美几乎是反应性的。基于此，从文化方面推动建设中拉命运共同体，中国仍将是主动构建的一方。

二　构建中拉命运共同体的文化路径

鉴于构建中拉命运共同体的文化内核是文明交流、文明互鉴和文明共存，而文化理解则又是其基本出发点，因此以增进相互理解、尊重和包容的文明交流互鉴活动就成为文化构建的基本路径。

（一）语言

语言是交流的工具，也是文化传播的重要载体。因此，作为拉美多数国

家官方语言的西语和葡语与汉语的交互传播，对于增进相互认知和理解、促进文化交流都发挥着基础性作用。

语言的交互传播既是发展彼此关系的需要，又顺应并反映了双方联系不断增强的现实。以西语和葡语在华传播为例。早在1952年，为迎接11个母语为西语的拉美国家代表于当年10月来北京参加亚太和平会议，“周恩来总理兼外长直接指示北外筹建西班牙语专业，培养西语干部”①。这种一时之需直接促成了中国第一个西语专业的诞生，八年后第一个葡语专业也在北京广播学院（现中国传媒大学）开设。此后40年间，中国的西语、葡语教育发展缓慢，直到进入21世纪，才出现井喷式发展。调查数据显示，截至2016年10月，全国开设西语专业的院校已达96所，是1999年的8倍；开设葡语专业的院校从1999年的2所增加至27所。②2017年教育部公布的最新数据显示，全国开设西语和葡语专业的院校分别新增8所和2所。

与此不同的是，汉语在拉美的传播远没有如此力度。客观而言，西语、葡语教育进入中国主要是由内需拉动，而汉语教育进入拉美则主要是外需推动——虽然汉语习得者主要是受到“中国机会”的吸引。对拉美8国在北京学习汉语的留学生的问卷调查③发现，60%左右的受访者学习汉语的主要动机是找工作和从事贸易，而来中国学习的主要渠道是通过国家汉办/孔子学院。数据显示④，从2006年拉美第一所孔子学院在墨西哥城设立至今，共在拉美20个国家开设了39所孔子学院和18个孔子课堂。尽管这一数字与西语、葡语教育在中国的发展不可同日而语，但必须承认就其增速而言还是非同寻常的。

当前，西语、葡语和汉语在中拉两地的传播越来越为双方经贸合作

---

① 庞炳庵：《新中国怎样向西语世界敞开大门》，《对外传播》2012年第5期，第22页。

② 中拉青年学术共同体、INCAE商学院：《中国西班牙语人才就业和流动调查报告》，2017年1月15日。

③ 马洪超、郭存海：《中国在拉美的软实力：汉语传播视角》，《拉丁美洲研究》2014年第6期，第48～54页。

④ 楼宇：《中国对拉美的文化传播：文学的视角》，《拉丁美洲研究》2017年第5期，第42页。

和人文交流发挥着毋庸置疑的基础性作用。但与此同时也浮现出一个问题，即语言作为交流工具的局限性越发凸显，越来越无法适应构建中拉命运共同体的复杂任务的需求。复合型人才的培养可谓当前中拉双方面临的共同挑战。

（二）文化

文化传播是增进中拉相互理解的主要方式，也是构建中拉命运共同体的主要路径。近年来，中拉文化交流异彩纷呈，交流方式和渠道都日益多样化。在中拉文化交流和传播方面，中国一直是主要的推动者。

2014 年，习近平主席在巴西同拉美国家领导人会晤时倡议举办 2016 年中拉文化交流年，得到对方积极响应。2015 年李克强总理访问哥伦比亚时，同哥伦比亚总统桑托斯共同出席了“中国－拉丁美洲人文交流研讨会”。这些行动在中拉关系史上堪称首次，意在传递文化交流重要的信号。第二年，这一信号如约释放——2016 年中拉文化交流年举办，这是历史上最大规模的年度文化盛事。同年 9 月，文化部还启动了“中拉思想文化经典互译工程”，以促进中拉优秀作品互译出版和翻译人才培养，推动思想文化领域的交流和碰撞，第一批入选的 10 部作品目前已公示。①

受政府推动的中拉文化活动和政策激励，民间层次的文化传播日益活跃并渐成品牌。以对拉文化交流传播领域的先锋——五洲传播出版社为例。从 2012 年承接中国当代作家及作品海外（西语地区）推广工作以来，五洲传播出版社已经出版了 32 种西语版中国当代文学作品，其中 25 种被拉美国家图书馆收藏②。与此相呼应，该社还创造性地联合孔子学院同步发起“中国作家拉美行”活动，以拉近中国作家和拉美读者之间的距离，切实推动了

① 在民间层次上，北京大学电影与文化研究中心等于 2018 年 1 月联合启动了“拉丁美洲思想学术译丛”项目，以推动中拉在文化领域的深度理解。陈菁霞：《拉丁美洲思想学术译丛出版项目启动》，《中华读书报》2018 年 1 月 24 日，第 1 版。

② 姜珊、周维等：《中国当代文学图书开拓西语市场分析——以五洲传播出版社为例》，《出版参考》2017 年第 4 期，第 45～47 页。

中国作品在当地的有效传播①。尽管如此，中国文学作品在拉美的译介和传播仍非常滞后，作家作品的数量和种类都很有限。和拉美文学在华传播相比（尽管这种传播仍然是中方主动寻求的结果），当前中国文学对拉传播存在相对突出的“数量差”、“时间差”、“语言差”和“影响差”等失衡问题②。

（三）学术

学术的使命是生产和传播知识，其价值甚至是双重的，即向下影响公众认知、向上影响政策决策。就此而言，学术交流在中拉命运共同体的文化构建方面无疑具有独特的作用。近年来，中国和拉美地区以彼此为研究对象的学术机构迅速发展起来，并初步形成了一定范围的学术交流和合作网络。

在中国，拉美研究日渐受宠，呈加温升热之势。进入 21 世纪以来，特别是过去五年间，中国的拉美研究机构发展迅猛，从 20 世纪六七十年代起步阶段的寥寥数家发展到当前近 60 家③，主要集中于高校。拉美研究的这种快速发展趋势主要源于三方面的推动。首先，中拉关系快速发展的客观现实对了解拉美知识提出了迫切需要；其次，基于市场需求及其预期而开设西语、葡语专业的高校大幅增加；最后，教育部启动的区域和国别研究培育基地计划对各高校的适时推动。但高校拉美研究机构的急剧扩张难以掩盖一个不容忽视的现实，即研究人才相对缺乏。诚然如此，仍可以发现一种喜人的趋势，即新一代拉美研究者正在成长并表现出较强的学术潜力，年龄层次多以“80 后”为主，熟练掌握研究对象国的语言，受过一定的专业学术训练。

① 最近，五洲传播出版社还将“中国书架”项目扩展到拉美的智利和阿根廷，年内还将落地墨西哥，为当地深度了解中国提供便利。与此同时，浙江新华书店同阿根廷拉丁华人出版社开设了阿根廷第一家也是拉美第一家颇有规模的中文书店——博库书店。中国外文局于 2018 年 2 月在古巴设立中国图书中心，这是拉美地区第二家类似中心，第一家于 2016 年 11 月在秘鲁成立。

② 楼宇：《中国对拉美的文化传播：文学的视角》，《拉丁美洲研究》2017 年第 5 期，第 31 ~ 44 页。

③ 高蓓、朱国亮：《中拉文明交流互鉴迈向新时代》，新华社，http：//xinhua-rss. zhongguowangshi. com/13694/2329087974017772976/2568081. html，最后访问日期：2018 年 1 月 19 日。

更重要的是，“拉美研究的新一代”[①] 有国际视野和国际交往能力，其研究领域并不局限于传统的政治、经济和外交，而是不断拓展至人类学、法律、建筑、教育和环境等领域。拉美研究的蓬勃发展也为全国性拉美研究组织注入了新鲜血液，激发了学术活力。全国三大拉美研究组织——中国外国文学学会西班牙、葡萄牙、拉丁美洲文学研究分会，中国拉美学会，以及中国拉丁美洲史研究会，特别是后两者加强了合作，以协作推动中国拉美研究人才和机构的发展壮大。

和中国的拉美研究相似，拉美的中国研究在双方关系急剧升温的背景下也方兴未艾。据不完全统计，拉美研究中国或者相关研究的机构已有20多家。和中国的拉美研究相似，拉美研究中国的青年力量逐渐成长起来。这首先得益于孔子学院推动的汉语传播。越来越多的拉美青年开始学习汉语，且对中国研究产生了浓厚的兴趣，他们利用中国政府的各种奖学金计划攻读中国相关问题的硕士研究生和博士研究生，特别是国家汉办新近推出的“孔子新汉学计划”等。与此同时，拉美的大学也开始试水“中国研究”硕士学位项目，比如阿根廷拉普拉塔国立大学和拉努斯国立大学就于2017年推出了一年制“中国研究”硕士学位项目，以助推阿根廷的中国研究人才的培养。随着越来越多的拉美学者关注中国在该地区的存在，墨西哥国立自治大学中墨研究中心主任恩里克·杜塞尔·彼得斯牵头成立了“拉丁美洲和加勒比中国学术网”（Red ALC-China），定期组织拉美的中国研究学者开会并出版会议论文，渐成气候。

遗憾的是，中国研究和拉美研究在两地的兴起并没有推动形成中拉学术交流网络。近年来，中拉关系的密切带动两地学术界走近彼此，相继产生了一些学术品牌，比如，渐有影响的中拉学术高层论坛和中拉智库论坛，以及初兴的中拉青年学者对话和中国－拉共体高级别学术论坛。然而，这些论坛或对话大多还集中于会议层次，并没有形成日常交流机制，更没有切实的联

① 郭存海：《中国的拉美研究新一代》，载郭存海、李昀祚《中国与拉美：山海不为远》，中国画报出版社，2016，第150页。

合研究安排，因此很难形成深度的学术碰撞。这一方面是因为国内拉美研究机构缺乏深度整合与协作，另一方面是因为拉美的中国研究机构相对更分散，甚至没有类似中国拉美学会这样的学术团体发挥协调作用。因此，可以想象，目前中拉学术交流已有基础，但形成联合研究网络，为构建中拉命运共同体发挥凝合剂作用仍有很长的路要走。

（四）媒体

在当今信息化和网络化时代，媒体特别是新媒体是一种最便捷、最大众的传播方式。但媒体是一把双刃剑，客观公正的信息传播有助于民心相通，反之容易造成误解，拉开心灵的距离。就此而言，媒体的交流与合作对于推动构建中拉命运共同体可以说至关重要。

遗憾的是，中拉媒体交流的现状不容乐观。从总体上来看，当前中拉媒体交流与合作的特征大体可归为三个“差”，即落差、逆差和顺差[①]。首先，中拉媒体的相互关注度与中拉关系的整体发展水平存在明显落差。其次，中拉媒体关于彼此正面信息的传播中，中方处于逆差。虽然中拉媒体对彼此的关注相对较少，但就有限的报道而言，拉方媒体关注的更多是“问题中国”，而不是“梦想中国”，而中国媒体对拉美的报道总体上呈中性偏正面。最后，中拉媒体机构和人员交流方面，中方处于明显顺差。几乎中国主要的涉外主流媒体均在拉美派驻记者，其中新华社几乎实现了对拉美国家的全覆盖。与之相反，拉美媒体在华记者长期处于匮乏状态，近年来不但没有随着中拉关系的升温而增加，反而下降了。当前中拉媒体交流的特征，个中原因恐不难理解。第一，中拉媒体交流中，中方处于顺差，很大程度上因为是中国主动发现和走进拉美而不是相反，中国是双方关系“构建发展”[②] 的主要推动力量。第二，拉美媒体涉华报道大多以负面为主，主要源于西方媒体对

---

① 这里的观点主要得益于新华社国际部西文编辑室主任冯俊扬于 2017 年 6 月 29 ~ 30 日在北京举行的“第六届中拉学术高层论坛暨中国拉美学会学术大会”上的发言。

② 赵重阳、谌园庭：《进入“构建发展”阶段的中拉关系》，《拉丁美洲研究》2017 年第 5 期，第 16 ~ 30 页。

拉美舆论的主导、拉美媒体驻华记者匮乏及因此而对西方媒体产生的信息源依附。第三，在中拉关系议程上，政治和经济始终是优先议题，只是近年来文化赤字越来越成为影响中拉关系的明显障碍，双方特别是中国才意识到文化交流的重要性。

这种严峻形势意味着加强中拉媒体交流与合作不仅势在必行，而且需要主动构建。2016 年 11 月 22 ~ 23 日，由国务院新闻办公室、联合国拉美经委会共同主办的首届中拉媒体领袖峰会在智利首都圣地亚哥举行，吸引了中拉 100 多家主要媒体负责人参会。习近平主席在开幕式上发表致辞时提出了深化中拉媒体合作的三项主张，并宣布设立中拉新闻交流中心和邀请拉美记者访华。2017 年 5 月，中拉新闻交流中心在北京正式成立，来自拉美 9 国的 11 名记者成为第一期学员。通过追踪研究发现，中拉新闻交流中心项目在帮助拉美记者了解和报道客观、真实、多元的中国，改变其过去报道路径和内容方面的确产生了切实效果。2017 年 10 月 27 日，由拉美 11 国 19 家主流媒体参加的中拉媒体论坛在北京举行，进一步助推中拉媒体交流机制的初步形成。

三　中拉命运共同体的文化构建机制

当前中拉经济结构的转型和身份认同的变化、世界政治经济的不确定性甚至美国因素等使得中拉命运共同体的构建面临诸多挑战[①]。然而，其中一个最容易被忽视却可能产生最深远影响的因素是文化，因为文化之于构建中拉命运共同体具有基础性和软支撑作用。为迎接这一可能的长远挑战，亟须建立可持续的机制性安排，以增强中拉文明交流互鉴的长期效果。

（一）推动构建中拉人文交流机制，夯实中拉命运共同体的民心根基

和其他地区相比，拉美是中国开展人文交流相对滞后的一个地区。直至

① 贺双荣：《构建中拉“命运共同体”：必要性、可能性及挑战》，《拉丁美洲研究》2016 年第 4 期，第 1 ~ 22 页。

今天，中国尚未同任何拉美国家建立双边高级别人文交流机制，更不用说同整个地区了。人文交流机制的缺乏给中拉命运共同体的构建带来巨大隐忧，而构建中拉人文交流机制则明显具有三个方面的作用。

首先，有利于提高中拉人文交流协调能力。目前，中拉人文交流项目大多既缺乏整体设计又缺乏有机衔接，以致呈分散化和碎片化发展。比如，当前中国对拉文化交流既缺乏规划和布局，又缺乏协调，以致无法实现联动效应。国家汉办下有孔子学院/课堂、文化部下有中国文化中心，而今学术机构又开始大力开拓海外中国研究中心建设。但三者在很大程度上各自为战，缺乏协调和沟通机制。这三种分别以语言、文化和学术为主要目标的人文交流力量如能加以协调联动，无疑将大大提高中国文化对拉传播的广度和深度。

其次，有利于整合中拉民间人文交流力量。当前在中拉两地均出现了不同规模、不同类型的民间人文交流组织。这些组织在传播彼此文化、增进相互理解方面发挥着越来越明显的作用。比如，在较早成立的北京大学拉美留学生会（LASA）的影响下，2016 年清华大学也成立了类似组织（LASO），进而带动阿根廷和秘鲁等拉美多个国家成立了本国人在华联谊会。2015 年，由中拉青年知识分子发起的中拉青年学术共同体（CECLA）异军突起，带动了中拉青年人文交流和文化的传播。受其影响，委内瑞拉中央大学的青年教师发起成立了第一个委内瑞拉中国问题研究中心（CVEC）。然而，截至目前，这些人文交流组织之间少有交叉和沟通，没有形成协作机制和网络，因此难以产生人文交流的复合效应。

再次，有助于形塑后期跟踪机制，巩固交流效果。一段时期以来，一些中拉人文交流项目往往虎头蛇尾，即重视前期开发、疏于后期跟踪，以致效果不彰。最近，拉美一些新生组织的创新实践令人眼前一亮，给人诸多启迪。比如，2016 年受益于中国政府奖学金或培训计划的阿根廷人在布宜诺斯艾利斯发起成立了“阿中学会”。该组织不仅建立日常的线下沟通网络、分享中国文化和中国经验、组织中国主题活动，还建立了学会网站，所有获益于中国人文交流项目的阿根廷人均可在线登记注册加入进来。更加重要的是，该网站还随时更新中国各类奖学金计划和培训交流项目信息，以方便阿根廷人申请。受阿中学会启发，参加2017年中拉青年学者对话的秘鲁人于当年8月在利马成立了同类性质的组织——秘中学会。这些活动不仅有利于巩固中拉人文交流成果，而且形成了外溢和扩散效应。

（二）推动构建中拉文化产业合作机制，培育基于市场的文化交流长效机制

中拉人文交流机制的构建无疑具有鲜明的政府主导性，尽管政府发挥着先导性的独特作用，但是从长期来看单纯依靠政府力量无法为中拉文明交流互鉴提供持续动力。在全球经济高度发达的今天，构建中拉思想文化交流的长效机制，就需要打造基于市场、以文化产品和文化服务为核心的中拉文化产业合作机制。

文化产品是蕴含着文化符号与精神价值的物化载体，不仅具有和政府主导的文化交流一样的功能，而且从效果和动力来看，都更强、更足，因为“文化产业是企业以营利为目的、以市场方式推动的、以文化产品贸易为主的商业行为”①。这种市场化运作更容易贴近市场，更易于被公众接受，也更利于大范围的传播。党的十八大以来，中国加快了发展对外文化贸易的步伐，特别是2014年出台《国务院关于加快发展对外文化贸易的意见》后，中国的文化贸易结构有所改观，文化产品进出口连续多年保持顺差，逐步形成了文化交流、文化贸易和文化投资并举的中外文化合作新格局。

就中拉关系而言，文化交流就相对滞后于中拉政治和经济合作，更不用说文化产业合作了。当前中拉文化产业合作水平很低，其中有诸多限制性因素，特别是文化差异较大、交流相对不足以及双方文化企业在产品和服务的内容生产上创新性不足等。尽管如此，但从长远来看，中拉文化产业合作，特别是在中拉人文交流大发展之后将有广阔的合作空间。其客观依据有三：

---

① 贺双荣：《文化产业与国际形象：中拉合作的可能性——以影视产业合作为例》，《拉丁美洲研究》2015年第4期，第40页。

中拉双方拥有丰富而璀璨的文明文化资源，拥有大力发展文化产业和推动国际合作的战略需要，拥有巨大的文化市场潜力和以平等互利为核心的合作根基①。比如，早在2014年，文化部下属的中国文化产业协会组织中国文化产业代表团赴阿根廷参加首届南方文化产业市场（MICSUR）博览会期间就提出了构建中国－南美十国文化产业合作机制的倡议，得到了各方积极响应，表示未来将通过十国文化部部长会议探索建立南美－中国文化产业合作机制②。

（张凡　审读）

① 贺双荣：《文化产业与国际形象：中拉合作的可能性——以影视产业合作为例》，《拉丁美洲研究》2015年第4期，第40～44页。

② 金鹏：《中国与南美十国推动建立文化产业合作机制》，http://comic.people.com.cn/n/2014/0523/c122366－25055766.html，最后访问日期：2018年1月8日。南方文化产业市场有10个成员国，分别是阿根廷、巴西、玻利维亚、智利、哥伦比亚、厄瓜多尔、巴拉圭、秘鲁、乌拉圭和委内瑞拉，每两年举行一届文化产业博览会，中国应邀参加了前两届，第三届博览会将于2018年在巴西圣保罗举行。

Y.8

“一带一路”倡议与拉美对接的可行性探讨

——基于历史、政策与现实维度的分析*

张　庆**

摘　要： 在今日“一带一路”倡议与拉美的对接具有历史、政策和现实基础。历史上，中拉贸易开辟了“太平洋丝绸之路”。政策上，“一带一路”倡议与中拉合作具有目标、原则与内容层面的高度兼容性；现实维度上，二者已经开始了某些领域的对接与合作，并且都面临着相似的现实挑战。

关键词： 一带一路　中拉合作　太平洋丝绸之路

2013 年 9～10 月，中国国家主席习近平在出访哈萨克斯坦和印度尼西亚期间，先后提出共建“丝绸之路经济带”和“21 世纪海上丝绸之路”的重大倡议，简称“一带一路”倡议，获得国际舆论高度关注。“一带一路”倡议秉承了中国古代丝绸之路的历史文化烙印，依靠中国现有的双边与多边机制和区域合作平台，积极发展与沿线国家的政治、经贸与文化联系，共同

---

* 本文是四川外国语大学 2017 年度科研项目“金砖国家人文交流机制的现状、困境与突破”（项目编号：SISU201713）的阶段性成果。

** 张庆，博士，四川外国语大学国际关系学院院长助理、副教授，中国社会科学院墨西哥研究中心副秘书长，主要从事拉美政治、中拉关系、金砖国家研究。

打造影响深远的利益共同体、命运共同体和责任共同体。2015 年 1 月，中国 – 拉丁美洲和加勒比共同体论坛首届部长级会议在京举行，标志着中拉关系成功上升到整体合作阶段，有利于进一步深化中拉伙伴关系以及推动世界范围内南南合作的进程。

“一带一路”倡议和中拉整体合作是中国在新形势下的两大对外战略选择，二者的有机对接不仅具有历史维度的传承性依据，而且具有政策和现实维度的有力支持。

一　历史维度

中国与拉美的联系源远流长，早在 16 世纪后期，中拉之间就出现了贸易和文化交流的高潮。从 16 世纪后期到 19 世纪初期，中国与拉美主要借助于马尼拉帆船贸易开辟了“太平洋丝绸之路”，进行了举世瞩目的双向性贸易和文化交流。

1565 年，西班牙占领菲律宾，将此地变为其殖民地，客观上为中拉之间的贸易活动提供了中转站。以此为基础，西班牙建立了太平洋地区的贸易体系：西班牙商人把中国商品如丝绸、工艺品、瓷器等装船从中国运到马尼拉，在此改换大帆船将货物运往墨西哥西海岸的阿卡普尔科港口贩卖，将贩卖所得的美洲白银运回马尼拉，用这些白银购买中国商品再次前往美洲交易，这就是举世闻名的马尼拉帆船贸易。中国商品在拉美的市场逐渐由墨西哥向南扩展。1579 年，西班牙批准了利马与阿卡普尔科之间的贸易，从此以后，从阿卡普尔科运往秘鲁的丝绸、香料、细棉布便销售于巴拿马直到智利一带；秘鲁船只在返回阿卡普尔科时，运去水银、可可和银币。①

贸易网络的建立推动了中国文化在拉美的传播。中国商人、手工业者相继到达拉美并在当地安顿下来，拉美的玉米、马铃薯、花生、向日葵、番茄

---

① 樊树志：《晚明史：1573 ~ 1644》（上），复旦大学出版社，2015，第 45 页。

和烟草等也陆续传入中国，推动了中国的农业发展。[①] 在太平洋地区，形成了主要以马尼拉为中转港的中拉间长期稳定的转口贸易关系。值得一提的是，1553 年被葡萄牙殖民者抢占的澳门成为中拉经贸交流的另一个中转港。[②]

法国年鉴学派历史学家布罗代尔把“马尼拉大帆船”纳入 15 ~ 18 世纪的全球经济视野来考察，他说，“从贸易角度看，马尼拉大帆船代表着一条特殊的流通路线……在这里每次都是墨西哥商人占有利地位。他们匆匆光顾短暂的阿卡普尔科交易会，却在事隔数月或数年后遥控马尼拉的商人（后者转而牵制住中国商人）”[③]，他还说，“美洲白银 1572 年开始一次新的分流，马尼拉大帆船横跨太平洋，把墨西哥的阿卡普尔科港同菲律宾首都连接起来，运来的白银被用于收集中国的丝绸和瓷器，印度的高级棉布，以及宝石、珍珠等物。这种贸易往来时兴时衰，一直维持了整个十八世纪，乃至更久”[④]。

除此之外，作为“太平洋丝绸之路”的补充，历史上中国还为拉美提供了大量的劳动力。自从拉美国家独立以来，国家亟须结束政治、经济上的混乱状态，稳定政权和发展经济，来自中国的大量苦力为该地区提供了廉价的劳动力，主要从事农业和矿业生产。据统计，从 16 世纪末到 17 世纪中叶，大约有 5000 名“来自马尼拉的中国人”来到西属美洲大陆定居。在鸦片战争之后，由于西方殖民势力贩卖劳动力贸易的猖獗，从 19 世纪中期到

① Juan Gonzalez, “Role of the Asia-Pacific region in Sino-Latin American international relations”, Shoujun Cui and Manuel Pérez García, eds., *China and Latin America in Transition: Policy Dynamics, Economic Commitments, and Social Impacts*, New York: Palgrave Macmillan, 2016, p. 84.

② 中华文化通志编委会编《中国与拉丁美洲大洋洲文化交流志》，上海人民出版社，2010，第 123 ~ 124 页。

③ 〔法〕布罗代尔：《15 ~ 18 世纪的物质文明、经济和资本主义》（第 2 卷），顾良译，三联书店出版社，1993，第 172 页。

④ 〔法〕布罗代尔：《15 ~ 18 世纪的物质文明、经济和资本主义》（第 2 卷），顾良译，三联书店出版社，1993，第 197 页。

1911 年有 30 万 ~40 万的中国苦力来到拉美。①

从 16 世纪到 19 世纪，中国商品从中国南部沿海城市出发，经由马尼拉中转，再到拉美，这条“太平洋丝绸之路”为中国历史上的“海上丝绸之路”增添了浓墨重彩的一笔。在 21 世纪的今天，拉美地区乃至中拉合作理应成为“21 世纪海上丝绸之路”倡议不可或缺的组成部分。②

二 政策维度

2015 年 1 月 8 ~9 日，中国 – 拉丁美洲和加勒比共同体论坛首届部长级会议在京举行。在会议开幕式上，习近平主席发表了题为《共同谱写中拉全面合作伙伴关系新篇章》的重要讲话，此次会议通过了《中国 – 拉共体论坛首届部长级会议北京宣言》、《中国与拉美和加勒比国家合作规划 (2015 ~2019)》、《中拉论坛机制设置和运行规则》三个重要成果文件，不仅充分表明中拉开展整体合作的强烈意愿，也对双边具体的合作原则、路径和机制进行了系统规划，为中拉合作的持续深入翻开了新的篇章。

同年 3 月 28 日，经国务院授权，国家发展改革委、外交部、商务部联合发布了《推动共建丝绸之路经济带和 21 世纪海上丝绸之路的愿景与行动》。“愿景与行动”旨在为欧亚非大陆及附近海域构建互联互通体系，加强各国伙伴关系，形成全方位、多层次、复合型网络，最终实现各国可持续发展。

2018 年 1 月 22 日，中拉论坛第二届部长级会议在智利开幕。习近平主席在致大会的贺信中提出，中拉双方要“描绘共建‘一带一路’新蓝图，打造一条跨越太平洋的合作之路”。会议通过了《中国 – 拉共体论坛第二届

① Juan Gonzalez, “Role of the Asia-Pacific region in Sino-Latin American international relations”, Shoujun Cui and Manuel Pérez García, eds. , *China and Latin America in Transition: Policy Dynamics, Economic Commitments, and Social Impacts*, New York: Palgrave Macmillan, 2016, p. 85.

② 唐俊：《应将“21 世纪海上丝绸之路”延伸至拉美地区》，《当代世界》2015 年第 2 期，第 32 页。

部长级会议圣地亚哥宣言》和《中国与拉共体成员国优先领域合作共同行动计划（2019—2021）》，更是专门通过和发表了《中国－拉共体论坛第二届部长会议关于“一带一路”特别声明》。至此，中拉共建“一带一路”迈出了历史性的一步，中拉关系的崭新时代即将到来。王毅外长在开幕式致辞中指出，中拉要继续深化习近平主席提出的中拉“1+3+6”合作框架，建设陆洋一体的大联通、培育开放互利的大市场、打造自主先进的大产业、抓住创新增长的大机遇、开展平等互信的大交流。这些倡议与“一带一路”倡议的政策沟通、设施联通、贸易畅通、资金融通、民心相通五大政策目标精神契合、原则一致、内容相通，将为“一带一路”与中拉整体合作的对接提供坚实的政策和理论支撑。

（一）目标层面

第一，二者都致力于探寻后危机时代全球新的经济增长点。“一带一路”倡议鼓励中国将自身的技术、资金、经验和产能优势转化成与亚欧非国家进行市场合作的资源。新时期的中拉合作意味着中国将与拉美地区整体进行对话，以提高区域经济的活跃度，促进世界经济的复苏与稳定发展。这两大对外合作都将在领悟中国发展的经验与教训的过程中分享中国的改革发展红利。

第二，实现全球化再平衡。在传统的全球化进程中，欧洲人和美国人利用商业文明的先发优势与海洋贸易的便利条件，将西方海洋文明扩展至全球，造成了东方落后于西方、陆地国家从属于海洋国家等一系列失衡的结果。“一带一路”倡议的提出意味着中国向西发展，与内陆国家和地区进行实质性合作，从而带动传统上欠发达地区的整体开发。中拉论坛的召开标志着在中国的整体外交实践中已经实现了与发展中国家整体合作机制的全覆盖。中拉合作隶属于南南合作的范畴，在南南合作框架下开展合作，本身就是中国与拉美开展合作的题中之意。中拉关系深入发展定将再次丰富和提高南南合作的内容与水平，发展中国家间不断深化的合作进程将改善全球发展不平衡的格局。

第三，开创区域合作新模式。“一带一路”倡议本着共商、共建、共享的精神，在21世纪对国际合作进行了崭新的诠释。这种全方位对外开放模式与20世纪的马歇尔计划和前几年中国提出的“走出去”战略均有所不同，它整合了全球化理论、区域合作理论及经济带理论，开创了区域合作的新模式。中拉合作在中拉论坛的推动下升级到整体合作模式。该模式并不排斥传统上中拉合作的双边或多边机制，鼓励参与合作的各个主体在整体合作的框架下平等自主商议合作领域和项目。除此之外，中拉论坛还下设了覆盖政治、经济、环境、知识产权等各个议题的分论坛，旨在提高该论坛在各成员国内部的接受度。所以，在两大对外战略中，每个国家都在自愿参与和协同推进的原则指导下，将古代丝绸之路兼容并包的精神发扬光大，在新的模式中平等参与合作进程，不仅为本国人民谋求发展福祉，也为世界融合发展贡献自己的力量。①

（二）原则层面

“一带一路”倡议与中拉整体合作均本着以下原则开展计划。

一是和平共处五项原则，即各国互相尊重主权和领土完整、互不侵犯、互不干涉内政、平等互利、和平共处。这是中国在处理一切国际事务时首先秉承的原则。

二是开放性原则。从表面上看，“一带一路”倡议的区域选择是从中国出发向西而行，主要覆盖了亚欧非的欠发达地区，恰好避开了同样亟须资金、技术和经验支持的拉美地区。但是，“一带一路”倡议的纲领性文件多次声明其基础是沿线的相关国家，但绝不仅限于这些国家，欢迎任何国家、国际和地区组织加入该倡议，使合作成果能够更具有普惠性。这相当于提供了“一带一路”倡议与拉美地区战略对接的政策支持。

三是包容性原则。“一带一路”沿线国家与拉美国家都存在文化、习

---

① 新玉言、李克编：《崛起大战略：“一带一路”战略全剖析》，台湾出版社，2016，第22～23页。

俗、种族、信仰等方面的差异性，要让两大合作框架顺利实施，必须尊重各国不同的文化传统和各国自己选择的发展道路，通过对话方式表达异议，求同存异，以期最终能够共生共荣。

四是市场性原则。富有成效的国际合作的先决条件之一是重视市场规律在资源配置中的决定性作用，切实理解并尊重国际通行规则，充分发挥各级各类企事业单位的主体作用，特别要处理好政商关系。

五是互利性原则。互利共赢是各国参与合作的基本出发点，要在合作的推进过程中寻找各参与国的利益交汇点，妥善处理利益分配不均等问题，切实采取激励性措施激发各国的优势和潜力。①

（三）内容层面

“一带一路”倡议的核心内容体现在“五通”，即政策沟通、设施联通、贸易畅通、资金融通和民心相通。在中拉合作方面，2014 年习近平主席在访拉期间同拉美和加勒比国家领导人集体会晤，提出“五位一体”的合作计划，即“政治上真诚互信、经贸上合作共赢、人文上互学互鉴、国际事务中密切协作、整体合作和双边关系相互促进”的未来合作新格局。通过比较，二者在政治、经贸以及人文交流领域具有高度相似性。

第一，政治领域，二者都强调加强互信、促进高层互访、完善机制化建设。“一带一路”倡议本着包容性原则，与周边沿线国家领导人通过对话的方式解决分歧，协调商定区域合作的政策和措施，为区域经济的融合打造良好的政策和法律环境。客观上，中拉双方在政治体制、发展模式和思想观念上确实存在差异。正因如此，双方更应完善包容性机制，在平等互助的原则下强化政治互信，最大限度地减少由认知差异带来的误解与误判。在 2015 年 1 月中拉论坛首届部长级会议上，习近平主席强调“坚持平等相待的合作原则”，国家虽有大小、强弱之分，但中国和拉共体成员国都是以平等身

① 《推动共建丝绸之路经济带和 21 世纪海上丝绸之路的愿景与行动》，新华网，2015 年 3 月，http：//news. xinhuanet. com/gangao/2015 -06/08/c_ 127890670. htm。

份参与中拉论坛的。所有国家应该在友好协商、共同建设、共享成果的平等基础上，以各方利益为出发点，最大限度地凝聚共识，夯实整体合作的政治基础。这次会议通过的《中国与拉美和加勒比国家合作规划（2015～2019）》，针对强化政治互信，提出了“加强中国同拉共体及其成员国高层互访和双方领导人多边场合会晤，完善双方对话磋商机制，充分发挥中拉论坛的平台作用”，扩大双方立法机构及议会组织的往来与合作，“考虑开展中国同拉共体成员国政党、地方政府和青年之间的交流”等具体政策倡议。①

第二，经贸领域，二者均强调从硬件和软件两方面开展合作。“一带一路”倡议的硬件设施合作主要指设施联通，即中国致力于为合作成员国提供必要资源，包括资金、技术、人员等资源，建设各国所需的交通基础设施，尽力完善中国与其他各国的交通运输网络，解决制约各国经济发展的瓶颈。软件方面包括贸易畅通和资金融通，各国从自身情况与特色出发，在条件许可的范围内为贸易和投资便利化提供政策支持，如减少甚至消除贸易壁垒、从质量和速度两方面推动区域经济的发展。同时，要努力提高抵御金融风险的能力、降低货币流通成本，实现货币兑换和结算的便利化。中拉关系在过去十年中的最显著特点是双边贸易实现了巨额增长。今后，双方还要致力于解决经济互补性不足和增长的均衡性不足等问题。就现阶段来看，中拉务实合作在硬件和软件方面的全面深入发展突出表现在“1+3+6”合作新框架上。“1”就是“一个规划”，即以实现包容性增长和可持续发展为目标，制定《中国与拉美和加勒比国家合作规划（2015～2019）》，实现各自发展战略对接。“3”就是“三大引擎”，即以贸易、投资、金融合作为动力，推动中拉务实合作全面发展。“6”就是“六大领域”，即以能源资源、基础设施建设、农业、制造业、科技创新、信息技术为合作重点，推进中拉产业对接，推动中拉互利合作深入发展。

---

① 《中国与拉美和加勒比国家合作规划（2015～2019）》，新华网，2015年1月，http://news.xinhuanet.com/world/2015-01/09/c_1113944648.htm。

第三，人文交流领域，二者都致力于强化人员往来，为政治和经贸合作营造和谐氛围。"一带一路"倡议鼓励民心相通，鼓励各成员国之间的人员往来，传承历史上丝绸之路互通有无、兼容并蓄的文化内涵，并将此应用于现代国际社会文化、教育、医疗卫生、宗教等各方面的交流和合作中。[①] 中拉合作根据《中国与拉美和加勒比国家合作规划（2015～2019）》，加强交流互鉴，促进公共外交，包括加强文化、教育、新闻、旅游、体育等领域的交流合作。根据规划，2015～2019年，拉共体成员国总共可以获得由中国政府提供的6000个政府奖学金名额、6000个赴华培训名额和400个在职硕士名额。为期10年的"未来之桥"中拉青年领导人千人培训计划也于2015年启动，连同正在进行的拉美青年干部研修班项目和孔子学院项目，这些合作计划必将推动中拉人文交流的常态化和深入化。

综上，从"一带一路"倡议的《推动共建丝绸之路经济带和21世纪海上丝绸之路的愿景与行动》和中拉合作的《中国－拉共体论坛首届部长级会议北京宣言》、《中国与拉美和加勒比国家合作规划（2015～2019）》等引领性文件来看，二者在政策维度上具有目标、原则和内容的高度兼容性，进行合作对接能够找到实质性的政策依据。

三　现实维度

从现实维度来看，"一带一路"倡议已经开始与部分拉美国家进行对接。

（一）拉美国家纷纷加入亚投行

亚洲基础设施投资银行（以下简称"亚投行"）致力于通过提升中国与其他亚洲国家金融和经济融合度，提高亚洲整体的互联互通水平。截至目前，亚投行总共有77个成员，包括6个拉美国家，分别是巴西、秘鲁、委

① 新玉言、李克编著《崛起大战略："一带一路"战略全剖析》，台湾出版社，2016，第30～32页。

内瑞拉、玻利维亚、智利、阿根廷，其中巴西还是意向创始成员。亚投行行长金立群在和智利总统巴切莱特举行的共同新闻发布会上表示，亚洲更好的基础设施将为智利商品提供更大的市场，同时对智利基础设施的投资也会将亚洲与拉美更紧密地连在一起。巴切莱特为智利能够加入亚投行倍感荣幸，表示愿意在后续工作中切实加强亚洲和南美洲基础设施的互联互通建设。①

（二）基础设施建设合作已初见成效

基础设施的完备程度直接决定着一国经济发展的潜力，拉美地区对于基础设施的资金及技术需求巨大。基础设施建设是 2015 年拉共体《2020 年议程》的五个轴心项目之一。根据该议程，拉美地区 GDP 的 5.3% 将用于基础设施建设，主要领域包括能源、交通、供水和通信。以铁路为例，铁路是南美地区基础设施一体化的重点，“四横两纵”的铁路路网规划格局已基本形成，中国与南美国家的铁路合作将使中国的铁路建设、“一带一路”倡议全面扩展至亚欧大陆、非洲大陆和拉美大陆，使铁路成为全面建设和发展双边、多边经贸关系的“钢铁纽带”。②

（三）“一带一路”提升拉美的“汉语热”

自从“一带一路”倡议提出民心相通的目标，学习汉语成为一种潮流，世界多地均形成不同程度的“汉语热”，包括拉美地区。拉美的“汉语热”主要表现在两方面：首先，近年来拉美青年赴华学习汉语的人数持续增加，中拉文化、教育方面的合作不断增多，如 2016 年成功举办“中拉文化年”；其次，中国的汉语以及文化教育不断跨出国门，走进拉美。据统计，该地区的孔子学院达到 39 所，其建设速度和规模均名列世界前茅。

尽管“一带一路”倡议与中拉整体合作都具备现实基础，但要顺利实

---

① 《亚投行新增智利等 7 个新成员　年内第二次扩围至 77 个》，新浪网，2017 年 5 月 13 日，http://finance.sina.com.cn/stock/usstock/c/2017-05-13/us-ifyfeius7897603.shtml。

② 谢文泽：《“一带一路”视角的中国-南美铁路合作》，《太平洋学报》2016 年第 5 期，第 47~57 页。

现“五通”和“五位一体”的目标不仅要致力于探索与构建有效的合作机制，而且要对各自客观存在的挑战和困难保持清醒与冷静的头脑。

第一，复杂的地缘政治局面。“一带一路”沿线区域与拉美地区的地缘政治呈现出复杂化态势。一方面，对中国来说，这些区域本来就存在诸多潜在竞争对手；另一方面，某些国家为了实现其利益最大化，可能在大国之间采取“平衡战略”，提高合作要价，从而使国际合作陷入停滞的状态。

“一带一路”沿线国家经济大多处于欠发达状态，政治制度差异巨大，尤其是一些东南亚和中东地区的国家政权与政策稳定度差，国内反对派势力猖獗导致政局动荡，甚至内战不断。“一带一路”建设的合作项目重在基础设施领域，这些合作项目的特点是投资大、风险高、收益慢，投资对象国的政权稳定性是规避风险的首要条件。有些国家为了达到其政治目的，甚至捏造“一带一路”倡议的负面效应，煽动所谓的“中国威胁论”，对于这些政治风险要引起高度重视。

拉美国家内部长期以来存在领海和领土的争议问题。例如，地处中美洲的洪都拉斯与尼加拉瓜并未妥善解决由来已久的边界问题；秘鲁和智利在海域划界问题上还未达成共识。此外，拉美国家和域外国家在领土主权上也存在分歧，如阿根廷和英国的“马岛主权之争”。这些问题无一不涉及国家主权，各当事国退让的空间有限，从长期来看必将成为地区不稳定的重要因素之一。

第二，地区国家合作态度的差异性。“一带一路”倡议与中拉整体合作虽然在理念和目标层面具有一致性，但落实到具体的实践层面，考虑到参与合作的各个国家的需求点和侧重面都不一样，很可能因为难以平衡各方利益而备受压力，从而为各方进行深度合作的预期蒙上阴影。

要落实“一带一路”倡议的具体规划，初期动力更多来自中方，但是由于拉美国家本身的经济体量、发展模式和合作意愿都不尽相同，因而给中方带来的压力远远超过其他国家的压力。从拉美国家对待中拉整体合作的态度看，大体可以分为三种类别。第一类是合作意愿比较强烈的国家，包括智利、秘鲁、墨西哥、哥伦比亚、乌拉圭和哥斯达黎加等。这些国家秉持

“开放市场，加强与亚太地区合作，融入亚太生产链”的合作理念，积极对接本国的发展战略，希望以此强化与中国乃至整个亚洲地区的经贸往来。第二类是表现出某种犹豫态度的国家，如委内瑞拉和一些加勒比国家。一般来说，这些国家在经济上对中国的依赖程度较高，并且双方还为此设立了“中委合作基金”和“中国－加勒比经贸合作论坛”等较为成熟的合作机制。那么在中拉整体合作得以夯实和提升的前提下，原有的中国同委内瑞拉或是同加勒比国家的合作力度是否会被削弱？这正是这些国家所担心的问题。第三类是态度比较冷淡的国家，如巴西和阿根廷。这和这些国家近年来采取的经济政策有关。为了保护国内企业、改善经济持续低迷的态势，两国均在不同程度上奉行贸易保护主义，从而导致对华贸易关系发展困难重重。①

值得注意的是，拉美国家对待中拉整体合作的态度与其融入“一带一路”倡议的积极性之间并不存在严格的对应关系。对中拉整体合作持积极态度的国家，如智利、墨西哥、乌拉圭等，自然对中国“一带一路”倡议表现出浓厚的兴趣。智利副外长里韦罗斯表示，智利盼望“一带一路”能与拉美地区对接，这必将有效促进拉美与亚太地区的互联互通建设和经济融合度。目前，智利与中国正致力于自贸协定的升级谈判，希望以此进一步加强两国经贸联系，并将共同建设跨太平洋海底光缆提上议事日程，以便铺就一条“信息丝绸之路”，推动两地信息便利化。② 墨西哥总统培尼亚·涅托在2017年9月明确表示，墨西哥愿意积极加入“一带一路”建设。③ 乌拉圭北邻巴西、西接阿根廷，在南大西洋的区位优势极为重要，总统巴斯克斯明确希望该国成为连接“一带一路”和拉美的重要支点。但是，对中拉整体合作态度较为冷淡的国家，如阿根廷，对“一带一路”倡议表现出极大的热情。阿根廷对外关系副国务秘书斯劳维嫩认为，“一带一路”倡议的前

---

① 吴白乙主编《拉丁美洲和加勒比发展报告（2014～2015）》，社会科学文献出版社，2015，第22～23页。

② 《“一带一路”助力中国同拉美合作》，新华网，2017年5月9日，http://news.xinhuanet.com/world/2017－05/09/c_129596470.htm。

③ 《习近平会见墨西哥总统培尼亚》，《人民日报》2017年9月5日，第2版。

瞻性不容置疑，其合作模式对于未来区域合作具有指向性作用。此种合作模式对己方、合作对象国乃至全世界都具有极高的借鉴意义。2017 年 5 月，中国同阿根廷发表联合声明，明确“双方将在‘一带一路’框架内加强发展战略对接，推进互联互通和联动发展”①。自此，阿根廷成为第一个以联合声明方式确认参加“一带一路”建设的拉美国家。可以说，“一带一路”倡议为应对中拉整体合作的固有难题提供了解决方案。

第三，不少国家依然存在对华疑虑。“一带一路”沿线国家的文化多元性影响着国家的身份定位、国家利益的认知以及对外政策的选择。现阶段中国与部分东北亚、东南亚、南亚国家存在领土和领海主权争端以及边境安全问题，加上美国和日本等他国因素的干扰作用，一些沿线国家以及一些国家的内部势力为了自己的政治利益，歪曲“一带一路”倡议的本意，使“一带一路”倡议面临信任缺失的风险挑战。

关于中拉关系，鉴于双方政治制度与经济体量的较大差异，不少拉美国家对中国存在一定程度的防范心理。其一，拉美国家担心对华的资源出口不利于其经济结构的转型和升级，又走上依靠初级产品创造财富的老路；其二，认为中拉合作的主要受益方是中国，拉美国家能够分享到的“合作红利”太少；其三，将中拉合作和历史上拉美地区与其他国家的关系进行对比，对中国的“走出去”战略始终抱有审视的目光。②

第四，合作规划的设计需要进一步完善。在主导国际重大战略安排上，中国是新手，比较缺乏经验。虽然此前中国政府颁布了《推动共建丝绸之路经济带和21 世纪海上丝绸之路的愿景与行动》、《中国 - 拉共体论坛首届部长级会议北京宣言》和《中国与拉美和加勒比国家合作规划（2015 ~ 2019）》等纲要性文件，但有关合作机制的细节安排还有待完善，诸如与他国的政策对接、公共产品的有效提供、专业性国际化人才的培养等环节的应对措施需要进一步厘清。

---

① 《中华人民共和国和阿根廷共和国联合声明（全文）》，《人民日报》2017 年 5 月 18 日，第 3 版。

② 周天勇主编《中国对外关系：形势与战略报告（2014 年）》，中共中央党校出版社，2014，第 198 ~ 199 页。

结　语

无论从历史维度，还是从政策和现实维度来看，拉美地区都可看作“一带一路”倡议的自然延伸。“一带一路”倡议推动建立由公路、铁路、海路、油气管道、输电线路和通信网络组成的综合性互联互通交通网络，以完善基础设施建设、深化经济技术合作、促进商贸和人员往来。它以中亚为中心，形成东亚、西亚和南亚的经济辐射区，进一步扩展到欧洲、中东和东非，并且通过海洋走廊和计划中的穿越巴西的“两洋铁路”，最后延伸到南美洲。[①] 该倡议是中国主导型对外开放战略的一次伟大实践。这一倡议已经吸引了中国国内、合作对象国甚至全世界的目光，引发国际社会的高度关注和强烈共鸣。

拉美一直致力于推动区域一体化建设，但收效与预期相差较大，主要是因为基础设施领域面临资金、技术、人才的制约，“一带一路”倡议无疑为深化中拉在该领域的合作提供了更好的平台。本着“合作共赢”的理念，在构建“中拉命运共同体”目标的指引下，“一带一路”倡议一方面将进一步拉近双方之间的地理与心理距离，推动中拉关系迈上新的台阶；另一方面也必将为中拉摆脱当前国际经济形势的困境，并为更深层次领域的交流与合作提供新的历史机遇。

（王鹏　审读）

① 〔智〕爱德华多·G. 莱吉萨蒙·阿斯图迪略：《拉丁美洲与“一带一路”倡议》，《江苏师范大学学报》2017 年第 3 期，第 47 页。

国别和区域

National and Regional Reports

Y.9

巴西：经济稳步复苏，政经挑战仍存

张　勇*

摘　要： 自2016年8月31日特梅尔正式就任巴西总统以来，其执政之路并非一帆风顺。进入2017年，身陷腐败丑闻的特梅尔虽然惊险闯过“三关”指控，但是民意支持率也创下了新低。受到私人消费和出口的驱动，巴西经济连续三个季度出现环比增长，经济复苏已成定局，但是中期内仍然受财政压力和政治不确定性的制约。腐败案的持续发酵仍会不断引发政治危机，这也将延缓养老金制度改革的进程。虽然经济增长高于预期，但是连续两年经济衰退造成贫困和失业率反弹，这种状况较难在短期内改善。在欧美保护主义倾向抬头、全球化进程遭遇波折的背景下，促进对外关系多元化仍然是特梅

* 张勇，经济学博士，中国社会科学院拉丁美洲研究所经济研究室副研究员，主要研究领域为拉美经济。

尔政府的选项。2018 年国内政治格局处于大选前的分化与重组的博弈阶段，政治争斗不可避免，而随着卢拉基本丧失参选资格，2018 年的大选形势日趋复杂。

关键词： 巴西 特梅尔 经济复苏 腐败 总统选举

一 政治形势

尽管 2016 年巴西的政治、经济双重危机已经平息，但是其深刻影响仍然延续至 2017 年。身陷腐败丑闻的特梅尔总统在这一年虽然连续惊险“闯关”，但是也创下了民意支持率的新低。中短期内经济复苏的可持续性仍然受到政治上此起彼伏的干扰因素的制约。尽管政治关注度不久就会转向 2018 年巴西大选的选战，但是之前的政治形势始终会受到腐败案被持续调查的影响。而且，2018 年的大选形势尚不明朗。

（一）特梅尔连续惊险“闯关”，但民意支持率也创下新低

政治稳定是经济恢复增长的重要前提。然而，特梅尔总统执政之路并非一帆风顺，截至 2017 年 7 月底，民调显示，他的支持率仅为 5%，由此特梅尔成为 1989 年以来支持率最低的巴西总统。2017 年，特梅尔总统已经惊险闯过三道“大坎”。其一，6 月 9 日，巴西最高选举法院对 2014 年总统选举获胜者罗塞夫及其竞选搭档特梅尔是否在选举中舞弊和受贿一案进行投票表决，最终以 4 比 3 的投票结果裁决两人无罪。其二，6 月 26 日，时任巴西总检察长罗德里格·雅诺特（Rodrigo Janot）正式以受贿罪名起诉特梅尔总统，这是巴西总检察长首次向最高法院起诉现任总统。雅诺特指控特梅尔利用其总统的职务便利，通过其助手洛雷斯违法收受 JBS 公司（巴西肉类生产企业）50 万雷亚尔的贿金。8 月 2 日，巴西众议院举行投票（513 名众议员中有 492 人实际到场参加投票，最终结果是 263 人反对、227 人支持、

2 人弃权），否决了向最高法院提交特梅尔总统涉腐案的议案。其三，9 月 14 日，即将卸任的总检察长雅诺特再次对特梅尔提出指控，起诉的罪名为妨碍司法和有组织犯罪。10 月 25 日，巴西众议院全会对总统特梅尔涉嫌妨碍司法等案是否提交给联邦最高法院审理举行投票，由于支持的票数未达 2/3，该案未被提交给最高法院审理。连续三次渡过“险关”，表明特梅尔总统在立法和司法部门具有一定影响力。但是，自 5 月爆出“封口费”丑闻后，特梅尔的执政联盟出现了明显的分化迹象。特别是随着 11 月中旬 4 名社会民主党籍内阁部长中的一名部长辞职，社会民主党（PSDB）从执政联盟中分裂出去可能比预期要来得早。目前，以特梅尔超低的支持率，若想推进养老金制度改革等恐怕会遇到较大阻力。因此，政治的不确定性将内耗经济改革动力，从而威胁经济复苏。

（二）反腐调查持续发酵，增加了2018年选战的复杂性

巴西大规模反腐调查“洗车行动”于 2014 年启动。随着案件调查持续深入，越来越多的政治人物牵连其中，不时引发政坛动荡。其中，最引人注目的是前总统卢拉涉嫌贪腐案。2016 年 9 月 20 日，负责巴西石油公司腐败案调查的联邦法官塞尔吉奥·莫罗接受检察院对卢拉犯有贪腐和洗钱罪的指控，卢拉正式成为巴西石油公司腐败案的嫌疑人。根据调查，2002 ~ 2010 年，卢拉收受了巴西一家名为奥亚斯（OAS）的建筑企业约 370 万雷亚尔（约合 115 万美元）的贿赂，包括位于圣保罗州海滨城市瓜鲁雅的一座三层公寓及其装修费用等。2017 年 7 月 12 日，卢拉因贪腐和洗钱罪在一审中被判处 9 年零 6 个月有期徒刑。这是 20 世纪 80 年代以来，首位被判刑的巴西前总统。卢拉本人始终否认任何腐败行为，称对他的相关指控是出于政治动机，旨在阻挠他在 2018 年竞选总统。2018 年 1 月 24 日，巴西联邦地区法院二审维持一审判定的罪名，并将刑期增至 12 年零 1 个月。在此前的各大民调中，卢拉依然是 2018 年大选呼声最高的候选人，这表明他在受益于其任期内改善经济社会状况的贫困阶层中依然有号召力。根据 2017 年 10 月巴西民意调查机构 Ibope 首次对 2018 年的大选意向调查，卢拉领跑大选意向投

票。在自发投票中（即受访者可以随意选择候选人），卢拉的意向投票率为26%，排在第一位；其次是联邦议员贾伊尔·波索那罗（Jair Bolsonaro），意向投票率为9%。Ibope还对候选人不包含卢拉的情况进行了指定投票调查，在这种情况下波索那罗和玛丽娜·席尔瓦（Marina Silva）的得票率同为15%，并列第一位。[①] 以目前的情况看，卢拉很可能失去参选资格，这将增加2018年巴西大选的复杂性。

（三）国内政治和政党进入博弈阶段，改革议程有可能面临风险

在“后罗塞夫时代”，巴西政党进入新一轮分化、重组与联盟的博弈阶段。目前，民主运动党（PMDB）仍是国会第一大党，在参议院和众议院的席位占比分别为25.9%和12.7%，这是特梅尔屡创民意支持率新低反而继续执政的重要基础，也是其连续“闯关”的重要助力。但是从2017年8月2日（263∶227）和10月25日（251∶233）的两次投票结果看，特梅尔获得的支持在减少，表明执政联盟在一定程度上开始分化。这也意味着正在众议院等待投票的养老金制度改革议案面临较大风险，巴西政府可能较难获得足够的支持票数。与此同时，2017年10月17日，参议院以44∶26的投票结果恢复了巴西社会民主党成员阿埃西奥·内维斯（Aécio Neves）的参议院职位，此前他因受最高法院腐败指控而停职。这种逆转是对反腐努力的一种打击，将加剧选民对政治机构中严重腐败现象的不满。然而，这个结果对于特梅尔总统而言是相当重要的，其所属的民主运动党与社会民主党是执政联盟，因此民众较容易形成一种认识，即交易似乎已经达成，民主运动党参议员提供帮助来保护内维斯，同时期望社会民主党立法者在众议院保护特梅尔。此外，2017年10月初，巴西国会通过了有限的政治改革，主要包含三项内容。第一项是创建一个总额为17亿雷亚尔（约合5.42亿美元）的特殊公开募集基金，用于2018年竞选费用的支出。许多选民认为这是腐败政

---

① 《调查：巴西2018大选　卢拉支持率最高》，南美侨报网，http://www.br-cn.com/news/br_news/20171030/96383.html，最后访问日期：2017年12月7日。

客利用公共资金重新当选并延长其国会豁免权的又一例证。第二项和第三项内容旨在减少政党数量以及限制机会主义者结盟。有限的政治改革无助于防止政党的碎片化，因而 2018 年的新总统依旧面临巴西政治体制的传统挑战——建立和维持多党联盟。财政约束会限制社会支出，这将影响政府的民众支持率以及巩固执政联盟的能力。在目前巴西两极分化的政治和社会环境中，重建共识困难重重。

（四）潜在的总统候选人逐渐浮出水面，但选情尚不明朗

尽管离 2018 年 10 月巴西大选尚有时日，但是各党派候选人已经提前进入热身状态。随着大选临近，反对党的精力逐渐转移到备战上来，加之新任首位女性总检察长拉克尔·道奇（Raquel Dodge）已于 2017 年 9 月 18 日走马上任，对特梅尔总统提出新的指控的可能性在减小，预计特梅尔将顺利完成至 2018 年年底的任期。即使如此，支持率屡创新低的现状也使特梅尔无法代表民运党竞选而连任。对于劳工党而言，弹劾案使其“元气大伤”，其目标是通过赢得 2018 年大选重新凝聚党内共识、团结左翼力量。然而，随着卢拉失去大选参选资格，一方面，劳工党很难找到一个影响力和支持率能与其比肩的候选人，另一方面，想代表左翼力量的政治家们也将陷入角逐地位的局面中。民主工党（PDT）的西罗·戈麦斯（Ciro Gomes）很可能对卢拉最终选定的劳工党候选人形成挑战。身为环保活动家的中左翼政治家玛丽娜·席尔瓦（Marina Silva）很可能第三次参加竞选。

社民党方面，圣保罗州州长阿尔克明（Geraldo Alckmin）虽然间接卷入腐败调查，但是仍有望获得党内提名。即便如此，阿尔克明缺乏感召力，在东南部各州以外地区（特别是在人口稠密和较贫困的东北部地区）较难赢得选票，这也是其在 2006 年大选中败于竞争对手卢拉的重要原因。目前他在民意调查中的支持率落后。因此，他将寻求民主运动党和其他中间党派的支持。鉴于来自主要政党的政治家因腐败指控在一定程度上失信于民众，这给传统政治架构之外的政客提供了机会，例如来自右翼政党——基督教社会党的众议员波索那罗。他的支持者主要是被他的民众主义和社会保守主义演

说吸引的年轻、较富裕的选民。然而，他也试图与北部和东北部地区低收入选民建立联系。根据前期民意调查的预测，他很可能进入大选第二轮，但他的同僚们认为他缺乏明确的纲领和政策议程。保守势力代表波索那罗能否挑战传统政治格局，还有待后续观察。

二 经济形势

进入2017年第四季度，多家机构上调巴西经济增长预期，巴西经济复苏已成定局。2017年10月初，世界银行预测，2017年和2018年巴西经济将分别增长0.6%和2.3%。10月10日，BBVA在其发布的报告中也指出，2017年和2018年巴西经济预计分别增长0.6%和1.5%。2018年1月11日，IMF在其最新的《世界经济展望》报告中，预计2017年巴西经济增长1.1%，并将2018年和2019年的增长预期由2017年10月的预测值分别上调0.4个百分点和0.1个百分点，增至1.9%和2.1%。尽管经济数据强于预期，但是财政形势和政治的不确定性仍对经济增长前景产生威胁。

（一）经济复苏主要源于内外部环境的有利变化

巴西央行2017年11月20日发布的数据显示，巴西经济已经连续三个季度出现环比增长，分别为1.1%、0.39%和0.58%，预计全年增长约0.7%。2017年巴西经济增长高于预期主要源于内外部环境的有利变化。就外部而言，全球经济稳定复苏，特别是中国经济增长高于预期，使全球需求回暖。同时，大宗商品价格稳定且略有反弹，改善了巴西的贸易条件。就内部而言，2017年以来，特梅尔政府实施了“紧财政、松货币”的宏观调控政策，大规模私有化计划，以及积极推动养老金制度、税制、劳工制度等改革，为巴西经济增长创造了良好环境。特别是得益于通胀率下行，巴西央行自2016年10月以来连续十二次降息，使基准利率降至6.5%。上述变化反映在增长动力上，表现为私人消费和出口的驱动，前者得益于通胀率和利率下行以及劳动力市场改善，后者得益于贸易条件改善、汇率有利、需求回暖及进口增幅小于出口。然而，短期内，巴西经济复苏还面临财政赤字压力和政治不确定性带来的挑战。前者体现为财政赤字和公共债务占 GDP 的比例分别为 7.8% 和 73.9%（拉美经委会预计），后者体现为特梅尔顺利完成任期的概率以及 2018 年巴西大选的复杂性。

（二）宏观调控继续保持“紧财政、松货币”的政策趋势

2018 年 3 月 21 日，巴西央行货币政策委员会将基准利率从 6.75% 下调至 6.5%。这是巴西央行连续第十二次降息，调整后的基准利率为 1986 年以来的最低值。财政方面，继 2016 年 12 月 13 日巴西参议院二审通过了政府提出的为财政支出增长设限的法案后，2017 年 3 月财政部宣布，2017 年财政预算将削减开支 400 亿雷亚尔（约合 127 亿美元）至 650 亿雷亚尔（约合 207 亿美元），财政赤字将不超过 1390 亿雷亚尔（约合 442 亿美元）。而且，2017 年 3 月 30 日，政府颁布了 774 号临时举措，取消了将近 50 个行业的工资税减负政策，旨在加税来增加财政收入。整体而言，为刺激经济增长，在通胀压力趋缓的情况下，2017 年巴西保持降息趋势，同时坚持“增收节支”，这是缓解财政赤字的典型手段。预计特梅尔政府将一直奉行比前任更加正统、以市场为导向的经济政策。但是，美国的加息、缩表和减税三大“利剑”将给巴西宽松的货币政策造成较大压力，同时提高税率、养老金制度改革等会受到国会内部分歧、社会抗议等因素干扰而增加不确定性。从长期来看，内部结构改革对巴西经济的影响比外部因素更为重要。

（三）巴西改善市场投资环境的信号逐渐增强

2017 年，巴西继续发出改善市场投资环境的信号，主要体现在如下几个方面。其一，3 月，政府宣布转让福塔莱萨、萨尔瓦多、弗洛里亚诺波利斯和阿雷格里港 4 座城市机场的运营权，以吸引投资、改善基础设施、创造就业。这 4 座机场的转让预计将为巴西政府带来约 37.2 亿雷亚尔（约合 12 亿美元）收入，比预期数值高出 23%。其二，根据 2017 年 2 月 15 日巴西财长的讲话，现政府将准许外国个人或企业购买土地。但是，鉴于目前巴西

国内的政治献金丑闻和养老金制度改革存在分歧等情况，解禁的最终时间暂时还无法确定。其三，2 月 22 日，巴西政府宣布了石油天然气领域国产化率的新规则。巴西矿产和能源部部长科埃略表示，今后在石油和天然气勘探招标中，本地产品和服务的比例将平均下降 50%。其四，2017 年 7 月参议院通过劳动改革法案的审批，这项改革将使劳动力市场更加灵活，并随着经济复苏加快创造就业。与此同时，政府也在推进复杂的税收体制简化进程。总体而言，巴西推进结构改革的目标，对内是提高全要素生产率以促进经济可持续增长；对外则是改善贸易投资环境，吸引投资，增加与世界经济的融合程度。众所周知，巴西的投资率较低，长期以来基本维持在 20% 的水平上，2015 年跌至 17.7%，降幅较大。根据世界银行发布的《2017 年营商环境报告》，巴西在 190 个经济体中排在第 123 位，比 2016 年下降 2 位，与排名第 47 位的墨西哥相差 76 位。因此，无论是转让基础设施运营权、解禁农业土地购买限制，还是降低石油天然气领域国产化率、推动劳动力市场和税收体制改革，都是改善国内投资环境的重要途径。

（四）影响经济走势的风险因素相对可控

鉴于经济仍受政治“噪音”干扰，宏观调控面临“两难”制约，短期内巴西的经济风险依然存在，但风险相对可控。第一，政治的不确定性“拖累”经济增长。政治稳定是经济恢复增长的重要前提。尽管特梅尔总统渡过“险关”，但是他接下来推进的养老金制度改革、提振投资者信心等措施恐怕会遇到较大阻力。因为多名议员希望暂时搁置经济改革，将其推迟到 2018 年 10 月总统选举以后。第二，货币波动性加大。从长周期看，2002 年 1 月至 2017 年 5 月，巴西本币雷亚尔大致呈现“先升后贬”的趋势。其中，有三次加速贬值的时期，依次为 2002 年大选引发投资者对政治前景担忧，进而导致金融市场动荡；2008 ~2009 年国际金融危机爆发；2015 ~2016 年巴西陷入政治经济双重危机。第三次货币波动性明显加大。基于市场预期的平均值，巴西中央银行预计 2018 ~2020 年雷亚尔兑美元汇率将逐步贬值至 3.51∶1。然而，鉴于目前大宗商品价格比较稳定且处于历史相对高位、经济复苏迹象出现以及外汇储备比较充足，货币波动性仍处于可控范围。第三，债务压力持续增加。对于公共债务而言，拉美经委会数据显示，2017 年巴西政府公共债务总额占 GDP 比重预计达到 73.9%，比 2016 年提高 4 个百分点。对于外债而言，拉美经委会预计 2017 年年底巴西外债存量达到 6677.6 亿美元。尽管规模较大，但是外债以中长期为主，避免了短期还债压力，而且巴西拥有 3811 亿美元的外汇储备作为保障，发生债务违约的可能性相对较低。

三　社会形势

虽然当前巴西经济已经开始复苏，但是经济政治危机造成的社会形势恶化并未显著改观。连续两年经济深度衰退，已经造成巴西实际收入水平下降，而这将削弱私人消费需求对经济的拉动作用。与此同时，失业率和贫困率开始反弹，巴西中产阶级再次面临新一轮的分化。社会安全形势依然严峻。

（一）巴西贫困状况依然严峻，社会发展任重道远

2017 年世界银行重新设定了国际贫困标准。2015 年世界银行曾将国际贫困线标准从每人每天 1.25 美元上调至 1.9 美元。在 2017 年的新标准下，贫困标准根据不同国家不同的发展水平和收入水平做了不同规定，像巴西这样的国家的贫困标准为每人每天 5.5 美元。标准的改变使得巴西的贫困人口规模迅速膨胀，原本贫困线下只有 890 万人，如今低于国际贫困标准的人数达到 4550 万人，占到巴西人口总数的 22%。本次巴西贫困人口规模迅速膨胀，一是源于国际贫困标准的调整，二是受经济危机影响中产阶级返贫现象加剧，三是社会支出计划也受到经济危机的影响。世界银行曾在 2017 年年初的报告中预计，截至 2017 年年底巴西将有 360 万人重回贫困线以下。同时，世界银行也敦促巴西政府扩大现有的社会项目，即“家庭补助金”计划应该得到特别的支持以防止“新贫困者”的增加。然而，鉴于紧缩财政、压缩赤字的压力，巴西政府在中短期内必然面临政策两难的挑战。

（二）尽管经济复苏，但就业和不平等状况并未显著改善

2017 年 11 月 30 日，巴西国家地理统计局（IBGE）发布最新数据，8 ~ 10 月的失业率为 12.2%，比 5 ~7 月的 12.8% 下降 0.6 个百分点，但是比 2016 年同期（11.8%）上升 0.4 个百分点。8 ~10 月的失业人口为 1270 万人，比 5 ~7 月减少 4.4%（接近 58.6 万人），但比 2016 年同期增加 5.8%（超过 69.8 万人）。8 ~10 月的就业人口达到 9150 万人，比 5 ~7 月增加 1%（超过 86.8 万人），同时比 2016 年同期增加 1.8%（超过 170 万人）。拥有正式合同的就业人口数量保持稳定，但是 8 ~10 月比 2016 年同期减少 2.2%（接近 73.8 万人）。与此同时，8 ~ 10 月自雇型就业者达到 2300 万人，比 5 ~7月增加 1.4%（超过 32.6 万人），比 2016 年同期增加 5.6%（超过 120 万人）。[①] 非正规就业增加说明就业质量在下降。根据 IBGE 2017 年 11 月 29 日发布的最新数据，2016 年，在巴西这样一个每月平均收入为 2149 雷亚尔的国家里，收入最高的 1% 群体月均收入为 27085 雷亚尔，而收入最低的 50% 群体的月均收入仅为 747 雷亚尔。同样在 2016 年，10% 的最高收入者集中了巴西 43.4% 的收入来源。从地域来看，东南部地区收入领先全国，达到 1327 亿雷亚尔，超过其他主要地区的总和（东北部为 438 亿雷亚尔、南部为 435 亿雷亚尔、中西部为 218 亿雷亚尔、北部为 135 亿雷亚尔）。[②]

（三）罢工和社会抗议时有发生，暴力犯罪威胁社会治安

2017 年 2 月 4 日，巴西圣埃斯皮里图州军警开始罢工，引发包括州首

① “Continuous PNAD: Unemployment rate is 12.2% in quarter ending in October”, https://agenciadenoticias.ibge.gov.br/en/agencia-press-room/2185-news-agency/releases-en/18443-continuous-pnad-unemployment-rate-is-12-2-in-quarter-ending-in-october.html，最后访问日期：2017 年 12 月 11 日。

② “Income inequality: Seen in different Major Regions, sexes, colors and levels of schooling”, https://agenciadenoticias.ibge.gov.br/en/agencia-news/2184-news-agency/news/18413-income-inequality-seen-in-different-major-regions-sexes-colors-and-levels-of-schooling.html，最后访问日期：2017 年 12 月 11 日。

府维多利亚在内的3座城市多起骚乱。这次罢工实际上由军警家属进行，以抗议工资待遇和工作条件多年来没有改善等。4月28日，为了抗议特梅尔政府提出的劳工法和养老金制度改革，巴西爆发了二十年来最大规模的罢工。本次罢工由全国各大工会组织，包括交通业、教师和银行业等都参与到当天的罢工活动中。实际上，每次政治经济危机的外溢结果都将以社会矛盾激化的方式暴露出来，这表明目前巴西不仅要面对中产阶级的新一轮分化，而且还处于社会出现某种分裂的状态。与此同时，巴西的暴力犯罪恶化了社会治安形势。2017年9月17日凌晨，在南美洲最大的单体贫民窟——罗西尼亚贫民窟发生黑帮火拼，造成5人死亡。据巴西公共安全研究所统计，2017年以来里约治安形势严重恶化，仅第三季度就已发生3457起恶性凶杀事件，比2016年同期增长15%，是自2009年以来犯罪率最高的一个季度。①

四　外交形势

巴西政府一直主张世界多极化和国际关系民主化。2017年特梅尔政府依旧在促进区域一体化、改善国际治理体系、加强南南合作方面开展务实合作，尤其将扩大对外开放、积极引入外资以提振国内经济增长作为优先领域。

（一）积极开展多边合作，提高巴西在国际社会上的地位

在度过2016年获取国际社会对其执政合法性认可的外交阶段后，2017年特梅尔总统展开多边合作以提高巴西在国际社会上的地位。2017年7月7日，二十国集团领导人第十二次峰会在德国汉堡举行。当时因身陷最高检察院的指控，特梅尔总统本打算取消G20峰会行程，但为了向国际社会展示“巴西仍然在前进”的形象、增加投资者信心，他在最后时刻仍决定前往。9月3~5日，特梅尔总统出席在中国福建厦门举行的金砖国家领导人第九

① 《巴西最大贫民窟发生黑帮火并》，新华网，http：//news. xinhuanet. com/world/2017 - 09/19/c_ 1121688151. htm，最后访问日期：2017年12月11日。

次会晤，他认为金砖国家合作的重要性前所未有，不仅为各自民众带来发展机遇，而且推动全球治理等核心问题的解决与完善。他在9月3日召开的“2017年金砖国家工商论坛”上演讲时也指出，金砖国家间应在战略上加强合作，巴西全力支持经济全球化，支持金砖国家间的合作机制建设。总体而言，通过多边合作，特梅尔政府向世人展示，作为一个开放的国家，巴西在对外政策上支持贸易和投资自由化。

（二）积极促进区域一体化，加强与亚洲国家合作

目前，巴西政府的外交政策以与区域内和区域外伙伴建立贸易协定为优先考虑。随着阿根廷中右翼政府上台执政，巴西有强烈的意愿推进与南方共同市场成员国间的经贸关系。2017年7月19~21日，第50届南共市领导人峰会在阿根廷门多萨市召开。峰会召开期间，与会国领导人就加强区域经济合作以及积极寻求对外经济合作等问题达成共识，并一致呼吁委内瑞拉通过对话解决国内政治危机。其间，一场题为“南共市——太平洋联盟：促进一体化进程”的研讨会召开，这表明拉美两大区域性一体化组织的融合进程加快。峰会结束后，巴西接替阿根廷担任轮值主席国直至2017年年底。除此之外，2017年巴西继续加强与亚洲国家特别是与中国的合作。巴西是中国第十大贸易伙伴和在拉美地区的最大贸易伙伴，而中国是巴西第一大贸易伙伴和出口对象国。Wind资讯数据库显示，2017年中巴贸易额为875.4亿美元，同比增长29.1%。8月31日~9月5日，特梅尔总统对中国进行国事访问并出席金砖国家领导人厦门会晤和“新兴市场国家与发展中国家对话会”。2017年5月30日，总额为200亿美元的中巴扩大产能合作基金正式启动，为深化双边经贸发展带来新的机遇和前景。

（三）南共市和欧盟期望尽快结束自由贸易谈判

欧盟和南共市之间的自由贸易协定谈判于2016年10月正式重启，双方期望在2017年年底前达成协议。然而，鉴于在关键问题上仍存分歧，谈判并未如期结束。

在美国保护主义兴起、全球化进程遭遇波折的时代背景下，积极推进巴西对外关系多元化成为特梅尔政府的政策选项。除拉美地区内部外，巴西积极加强与非洲、欧盟和亚洲地区关系的发展，其中选择与欧盟进行自贸谈判有多重含义。第一，鉴于欧盟和南共市互补的经济结构，欧盟对于南共市的重要性不言而喻。对于与欧盟谈判的四个南共市成员国而言，欧盟是南共市最大的贸易伙伴，2016 年前者占后者贸易总额的 21.8%；欧盟也是南共市最大的外国投资者，在南共市的投资从 2000 年的 1300 亿欧元增至 2014 年的 3870 亿欧元。[①] 第二，选择 2017 年年底作为结束自贸协定谈判的时间节点也颇有含义。倘若谈判拖入 2018 年，巴西大选的复杂性必将增加谈判的不确定性，而且南共市方面对欧盟成员国政府签订协议的政治能力也心存担忧。因此，久拖不决对双方均不利。然而，从目前看谈判过程并不容易。第三，倘若谈判失败，巴西经济增长的前景将失去一大外部因素的助力。但是，这客观上也将为巴西加速发展与亚洲（特别是中国）的经贸关系创造契机。

展望 2018 年，不确定性中孕育着希望。经济将继续复苏。作为大选年，政治和经济的相互影响将贯穿 2018 年。以目前总统候选人的实力看，大选形势并不明朗。大选前的政治争斗不可避免，政党力量又将面临新的分化与重组。以屡创新低的支持率看，特梅尔总统推进社会保障制度改革的进程不会一帆风顺。一些改革以及外交政策的调整都留待 2018 年大选之后继续观察。

（岳云霞　审读）

① “Countries and regions”, http://ec.europa.eu/trade/policy/countries-and-regions/regions/mercosur/，最后访问日期：2018 年 3 月 22 日。

Y.10
墨西哥：内忧外患中备战大选

杨志敏*

摘　要： 墨西哥本届政府公信力严重受损，培尼亚任期最后一年弱势难改。备战2018年大选是各政党的头等大事；2017年经济增速虽高于地区平均水平，但动力不足，且笼罩在北美自由贸易协定重谈不确定性的阴影下；受内外因素影响，左翼民粹主义有崛起之势，腐败和暴力犯罪依然猖獗。大地震等并未给墨西哥经济社会造成较大影响；面对美国保护主义的重重压力，积极拓展与区域内外国家和组织的合作，推进对外发展战略多元化。

关键词： 墨西哥　大选　左翼　腐败　对外战略

一　政治形势

当前，培尼亚（Enrique Peña Nieto）政府深受腐败等问题掣肘，但仍将继续推动结构性改革。2018年大选在即，各政党内部和政党之间的分化与组合不断演变。

（一）本届政府弱势地位依旧

由革命制度党（PRI）领导的本届政府任期将于2018年12月结束。在

* 杨志敏，经济学博士，中国社会科学院拉丁美洲研究所研究员、一体化研究室主任、墨西哥研究中心执行主任。主要研究方向为拉美经济、区域经济一体化以及墨西哥问题。

剩余的任期里，培尼亚政府难改弱势状态，但仍将力推结构性改革，以确保经济稳定，并捍卫与美国和加拿大重谈北美自由贸易协定（NAFTA）过程中的本国利益。2017 年 11 月底的一项民调显示，培尼亚总统的支持率只有 26%，属于较低水平。主要原因在于其打击腐败不力，任内出现多起内阁成员和执政党前州长涉案，严重损害了政府的公信力。作为执政党，革命制度党为筹备大选和缓解严重腐败带来的负面影响，采取了一些补救措施。在 2017 年 8 月召开的全国代表大会上，经表决对党章的一些重要领域进行了修订。其中，放宽了选择总统候选人的要求，规定只要是支持者而不必是注册党员即可进行参选。同时，通过了新道德准则和一些重要条款来惩戒腐败。[①] 政坛腐败丑闻、民众对传统政党的失望以及对处理与美国紧张关系的担忧等引发了社会上的反建制情绪。

（二）各政党积极备战大选

对于墨西哥各政党来讲，当前的重心是角逐 2018 年 7 月 1 日开始的大选。2017 年 11 月，墨西哥财长何塞·安东尼奥·梅亚德（José Antonio Meade）辞职并寻求作为革命制度党候选人参选。梅亚德被认为是一位诚实且具有跨党派号召力的人物，若他能够成为候选人或可增加执政党的希望，并改变本党面临的不利形势。当前，墨西哥国内外的形势刺激了洛佩斯·奥夫拉多尔（Andrés Manuel López Obrador）领导的左翼国家复兴运动党（Movimiento Regeneración Nacional，Morena）的迅猛发展。为此，继 2006 年和 2012 年后，洛佩斯将第三次参与总统角逐。与此同时，由中右翼的国家行动党（PAN）和中左翼的民主革命党（PRD）组成的竞选联盟则处于分裂的状态。2017 年 10 月，该联盟呼声最高的潜在候选人玛加丽塔·萨瓦拉（Margarita Zavala）离去并计划作为独立候选人参选，此举使竞选联盟步履艰难。

当前各方候选人支离破碎的状况有利于洛佩斯的选情。但若他当选，国

① EIU，*Country Report—Mexico*，September 2017.

家复兴运动党将因不占据议会多数席位而使其民粹主义倾向受到制约。届时，可能出现的立法僵局将成为其执政的主要风险。其实，无论哪个政党上台，缓慢的经济增速、大量的贫困和收入不公、疲软的石油价格所导致的财政约束等都对政府的执政能力形成制约。此外，安全问题是另一个政府要面对的挑战。据统计，2016 年墨西哥的凶杀率上升 22%，是 10 年前毒品战争达到顶峰以来的最高水平。估计 2017 年的凶杀率将创历史新高。统计显示，2017 年 1 月 ~6 月，凶杀率同比增长 31%。其中，贩毒集团之间的地盘争夺斗争是主要因素，而短期内尚无减弱的迹象。如果没有明确的战略改变或加强制度建设，并设法解决安全部队内部的腐败问题，那么与毒品有关的暴力犯罪活动和相关的人权问题将继续存在。

（三）大选后三党鼎立

根据墨西哥法律规定，各政党应于 2018 年 3 月前选出各自的总统候选人。在革命制度党方面，因暂无其他人士角逐提名，梅亚德有可能成为候选人。但这位前财长在墨西哥中下层民众中的知名度不高，若希望获得提名的机会就必须树立形象。根据 2017 年 11 月墨西哥《改革报》的民调，梅亚德的支持率为 17%，分别低于洛佩斯 31% 的支持率以及国家行动党主席安纳亚（Ricardo Anaya Cortés）19% 的支持率。脱离国家行动党 - 民主革命党竞选联盟而独立参选的前第一夫人萨瓦拉的支持率则为 8%。由于墨西哥总统选举仅进行一轮，预测认为洛佩斯有可能赢得大选。不过，该预测也具有较大风险，因为革命制度党将动用强大的政治机器来提升梅亚德的形象。预计在新一届议会中，传统的两大政党——革命制度党和国家行动党将分别占据第一大党和第二大党的位置，而国家复兴运动党将取代民主革命党成为第三大党。[①] 此后，墨西哥政坛有可能形成新的三党鼎立局面。

---

① EIU，*Country Report—Mexico*，December 2017.

二　经济形势①

2017 年，墨西哥经济承受着内外各种因素的重重压力。外有与美国重谈北美自由贸易协定的不确定性、国际石油价格低迷等；内有大选前各方博弈以及经历了两次大地震和飓风袭击等自然灾害。但总体上，宏观经济保持了平稳态势。

（一）宏观经济表现

据估计，2017 年，墨西哥经济增长率为 2.2%，低于 2016 年 2.9% 的增速；对外部门较好的看涨势头将被投资尤其是公共投资下降和自然灾害影响所对冲；通胀率由 2016 年的 3.4% 上升至 6.4%；失业率为 3.4%，较 2016 年下降 0.4 个百分点；公共部门财政赤字相当于国内生产总值的 1.3%，经常项目赤字由 2016 年相当于 GDP 的 2.7% 降至 2017 年的 2.0%。墨西哥的主要经济指标见表 1。

表 1　2015 ~ 2017 年墨西哥主要经济指标

年份	2015	2016	2017[a]
年均增长率(%)			
GDP	3.3	2.9	2.2
人均 GDP	1.9	1.6	0.9
消费价格指数	2.1	3.4	6.4[b]
实际平均工资[c]	1.4	1.0	-1.11
货币供应量(M1)	16.1	12.0	0.5[d]
实际有效汇率[e]	13.1	15.2	-0.6[d]
贸易条件	-3.1	-3.8	-0.1

① “经济形势”部分的数据主要参考 CEPAL, *Balance Preliminar de las Economías de América Latina y el Caribe 2017*, Santiago de Chile, Diciembre 2017。

续表

项目	2015 年	2016 年	2017 年[a]
年均(%)			
城市公开失业率	4.7	4.3	3.8
公共部门收支余额/GDP	-3.4	-2.6	-1.3
名义存款利率[f]	3.0	3.8	5.7[b]
名义贷款利率[g]	28.5	26.8	27.1[d]
百万美元			
商品和服务出口额	403879	398893	436300
商品和服务进口额	428231	420917	455735
经常项目账户余额	-29489	-22648	-21243
资本和金融账户余额[h]	13821	22515	17704
国际收支余额	-15667	-136	-3539

注：a. 估计值；b. 2017 年 10 月数据；c. 社保覆盖工人的平均工资；d. 2017 年 9 月数据；e. 负值表明货币实际升值；f. 多存储体系统定期存款成本；g. 1 年期私人债务的加权平均值；h. 包括错误和遗漏项。

资料来源：CEPAL，*Balance Preliminar de las Economías de América Latina y el Caribe 2017*，Santiago de Chile，Diciembre 2017。

（二）宏观经济政策

1. 财政政策方面

2017 年前 10 个月公共部门实现创纪录的盈余，相当于 GDP 的 0.4%，而 2016 年同期则为赤字，相当于 GDP 的 1.2%。2017 年，实际财政收入同比增长 1.2%，主要归因于非石油收入（占全部收入的 83.7%）的增长，其增速达到 3.2%。同期，非税收收入实际增长 10.5%、公共部门税收收入增长 0.7%。上述收入的增加弥补了石油收入的下滑（实际下降了 8.2%）。与此同时，公共部门支出同比下降 6.3%，部分原因在于随着汽车燃料价格上涨以及 2017 年年底价格放开后，政府减少了补贴支出。在支出方面，包括购买金融资产等投入“预算收入稳定基金”（FEIP）和“应对灾难性支出保护基金”（FPGC）。实际预算支出减少 10.6%，这主要是由于实物投资减少了 24.6%（主要影响道路、港口和旅游基础设施建设等）。这是自 1995

年金融危机以来的最大降幅，反映出政府为改善债务和财政状况而进行了预算削减。

截至 2017 年 10 月，公共部门债务相当于 GDP 的 43.7%，比 2016 年年末下降了 4.5 个百分点。部分原因是基年变化引起的国内生产总值估计值增加。若剔除上述因素，债务上升至 48%。据估计，2017 年全年债务相当于 GDP 的 46.7%。

2. 货币政策方面

2017 年 2 月，墨西哥政府出台了“外汇对冲计划”（Programme of Foreign-Exchange Hedges）。到期以比索支付，最高限额为 200 亿美元。该计划旨在为企业支付的汇率提供一定程度保证，并促进外汇市场更有序地运行。截至 2017 年 11 月，共计拍卖 45 亿美元。隔夜利率继 2 月上升 50 个基点，在 3 月、5 月和 6 月分别上升 25 个基点后达到 7%，而 2016 年年底则为 5.75%。此次调整与美国加息、NAFTA 重谈不确定性等密切相关，旨在抑制通胀预期。实际上，较高利率起到了减少汇率波动、稳定物价的作用。

2017 年 1 月，美国政府保护主义立场引发的不确定性导致了近年来比索兑美元的一次最大名义贬值，汇率达到 1 美元兑 21.9 比索。尽管此后数月不确定性逐渐减小，但截至 2017 年 11 月，与 2016 年年底相比，比索兑美元名义贬值 10.1%（实际贬值 15.6%）。这得益于墨西哥原油出口价格等得到改善、央行采取的货币和汇率政策以及国际金融市场波动减小。但是，随着 2017 年结束，NAFTA 重谈等引发的不确定性仍导致汇率波动。2017 年 11 月，墨西哥央行宣布，墨西哥的外汇储备为 1727.49 亿美元，比 2016 年年末减少了 2.1%。

2017 年 9 月，商业银行对私营部门有效贷款组合同比实际增长了 5.5%。商业信贷、抵押贷款和消费信贷分别增长 7.3%、2.8% 和 2.5%，但均比 2016 年年末显著下降。主要原因在于，通胀率上升导致居民实际可支配收入下降和较高的信贷成本预期。2017 年前 10 个月，信用卡和抵押贷款平均贷款利率为 27.1%，同比上升 3.4 个百分点。与此同时，名义存款利率为 5.7%，同比下降 1 个百分点。

3. 对外部门等方面

2017 年 1 月 ~9 月，墨西哥货物贸易出口额同比增长 9.3%。其中，得益于较高价格，石油出口额增长 21.5%，非石油出口额增长 8.7%。在非石油出口额中，对美出口额占全部出口额的 81.1%，同比增长 7.4%，这主要得益于工业部门的良好表现；对世界其他地区出口额增长 14.7%。与此同时，进口额增长 7.8%。其中，石油进口额增速达 32.3%，而非石油进口额增长 5.7%。消费品、中间产品和资本货物的进口额分别增长 8.2%、8.5% 和 2.0%。2017 年 1 月 ~9 月，贸易赤字为 90.51 亿美元，较 2016 年同期下降 26.4%。同期，侨汇收入为 212.66 亿美元，同比增长 6%。经常项目赤字为 230.86 亿美元，相当于 GDP 的 2.0%。吸收外国直接投资（FDI）为 197.73 亿美元，同比下降 23%。

2017 年 6 月，墨西哥国家油气委员会（CNH）将位于墨西哥湾浅海石油勘探和开采的 67% 的气田区块在 2.1 轮中拍出。2017 年 7 月，其他区块在第 2.2 和第 2.3 轮中成功拍出。预计，在未来 35 ~50 年时间里，墨西哥将从能源改革进程获得超过 2190 亿美元的收入。

据墨西哥国家地理与统计局（INEGI）估计，2017 年前 9 个月，墨西哥第三产业增长 3.3%、第一产业增长 2.2%，而第二产业则收缩 0.5%。同期，私人消费增长 3.3%，但由于公共投资减少，固定资产投资下降 1.3%。另外，发生于 2017 年 9 月的飓风和地震，可能拉低 GDP 增速 0.14 个百分点。

统计显示，2017 年第三季度，墨西哥经济活跃人口的平均失业率为 3.6%，是 2008 年以来最低水平。非正规就业率达 57.2%，与 2016 年同期基本持平。为改善国内市场、防止家庭购买力下降，2017 年 1 月，名义最低工资上涨了 9.6%（实际上涨了 3.3%），达到每天 80.04 比索；12 月，最低工资又上调至每天 88.36 比索，以缓解通胀上升的影响。但是，墨西哥社保协会（IMSS）所覆盖的实际工资则下降了 1.5%。2017 年 10 月，通胀率为 6.4%，高于央行确定的 3% ~4% 目标区间，这主要是由汇率贬值产生的连锁反应以及能源价格、食品价格与公共产品和服务价格上涨所致。

（三）2018年经济走势

预计随着全球贸易增长、石油部门收入增加以及自然灾害过后重建需求等，2018 年墨西哥经济增速将达到 2.4%。但随着外部市场利率进一步上升、国际金融环境变化、美国税收改革对进入墨西哥资本所产生的负面影响以及 NAFTA 重谈结果的不确定性等，墨西哥经济也面临诸多风险。2018 年 7 月，墨西哥将举行总统和议会大选。通胀率将保持在 3.5% 的水平上，失业率也为 3.5%，公共部门财政赤字将低于 GDP 的 2%，经常项目赤字相当于 GDP 的 2% 左右。

三　社会形势

长期以来，墨西哥腐败蔓延、暴力犯罪率高企成为社会治理的顽疾。受 2018 年大选和其他国内外形势的影响，左翼民粹主义思潮有崛起之势。

（一）反腐败形势依然严峻

从全球范围来看，墨西哥是腐败问题比较严重的国家。根据透明国际组织（Transparency International）2017 年发布的《全球清廉指数报告》（*Corruption Perceptions Index 2016*），在对全球 176 国家和地区的排名中，依照严重程度递增排序，墨西哥排在第 123 位。[①] 2017 年 10 月透明国际的另一项报告显示，在墨西哥被访民众中，61% 的人认为在过去 12 个月里政府的腐败问题在增加，而对政府治理腐败表示满意的人仅有 24%。报告显示，过去 1 年中，31% ~40% 的民众曾在入学、医疗、身份证件办理和其他公共服务方面进行过行贿；21% ~30% 的民众曾向警察行贿；1% ~10% 的民众

① Transparency International，*Corruption Perceptions Index 2016*，https://www.transparency.org/news/feature/corruption_ perceptions_ index_ 2016，最后访问日期：2018 年 1 月 11 日。

曾向法庭行贿。[①]

2017 年 10 月，墨西哥国家反腐败机制（Sistema Nacional Anti Corrupción，SNA）正式实施。该制度于 2015 年获得通过，旨在通过司法和刑法改革来治理腐败问题。其背景是，2014 年，墨西哥第一夫人卷入的“白宫丑闻”（“Casa Blanca Scandal”）腐败案和格雷罗州阿尤齐纳帕学生群体被绑架失踪案，引发墨西哥现代史上最大规模的反政府抗议活动。面对包括反对党在内的各方对腐败等问题不满的压力，培尼亚总统签署了 SNA。希望通过建立一些新机构，并加强现有机构的力量来惩治腐败行为。同时，在 2018 大选前摆出反腐姿态以改善本党形象。2017 年 10 月 16 日，墨西哥总检察长劳尔·塞万提斯（Raúl Cervantes）因腐败丑闻辞职。由于他是党内的一位强硬人物，该事件对革命制度党的形象可谓一次重击。据悉，塞万提斯在临近首都的莫雷洛斯州（Morelos）利用虚假地址非法注册购买豪华运动汽车，以逃避 5% 的车辆购置税。丑闻曝光并引起各方持续的广泛关注，他不得不引咎辞职。[②]

但 SNA 实施后，遭到政治集团尤其是革命制度党的明显抵触，这也引起了公民社会组织等的惧怕，担忧根治猖獗的腐败问题的改革承诺落空。与此同时，SNA 也面临一些挑战，一方面，启动比较缓慢，州级地方层面迟迟未提升反腐败立法程序；另一方面，机构不健全，作为 SNA 最重要的机构——反腐败办公室尚未建立。[③]

（二）内部安全法引发争议

墨西哥是毒品犯罪最为猖獗的国家之一。过去 10 年里，在所谓的“毒品战争”中约有 10 万人丧命。为此，政府希望发挥军队在包括打击贩毒活动在内的公共安全领域中的作用，并使其执法合法化。继 2017 年 10 月 30 日《内部安全法》（The Law of Internal Security）在众议院以 262∶25 票通过后，12 月

---

① Transparency International，*People and Corruption：Latin America and the Caribbean*，https：//www. transparency. org/，最后访问日期：2018 年 1 月 12 日。

② EIU，*Country Report—Mexico*，November 2017.

③ EIU，*Country Report—Mexico*，September 2017.

5日，在参议院以71:34票获得通过。法案的通过为在打击贩毒集团的战争中动用军队提供了合法性。但此举引发了国内人权组织的反对。它们担忧军队在打击贩毒活动中滥用权力。因为之前军方曾陷入数起人权丑闻，其中包括对涉嫌贩毒集团成员的法外处决以及2014年43名学生在军事基地附近失踪等。[①] 与此同时，该法案还引起了美洲人权委员会、联合国人权事务委员会、联合国儿童基金会和联合国妇女署等机构和人士的担忧。其中，联合国人权事务高级专员扎伊德在该法案获得墨西哥众议院通过后便发表声明，并呼吁墨西哥不要通过这项法律。他表示“完全理解墨西哥面临巨大的安全挑战”，同时指出，“在墨西哥武装部队参加所谓的‘禁毒战争’十多年后，暴力并没有减少，国家和非国家行为者都实施了侵犯和践踏人权行为”。[②]

居高不下的暴力犯罪率是墨西哥社会的又一顽疾。据2017年7月墨西哥有关机构发布的《全国城市公共安全调查》显示，民众的不安全感进一步加剧。74.9%的成年受访者认为自身所在城市不安全，而在有些城市这一比例则高达90%。民众的安全感主要体现在人身安全和财产安全两个方面。据悉，墨西哥国家公安系统2017年前5个月凶杀案件立案9916起，相当于每小时发生3起案件，创20年来新高。[③]

（三）接连遭受两次大地震

2017年9月，墨西哥在两个星期之内接连遭受两次强烈地震，共造成近500人死亡、逾15万处房屋受损等重大人员和财产损失。其中，9月7日在恰帕斯州托纳拉西南137公里处海域发生8.2级地震，主要影响恰帕斯州和瓦哈卡州等南部地区；9月19日，在中部莫雷洛斯州发生7.1级地震，波及墨西

① “Mexico passes Law of Internal Security”, Yucatan Times, December 18, 2017, http://www.theyucatantimes.com/2017/12/mexico-passes-law-of-internal-security/，最后访问日期：2018年1月25日。

② 《墨西哥拟通过法律授权军队执法，人权高专扎伊德敦促该国“刹车”》，联合国新闻网，http://www.un.org/chinese/News/story.asp?NewsID=29171，最后访问日期：2018年1月24日。

③ 《治安问题制约墨西哥社会发展》，新华网，2017年7月20日，http://www.xinhuanet.com/world/2017-07/20/c_129659588.htm，最后访问日期：2018年1月9日。

哥城、莫雷洛斯州、普埃布拉州、墨西哥州、格雷罗州和瓦哈卡州等地，地震发生当天也是造成7000余人死亡的1985年墨西哥城8.0级大地震32周年。10月初，在搜寻营救工作结束后，墨西哥转入了灾后重建阶段。尽管两次地震损失均不及1985年大地震，但仍影响了数百万居民的生活。至于详细的损失，有关机构正在评估，但据信没有改变对墨西哥经济增长的预期。①

四　外交形势

在国际和地区形势正在发生深刻变化的大背景下，虽然墨西哥依然极为重视与美国的双边关系，但加大了与区域内外其他国家和组织发展关系的力度，力推多元化的对外发展战略。

（一）NAFTA重谈考验墨美关系

作为墨西哥最为重要的贸易和投资伙伴以及3300万墨西哥裔后代的家园，美国依然是墨西哥压倒一切的对外政策优先选项。美国特朗普政府执政后，采取修建边境墙、紧缩移民政策以及启动NAFTA重谈等一系列举措，导致墨美关系持续紧张。其中，自2017年8月NAFTA重谈启动以来，在已展开的6轮谈判中，虽然三方在原产地规则等方面将做出妥协并达成协议，但在焦点议题上分歧严重，这增加了谈判破裂和有关成员退出协定的风险。在2018年1月底完成第六轮谈判后，美国首席贸易谈判代表罗伯特·莱特希泽（Robert Lighthizer）在声明中重申了美国重视NAFTA的立场以及对推进谈判的决心，但也承认谈判步履缓慢、过程艰难。② 距离设定的2018年3月谈判截止日期时间所剩不多，而其间将具有诸多不确定性。

外交与内政息息相关。与美国存在的巨大摩擦增加了墨西哥国内左翼党

---

① EIU，*Country Report—Mexico*，October 2017.

② "Closing Statement of USTR Robert Lighthizer at the Sixth Round of NAFTA Renegotiations"，USTR，https：//ustr.gov/about-us/policy-offices/press-office/fact-sheets/2018/january/closing-statement-ustr-robert，最后访问日期：2018年2月5日。

派的洛佩斯的人气，使他在国内获得了更多民族主义者的支持。有分析认为，一旦他当选总统，墨美关系将趋冷。但不可否认的是，由于双方存在的紧密经贸和产业联系纽带，墨美关系依然非常重要。尽管墨西哥在寻求市场多元化战略，但毕竟这些努力见效较慢。①

（二）力推多元化的对外战略

受国际和地区形势的影响，墨西哥推动多元化对外发展战略的意图清晰、步伐加快。具体体现在以下几个方面。一是继续深化太平洋联盟（Alianza del Pacífico）的一体化进程。2017 年 6 月，太平洋联盟第十二届峰会举行。墨西哥、智利、秘鲁和哥伦比亚四国总统出席会议。会议发表《卡利宣言》，除了对自由开放贸易表示支持外，对联盟深度一体化的制度进行研讨，并决定建立“联系国”机制，吸收加拿大、澳大利亚、新西兰、新加坡四国为候选“联系国”，并于 9 月启动联盟同上述“联系国”的自贸谈判。② 二是推动太平洋联盟与南方共同市场间的合作。2017 年 4 月，太平洋联盟 - 南方共同市场第二届部长级会议举行。两个集团达成了合作路线图，并建立了具体合作机制。③ 三是力促“全面进步的跨太平洋伙伴关系协定”（CPTPP）建立，拓展与亚太地区的联系，并寻求与中国等国家建立更紧密的合作关系。④ 自美国于 2017 年 1 月退出“跨太平洋伙伴关系协定”（TPP）后，墨西哥与 TPP 其他成员国一道继续致力于该组织的建立。2017 年 11 月，11 国就继续推进 TPP 正式达成了 CPTPP 框架协议（《全面且先进的跨太平洋伙伴关系协定》）。该协定拟于 2018 年 3 月 8 日在智利正式签署，预计最早于 2019 年生效。四是加快与欧盟自由贸易协定升级谈判的步伐。欧盟为墨西哥的第三大贸易伙伴，仅次

---

① EIU，*Country Report—Mexico*，December 2017.

② Alianza del Pacífico，“Declaración de Cali”，https：//alianzapacifico. net/？ wpdmdl =9850，最后访问日期：2018 年 1 月 16 日。

③ “Mercosur，Pacific Alliance Members Push for Deeper Economic Ties”，ICTSD，https：//www. ictsd. org/bridges-news/bridges/news/mercosur-pacific-alliance-members-push-for-deeper-economic-ties，最后访问日期：2018 年 1 月 8 日。

④ EIU，*Country Report—Mexico*，December 2017.

于美国和中国。双方于2000年签署自由贸易协定，2016年双方达成协定开展升级谈判，2017年完成了第3轮至第7轮谈判，2018年年初进行了第8轮谈判。[①] 据悉谈判接近完成。

（三）中墨关系平稳全面推进

2017年，中墨迎来建交45周年，双边关系继续保持平稳发展。2017年9月，墨西哥总统培尼亚应邀出席在中国厦门举行的“新兴市场国家与发展中国家对话会”，并实现中墨两国元首的第七次会晤。[②] 双边经贸合作稳步推进，2017年，中墨双边贸易额达477.75亿美元，同比增长11.99%。其中，中国对墨西哥出口额为360.25亿美元、从墨西哥进口额为117.50亿美元，分别比2016年增长11.3%和14.08%。[③] 中国江淮汽车与墨西哥吉安特共同宣布在墨西哥伊达尔戈州合资建厂，中国阿里巴巴集团同墨西哥政府签署电子商务协议。互联互通得到加强。继2017年4月中国南方航空公司开通广州—温哥华—墨西哥城直航航线后[④]，中国海南航空公司宣布，2018年3月21日开通北京—蒂华纳—墨西哥城直航航线[⑤]。此外，2017墨西哥“中国文化年”举办了近200场文化活动，有力地促进了双方的人文交流。[⑥]

（谌园庭　审读）

---

① OAS，*Modernization of the Free Trade Agreement*，http：//www.sice.oas.org/TPD/MEX_EU/MEX_EU_e.asp，最后访问日期：2018年1月30日。

② 《习近平会见墨西哥总统培尼亚》，中华人民共和国外交部官网，http：//www.fmprc.gov.cn/web/wjb_673085/zzjg_673183/ldmzs_673663/xwlb_673665/t1489753.shtml，最后访问日期：2018年1月9日。

③ 2017年中墨双边贸易数据来自CEIC数据库。

④ 《南航4月新开广州—温哥华—墨西哥城航线》，http：//www.csair.com/cn/about/news/news/2017/1bddqtpodtcm8.shtml，最后访问日期：2018年1月1日。

⑤ 《海南航空北京—蒂华纳—墨西哥城航线将于3月21日启航》，http：//www.hnair.com/guanyuhaihang/hhxw/hhxw/201802/t20180205_22312.html，最后访问日期：2018年2月8日。

⑥ 《邱小琪大使就2018年中墨关系展望发表文章：〈携手共进　迎接中拉合作新征程〉》，中华人民共和国驻墨西哥合众国大使馆官网，http：//www.fmprc.gov.cn/ce/cemx/chn/sgxx/t1522901.htm，最后访问日期：2018年1月5日。

Y.11

阿根廷：执政党地位巩固，经济形势好转

林　华*

摘　要： 2017年，中右翼执政联盟“我们变革”在议会中期选举中大获全胜，阿根廷政坛的力量天平继续向右倾斜。在内外因素的共同作用下，阿根廷经济复苏迹象明显。政府继续推行结构改革。但社会各界对于改革褒贬不一，税收改革受到普遍认可，而劳工改革备受争议。经济复苏带动了某些社会指标的改善，但由于通货膨胀率仍维持较高水平，加之结构改革对民众福利造成了一定影响，因此社会不满情绪依然高涨。政府继续开展多元外交、务实外交和首脑外交，积极发展双边关系，并寻求扩大在多边合作框架内的作用和地位，显示了融入世界、参与国际事务的信心和决心。

关键词： 阿根廷　马克里　中期选举　结构改革　多元化外交

一　政治形势

2017年10月举行的阿根廷议会中期选举备受关注。这场选举不仅是重要的政坛风向标，而且关系到未来两年马克里（Mauricio Macri）政府的执

---

* 林华，经济学学士，中国社会科学院拉丁美洲研究所社会文化室副研究员，阿根廷研究中心秘书长，主要研究拉美社会问题和阿根廷。

政地位能否巩固、结构改革能否顺利推进。

此次中期选举要改选1/3的参议员（24名）和1/2的众议员（127名），分别涉及8个选区和24个选区。布宜诺斯艾利斯省作为全国最重要的选区，历来是各派政治力量争夺的焦点。在此次中期选举中，该省要改选的众议员达到35名。

马克里领导的中右翼执政联盟“我们变革”（Cambiemos）由“共和国方案”党、激进公民联盟、公民联盟等党派组成，在中期选举之前占据着18个参议院席位和86个众议院席位，均不占多数，但在众议院属于第一大党派。反对派中最重要的政治力量当属由前总统克里斯蒂娜·费尔南德斯（Cristina Fernández）领导的“胜利阵线”。该联盟在2015年大选和议会选举后发生分裂，因此在议会的影响力陡然下降。中期选举之前，虽然“胜利阵线”以36个席位勉强控制着参议院，但在众议院仅占有72席。费尔南德斯决定参加参议员竞选后，不再作为“胜利阵线”的候选人参选，而是集结了若干个小党派，组成了“公民团结”，作为竞选联盟。

根据阿根廷的选举制度，在正式选举之前要进行初选，以剔除得票数过少的党派。2017年8月，议会中期选举的初选如期举行。结果显示，“我们变革”在全国24个选区中获得10个选区的支持，其中包括4个最重要的选区，赢得了初步胜利。在竞争最为激烈的布宜诺斯艾利斯省，“我们变革”与费尔南德斯代表的“公民团结”在参议院的得票率上只有0.21个百分点的差距，可谓势均力敌。初选结束后，阿根廷政治形势的不确定性进一步增强，中左和中右两派政治力量均有可能赢得最终的胜利。但舆论普遍看好“我们变革”，认为即便是按照初选的结果，中右政治势力的战绩与2015年相比也有了明显提升，更何况正式的较量尚未开始。

2017年10月22日，阿根廷议会中期选举正式拉开序幕。根据最终结果，在众议员选举中，“我们变革”在13个选区获胜，而代表中左翼政治力量的反对派获得了在余下11个选区的胜利；在参议员选举中，两派政治力量各赢得了4个选区的胜利。虽然双方在胜选的选区数量上比较接近，但此次中期选举不能不说是中右翼执政联盟的一次大获全胜。首先，“我们变革”获胜的选区不仅包括布宜诺斯艾利斯省、首都联邦区、科尔多瓦省等全国最重要的选区，而且包括拉里奥哈省、圣克鲁斯省等长期由正义党人控制的选区。其次，按照得票率的计算，“我们变革”共占据了25个参议院席位和107个众议院席位，均比2015年明显增加；而“胜利阵线”在众议院的席位减少到66个，与“我们变革”的差距有所拉大。[①] 最后，前总统费尔南德斯虽然成功当选参议员，但其得票率比“我们变革”的候选人低4个百分点，而且后者的政治经验和知名度都远不及费尔南德斯。

马克里领导的中右翼政治力量在议会中期选举中的胜利，得益于内外因素的共同作用。从执政联盟内部的优势来看，尽管“我们变革”由代表着左、中、右三种不同政治倾向的党派组成，联盟关系并不牢固，但马克里成功地维持了内部团结，为“我们变革”赢得2017年议会中期选举奠定了基础。从外部环境来看，左翼政治力量的削弱是一个重要原因。2015年总统选举的失利对于“胜利阵线”来说是一个巨大打击。费尔南德斯卸任后，“胜利阵线”陷入群龙无首、四分五裂的境地。在2017年中期选举之前，“胜利阵线”内部未能在候选人问题上达成一致，最终在参议员选举中分裂为“公民团结”和正义党，在众议员选举中分裂为“胜利阵线－正义党”和“联邦阿根廷”，导致选票被严重分散。

中左翼政治力量的削弱与马克里在阿根廷政坛掀起的“反腐风暴”也有直接关系。2017年，一批前政府时期的高官纷纷受到腐败调查，包括前副总统阿马多·布杜（Amado Boudou）、前计划部部长胡里奥·德维多（Julio de Vido）、前外交部部长埃克多·迪梅尔曼（Héctor Marcos Timerman）等。甚至连前总统费尔南德斯本人也受到腐败指控。马克里以反腐名义进行的“政治清算”收效显著，严重打击了中左翼力量的政治声誉和威望。

① Marcos Shaw，“Cómo quedará conformado el Congreso a partir del 10 de diciembre”，Infobae，23 de octubre de 2017，https：//www.infobae.com/politica/2017/10/23/como－quedara－conformado－el－congreso－a－partir－del－10－de－diciembre/，最后访问日期：2018年1月10日。

实际上，反对派也曾利用抗议者失踪事件[①]、马克里家族企业拖欠债务被减免[②]等一些敏感问题大做文章，试图影响马克里政府在选民中的支持率。但这些事件最终造成的政治影响较为有限，尚不足以对执政联盟赢得中期选举构成严重威胁。

议会中期选举结束后，阿根廷政坛的力量天平继续向右倾斜。虽然中左翼势力仍然控制着参众两院，但各派别之间的矛盾暂时无法调和，这导致中左翼力量过于分散，难以形成合力来对抗中右翼势力。未来一段时间里，如果马克里政府在经济调整上没有出现重大失误，经济复苏步伐加快，预计这种形势将持续到下届大选。

二　经济形势[③]

2017 年，在内外因素的共同作用下，阿根廷经济复苏迹象明显，全年 GDP 增长 2.9%。外部环境的改善，特别是巴西经济的回升，有助于阿根廷出口的恢复。国内消费和投资的增加也为经济增长注入了活力。

（一）经济形势

尽管 2017 年前 10 个月初级财政赤字占 GDP 的比重同比下降了 1 个百分点，为 2.8%，但是财政总赤字占 GDP 的比重却由 4.1% 提高到 4.7%，说明财政状况仍然不容乐观。在收入方面，税收收入得益于经济复苏和海外资产漂白政策，增长了 29.6%，其中通过资产漂白获得的税收达到 430 亿

① 2017 年 8 月，一个名叫圣地亚哥·马尔多那多（Santiago Maldonado）的年轻手工艺人在参加丘布特省的抗议活动后失踪，其尸体在中期选举前数日被发现。该事件引发了阿根廷社会的广泛关注，并迅速演变成一场社会危机。

② 马克里家族在 20 世纪 90 年代的私有化浪潮中收购了阿根廷邮政，但由于经营不善而亏损严重，拖欠了政府 3 亿比索的特许经营费。2003 年，阿根廷邮政再次被国有化。由于汇率变动，马克里家族一直未能与政府就偿债数额达成一致。2016 年 6 月，根据双方达成的偿债协议，马克里家族将在未来 15 年内分期偿债，且偿债数额远低于实际欠债数额。

③ 除特别注明外，本部分数据均来自 CEPAL, *Balance Preliminar de las Economías de América Latina y el Caribe 2017*, Santiago de Chile, Diciembre de 2017。

比索，占 GDP 的 0.5%。在支出方面，社会支出提高了 38.2%，是增长幅度最大的项目，而财政补贴下降了 22.9%。社会支出的大幅度增加是由于政府实施了“全国养老金修复计划”，向因 2001 年经济危机而遭受养老金损失的退休人员提供补偿。为弥补财政赤字，政府在 2017 年前 9 个月共发行了 520 亿美元债券和相当于 200 亿美元的比索债券，这导致联邦外债占 GDP 的比重由 2016 年年底的 18.1% 提高到 2017 年第二季度的 19.9%。2017 年 6 月，阿根廷成功发行了 27.5 亿美元的 100 年期国债，表明在国际资本市场的信誉明显恢复。

在货币政策方面，中央银行确定了通货膨胀目标制，将全年通胀目标设定在 12% ~ 17%。为此，央行数次提高利率水平，通过发行央行票据（LEBAC）吸收比索。基准利率由 1 月的 24.75% 上升到 11 月的 28.75%。在货币紧缩的作用下，通胀水平有所下降。消费者价格指数由 2016 年的 38.5% 下降到 2017 年前 10 个月的 22.9%，但仍然超过了既定目标。由于财政补贴减少，公用事业价格的大幅度上涨推高了物价的总体水平。在信贷政策方面，由于 2016 年推出了一种在通胀基础上将银行信贷指数化的新工具——“购买价值单位”（Unidades de Valor Adquisitivo，UVA），银行的融资水平大大提高。因此，2017 年前 10 个月的信贷规模同比扩大了 49%。

中央银行继续实行浮动汇率制度，只在市场出现剧烈波动时才进行干预，同时进一步放宽了汇率限制，取消了出口结汇的期限，并提高了大部分出口商品的国内退税。截至 2017 年 10 月，名义汇率提高了 11%，实际汇率下降了 1.9%。

随着通胀水平的下降，居民购买力有所提高，私人消费成为拉动经济增长的主要因素。在总供给方面，商品生产和服务业分别增长了 1.6% 和 1.7%。其中农业生产保持稳定，农作物总产量提高了 10%，达到 1.37 亿吨，[①] 但大豆产量略有下降，主要原因在于大豆出口税仍未取消，影响了农户种植大豆的积极性。由于国际农产品价格依旧低迷，农作物产量的提高没能带动阿根廷出口收入和农户收益的增加。

---

① EIU，*Country Report—Argentina*，August 2017，p. 38.

对外部门有所复苏，但由于进口增幅远大于出口，贸易赤字有所扩大。2017 年商品和贸易进口额为 872.9 亿美元，出口额为 730.6 亿美元。同时由于利息支付的增加，经常项目账户的赤字水平达到 268.5 亿美元，远高于 2016 年的 145.3 亿美元。对外发行债务和外国直接投资的增加导致资本账户出现了 399.7 亿美元的巨额盈余，不仅弥补了经常账户赤字，而且充实了外汇储备。截至 2017 年 11 月，外汇储备增加到 546 亿美元，超过了前三届政府时期的最高水平。

2018 年，预计阿根廷经济将继续保持增长势头。但增长水平将取决于多种因素，其一是主要贸易伙伴的经济前景，其二是家庭实际收入和国内信贷规模，其三是农业收成。在上述条件均有利的情况下，阿根廷经济有望实现 3% 的增长。阿根廷政府 2018 年预算案确定的目标是：经济增长 3.5%，通货膨胀率为 15.7%，出口收入提高 6%。但是鉴于 2018 年前 2 个月出现的通胀加速、消费疲软、干旱天气对农业的影响等情况，实现上述目标将有较大难度。

（二）结构改革

2017 年，马克里政府继续推行结构改革。一方面，政府试图通过提高企业的竞争力、促进中小企业发展等措施改善国内投资环境；另一方面，政府希望通过整顿财政，为今后的改革铺平道路。

3 月，议会通过了《创业者法》，简化了开办企业的手续，允许创业者通过网络创办企业，24 小时内即可获得批准，并享受税收优惠和融资便利。议会中期选举的胜利进一步坚定了马克里政府继续推行经济结构改革的信心。2017 年最后两个月，政府密集出台了一系列经济和社会改革法案。11 月，议会通过了《生产融资法》，修改了《竞争法》。前者旨在帮助中小企业获得信贷，同时限制政府对私人企业的干预；后者旨在鼓励竞争，通过提高罚金、加强对并购活动的控制等提高市场竞争性。同月，政府推出了酝酿已久的税收改革方案，其目的在于降低企业的赋税负担，建立更加公平的税收制度。主要措施包括降低雇主为员工缴纳的社保金、将企业所得税由 35% 逐步降低至 25%、提高个人资本收益税、减少省级毛收入税和印花税、取消对电子产品的征税、提高含糖汽水饮料和酒精饮料的税率等。税收改革争议最大的内容是个人资本利得税和某些消费税的提高，但减税的总体目标受到了普遍欢迎和肯定。

11 月中旬，马克里政府与省政府达成了一项重要的财政契约，解决了联邦政府与省政府之间在分税制方面的分歧。这项协议最大成果在于所有省份均撤销了对联邦政府提起的法律诉讼，以换取新的分税规则。在这些诉讼中，各省要求联邦政府支付总额为 200 亿美元的拖欠税款。根据新的分税规则，所得税将按照以下比例分配：全国社保局 20%、布宜诺斯艾利斯省 10%（上限为 6.5 亿比索）、国库 2%、各省 4%，余下 64% 由联邦政府和省政府根据分税制分享。财政契约的达成意味着马克里政府正在利用从议会中期选举胜利所获取的政治资本为结构改革扫清障碍。

2017 年年底发布的劳工改革方案是备受争议的一项改革。改革的主要目的在于完善用工制度和降低用工成本。但改革涉及削减政府养老金支出的问题，因此遭到工会的强烈反对。与原来的养老金制度相比，最大的变化是养老金将由每半年调整一次改为每季度调整一次，上调幅度将取决于通货膨胀水平和工资的涨幅。按照这种计算方式，退休人员的养老金涨幅将会明显下降，政府将节省一大笔财政开支。因此，改革方案引发了广泛的社会抗议。骚乱活动导致法案在议会的表决时间不得不被推迟了数日。12 月 19 日，经过 17 个小时的讨论和谈判之后，养老金改革法案最终在议会获得通过。但由于分歧过大，政府始终未能取得工会的支持。2018 年 1 月，阿根廷政府决定推迟养老金制度改革的实施时间。

三　社会形势

2017 年，经济复苏带动了某些社会指标的改善，但由于通货膨胀率仍维持较高水平，加上政府的结构改革对民众福利造成了一定影响，社会不满情绪依然高涨。

就业形势略有好转。2017 年第三季度，失业率同比下降了 0.2 个百分点，比第一季度下降了 0.5 个百分点，为 8.3%。[①] 工资水平的上涨幅度超过了通货膨胀率。2017 年前 8 个月，名义工资和实际工资分别提高了 31% 和 3.2%。[②] 在雇员中，私人部门的工资涨幅超过了公共部门。2017 年 6 月，政府在未能与工会达成一致的情况下，公布了新的最低工资标准。从 7 月起，最低工资达到每月 8860 比索，此后将每隔半年上浮一次，到 2018 年 7 月将调整到 1 万比索。在政府公布的劳工改革方案中，一项重要的内容是将 450 万非正规就业人员转化为正规就业者。政府要求雇主必须为员工缴纳社会保险，否则将受到处罚。这项改革显示了政府规范劳动力市场的决心，但一旦实施必将遭遇阻力。

在社会福利方面，最低养老金水平和子女普及津贴依照惯例在 2017 年两次上调，前者由每月 5661 比索提高到 7247 比索，后者由每月 1103 比索增加到 1412 比索，涨幅均为 28%。2017 年 6 月，政府还将失业保险金的领取上限由 3000 比索提高到 3298 比索。

社会贫困形势依然严峻，但贫困率有所下降。截至 2017 年下半年，阿根廷贫困人口比重为 25.7%，比 2016 年下半年降低了 4.6 个百分点；赤贫人口比重下降了 1.3 个百分点，为 4.8%。[③] 贫困的地区差异较大，东北部的贫困问题最为严重，比全国水平高出 7.5 个百分点，而南部地区的贫困率只有 18.9%。全国范围内贫困人口的小幅减少与劳动力市场的好转有一定关系，特别是建筑业的复苏为体力劳动者创造了一些就业机会，另外工资水平的提高和社会福利覆盖面的扩大也发挥了作用。

2017 年，由于政府继续削减对公共事业的财政补贴，水、电、天然气、

---

① “Mercado de trabajo, principales indicadores (EPH), Tercer trimestre de 2017”，阿根廷国家统计和调查局官方网站，Diciembre de 2017，https://www.indec.gob.ar/uploads/informesdeprensa/EPH_cont_3trim17.pdf，最后访问日期：2018 年 1 月 15 日。

② CEPAL, *Balance Preliminar de las Economías de América Latina y el Caribe 2017*, Santiago de Chile, Diciembre de 2017.

③ “Incidencia de la pobreza y la indigencia en 31 aglomerados urbanos”，marzo de 2018，阿根廷国家统计和调查局官方网站，https://www.indec.gob.ar/uploads/informesdeprensa/eph_pobreza_02_17.pdf，最后访问日期：2018 年 4 月 15 日。

汽油的价格均出现了大幅度上涨，这导致居民的生活成本急剧上升。为避免价格上涨过快，政府维持了对部分住宅用户给予一定补贴的政策，但计划到2019年全面取消补贴。

由于通货膨胀水平仍然较高，而且政府的改革没能得到工会组织的认可，各种示威游行和抗议活动依旧频繁发生。2017年3月初，阿根廷中小学教师在开学第一天就举行了全国性罢工，要求增加工资，导致全国大部分公立学校无法按时开学。4月，阿根廷全国总工会组织了自马克里上台以来第一次全国总罢工，抗议政府现行政策，要求改善工资待遇。罢工不仅严重影响了各地的生产生活，还引发了暴力冲突。12月，工会再度掀起示威游行活动的高潮，以反对和抵制政府的劳工改革方案。

马克里政府对于社会抗议的态度是尊重工会组织及示威者表达诉求的权利，但不支持断路及暴力行为。2016年，政府为控制社会抗议、规范街头示威，发布了“反断路条例”，对执法部门的行动提出了一系列指导意见，并规定了示威者的权利和义务。根据“政治诊断事务所”（Diagnóstico Político）的报告，2017年阿根廷的断路示威活动减少了16%，是2012年以来数量最少的一年。[①]

考虑到马克里政府与工会组织的紧张关系，以及阿根廷经济复苏面临的压力，预计2018年社会局势不会有太大改观。减贫和增加就业仍是政府在社会领域的两大任务。

四　外交形势

2017年，阿根廷继续开展多元外交、务实外交和首脑外交，并通过承办高级别的国际会议、参加高峰会议等方式积极寻求扩大在多边合作框架内的作用和地位，显示了融入世界、参与国际事务的信心和决心。不过，与上

① “En 2017 hubo 5.221 piquetes en todo el país”，enero de 2018，Diagnóstico Político，http://diagnosticopolitico.com.ar/wp-content/uploads/2018/01/En-2017-hubo-5.221-piquetes-en-todo-el-país.pdf，最后访问日期：2018年1月20日。

任的头一年相比，马克里总统减少了出访次数，将更多时间和精力用于处理国内事务，毕竟2017年是议会选举年，内政比外交更为重要。

在双边领域，阿根廷与欧洲国家的高层往来十分频繁。2017年2月，马克里总统访问了西班牙。2012年，西班牙雷普索尔石油公司被当时的阿根廷政府强行国有化后，两国关系陷入冷淡。马克里此次访问西班牙，一方面意在修复受损的双边关系，另一方面希望获得西班牙对欧盟与南方共同市场（以下简称“南共市”）自由贸易协定谈判的支持。3月，马克里访问了荷兰，寻求经济合作成为访问的主要目的。4月、5月和6月，瑞士联邦主席多丽丝·洛伊特哈尔德（Doris Leuthard）、意大利总统塞尔吉奥·马塔雷拉（Sergio Mattarella）、德国总理安格拉·默克尔（Angela Dorothea Merkel）先后访问了阿根廷。默克尔访阿期间，与马克里就欧盟与南共市的谈判进行了深入交流，双方均表示将全力促成两大区域间自由贸易协定的达成。

阿根廷继续致力于推动与美国的关系。马克里在2017年4月和11月两次访问美国。第一次安排在其访华前夕。其间，马克里与美国总统特朗普（Donald Trump）进行了会晤。一方面，马克里希望借此机会解决阿根廷对美出口柠檬、生物柴油、牛肉的问题；另一方面，他也希望了解美国对华政策，为中国之行做准备。第二次访美的主要目的是继续寻求投资。8月，美国副总统彭斯（Michael Richard Pence）访问阿根廷，并就两国农产品贸易做出了口头承诺。尽管阿根廷在推动阿美经贸关系方面做出了种种努力，但2017年双边贸易发展仍一波三折。5月，美国宣布解除对阿根廷柠檬长达15年的进口禁令，但8月又宣布对从阿根廷进口的生物柴油征收最高64%的反补贴关税；12月，美国决定将阿根廷重新纳入“普惠制”。以上情况表明，阿根廷试图在两国之间建立的“盟友”关系并不牢固，美国对阿政策仍将取决于其自身利益。

中国与阿根廷的关系在2017年保持良好发展的势头。5月，马克里总统来华参加了“一带一路”国际合作高峰论坛，并对中国进行了国事访问。马克里访华期间，与习近平主席进行了会晤。中阿两国签署了16项经贸合作协议，涉及金额达到170亿美元。6月，亚洲基础设施投资银行（以下简称“亚投行”）宣布批准阿根廷加入，阿根廷由此成为亚投行的6个拉美成员之一。中阿双边贸易在2017年有所恢复。根据阿方统计，2017年，阿根廷对华出口为45.9亿美元，同比下降1.6%；从中国的进口达到123.3亿美元，同比增长17.5%。[①] 虽然仍存在贸易逆差，但阿根廷的对华出口结构有所改善。初级产品出口减少了12.4%，而农业制成品和工业制成品出口分别提高了18.4%和58.2%。[②] 中阿继续开展在金融领域的合作。2017年7月，中国人民银行与阿根廷央行继2014年后再次续签了中阿双边本币互换协议，协议规模为700亿元人民币/1750亿阿根廷比索。11月，中阿又签署了总额3.315亿美元的优惠贷款融资协议。无论是中国，还是阿根廷，都在积极寻求更多、更广阔的双边和多边合作平台，预计G20、亚投行、“一带一路”倡议等均可为中阿合作提供新的合作可能，跨境电商等新型合作模式也有可能为中阿关系注入新的活力。

在多边领域，阿根廷表现得十分积极与活跃，体现出融入世界、提高国际地位的意图。首先，阿根廷积极寻求加入经济与合作发展组织（以下简称“经合组织”）。2016年，阿根廷向经合组织提出了正式加入申请。2017年4月，阿根廷政府向经合组织递交了行动计划，提出了一系列改革方案，以满足该组织的准入条件。目前在拉美国家中，只有智利和墨西哥是经合组织成员国，哥伦比亚和哥斯达黎加尚处于“加入进程”中，而阿根廷还没有开始“加入进程”。阿根廷政府希望借助经合组织这一多边合作平台吸引投资，为经济发展提供助力，同时利用经合组织的资源推动国内的各项改革。

其次，阿根廷积极参与多边合作，力图在多边框架中发挥主导作用。2017年4月，阿根廷举办了世界经济论坛拉美峰会，吸引了来自全球50多

① “Intercambio Comercial Argentino”, Enero de 2018，阿根廷国家统计和调查局官方网站，https：//www. indec. gob. ar/uploads/informesdeprensa/ica_ 01_ 18. pdf，最后访问日期：2018年2月15日。

② “Intercambio Comercial Argentino”, Enero de 2018，阿根廷国家统计和调查局官方网站，https：//www. indec. gob. ar/uploads/informesdeprensa/ica_ 01_ 18. pdf，最后访问日期：2018年2月15日。

个国家和地区的近千位政要、国际组织代表、经济学家与会。7 月，马克里赴德国参加了 G20 峰会。从 12 月 1 日起，阿根廷正式担任 G20 轮值主席国，并将筹备 2018 年 G20 峰会和一系列相关活动。12 月，世界贸易组织第 11 届部长级会议在布宜诺斯艾利斯召开。阿根廷也由此成为第一个主办此会议的南美洲国家。上述努力均显示出阿根廷提高在多边领域的地位和作用、扩大话语权、借助多边合作机制为自身经济社会发展中遇到的问题寻找解决方案的愿望。

另外，阿根廷还积极参与和推动双边、多边自由贸易。2017 年 11 月，阿根廷与智利签署了自由贸易协定，预计到 2020 年两国之间的贸易将实现零关税。阿根廷与欧盟的自贸谈判是在南共市框架内进行的。2017 年，两大区域组织举行了数轮自由贸易协定谈判。在英国脱欧、美国政府推行贸易保护主义的背景下，南共市和欧盟都比以往更加迫切地希望尽早结束谈判，签署自贸协定。但是，自 1999 年启动谈判以来，双方在长达 18 年的时间里都未能达成一致，说明仍有实质性的困难需要克服。目前双方争论的焦点仍是农产品贸易。法国、爱尔兰、波兰等欧盟成员国担心如果扩大从南共市的农产品进口，将会影响本国产品在欧盟的市场占有率，因此要求对来自南共市的农产品保留配额限制。因此，即便双方的意愿都很强烈，政治条件也十分有利，但利益冲突造成的分歧仍难以弥合。2018 年巴西大选之前将是重要的机遇窗口期。一旦巴西左翼力量重掌政权，那么南共市内部的立场协调必将对谈判进程产生影响。

（郭存海　审读）

Y.12
古巴：在内忧外患中艰难前行

范　蕾*

摘　要： 2017 年，古巴启动第九届全国人民政权代表大会选举进程。在飓风和干旱等极端气候、美国封锁政策、委内瑞拉形势恶化等内外不利因素的影响下，古巴经济仍在旅游业的拉动下缓慢趋好。国企改革、非国有经济形式规范化、吸引外国投资等模式“更新”举措继续推进。古巴政府继续重视医疗卫生和教育投入，改善通信服务和客运服务，但物资短缺和收入水平低仍成为社会不稳定因素，人口老龄化问题凸显。与美国的关系趋向紧张，与欧盟的关系平稳推进，与传统友国的关系保持稳固。

关键词： 古巴　全国人大代表选举　古美关系

一　政治形势

2017 年，古巴政局平稳。11 月，启动第九届全国人民政权代表大会选举进程，市级人大代表经两轮选举产生。2018 年 4 月，新一届全国人大选举产生国务委员会主席、副主席和委员，古巴的权力代际交接顺利、平稳开启，形成“新老结合、以老带新”的政治格局。

---

* 范蕾，国际政治（拉美政治）专业博士，中国社会科学院拉丁美洲研究所政治研究室助理研究员，古巴研究中心成员，主要研究领域为拉美社会组织和社会运动。

（一）第九届全国人民政权代表大会选举进程完成

2017 年，古巴启动第九届全国人民政权代表大会（人民政权代表大会，以下简称“人大”）选举进程。全国人大是古巴共和国最高国家权力机构，享有修宪和立法权，每届任期五年。根据古巴宪法、选举法、1992 年 10 月 29 日颁布的第 72 号法、2007 年颁布的关于选民登记的第 248 号法令等，选举分两个阶段：第一阶段首先由公民提名并直接投票选出市级人大代表，再由市级人大代表投票选出市级人大主席、副主席；第二阶段首先由市级人大代表投票选出省级人大代表和全国人大代表，再由省级人大代表投票选出省级人大主席、副主席，由全国人大代表投票选出全国人大主席、副主席和秘书长，以及国务委员会主席、第一副主席、其他副主席、秘书长和其他委员。省级选举委员会根据市级选举委员会的提议，以每个市级单位的居民数量为标准，将每个市级单位划分为若干选区。如果两名候选人得票数相等，或候选人未获得 50% 以上有效票，将举行第二轮选举选出。[①]

第一阶段的市级人大代表选举原定于 2017 年 9 月举行，因发生“厄玛”飓风灾害而延期。600 多万名公民提名共产生 27221 名候选人，其中女性占比 35.4%，青年人占比 19.4%。绝大多数候选人拥有中高等学历，多来自生产和服务行业。学生组织广泛参与监督和投票。[②] 11 月 26 日，7610183 名选民参与第一轮选举，参与率 89.02%，选出 11415 名市级人大代表。其中，有效票 91.79%，高于 2015 年的 90.52%；空白票 4.12%，废票 4.07%，分别比 2015 年低 0.42 个百分点和 0.85 个百分点。1100 个选区

---

① “Sistema electoral cubano（I）”，http：//www. granma. cu/elecciones-en-cuba-2017 – 2018/2018 – 01 – 11/sistema-electoral-cubano-i-05 – 07 – 2017 – 20 – 07 – 24，最后访问日期：2018 年 3 月 21 日。

② “Cuba lista para jornada de elecciones”，http：//www. granma. cu/cuba/2017 – 11 – 23/cuba-lista-para-jornada-de-elecciones-23 – 11 – 2017 – 23 – 11 – 42，最后访问日期：2018 年 3 月 21 日。

须进行第二轮选举，占比 8.78%，涉及 153 个城市的 3222 个选站。[①] 12 月 3 日，第二轮选举完成，选出 12515 名市级人大代表。

在 2017 年 12 月举行的第八届全国人大第十次常会上，代表们通过了有关修订人大选举时间表的提案。国务委员会向全国人大提议，将本届省级人大的任期延长至 2018 年 3 月 25 日，将本届全国人大的任期延长至 2018 年 4 月 19 日，届时将分别选出全国人民政权代表大会与国务委员会的主席、副主席和委员。根据古巴宪法第 72 条和第 111 条，全国人大每五年选举一次，在战争或其他特殊情况下，经全国人大通过方可延长任期。9 月，“厄玛”飓风过境古巴，导致市级人大代表提名延期，市级人大代表选举随之延期。“厄玛”飓风属于不可抗力，是不可预料和不可避免的特殊情况，符合调整选举时间表的宪法要求。[②] 2018 年 1 月 21 日，由市级人大分别提名省级和全国人大代表候选人，3 月选出省级和全国人大代表。

（二）对政治走势的基本判断

2018 年 4 月，第九届全国人大选举迪亚斯 - 卡内尔为新一任国务委员会主席，巴尔德斯·梅萨为第一副主席。其他 5 位副主席分别是巴尔德斯·梅内德斯、罗伯特·托马斯·莫拉雷斯·奥赫达、格拉迪斯·玛丽亚·贝赫拉诺·波尔特拉、伊内斯·玛丽亚·查普曼和贝阿特里兹·约翰逊。古巴的权力代际交接顺利、平稳开启。

从整体上看，古巴共产党和政府的权力仍将保持稳固，古巴仍将坚持有古巴特色的社会主义方向。古巴的权力代际交接顺利、平稳开启，有利于古巴未来领导层架构和内外政策的稳定性。未来几年，古巴将保持“新老结

① “Oficializa la Comisión Electoral Nacional elección de 11 415 delegados en la primera vuelta”, http://www.granma.cu/elecciones-en-cuba-2017 - 2018/2017 - 11 - 30/oficializa-la-comision-electoral-nacional-eleccion-de-11-415-delegados-en-la-primera-vuelta-30 - 11 - 2017 - 23 - 11 - 28，最后访问日期：2018 年 3 月 21 日。

② “Aprueban diputados extensión del mandato de las asambleas provinciales y la Asamblea Nacional ”, http://www.granma.cu/cuba/2017 - 12 - 21/aprueban-diputados-extension-del-mandato-de-las-asambleas-provinciales-y-la-asamblea-nacional，最后访问日期：2018 年 3 月 21 日。

合、以老带新”的政治格局，内外政策也会延续。但是，在当前的国内外环境下，古巴将进入关键的过渡期，面临诸多内政外交挑战。从中长期来看，政治风险也将逐步显现：第一，1959年古巴革命的老一代革命者年事已高，一旦完全退出领导层，社会冲突和挑战领导权力的风险都会大大增加；第二，深入推进“更新”进程要求加大制度、机构调整的力度，建立更加有效的生产结构和收入分配模式，触动货币和汇率制度双轨制等敏感问题很可能带来新的社会不稳定因素；第三，若“更新”进程遭遇困境，无法解决物资缺乏问题，难以提高居民收入水平，社会动荡风险会影响政局稳定；第四，开放度提高加大西方文化渗透和意识形态冲击的风险。

二　经济形势[①]

2017年，在飓风和干旱等极端气候、美国封锁政策、委内瑞拉形势恶化等内外不利因素的影响下，古巴经济仍在旅游业的拉动下缓慢趋好。国企改革、非国有经济形式规范化、吸引外国投资等模式“更新”举措继续推进。

（一）经济整体表现好转

2016年古巴GDP下降0.9%，2017年则预计小幅增长0.5%。经济表现向好的主要促进因素是旅游业的繁荣和财政刺激。美国封锁政策、委内瑞拉形势恶化导致的能源危机和极端天气状况给农牧业造成的影响，是阻滞经济发展的消极因素。2016年，古巴制造业、建筑业、公共医疗等部门产值分别下降3%、4.6%和5.3%，交通运输、仓储和通信业与酒店服务和餐饮

---

① 除特殊说明外，“经济形势”部分的数据均来自：CEPAL, *Balance Preliminar de las Economías de América Latina y el Caribe 2017*, “Cuba”, Santiago de Chile, Diciembre de 2017, http://repositorio.cepal.org/bitstream/handle/11362/42651/77/BPE2017_ Cuba_ es.pdf，最后访问日期：2017年12月30日。

业产值分别增长5%和5.1%。2017年上半年，经济恢复增长，比2016年同期增长1.1%，旅游业仍是古巴经济增长的支柱产业，但美国出台限制本国公民前往古巴的措施会对此产生一定负面影响。交通运输业和农牧业的良好表现以及建筑业的复苏也是古巴经济实现增长的重要推动力。2017年下半年，“厄玛”飓风灾害影响农牧业生产，经济表现受损。根据古巴经济和计划部的数据，2017年，旅游、交通和通信、农牧业、建筑业分别增长4.4%、3.0%、3.0%与2.8%；游客人数470万人，比计划人数多50万人，比2016年增长11.9%；零售业增幅14.6%，超过计划的4.1%；烟草、蔬菜、菜豆、牛肉、猪肉等主要农牧产品产量增长，而蛋奶产品产量受干旱和“厄玛”飓风影响下降；货物运输量完成94.6%，旅客运输量超额完成[①]。

2017年，预算规划财政赤字115亿比索，占GDP的12%，比2016年增加50亿比索。预算中比较重大的调整包括：降低劳动力使用税率；提高非预算活动开支占比，增幅29.2%；提高资本转让和资本开支，增幅42.9%。2017年上半年，公共收入小幅高于预算，主要来自收益税和个人所得税的征收；公共支出低于预算，主要原因是用于建筑维护保养和中间投入的增幅低于预期；财政赤字约为45亿比索，主要依靠银行发行主权债券；偿还公共债务23.06亿美元。2017年下半年，政府调整预算，调动资金进行“厄玛”飓风灾后重建。

大力引进外资仍是古巴重要的经济发展政策。根据古巴外贸外资部的数据，截至2017年10月底共批准30个新项目，其中8个位于马列尔特别开发区，外国直接投资达20亿美元，主要集中在旅游和能源类基础设施领域，俄罗斯的投资引人关注。11月，古巴公布2017~2018年外国投资项目推介书，共456个项目，招商引资总额达107亿美元，涉及旅游、农林、食品加工、制糖、可再生能源、建筑等行业。第一期共156个项目，其中29个将位于马列尔特别开发区，总额达30亿美元。古巴政府将循序渐进地推进招

---

① “Plan de la economía 2018”, http://www.granma.cu/cuba/2017-12-21/plan-de-la-economia-2018-21-12-2017-12-12-54，最后访问日期：2018年3月21日。

商引资，不断研究开发新的投资机会和空间，深入推动贸易和投资的多元化，同时确立明确的整体规划和行业政策，创造良好、稳定的经营氛围，鼓励科技创新和研究，保证基础设施配套，以保证投资者在古巴的利益。

2016 年，商品出口额降幅将近 30%，主要原因是产量减少和国际市场价格波动。商品贸易收支逆差减少将近 4 亿美元，主要原因是信用证支付渠道阻滞导致的商品进口额减少。2017 年上半年，主要出口商品国际价格上涨，商品出口额有小幅增加；但下半年“厄玛”飓风灾害对商品出口造成负面影响。医疗服务出口开辟新模式，优先为医疗目的访古游客提供医疗服务。

货币政策方面，2017 年古巴央行继续执行汇率、利率和法定储备金管控政策。

（二）政策趋势和经济走势

第八届全国人大第十次常会总结和审议了《古巴共产党经济和社会政策纲领》的实施情况。部长会议副主席、经济政策委员会主席马里诺·穆里略指出，古共七大拟定的四份纲领性文件在 160 多万人中进行了广泛的意见征询。《纲领》中的 100 条政策中，有些已经实现政策目标，有些部分实现政策目标，有些则面临困境，无法实现政策目标。劳尔在闭幕式讲话中指出，古巴在模式“更新”进程中所遇到的问题的复杂性超出预期，政策实施过于仓促，有些政策尚不具备实施的充分条件，准备不足，因此实施效果不佳。

穆里略的报告确立了未来古巴“更新”进程的 8 个要点，例如，推行货币和汇率并轨，完成长期发展计划，保证社会主义国有经济在经济发展中的主导地位，实现非国有经济形式规范化，大力促进外国投资，等等。古巴政府将货币和汇率制度并轨视为模式“更新”的决定性因素之一，目前已成立由 200 多人组成的 13 个专项工作小组，研究如何克服货币并轨对补贴、价格、零售和批发税、国有部门工资和养老金体系的影响。古巴政府还将继续完善国有企业体制，提高其效率和自主性，保证其在社会主义经济中的主导地位。例如，规定国有企业50%的税后利润归还企业投入再生产；成立专门委员会协助企业明确战略发展规划，合理分配资源，每季度分析规划指标的实现情况；颁布实施第334号法《关于加强古巴企业指导和管理体系》（2007年第252号法修订版）、第334号法令《建立和加强国有企业指导和管理法》（2007年第281号法令修订版）、第335号法令《关于古巴的国有企业体系》和第336号法令《关于企业高层组织关系体系》。同时，古巴政府加强了非国有经济形式的规范化管理，特别是非农合作社和个体户经济，纠正违规、腐败和偏差问题。例如，规定429个非农合作社的经营范围不得超越所在地域，同一合作社内不同岗位收入差距不得超过3倍；个体户只能获得一个许可，严格界定其经营范围和纳税要求。农牧业政策方面，规定土地用益权为20年，可申请延长，同时继续推行闲置土地税。[①]

综上所述，古巴的经济模式"更新"进程将继续审慎而渐进地推行。在国家干预下，国有部门将继续着力提高效率和自主性，非国有经济形式将在规范化前提下继续推进，税制改革也将继续拓展。从中长期看，古巴经济仍须解决若干难题。其一，经济结构亟待改善。旅游产业、医疗输出和镍矿出口是古巴三大经济支柱，均易受到外部因素的直接影响。农产品结构单一，易受自然条件影响，技术和基础设施仍比较落后。其二，货币和汇率制度并轨将产生经济和社会风险，任重道远。其三，债务偿还形成财政压力。在2015年年底与巴黎俱乐部债权国达成的协议中，古巴承诺将在未来18年内偿还25.8亿美元逾期债务本金。其四，美古关系趋紧，委内瑞拉形势恶化产生负面影响。

三　社会形势

2017年上半年，由于供给条件改善，消费者价格指数保持稳定；但下半年"厄玛"飓风灾害影响食品供应，消费者价格指数有所波动。2015年、

① "Evalúa el Parlamento marcha de la implementación de los Lineamientos", http://www.granma.cu/cuba/2017-12-21/evalua-el-parlamento-marcha-de-la-implementacion-de-los-lineamientos-21-12-2017-16-12-10，最后访问日期：2018年3月21日。

2016 年的失业率分别为 2.4% 和 2.0%。人口老龄化和对外移民等因素导致经济活动参与率自 2011 年起呈下降趋势。根据古巴劳动和社会保障部的数据，截至 2017 年第三季度，个体户数量比 2016 年同期增加 10.8%。为进一步规范非国有经济形式，古巴政府暂停发放部分经济活动经营许可证，短期内会对非国有部门就业有所影响。根据古巴官方数据，2016 年平均名义工资上涨 7.7%，2017 年上半年下降 1.2%，主要原因是劳动生产率下降 0.6%。① 2017 年，古巴政府仍重视医疗、教育投入，通信和交通运输服务继续改善，积极应对“厄玛”飓风灾害，迅速开展灾后生产恢复和重建。但是，物资短缺、收入水平低、人口老龄化等问题依然存在。根据联合国拉美经委会的研究，从 2040 年起，古巴老龄化指数将超过 240，成为拉丁美洲和加勒比地区老龄化程度最高的国家②。生育率下降和预期寿命延长是老龄化的主要原因。目前，古巴女性预期寿命为 80.45 岁，男性为 78.45 岁③。

（一）医疗卫生

古巴政府持续关注母婴健康和儿童保健。2017 年，古巴继续加强初级卫生保健改革；完善“母亲之家”；发展社区基因网络，完善基因疾病的防治、诊断和治疗；引进多普勒治疗仪等技术，诊断产科疾病；改善产前特殊服务；提高针对新生儿的手术水平；开展服药孕妇综合服务；扩展母乳银行网络，目前遍及 10 个省份。2017 年，古巴婴儿死亡率为 4‰，为历史最低点，新生儿死亡率连续十年低于 5‰。2017 年共出生 114980 名婴儿，比 2016 年减少 1892 名。产前死亡率从 8.2‰降至 8.0‰；因先天性畸形造成的死亡率与 2016 年持平，为

---

① CEPAL, “Cuba”, *Balance Preliminar de las Economías de América Latina y el Caribe 2017*, Santiago de Chile, Diciembre de 2017, http://repositorio.cepal.org/bitstream/handle/11362/42651/77/BPE2017_Cuba_es.pdf，最后访问日期：2017 年 12 月 30 日。

② CEPAL, *Panorama Socialde América Latina 2017*, Santiago de Chile, 2017, http://repositorio.cepal.org/bitstream/handle/11362/42716/1/S1701050_es.pdf，最后访问日期：2017 年 12 月 30 日。

③ “Plan de la economía 2018”, http://www.granma.cu/cuba/2017-12-21/plan-de-la-economia-2018-21-12-2017-12-12-54，最后访问日期：2018 年 3 月 21 日。

0.8‰；因体重过低造成的死亡率从 13.2% 降至 4.4% ；28 天以下新生儿死亡率从 2.4‰降至 2.1‰；一岁以下婴儿死亡 465 名，比 2016 年减少 32 名；五岁以下儿童死亡率从 5.5‰降至 5.4‰，比 2016 年减少 18 名；学龄儿童死亡率从 2.2‰降至 1.7‰；剖腹产率从 22.3% 降至 18.3% 。①

药品短缺问题仍持续困扰古巴。古巴的 801 种基本药品中，有 505 种为国产药品，占比 63% ，其余则由古巴公共卫生部进口。但是，国产药品生产所需原料 85% 以上依赖进口，资金、金融交易、运输周期等问题导致原料供不应求。②目前，原料供应状况有所好转，部分药品恢复生产，药品短缺问题缓慢缓解。

2018 年的预算中，公共医疗投入为 105.65 亿比索，优先保障诊所、就诊病患、口腔医学、专科诊疗、母婴项目的 2 亿多比索投入③。

（二）教育

古巴是拉美国家中教育水平较高的国家。2017 年，古巴政府继续关注教育投入。2017 ~2018 学年的注册学生总数约为 24.6 万人，91 个专业中的 60% 实行新的教学大纲。就读高等教育专业的大学生数量为 6.06 万人，录取率比 2016 年高 4% ，教师数量为 4.5 万人，每年约有 700 名毕业新增教师。本学年将启用新的实验室设备、电脑等资源，同时将保障硬件设施满足基本教学需要。2018 年预算中，教育投入为 81.8 亿比索④。

① “¡4，0! Llega Cuba a su más baja tasa de mortalidad infantil ”，http：//www. granma. cu/todo-salud/201801 – 01/4 – 0-llega-cuba-a-su-mas-baja-tasa-de-mortalidad-infantil，最后访问日期：2018 年 3 月 21 日。

② “Aseguran BioCubaFarma y Minsap que se estabiliza paulatinamente la disponibilidad de medicamentos”，http：//www. granma. cu/cuba/2017 – 11 – 29/aseguran-biocubafarma-y-minsap-que-se-estabiliza-paulatinamente-la-disponibilidad-de-medicamentos-29 – 11 – 2017 – 23 – 11 – 52，最后访问日期：2018 年 3 月 21 日。

③ “Propuesta de presentación del Proyecto de Presupuesto del Estado para el año 2018”，http：//www. granma. cu/cuba/2017 – 12 – 21/propuesta-de-presentacion-del-proyecto-de-presupuesto-del-estado-para-el-ano-2018 – 21 – 12 – 2017 – 13 – 12 – 56，最后访问日期：2018 年 3 月 21 日。

④ “Propuesta de presentación del Proyecto de Presupuesto del Estado para el año 2018”，http：//www. granma. cu/cuba/2017 – 12 – 21/propuesta-de-presentacion-del-proyecto-de-presupuesto-del-estado-para-el-ano-2018 – 21 – 12 – 2017 – 13 – 12 – 56，最后访问日期：2018 年 3 月 21 日。

（三）住房

2017 年，古巴超计划完成住房建设。5 月，根据古巴部长会议执行委员会第 8093 号决议，古巴房产法修订案生效，新政策将使受损房屋及自建民居获得政府补贴。本次法案共有五处修改，包括向自然人提供补贴、国有在建不动产项目转由私人续建完工和受灾房屋产权认定及永久化、合法化等内容，此外还涉及国有及政府补贴建造房屋产权转让以及房屋捐赠或买卖衍生的计税问题。为保障经审批通过的案例均能获得资金支持，上述补贴每年至少发放两次。新法还将为受资助者死亡或放弃古巴国籍等情况提供解决方案，并在第一时间对待办案例做研究分析。

（四）通信服务

2017 年，古巴政府继续着力改善邮政、互联网、数字电视、电子商务等电信服务。

古巴移动新开发的邮政查询系统正式普及。用户可从 www. correos. cu 网站免费下载手机应用。应用中加入全国邮政局数字地图，可跟踪邮件动态，提示社会保障缴纳时间，一些不需要实时更新的数据可线下查询。

从 2016 年年底至 2017 年年初，古巴电信公司在哈瓦那老城区试点 Nauta Hogar 互联网服务，868 个试点单位中有 600 多个签约，电信公司根据用户需要调整了资费标准。9 月 29 日，试点扩展到哈瓦那的其他 7 个区。基本月租费为 15 可兑换比索，包月 30 小时。① 10 月 30 日，电信公司宣布降低 Nauta 账号的国际上网资费，即 30 分钟、1 小时、5 小时临时上网资费分别降至 0.50 可兑换比索、1.00 可兑换比索、5.00 可兑换比索。电子邮箱最高存储量从 50MB 增加至 100 MB。② 10 月，古巴通信

① “ETECSA extenderá Nauta Hogar a siete municipios de La Habana”, http: //www. granma. cu/cuba/2017 - 10 - 16/etecsa-extendera-nauta-hogar-a-siete-municipios-de-la-habana-16 - 10 - 2017 - 08 - 10 - 56，最后访问日期：2018 年 3 月 21 日。

② “ETECSA rebaja desde este lunes tarifa de navegación en Internet”, http: //www. granma. cu/cuba/2017 - 10 - 30/etecsa-rebaja-desde-este-lunes-tarifa-de-navegacion-en-internet-30 - 10 - 2017 - 14 - 10 - 02，最后访问日期：2018 年 3 月 21 日。

部颁布《电信代理机构法》修订版，进一步规范电信代理机构的经营活动。

古巴从 2016 年 7 月开始试点支付网关，逐步扩展电子商务。目前，古巴有 900 多个自动取款机，发放将近 400 万张磁卡。电话银行、手机银行服务也在推行中，可实现电子支付、提供电子发票和转账等业务。①

2017 年，古巴建成 106 个信号发射器，数字电视覆盖率达到 60%，预计 2023 年将接近 100%。截至 9 月，已售出 1507200 个机顶盒和 234461 台液晶高清电视。目前正在启动数字模拟电视的实时传送。但是，古巴仍有些地区不具备安装信号发射器的条件，广播频谱也很有限；电视遥控器更新、高清电视频道的内容提供以及机顶盒供应、机顶盒购买和维修成本等问题也普遍存在。②

（五）交通运输

2017 年，古巴政府继续改善客运服务。截至 10 月底，客运量比 2016 年同期增加 17.8%。国家公交公司 100 辆省际客车投入运营，开通 15 条短途客运线路和 3 条长途客运线路。目前，公交公司拥有 253 辆新公交车、103 辆二手公交车。2017 年，哈瓦那运营 5 条出租专线，运营车辆有 287 辆，包括出租车和迷你小巴。2018 年还将继续发展出租专线，开辟新线路，增加运营车辆。2018 年 1 月将开辟 2 条新线路，还将扩展至阿特米萨省和玛雅贝克省。此外，还将着重修整高速公路和首都部分干道，并将从中国购买新车和机车。③

---

① “Comercio electrónico…un servicio on-line”，http：//www.granma.cu/cuba/2017－10－24/comercio-electronicoun-servicio-on-line-24－10－2017－21－10－13，最后访问日期：2018 年 3 月 21 日。

② “Avanzar…con soluciones técnicas y mejores servicios”，http：//www.granma.cu/cuba/2017－11－07/avanzar-con-soluciones-tecnicas-y-mejores-servicios-07－11－2017－23－11－17，最后访问日期：2018 年 3 月 21 日。

③ “Nuevas rutas para la transportación de pasajeros”，http：//www.granma.cu/cuba/2017－12－25/nuevas-rutas-para-la-transportacion-de-pasajeros-25－12－2017－23－12－23，最后访问日期：2018 年 3 月 21 日。

四　外交形势

2017年，古巴与美国的关系趋向紧张，与欧盟的关系平稳推进，与传统友国的关系保持稳固，继续重视拉美地区政治、经济、社会一体化。从整体上看，古巴外交仍将延续多元化路线。

（一）古美关系趋向紧张

自2017年1月就职以来，特朗普政府对古政策日趋收紧。美国对古巴长达半个多世纪的封锁政策更加强化，双边关系正常化进程出现倒退。

第一，“声波攻击”事件持续发酵。2017年2月17日，美国国务院和大使馆照会古巴外交部，称古巴于2016年11月至2017年2月对美国驻哈瓦那外交人员进行声波攻击，之后又数次发布“声波攻击”报告。古巴方面给予高度重视，加强了对美国外交人员及其家属和住所的保护措施，成立由医生、科学家等组成的专家委员会。2017年5月，美国驱逐两名古巴驻美国使馆外交人员。在古巴政府的一再要求下，美方于6月首次派遣专家与古巴方面共同展开调查，但一直未有可靠证据表明“声波攻击”事件属实。9月中旬，美国驻哈瓦那大使馆领事处以“厄玛”飓风为由，暂停办理签证事务。9月29日，美国宣布大幅度裁减驻哈瓦那大使馆外交人员，撤离所有家属，理由是古巴对美国官员的“声波攻击”损害了其身体健康。10月3日，美国政府下令古巴驻华盛顿大使馆的15名工作人员离境，理由是美国驻哈瓦那大使馆人员减少，以及古巴政府没有采取必要措施预防“声波攻击”。12月，美国宣布因工作人员减少，将暂停美国公民及移民事务局哈瓦那办事处业务，改由驻墨西哥办事处代理相关工作。古巴政府对美国的一系列外交举动表示强烈抗议，认为美国的决定“出于政治动机”，是“毫无根据、不可接受”的，同时提醒美方“不要在没有依据和证据的情况下做出仓促决定，不要将此类事件政治化”，强调古方“希望与美方有效合作调查，澄清事实”。①

第二，美国出台针对古巴的限制措施。2017 年 6 月，特朗普发表声明，宣布撤销奥巴马政府与古巴政府达成的“完全不公平”协议，签署《关于强化美国对古巴政策的国家安全总统备忘录》，包含若干针对古巴的限制措施，主要内容如下：一是禁止美国公司、企业单位与古巴内政部或武装力量相关单位进行经济、贸易和金融交易；二是禁止美国公民个人以民间交流目的前往古巴；三是严密监督、严格执行，禁止美国公民以美国法律规定的 12 个项目之外的目的前往古巴。11 月，正值古巴旅游旺季，美国国务院发布最新“古巴限制清单”，禁止前往古巴的美国公民入住 83 家国营酒店，一些朗姆酒生产商、奢侈品购物中心和旅行社也在被禁之列，理由是这些企业“以古巴人民或私人企业利益为代价”，让古巴的安全和军方部门“不成比例地获益”。② 新措施出台后，美国公民前往古巴受到极大限制，古巴的旅游和贸易受到影响。美国已有四家航空公司撤出古巴市场，其他多家公司亦缩减对古业务。

第三，国际场合表态强硬。2017 年 9 月，美国总统特朗普在联合国第 72 届大会发表演讲，提及古巴时，特朗普称古巴“腐败而且不稳定”，表示“我们不会将古巴从制裁名单上移除，除非他们做出根本性的改革”。古巴方面表示强烈抗议，认为特朗普的言论“非常无礼、横加干涉、无法接受”③。2017 年 11 月初，在联合国大会就“美国对古巴的封锁政策”问题的投票中，191 个国家投票支持结束对古巴的封锁，只有美国和以色列投反

---

① “Cuba jamás ha perpetrado ni perpetrará ataques de ninguna naturaleza contra funcionarios diplomáticos ni sus familiares, sin excepción (+ Video)”, http://www.granma.cu/cuba/2017 - 10 - 03/cuba-jamas-ha-perpetrado-ni-perpetrara-ataques-de-ninguna-naturaleza-contra-funcionarios-diplomaticos-ni-sus-familiares-sin-excepcion-03 - 10 - 2017 - 15 - 10 - 29，最后访问日期：2018 年 3 月 21 日。

② 《美国颁布限制清单 “封杀”超过 80 家古巴酒店》，人民网，http://world.people.com.cn/n1/2017/1110/c1002 - 29637708.html。

③ 《古巴抨击特朗普联大演讲涉古言论：非常无礼 无法接受》，人民网，http://world.people.com.cn/n1/2017/0920/c1002 - 29547312.html。

对票。联合国大会连续26年就这一问题进行投票，2016年美国首次投了弃权票。

特朗普执政后古美关系出现拐点，反映出两国意识形态和社会制度的对立。虽然古美关系正常化的大趋势不会逆转，但道路必然更加曲折而复杂。

（二）古巴与欧盟的关系平稳推进

2017年11月，古欧“政治对话与合作协议”正式生效，开启古巴与欧盟关系的新阶段。欧盟外交与安全政策高级代表莫盖里尼表示，欧盟将在美国收紧对古政策之际加强与古巴的经贸关系，努力推动双边关系提高至新水平。

目前，欧盟是古巴第二大贸易伙伴、第一大出口目的地和第二大进口地，欧盟所有成员国都已成为古巴贸易投资与合作伙伴。古欧双边合作势头强劲，涉及可再生能源、可持续农业等领域。欧盟国家积极参加了2017年11月初在哈瓦那举行的国际交易会，表现出对古巴招商引资项目的浓厚兴趣。欧洲投资银行代表团于2018年1月底访问古巴，评估双方开展合作的可能性。欧盟还将加强与古巴的文化学术交流。2017年，古巴还与法国、西班牙、匈牙利、塞尔维亚、瑞士、挪威、斯洛伐克等国家实现了高层访问或经贸合作。

古巴与欧盟之间比较成熟而密切的经贸关系，欧盟成员国企业屡因美国对古封锁和制裁政策遭到罚款等现实情况，使欧盟与古巴存在一定程度的利益相关，是双方关系继续深入的动力。但在相当长的时期内，古巴与欧盟的关系将保持“以经贸投资为主，政治求同存异”的格局。

（三）古巴与拉丁美洲和加勒比国家的关系

2017年，古巴与其他拉丁美洲和加勒比国家保持友好关系，加强经贸合作。与委内瑞拉、哥伦比亚、厄瓜多尔、墨西哥、萨尔瓦多、多米尼加、玻利维亚、尼加拉瓜等国实现高层访问、党际或立法机构交往与经贸合作。2017 年 1 月，劳尔·卡斯特罗率团出席第五届拉丁美洲和加勒比国家共同体峰会。8 月，古巴中央银行与中美洲经济一体化银行签署协议，古巴加入中美洲经济一体化银行。11 月，古巴与加勒比共同体签署第二个经贸合作附加议定书。12 月，古巴参加第六届加共体－古巴峰会，提出加强应对气候变化和自然灾害的区域合作，提交《关于加强 2018～2020 年区域合作以提高防灾减灾和应对气候变化能力的预案》。

古巴保持支持委内瑞拉的一贯立场。2017 年 4 月，美洲玻利瓦尔联盟召开政治委员会会议，通过声明支持马杜罗政府。12 月，美洲玻利瓦尔联盟－人民贸易协定政治委员会第十六次会议召开，聚焦该组织面临的政治社会挑战及美洲地区融合计划。古委政府间委员会第十八次会议同期举行。劳尔在第八届全国人大第十次常会的闭幕式讲话中指出，委内瑞拉制宪是合法、民主的，古巴反对美国、加拿大、欧盟的单边主义措施，反对对玻利瓦尔、查韦斯革命进程的外部干预，美洲玻利瓦尔联盟将与委内瑞拉站在一起，古巴将与委内瑞拉政府和人民保持合作，应对困境。他还表示，拉美和加勒比国家应当争取政治、经济和社会一体化，达到“多样性中的统一性”。①

（四）古巴与中国、俄罗斯等国家的关系

2017 年，古巴与俄罗斯的关系显著深化。2016 年 12 月，俄罗斯和古巴签署了 2020 年前在防务领域开展合作的计划。俄罗斯将为古巴实现军事现代化提供帮助，确保古巴具备应对安全挑战的能力。除了防务领域的合作，两国还在交通、医疗和基建等领域签署了合作协议。2017 年 5 月，俄罗斯石油公司宣布与古巴金属进口公司签署一项协议，向古巴提供 25 万吨石油

① “Aquí estamos y estaremos, libres, soberanos e independientes”, http://www.granma.cu/cuba/2017-12-22/aqui-estamos-y-estaremos-libres-soberanos-e-independientes-22-12-2017-02-12-50，最后访问日期：2018 年 3 月 21 日。

及其衍生品。该协议的市场价值约为1.05亿美元，相较于2010～2015年俄罗斯向古巴提供的1130万美元的石油协议总额，是一个质的飞跃。[①] 9月21日，俄罗斯与古巴的政府间经贸和科技合作委员会第15次会议在莫斯科举行。两国回顾了近三年来两国经贸合作进展，肯定了两国良好的双边关系，签署了关于能源、铁路、升降机供应等文件。[②] 10月，俄罗斯Sinara集团向古巴发运了第一批7台TGM8KM型铁路机车。根据与古巴铁路联盟所签协议，Sinara集团将在2017～2021年向古巴发运75辆机车及零配件，同时还将提供相应设备，用于维修和保养目前在古巴的近300台俄罗斯机车。[③] 目前，古俄两国在能源、铁路运输、制药、农业、科技等领域合作广泛，俄罗斯是古巴产品的重要出口市场，俄罗斯对古投资显著增长。

2017年5月，古巴派团来华出席“一带一路”国际合作高峰论坛。6月，古巴全国人民政权代表大会主席埃斯特万·拉索访华；同月，中古政府经贸混合委员会召开第29次会议，中方表示将深化双方在基础设施和旅游设施建设等方面的合作，拓展双方贸易和投资合作领域，加大对古巴政府官员、技术人员及其他专业人员的培训力度，会后还签署了多项合作文件。7月，中古生物科技联合工作组第九次会议在广州召开，之后举行中古企业家论坛，双方表示将继续加强在生物制药等领域的合作。8月，古巴共产党代表团访华。10月，古巴与中国签署关于能源部门信贷优惠的框架协议，涉及能源设备升级改造、太阳能面板生产、自动化生产线扩建、水产养殖等领域。12月，古巴响应中国“一带一路”倡议，积极赴华参加“2017一带一路名品展”；同月，中古两国在中拉企业家高峰会上新签两项协议。中国对古巴的太阳能光伏援助项目有望于

① 参见中华人民共和国驻古巴共和国大使馆经济商务参赞处官网，http：//cu.mofcom.gov.cn/。

② “Preside Cabrisas XV Sesión de la Comisión Intergubernamental Cuba-Rusia”，http：//www.granma.cu/cuba/2017-09-22/preside-cabrisas-xv-sesion-de-la-comision-intergubernamental-cuba-rusia-22-09-2017-00-09-39，最后访问日期：2018年3月21日。

③ 《俄罗斯向古巴发运铁路机车》，http：//www.mofcom.gov.cn/article/i/jyjl/l/201710/20171002662199.shtml。

年底前运行及并入国家电网。①

2017 年，古巴仍积极寻求对外关系多元化。与加拿大等美洲国家，日本、朝鲜、越南、沙特阿拉伯、马来西亚、卡塔尔、新加坡等亚洲国家，尼日尔、加蓬、安哥拉、塞舌尔、佛得角、突尼斯等非洲国家实现了高层访问或经贸合作。

（杨建民　审读）

① 《古巴与中国推进新能源项目合作》，http：//cu. mofcom. gov. cn/article/jmxw/201712/20171202692340. shtml。

Y.13
委内瑞拉：经济风险持续放大

王 鹏*

摘 要： 委内瑞拉经济在2017年继续负增长，通胀压力持续加剧。尽管原油出口价格出现反弹，但原油产量继续下滑，原油出口收入不足以改变整体经济状况。委内瑞拉在年内举行3场重要选举，使政局暂趋稳定。但是，执政的委内瑞拉统一社会主义党内部分歧公开化，朝野政党之间的矛盾仍然尖锐。2018年总统选举将使该国政局面对重大挑战。随着经济形势的恶化，许多委内瑞拉人移民国外。为应对通胀的冲击，马杜罗政府在年内3次提高全国最低工资。在对外政策领域，委内瑞拉面对来自周边国家的巨大外交压力。

关键词： 委内瑞拉 制宪大会 经济衰退

一 政治形势

马杜罗政府在2016年1月宣布国家进入为期60天的“经济紧急状态”；2017年以来，在1月、3月、5月、7月、9月和11月相继宣布延长紧急状态的有效期。马杜罗政府借助“经济紧急状态”行使治理国家的特别权力。总体而言，马杜罗政府继续坚持以价格管制和汇率管制为主要内容的市场干预政策；同时，为改善经济状况，马杜罗政府力图吸引更多的外国企业进入

* 王鹏，法学博士，中国社会科学院拉丁美洲研究所副研究员、综合研究室主任、中美洲和加勒比中心秘书长，主要从事拉美政治研究。

能源生产领域。

马杜罗政府在2017年发生频繁的人事变动。马杜罗总统在年初大规模改组政府，任命塔雷克·艾萨米（Tareck el Aissami）为副总统。此后，他多次做出人事调整，重新任命多名政府部长。石油部部长在年内三易其人：内尔松·马丁内斯（Nelson Martinez）在年初就职，欧洛希奥·德尔皮诺（Eulogio Del Pino）在8月接任，曼努埃尔·克韦多（Manuel Quevedo）在11月任职。外交部部长两易其人：德尔西·罗德里格斯（Delcy Rodriguez）在6月离职，萨穆埃尔·蒙卡达（Samuel Moncada）接任；8月，豪尔赫·阿雷亚萨（JorgeArreaza）转任此职。

执政的委内瑞拉统一社会主义党（PSUV）内部分歧加剧。自2007年以来长期担任总检察长的路易莎·奥尔特加（Luisa Ortega Diaz）公开批评马杜罗政府的一系列重大决定，先是反对最高法院代行国会职能，继而反对成立制宪大会。2017年8月，她被解除职务。此后，她秘密出国，寻求政治避难。

马杜罗政府在2017年进行大规模反腐。司法部门重点对委内瑞拉石油公司（PDVSA）展开调查，近百名公司高管和相关政府官员被指控涉嫌腐败，其中包括前石油部部长内尔松·马丁内斯和欧洛希奥·德尔皮诺。12月，曾长期担任石油部部长和委内瑞拉石油公司董事长的拉米雷斯（Rafael Ramírez）因涉嫌贪腐受到刑事调查。

委内瑞拉在2017年举行了3场重要选举，有利的选举结果使马杜罗政府能够暂时稳定政局。第一场选举是在2017年7月30日举行的制宪大会选举。由于反对党抵制此次选举，执政党及其盟友赢得全部席位。制宪大会在8月4日正式成立，任期2年。马杜罗政府谋求通过重新制定宪法解决当前的政治危机。第二场选举是在10月15日举行的州长选举，执政党及其盟友赢得17个州长职位①，反对党赢得5个州长职位。第三场选举是在12月10日举行的市政选举。执政党及其盟友赢得335个市长职位之中的305个。

① "With Three Popular Victories, the Bolivarian Revolution Consolidated Peace in 2017", AVN, http://www.avn.info.ve/contenido/three-popular-victories-bolivarian-revolution-consolidated-peace-2017.

马杜罗政府与反对派的矛盾一度激化，后在外界斡旋之下恢复对话。2017 年 3 月 29 日，委内瑞拉最高法院突然做出裁决，由它代行国会的立法权。尽管这一决定很快被取消，马杜罗政府和反对派之间的矛盾仍然被激化。4 月至 8 月，反对派连续发动大规模示威抗议活动，导致 120 多人死亡，上千人受伤。在外界的调停下，马杜罗政府和反对党在 9 月恢复对话，对话议题包括制宪大会地位、最高法院决议的适用范围和未来选举的时间表。

委内瑞拉将在 2018 年举行总统选举。由于经济形势持续恶化，执政党将在此次选举中面对前所未有的挑战。曾两度竞选总统的反对党领袖卡普里莱斯（Henrique Capriles）因为牵涉司法案件而被禁止参加选举，民主团结联盟（MUD）能否保持团结仍然有待观察。

二 经济形势

委内瑞拉经济在 2017 年连续第 4 年处于负增长状态。该国国内生产总值增长率为 -9.5%，在拉美和加勒比 33 国之中位居末位。2018 年，该国经济增长率预计为 -5.5%。[①]

委内瑞拉的原油生产能力继续恶化，从 2016 年的 215.4 万桶/日降至 2017 年第三季度的 192.9 万桶/日，接近 13 年以来的最低值。[②] 该国原油的平均出口价格从 2016 年 1 月的 20.8 美元/桶回升至 2017 年 1 月的 46.81 美元/桶，继而在 10 月攀升至 50.70 美元/桶的近期高位价格。[③] 这一价格回升有利于委内瑞拉石油公司改善财政状况，但不足以完全扭转其所面对的被动形势。为推动原油增产，委内瑞拉石油公司与西班牙雷普索尔石油公司

---

① ECLAC, *Preliminary Overview of the Economies of Latin America and the Caribbean*, November 2017, http://repositorio.cepal.org/bitstream/handle/11362/42652/8/S1701177_en.pdf，最后访问日期：2017 年 12 月 29 日。

② OPEC, *Monthly Oil Market Report*, December 2017, p. 56, http://www.opec.org/opec_web/en/publications/338.htm，最后访问日期：2018 年 1 月 2 日。

③ OPEC, "OPEC Bulletin", November 2017, p. 149, http://www.opec.org/opec_web/static_files_project/media/downloads/publications/OB112017.pdf，最后访问日期：2018 年 1 月 3 日。

（REPSOL）签署合作生产协议，并与意大利埃尼集团（ENI）和俄罗斯石油公司（Rosneft）合作开发海上天然气。

委内瑞拉中央政府和委内瑞拉石油公司面对沉重的偿债压力。2017 年，中央政府需要偿还 25 亿美元的到期债务；2018 ~ 2020 年，每年到期债务的规模都达到 50 多亿美元。委内瑞拉石油公司在 2017 年的到期债务达到 60 多亿美元；从 2018 ~ 2020 年，每年到期债务的规模为 30 亿 ~ 55 亿美元。① 标准普尔（S & P）在 2017 年 11 月认定委内瑞拉未能在宽限期内偿还债务，已经出现选择性违约。2016 年年底至 2017 年 10 月，该国债券的价格暴跌 40%。马杜罗政府正在尝试重组其外债，并已与俄罗斯达成债务重组协定。

委内瑞拉在 2017 年继续实行双轨制汇率。一方面，政府通过固定汇率机制（Dipro），以 1 美元兑换 10 玻利瓦尔的官方汇率提供外汇，满足公共部门的进口需求；另一方面，通过浮动汇率机制（Dicom）向私营部门出售外汇，用于非基础性商品的进口。如果以浮动汇率机制的汇率作为基准，该国货币“玻利瓦尔”在 2017 年 1 月至 11 月贬值 396%；如果以平行汇率作为基准汇率，贬值幅度则达到 2468%。②

扩张性财政政策导致的流动性泛滥不断加剧通胀压力。从 2016 年 10 月至 2017 年 10 月，委内瑞拉的货币供应量增长 400%。这意味着该国基础货币已经连续 3 年保持 3 位数的增长幅度。联合国拉美经委会估计该国 2017 年的累计通胀率为 825%。③

由于出口收入减少，委内瑞拉的外汇储备持续萎缩。截至 2017 年 12 月 28 日，该国外汇储备降至 96.44 亿美元，较年初的外汇储备额（109.95 亿

---

① ECLAC, *Preliminary Overview of the Economies of Latin America and the Caribbean* (*Bolivarian Republic of Venezuela*), November 2017, http://repositorio.cepal.org/bitstream/handle/11362/42652/28/BPI2017_Venezuela_en.pdf，最后访问日期：2017 年 12 月 29 日。

② ECLAC, *Preliminary Overview of the Economies of Latin America and the Caribbean*, November 2017, http://repositorio.cepal.org/bitstream/handle/11362/42652/8/S1701177_en.pdf，最后访问日期：2017 年 12 月 29 日。

③ ECLAC, *Preliminary Overview of the Economies of Latin America and the Caribbean*, November 2017, http://repositorio.cepal.org/bitstream/handle/11362/42652/8/S1701177_en.pdf，最后访问日期：2017 年 12 月 29 日。

美元）减少约 12%，基本处于近 20 年的最低点。[①] 这一状况表明，国际贸易（主要是石油出口）、外国投资和外部借款难以满足偿债和进口所产生的资金需求。为增加流动性，该国中央银行正在出售它持有的黄金储备和美元计价的委内瑞拉石油公司债券。

三　社会形势

委内瑞拉在 2017 年继续面对严重的商品供应短缺问题。绝大部分食品和日用商品都是按照政府限价销售，价格低廉，但供应不足。由于购买食品耗费普通民众的大部分收入，他们的生活呈现日益困顿之势。许多人不得不前往哥伦比亚、巴西等邻国采购日常所需商品。由于炼油厂产能下降、委内瑞拉石油公司资金周转困难等因素影响，该国在年内多次出现全国性的汽油和柴油短缺，车辆常常在加油站排成一条长龙。

马杜罗政府为应对通胀带来的冲击，在 2017 年 3 次大幅上调最低工资。最低工资在 1 月上调 50%，在 5 月上调 60%，在 11 月上调 30%。最低工资额从年初的 136544 玻利瓦尔/月增至目前的 177507 玻利瓦尔/月；如果计入食品补贴，实际最低工资额已经增至 456507 玻利瓦尔/月。[②]

马杜罗政府继续大力实施“委内瑞拉住房大使命”（GMVV），以便改善居民住房条件。截至 2017 年年底，政府已经通过这项计划向大约 192.6 万个家庭交付住房。政府还通过“新社区大使命”和“三色城区大使命”修缮 4000 多套住房，使修缮住房的数量达到约 56.9 万套。政府的目标是在 2019 年到来时建成 300 万套住房，全面改善民众的住房状况。

委内瑞拉仍然是全球暴力活动最严重的国家之一。盖洛普“法律和秩

---

① “Reservas Internacionales”, Banco Central de Venezuela, http://www.bcv.org.ve，最后访问日期：2018 年 1 月 2 日访问。

② “Minimum Wage of Venezuelans Increased more than 400% in One Year”, AVN, 3 Noviembre 2017, http://www.avn.info.ve/contenido/minimum-wage-venezuelans-increased-more-400-one-year，最后访问日期：2018 年 1 月 3 日。

序指数”显示，该国的得分仅为 42 分，在 135 个国家之中居于末位。[①] 2017 年，该国滋生越来越多的快速绑架案。绑匪驾车在街头搜索绑架对象，甚至敢在闹市区作案。他们一旦发现单身路人，就伺机将其绑架，当天就要求其家属支付美元赎金；一旦获得赎金，他们即刻释放人质。

随着经济形势恶化，许多委内瑞拉人选择移民国外。2016 年，大约 2.7 万人提出避难申请；2017 年，这一人数增至大约 5 万人。这些人主要前往美国、巴西、秘鲁、西班牙、墨西哥等国。此外，周边国家收留大量委内瑞拉非法移民。据估计，哥伦比亚现有约 30 万委内瑞拉人，特立尼达和多巴哥有大约 4 万委内瑞拉人，巴西有 3 万委内瑞拉人。[②]

四　外交形势

委内瑞拉国内政治问题日趋国际化。一些拉美国家指责马杜罗政府破坏民主体制和侵犯人权，主张对其进行制裁，拉美三大国（巴西、墨西哥和阿根廷）都支持这一主张；左派执政国家（例如玻利维亚、萨尔瓦多和尼加拉瓜）站在马杜罗政府一方；一批小国（主要是加勒比国家）在两大集团之间摇摆。

美洲国家组织成为支持委内瑞拉力量和反对力量之间较量的主战场。在 2017 年 6 月举行的第 47 届美洲国家组织大会上就一项批评马杜罗政府的决议案进行表决。表决结果为 20 票赞同、5 票反对和 8 票弃权。[③] 由于支持票数未能达到 2/3 多数，这项议案未获通过。马杜罗政府谴责该组织干涉其内

① “2017 Global Law and Order Report”, Gallup, 2017, p. 7, http://news. gallup. com/reports/214607/gallup-global-law-order-report-2017. aspx? ays = n#aspnetForm，最后访问日期：2018 年 1 月 3 日。

② “As asylum applications by Venezuelans soar, UNHCR steps up response”, UNHCR, 14 July, 2017, http://www. unhcr. org/news/briefing/2017/7/596888474/asylum-applications-venezuelans-soar-unhcr-steps-response. html，最后访问日期：2018 年 1 月 3 日。

③ 投反对票的 5 国分别为玻利维亚、尼加拉瓜、多米尼克、圣文森特和格林纳丁斯、圣基茨和尼维斯。投弃权票的 8 国分别为厄瓜多尔、萨尔瓦多、海地、多米尼加、格林纳达、特立尼达和多巴哥、安提瓜和巴布达、苏里南。

政，已经在4月正式启动退出程序。

2017年8月，17个西半球国家的外长和政府代表在秘鲁首都利马举行会议，讨论委内瑞拉局势。12个与会国家发布《利马宣言》[①]，对马杜罗政府进行谴责。它们共同组成所谓的“利马集团”，并在9月和10月举行2次外长会议，继续批评马杜罗政府。

委内瑞拉和秘鲁、巴西、加拿大等国以及欧盟的关系出现恶化。秘鲁先是在2017年3月召回驻委内瑞拉大使，抗议马杜罗政府采取违背民主原则的做法；继而在8月驱逐委内瑞拉驻秘鲁大使，抗议马杜罗政府成立制宪大会。委内瑞拉驱逐秘鲁驻委内瑞拉大使馆代办以示报复。12月，委内瑞拉驱逐加拿大驻委内瑞拉代办和巴西驻委内瑞拉大使，两国也采取相应的报复措施。在美国发起对委内瑞拉的制裁之后，加拿大和欧盟做出响应。前者在9月对包括马杜罗总统在内的40名委内瑞拉高级官员实施制裁；后者在11月决定禁止对委内瑞拉的军售，停止向其出售部分电子通信设备，并将考虑对部分马杜罗政府官员采取限制措施。

委内瑞拉和美国的关系在2017年进一步恶化。特朗普政府对委内瑞拉态度日趋强硬，连续推出多轮针对该国的制裁。2月，美国对委内瑞拉副总统艾萨米实施制裁；7月，美国对委内瑞拉13名现任或前政府官员实施经济制裁；7月底，美国对马杜罗总统实施制裁；8月上旬，美国对8名委内瑞拉官员实施制裁；8月下旬，美国宣布禁止本国金融机构参与委内瑞拉政府和委内瑞拉石油公司发行新债券与股权的相关交易，不得购买委内瑞拉已发行的部分债券；9月，美国限制或禁止某些委内瑞拉公民入境美国；11月，美国对10名现任和前任委内瑞拉官员实施经济制裁。[②]美国试图通过这些制裁措施对马杜罗政府形成震慑，并在一定程度上影

① 12国分别为阿根廷、巴西、加拿大、智利、哥伦比亚、哥斯达黎加、危地马拉、洪都拉斯、墨西哥、巴拿马、巴拉圭和秘鲁。

② “Treasury Sanctions Ten Venezuelan Government officials”, U. S. Embassy in Venezuela, http://ve. usembassy. gov/treasury - sanctions - ten - venezuelan - government - officials - november - 9 - 2017/.

响委内瑞拉的经济进程。

马杜罗政府在近期加强外交攻势，争取外部支持。相关措施包括：第一，在加拉加斯举行美洲玻利瓦尔联盟第6次特别会议，古巴、玻利维亚、厄瓜多尔、尼加拉瓜等11个成员国的外长与会，一项支持委内瑞拉的声明获得发表；第二，马杜罗总统进行近期少见的长途出访，在10月前往哈萨克斯坦参加首届伊斯兰合作组织科技峰会，在12月前往土耳其参加伊斯兰合作组织领导人特别会议；第三，在加拉加斯举行世界团结峰会，吸引来自60个国家的近200名代表与会，反制以孤立委内瑞拉为目标的利马会议；第四，开展“飓风外交”，积极向遭受飓风打击的加勒比国家（例如安提瓜和巴布达、多米尼克）提供援助。

委内瑞拉大力加强与俄罗斯的合作关系，以便获得政治和经济的支持。2017年10月，马杜罗总统访问俄罗斯。俄罗斯明确反对美国总统特朗普发出的有可能对委内瑞拉进行武力干涉的言辞。委内瑞拉在年内开始从俄罗斯进口小麦，以降低对美国和加拿大小麦的需求。该国还在重组债务的过程中得到俄罗斯的支持。后者在11月同意委内瑞拉延期偿还一笔31.5亿美元的外债。

中委关系得到稳步推进。2017年12月，阿雷亚萨外长访问中国，与国务委员杨洁篪和外交部部长王毅举行会谈。截至2017年年底，两国已经签署472项合作协定，为此实施790个合作项目。为推进双边合作，两国先后设立15个混合委员会。中国中铁十局承建的帕鲁阿港口（Palua）改扩建项目在2017年年底正式移交委内瑞拉，成为中委合作框架下第一个完全移交的基建项目。

（杨建民　审读）

Y.14
智利：左右翼平稳更迭

芦思姮*

摘　要： 2017年，中右翼候选人皮涅拉赢得大选，实现左右翼平稳更迭，新兴政治力量开始崛起。国内总需求低迷，增长乏力，政府诉诸扩张性政策调控；扩大投资、提高增长预期、提振经济将成为中右翼新政府未来四年的优先工作议程。新一轮人口普查启动，全球最大矿区爆发罢工。中智两国签署自贸协定升级。巴切莱特希望智利在“一带一路”框架下，构筑联结中国与拉美的桥梁。

关键词： 智利　总统选举　皮涅拉　中智自贸协定

一　政治形势

（一）智利大选

2017年是智利四年一度的总统大选年。为在选举中胜出，各党派进行了诸多内部调整，政治活动频度加强。2017年11月19日举行大选的第一轮投票，在创纪录的8名总统候选人的角逐中，中右翼反对党候选人、前总统塞瓦斯蒂安·皮涅拉（Sebastián Piñera）与执政党候选人亚历杭德罗·吉

* 芦思姮，中国社会科学院研究生院世界经济专业博士生，中国社会科学院拉丁美洲研究所助理研究员。研究方向为制度经济学、拉美公共政策、区域经济一体化。

耶（Alejandro Guillier）位居前两位，分别以36.6%和22.7%的选票进入第二轮决选。同日，议会选举启动，在众议院的155个席位中，执政联盟仅获得43席，反对派联盟则赢得72席。在参议院需要更迭23个席位，最终结果显示中左翼比中右翼少获得4席。在12月举行的第二轮投票中，皮涅拉最终以54.57%的选票胜出，以高出吉耶9个百分点的优势①，继2010年后再度执政，成为民主回归以来智利史上第二位两度获得胜选的总统。

值得指出的是，在此次大选中，一支新兴政治力量崛起——2017年1月新成立的左翼政党联盟"广泛阵线"（Frente Amplio）。尽管该党候选人比阿特丽斯·桑切斯（Beatriz Sánchez）在第一轮投票中以微弱的差距惜败于吉耶，无缘决选，但该党在众议院选举中收获颇丰。鉴于左右翼两党在该选举中均未获得绝对多数，"广泛阵线"作为智利政坛不容小觑的第三支政治力量，将在下一个政治周期对政府立法提案与政策制度的出台产生更为深刻的影响。可以认为，这一逐渐扩大影响力的新兴力量正在逐步成为智利传统两党博弈格局中新的权衡变量。

对于左右翼实现平稳更迭，中右翼候选人皮涅拉获得胜选的原因主要有三个方面。其一，从竞选主张来看，尽管在其第一任期的民意支持率不甚理想，但不可否认的是，在宏观经济领域，政府交出了漂亮答卷。在其执政周期内，智利年均经济增长率高达5%。因此，选择皮涅拉无疑将提高人们对未来四年国内经济增长的正向预期。此外，在智利国内经济环境持续低迷不振的背景下，皮涅拉的竞选方针既向民众展现了临危受命、肩负重责的负责任形象，又提出了一系列降低企业税、扶持中小企业、重塑投资者信心的改革举措。这些主张顺应民众需求，尤其是当前中产阶层亟待摆脱经济困境，寻求变革与突破的诉求。从这一点来看，媒体人出身、从政资历尚浅的中左翼候选人吉耶显然处于劣势，缺乏充分的民众信任。其二，从政党结构上看，在此次大选中，中左翼执政联盟内部分歧较大，缺乏团结，且新兴左翼

① 参见智利《信使报》公布的大选结果，"Resultado general"，http：//www.emol.com/especiales/2017/actualidad/nacional/elecciones/resultados_ 2v.asp#19001，最后访问日期：2017年12月27日。

政治力量“广泛阵线”分流了相当比重的支持左翼的选票。此外，近两年来，巴切莱特及其中左翼政府因政治丑闻频出，形象大为受损。在国际环境不利的背景下，国内短时间内过快、过于激进地推行一系列不利于重塑投资者信心的结构性改革，且在实施过程中阻力重重，失误频发，这从根本上导致民众对中左翼政府的执政能力及其经济管理成效产生怀疑。其三，从区域地缘政治生态来看，历史经验表明，拉美地区的政治周期往往呈现趋同性、同质性。受该地区政治环境“向右转”的传染效应影响，尤其是邻国阿根廷 2017 年 8 月在议会中期选举中，民众对中右翼政府及企业家出身的总统马克里的支持率持续提高，这在很大程度上对智利大选结果产生了“示范”或“引导”作用，对同为企业家出身的智利中右翼候选人皮涅拉更为有利。

（二）当选总统的政策理念

与中左翼候选人吉耶侧重于“社会公平”原则相比，皮涅拉在其竞选承诺中将“重振经济”置于优先位置，并以此为基础，提出构建“更好的时代”理念，充分彰显“变革”与“革新”，以期与巴切莱特政府的政策立场加以区别。皮涅拉的竞选理念旨在传递两方面信息。一是在政治和社会保障层面，执政后将对上届政府那些过于敏感、激进且不利于当前提振经济的改革内容加以修正甚至取消，尤其是新宪法制定和养老金改革方面①，以更加利于政见统一，消除分歧。二是在经济层面，他提出增长是其他一切改革推进的前提条件。将放缓一系列加剧当前国内经济低迷局势的改革步伐，特别是在税制方面②。实际上，巴切莱特政府在提振经济方面已经做出了一定的努力，如简化关税与税收规章制度、扩大中小企业的信贷规模、为创业活动提供便利化和信息化平台等，而皮涅拉新政府将进一步落实这些措施。与

① “Piñera y Chile Vamos acuerdan rechazar proyectos emblemáticos de Bachelet”, http://www.latercera.com/noticia/pinera-chile-acuerdan-rechazar-proyectos-emblematicos-bachelet/，最后访问日期：2018 年 1 月 3 日。

② “Piñera prioriza medidas económicas para primeros días de gobierno”, http://www.latercera.com/noticia/pinera-prioriza-medidas-economicas-primeros-dias-gobierno/，最后访问日期：2017 年 12 月 24 日。

此同时，将为大力推进投资计划提供行之有效的激励措施，尤其是为基础设施的提升创造条件。

智利政治格局实现左右翼更迭，从表象上看，这是拉美“左翼式微、右翼崛起”现象又一有力例证，但应当认识到，在这些新执政的右翼领导人中，相当一部分人采取的发展理念与以前有所差别。普遍而言，当前右翼对意识形态的立场逐渐淡化，更加趋于一种中间路线，抑或是一种渐进主义式的取向，这一趋势不仅是为了在大选中争取到更多的中间选民，而且是为国内公共政策更有效地实施而进行的必要的政策选择。与拉美其他国家相比，智利的民主政治生态更为稳健，左右翼分歧并不鲜明，所谓“左转”“右转”趋势亦不显著，尤其是在近 20 年来，该国社会经济政策具有很强的连续性，政策立场与偏好呈现趋同性。基于此，尽管此次大选左右翼实现更迭，但该国政策的基本方向不会发生大的改变，尤其是对于皮涅拉这位在其第一任期将经济发展与社会结构完善并举的总统而言。与此同时，亦应当看到，在当前不利的国内宏观经济条件下，这位再度当选的中右翼总统很大程度上会采用一系列更加倾向于对刺激经济效率产生正向溢出效应的改革措施。

二　经济形势①

（一）宏观经济调控

财政政策方面，2017 年，尽管经济形势持续低迷，但得益于税制改革的成效，尤其是公司所得税税率的提高以及对偷税漏税行为的打击，税收收入涨幅有所提高；公共支出方面，增速基本与 2016 年持平，略有上涨，这是经常性支出扩张和资本性支出收缩共同作用的结果，其中用于教育和医疗的支出增幅较为显著。综上，全年政府实际财政赤字率为 2.7%。

① 本部分数据除特别说明外，均来自 CEPAL, *Balance Preliminar de las Economías de América Latina y el Caribe 2017*, Santiago de Chile, Diciembre 2017, https://www.cepal.org/es/publicaciones/bp，最后访问日期：2017年12月28日。

货币政策方面，自2016年起，智利央行为应对总需求不振，采取扩张性政策，通过下调基准利率，增加流动性，而保持低位的通货膨胀水平为货币政策的实施留出较大的调控空间。2017年，货币当局分别于3月和6月两次调整基准利率，共降低1个百分点，最终保持在2.5%。值得指出的是，近两年来，用于消费和住宅的平均贷款利率分别下降了1%和0.4%，但由于对经济前景缺乏正向预期，政府的扩张性调控并未能激活信贷活动，反而使其需求有所收缩。

（二）宏观经济表现

1. 充分就业

尽管增长动力不足，但劳动力市场运行依然稳健，全年失业率基本与上一年持平，保持低位。从产业部门来看，教育、公共管理和医疗部门对吸纳劳动力的贡献作用较大，而农业、贸易、制造业和矿产部门的劳动参与率有所收缩①。

2. 稳定物价

货币当局实行通货膨胀目标制。鉴于国内总需求长期萎靡，全年通货膨胀率仅为2.1%，比2016年下降了0.6个百分点，已逼近央行制定的通胀目标区间（2%~4%）下限，其中物价涨幅较为显著的是食品和非酒精饮料、文化娱乐部门，而价格变化呈负值的部门集中在交通通信、服装鞋业领域②。

3. 经济持续均衡增长

2017年，尽管世界经济环境出现诸多利好因素，如全球金融市场波动性降低、初级产品价格回暖、发展中国家资本流动性增强等，但从宏观经济基本指标来看，智利依然呈现总需求不振、增长低迷的特征，全年增长率仅为1.5%，这一数字不仅与上一年相比略有下降，而且在拉美范围内，业已

---

① INE, *Encuesta Nacional de Empleo*, Departamento de Estudios Laborales, Diciembre de 2017, http://www.ine.cl/estadisticas/laborales/ene，最后访问日期：2017年12月28日。

② INE, *Índice de Precios al Consumidor*, Diciembre de 2017, http://www.ine.cl/estad%C3%ADsticas/precios/ipc，最后访问日期：2017年12月28日。

处于下游水平。从国内生产总值构成来看，以家庭负债为支撑的消费支出有所增长，而固定资本净值因受建筑业和矿产部门所累连续四年出现收缩。对外贸易方面，商品和服务出口量陷入停滞，进口的增长则较为强劲。

从产业部门来看，一方面，非矿产经济表现较为活跃，尤其是在由耐用品和非耐用品消费拉动的贸易部门、由移动通信服务带动的电信部门，以及建立在医疗和教育支出上的个人服务部门。另一方面，农业和建筑业表现欠佳，其中前者深受自然灾害和作物产量下降影响；后者则归因于住宅建设数量减少。再看矿产部门，2017 年，国际铜价企稳回升，前 11 个月上涨了将近 22 个百分点，这对高度依赖铜矿投资拉动经济的智利来说无疑是一个利好消息。高铜价会提高大型矿业公司的收益，进而增进国家税收收入。例如，受益于铜价的上涨，智利国有铜矿公司 Codelco 2017 年 1 月 ~9 月的盈余总额已超过目标利润 6 倍之多①。从理论上来讲，铜价高企有利于吸引投资，进而提振经济。然而，事实证明，这一利好因素对该国铜矿产量，进而对整个宏观经济形势产生的正向效应并不显著，这是由于投资者对铜价波动的中长期趋势及对智利经济增长的预期普遍持犹疑态度。基于此，铜矿部门的投资已经连续三年出现下跌，尤其是在第一季度全球最大矿区——埃斯孔迪达铜矿（Escondida）罢工事件的影响下，私人部门受到明显冲击。

4. 国际收支平衡

经常项目账户方面，全球铜价的回暖促使铜矿出口额显著上涨，并在一定程度上抑制了产量下降造成的负面影响；与此同时，进口总额亦有所增长，主要集中在耐用消费品的购买上。在上述两种因素的相互作用下，智利全年经常项目账户赤字规模与上一年相比出现小幅收缩。资本账户方面，鉴于投放在国际服务、金融和贸易市场的债券规模扩大，以及矿产部门外国直接投资的波动，资本净流入有所减少。汇率方面，得益于国际经济环境的改善，尤其是全球资本市场风险的降低，智利央行对基准利率的下调并未导致

① “Excedentes de Codelco superan los US $ 1.600 millones y triplican lo entregado en todo 2016”，https://www.codelco.com/excedentes-de-codelco-superan-los-us-1-600-millones-y-triplican-lo/prontus_codelco/2017-11-23/112040.html，最后访问日期：2017 年 11 月 30 日。

本币式弱，而是延续了2016年起持续走强的趋势，2017年1～11月，比索的名义汇率上浮4.2%。

（三）宏观经济展望

在世界经济论坛2017年的全球竞争力报告对137个国家和地区的排名中，智利全球竞争力指数连续两年位居拉美之首，排在全球第33位。总体而言，在每年公布的排名中，智利各项指标相对稳定。2017年有个别指标出现波动，例如，宏观环境排名下降了4个位次，但仍位于较高水平。此外，在商业成熟度、创新、医疗和初级教育领域，表现不尽如人意，这也暴露了长期制约智利发展的主要症结所在。报告认为，智利当前营商环境的主要问题在于劳动力市场弹性不足、政府官僚主义盛行，以及巴切莱特政府步伐过快的一系列涉及就业、税收和教育的改革导致政策的稳定性出现波动。尽管如此，如果这些改革在经历阵痛后能够取得积极的成效，将对智利未来的可持续发展大有助益①。

从中短期来看，对于皮涅拉政府，其主要经济诉求在于重振民众的信心，尤其是提高投资者对智利社会经济发展前景的预期，将有效扩大投资、改善营商环境、提高企业竞争力视为优先目标，旨在为刺激内需、提振经济开辟道路，这契合当前国内亟待走出经济停滞不前窘境的诉求。应当指出，这种期望是否能够取得积极的预期，一是取决于新政府内部能否形成共识，顺应国内外新变化，制定中长期规划，以优化生产结构，并保障政策实施的有效性；二是依赖于国际经济环境的持续改善，尤其是铜矿价格的波动性和智利主要出口目的地——中国和欧美市场对初级产品需求这两个变量上。

在对智利中长期经济进行展望时，应充分对两个事实形成预期：其一，诸如21世纪初由大宗商品“超级周期”带来的繁荣已无法重现；其二，该

① World Economic Forum, *The Global Competitiveness Report 2017 - 2018*, pp. 11 - 88; EIU, *Country Report— Chile*, October 2017, p. 29.

国铜矿出口主要目的地——中国，在经济新常态下，经济结构升级使其贸易需求偏好发生转变，更加倾向于服务贸易。在这一背景下，就中长期发展而言，智利政府应当适时调整结构，尤其是摆脱对铜矿经济的高度依赖性，实现产业部门和政府收入来源的多元化发展，进而寻求价值链的优化升级。对此，智利政府已经有所认识，并进行了一些有益的尝试。例如，计划将国有铜矿公司业务扩展到厄瓜多尔和蒙古国；再如大力推动锂矿经济，以支持拥有更长使用寿命、用于电子产品的锂电池的发展。

三 社会形势

（一）2017年人口普查

2017 年 4 月，智利国家统计局正式启动五年一度的人口普查工作，主要集中在人口统计的一些基本数据，如年龄、性别、教育程度与质量、是不是移民或原住民、家庭状况、住房条件与环境、生育情况等。人口普查提供的信息将为各级政府和不同公共部门更加合理地制定公共政策，进而优化社会经济资源分配提供重要的依据。

根据智利国家统计局公布的报告，人口结构方面，智利总人口为 1757 万人，年均增长 1.06%，其中男女性比例分别占 48.9% 和 51.1%。老龄化趋势日趋严峻，近 15 年间，65 岁及以上人口比例从 6.6% 上升至 11.4%，相对于 15 岁以下青少年比重降低了 9 个百分点，但 65 岁及以上人口上涨幅度更甚。这一结果不仅使人口负担系数（需要供养的少年及老年人口之和与劳动人口之比）加大，而且将使该国就业情况变得更为复杂。住房结构方面，未投入使用、待出售或出租的住房占总住房存量的 11%①。

① INE，*Resultados definitivos Censo 2017*，pp. 4 - 11，http：//www. censo2017. cl，最后访问日期：2017 年 12 月 30 日。

（二）世界最大铜矿罢工

自2017年2月起，由澳大利亚必和必拓控股的智利埃斯孔迪达铜矿宣布罢工，为期44天，这是智利采掘行业发生的最旷日持久的一次罢工事件。该铜矿位于北部阿塔卡马沙漠，作为目前全球最大的铜矿，其铜矿产量约占智利铜矿产量的1/5以及占全球铜矿总产量的5%～6%。此次罢工的主要原因在于自2016年第四季度起，随着世界铜矿价格回暖，公司利润有所上涨，在劳工合同1月底集中到期的背景下，工会提出恢复待遇，要求提供2500万美元奖金和7%的加薪幅度，但经营方未能同意，仅承诺给予少量的奖金。

最终，超过2500名工会雇员以在原有合同基础上延长18个月为条件，恢复了生产活动。此次事件严重削减了铜矿产出。据统计，受罢工影响，埃斯孔迪达铜矿一季度的产量同比骤降63%。值得指出的是，此次谈判是由总统巴切莱特领导的劳动法改革前的最后一次。新的劳动法案获得议会通过，并于2017年4月1日生效。尽管在此次罢工中未能达成新的合同，但得以将原有合同延长，这意味着新的谈判将在新劳动法案框架下进行。新法案明确规定降低以前的福利基本上属于非法，且禁止替换罢工工人。因此，劳动法改革后，工会将掌握更具优势的法律工具，争取福利和权益。与此同时，2017年，在智利其他铜矿公司雇员也将面临合同集体到期的局面下，劳动法所赋予工会的法律武器将受到更多矿业公司管理层的诟病，进而加剧劳资双方本已尖锐的矛盾。

四　外交形势

（一）中智关系

1. 中智自由贸易协定升级

2017年，中智两国自由贸易协定升级版的最终落实标志中智经贸关系迈入了新阶段。中国－智利自贸协定可追溯到12年前，这份于2005年11

月签署、2006年10月正式实施的文件是中国与拉美国家签署的第一份自贸协定，同时也成为中国已签署的货物贸易自由化水平最高的自贸协定之一。该协议生效十年来，中智经贸关系步入“快车道”，取得了突飞猛进的进展。自2016年11月以来，为了进一步推动双边经贸关系的纵深发展，中国商务部与智利外交部签署了谅解备忘录，这标志着中智自贸协定升级谈判进程正式启动。

2017年11月11日，在亚太经合组织（APEC）领导人非正式会议召开期间，两国签署了中国－智利自贸区升级谈判成果文件。升级版文件在内容和领域方面，一方面对原有协定关于货物贸易市场准入、服务贸易、原产地规则和经济技术合作四个领域进行拓展，另一方面新增了海关程序和贸易便利化、电子商务、竞争、环境与贸易四个章节的内容，同时包括货物贸易关税减让表、特定产品原产地规则、原产地证书和服务贸易具体承诺表四个附件[①]。这份成果的达成，不仅体现了中智双方在当前世界经济保护主义趋势抬头的背景下，积极倡导经济全球化、贸易开放与自由化的强烈愿望和共同诉求，而且亦对中国今后寻求与拉美其他国家商讨相关制度文本构建提供了重要的示范作用。

2. 参加“一带一路”峰会

2017年5月，智利总统巴切莱特受邀出席中国举办的“一带一路”国际合作高峰论坛。其间，明确表示智利愿构筑亚洲和拉美之间的桥梁，也愿意在该框架下发挥积极作用。当前国际宏观经济环境充满不确定性，而中国提出的“一带一路”倡议向世界传递持续推进自由贸易和经济全球化的积极信号，这成为在世界范围内探索新的发展可能性的重要努力。智利作为拉美与亚太地区合作的先行者和典范，希望抓住这一宏大的经济发展方案所带来的机遇，一方面实现联通亚洲和拉美的一些设想，尤其是与南美大陆的互联互通为双边经贸往来提供便利；另一方面在智利已获准加入中国积极倡导

① 《自贸协定升级为中智合作添动力》，http：//fta. mofcom. gov. cn/article/chinachile/chinachilegfguandian/201711/36200_ 1. html，最后访问日期：2017年11月25日。

的亚投行的背景下，积极促成本国发展战略同“一带一路”倡议的有效对接，尤其是在基础设施建设领域，如中智双方正在就建设首条联通亚洲和南美洲的跨太平洋海底光缆进行可行性研究，这项工程对于推进国际海陆缆等通信网络建设，进而提高国际通信互联互通水平具有重大意义。

值得指出的是，尽管在2017年年底的智利大选中，左右翼发生更迭，但可以预期的是，两国关系日益密切的基本方向不会发生任何变化，这是因为大力发展对华关系是智利对外政策的关键一环与传统立场，不会因为意识形态或政府的更迭而改变，而且为了提振国内经济，皮涅拉政府将会寻求进一步拓展同中国的合作，并期望中国在推行国际贸易开放与自由化理念以及亚太区域与一体化问题上更有作为。

（二）亚太区域合作

1. 出席 APEC 峰会

在2017年11月，总统巴切莱特在出席于越南举行的APEC领导人会议期间，尤为关注会议议程提出的有关社会、经济和金融包容性的事项，她指出在落实包容性政策时，应当提高青年、妇女和中小企业在经济中的参与度。此外，重申支持对外开放以及以APEC为代表的多边贸易体制的立场，指出贸易开放和一体化是保持增长与发展的必要条件。

2. 深化太平洋联盟与东盟合作

2016年5月，太平洋联盟四国与东盟各国共同商讨在依托各自一体化平台的基础上建立合作框架。2017年，智利作为该机制轮值主席国，承诺将进一步促进太平洋联盟与东盟之间的合作关系。同年5月，总统巴切莱特对印度尼西亚进行国事访问，并出席东盟与太平洋联盟企业论坛。

（三）与拉美国家的双边关系

1. 与秘鲁加强双边关系

2016年年底，秘鲁总统库琴斯基对智利开启执政以来的首次国事访问。尽管近年来互为近邻的两国关系在领海争端持续发酵情况下有所恶化，但此次访问使两国元首就深化经贸联系达成共识。2014 年 1 月，海牙国际法庭就两国领海争端做出终审判决，这一结果尽管标志着两国长达六年的领海边界划分争端得以解决，但在一定程度上激化了两国矛盾。秘鲁新总统库琴斯基的上台为双边关系的改善带来了新的契机。在此次国事访问中，两国元首强调了发展道路上的共同利益，尤其是同为太平洋联盟和“跨太平洋伙伴关系协定”（TPP）成员国，在泛太平洋框架下两国在贸易领域的合作大有可为。此外，两国总统在引渡条约、安全等领域达成了新的共识。值得指出的是，在 2017 年的大选中，中右翼候选人皮涅拉获胜，在其下一个任期中，鉴于与库琴斯基良好的私人关系，智秘双边关系或将得到进一步拓展。

2. 与玻利维亚的边境争端不断

自 2017 年 3 月以来，玻利维亚商人在智利边境地区的商品走私活动日趋猖獗，严重影响了市场秩序。智利方面已抓获数名走私人员，玻利维亚也派遣武装部队巡逻进行管控，但玻利维亚政府在打击走私犯罪方面的效率与能力十分缺失，非但未能有效抑制这一趋势，反而使走私活动愈演愈烈。此前，两国政府因海牙法庭对出海口争端的判决而缺乏互信，在这一事件上，双方相互指责，缺乏合作，因此，两国关系持续恶化。

（杨志敏　审读）

Y.15
哥伦比亚：和平协议在困难中推进

谌园庭*

摘　要： 2017年，哥伦比亚政府正式宣布冲突结束，和平协议在质疑声中完成了执行的初始阶段，但其他内容的执行进展缓慢。桑托斯总统执政最后一年的主要任务是推动和平协议的稳步实施，并保持各项政策的稳定性。2018年大选被提上议事日程。经济放缓已经触底，财政结构性赤字目标得以实现，经常项目逆差缩小，通胀压力缓解，2018年经济将逐步复苏。社会领域，暴力事件时有发生，贫困仍是主要挑战，不同行业的罢工活动对政府造成了压力。外交上，积极推行经济外交，保持对美合作立场，对委关系持续紧张。

关键词： 哥伦比亚　和平协议　大选　边境安全

一　政治形势

2017年，桑托斯政府的首要任务是推动和平协议的稳步实施，但和平进程的前景取决于2018年大选结果。各党派都在备战2018年大选，预计当选者不会在经济政策上出现重大转变，而重建和平的道路则充满复杂性和不确定性。

---

* 谌园庭，法学博士，中国社会科学院拉丁美洲研究所副研究员，国际关系研究室主任，主要研究方向为拉美国际关系及中拉关系。

（一）和平协议执行进展缓慢

自2016年8月，桑托斯政府与哥伦比亚革命武装力量（FARC）达成全面和平协议，到该协议在10月2日举行的全民公投中被否决，再到双方在古巴哈瓦那再次谈判，于11月24日签署新的和平协议，并获得国会批准，和平协议的通过可谓一波三折。

随着2017年的到来，和平协议也进入执行阶段。各界对长期和平的期待仍持谨慎态度，和平协议在实施过程中的复杂性引发了诸多疑虑与反对声。根据民调，57%的民众不看好政府与FARC签署的和平协议的落实，91%的民众反感国内第二大反政府武装哥伦比亚民族解放军（ELN）。但在一片质疑声中，和平协议的执行不断取得进展。2017年6月27日，联合国宣布FARC已经完成第三阶段的武器交付，正式解除武装；8月，哥伦比亚政府正式宣布冲突结束，和平协议执行的初始阶段已经结束。然而，和平协议其他内容的执行进展缓慢，主要有两点原因。其一，桑托斯政府缺乏有效的规划和执行，导致前FARC反叛分子拖延融入平民生活的步伐，一些持不同政见者又重新加入了非法毒品交易。其二，议会中党派的分裂导致在讨论与和平有关的法案时，议会要么对政府的原始提案做了大幅修改，要么直接否决。未来，政府与ELN的谈判进展、对武装冲突受害者的补偿、反政府武装政治参与的实现等因素都会影响到和平协议的执行进展。

随着2018年大选的临近，和平进程前景成为民众关注的主要议题。可以说，和平协议能否顺利实施将直接影响2018年大选结果，而和平进程的前景则又取决于2018年大选结果。因此，桑托斯总统强调，希望民众牢记，与游击队的和平协议不属于现任政府，而属于整个哥伦比亚。

（二）桑托斯总统再次改组内阁

2017年8月2日，桑托斯总统进行了其任内最后一次内阁改组，任命了三位新部长，分别为交通部部长卡尔多纳（Germán Cardona），贸易、工业和旅游部部长古铁雷斯（María Lorena Gutierrez Botero），住房、城市和国

土部部长普马雷霍（Jaime Pumarejo）。其中，卡尔多纳曾经在2010～2012年担任过桑托斯第一任期的交通部部长，古铁雷斯在2016年担任矿业和能源部部长，此次两人因为对总统的忠诚而被选中回归，说明桑托斯总统改组内阁的目的是希望保持各项政策的稳定性以及巩固自身的支持率。

经过这次有限的内阁改组，自由党（Partido Liberal）因为鼎力支持桑托斯总统的和平进程，继续占据包括内政部和外交部在内的7个部长职位，成为拥有内阁最多职位数量的党派。相比之下，尽管是议会第一大党，民族团结社会党（Partido Social de Unidad Nacional）只占据了4个部长职位，其中还包括即将离职的农业和农村发展部部长伊拉戈里（Aurelio Iragorri Valencia）。为此，该党参议员贝内代蒂（Armando Benedetti）发表声明，此次任命既无助于执政联盟的巩固，也无助于政府立法议程的推进。

（三）大选被提上议事日程

哥伦比亚将于2018年3月进行立法选举，5月举行总统选举。本次大选有两个鲜明特点。一是高度分散，大约有30位候选人宣称将角逐总统大选。其中不少人选择成为独立候选人，以和作为腐败代名词的政党拉开距离。主要的独立候选人有：曾担任过麦德林市市长和安蒂奥基亚省省长的塞尔西奥·法哈多（Sergio Fajardo），波哥大前市长古斯塔沃·佩德罗（Gustavo Petro），激进变革党领导人、前副总统瓦加斯（Germán Vargas Lleras），前总检察长亚历杭德罗·奥多涅斯（Alejandro Ordóñez），前驻美大使和前国防部部长胡安·卡洛斯·平松（Juan Carlos Pinzón）。

二是严重对立和分化，表现为左翼和右翼之间的分化严重，在对待与FARC达成的和平协议的问题上，持支持立场者与持反对立场者之间对立严重。经济表现不佳、对2016年签署和平协议的FARC表示宽容和巴西奥德布莱希特公司行贿丑闻等因素，已经损害了桑托斯总统的人气以及与执政联盟合作推出候选人的机会。

前总统乌里韦领导的右翼民主中心党于2017年12月10日宣布，参议员伊万·杜克（Iván Duque）将作为本党候选人参选。杜克的政治立场偏中间，是乌里韦培养的新手，自从宣布参选后，人气大涨。在对待和平协议的问题上，杜克立场温和，这有利于其吸引中间派选民，但由此也会招致强硬的右翼人士不满，这些人倾向于支持前副总统巴尔加斯，或者是乌里韦时期的国防部部长露西亚·拉米雷斯（Martha Lucía Ramírez）。巴尔加斯提出的竞选口号是提振经济、促进就业、减轻企业税收负担。

中间派法哈多作为哥伦比亚联盟（Coalición Colombia）的候选人参选，该联盟集合了持中左立场的几个党派，包括绿色联盟党、民主中心党和公民承诺党。法哈多的政治立场温和，并且对传统政党保持警惕，尽管他本可以获得自由党的支持参加竞选。法哈多的主要竞选纲领是打击腐败、发展教育。

左翼目前还没有一个明确的候选人，主要参选人有佩德罗以及来自自由党的温贝托·德拉卡列（Humberto de La Calle）。

此外，FARC 成立了自己的政党大众革命替代力量（Fuerza Alternativa Revolucionaria del Común，FARC），继续保持了西班牙语同样的缩写，是为体现 FARC 弃武从政后的延续性。其领导人罗德里戈·隆多尼奥（Rodrigo Londoño Echeverri）也将参加竞选，尽管几乎没有获胜的可能，但此举代表 FARC 迈出了从反政府组织向政党转型的重要一步，表达出该组织对国家政治参与的立场。

二　经济形势[①]

由于国内需求疲软，2017 年哥伦比亚经济增长率仅为 1.8%，低于 2016 年的 2.0%。有迹象表明，经济放缓可能已经触底，且增速将在 2017 年第三季度开始回升。在财政方面，中央财政规定的结构性赤字目标得以实现，但分权部门的盈余收窄。经常项目逆差缩小，通胀压力缓解。

① 除特别注明外，该部分的所有数据均来自 ECLAC，*Preliminary Overview of the Economies of Latin America and the Caribbean 2017*，Santiago，Chile，December 2017。

（一）宏观经济形势

1. 财政状况有所改善

2017 年中央政府采取措施，增加收入并遏制开支，以推动公共财政的调整。2016 年年底通过的税制改革措施提振了中央政府的财政收入。财政支出也有所增加，但幅度不大。财政收入相当于 GDP 的 14.2%，比 2016 年高出 0.6 个百分点。这主要是因为增值税税率从 16% 提高到 19%，增值税收入在 2017 年 GDP 中的占比提高了整整一个百分点，弥补了收入税和财富税收入的下滑。尽管利息支出增加，中央财政支出从 2016 年的 18.9% 小幅增长至 2017 年的 19.0%，但仍然保持了稳定。财政赤字占 GDP 的 3.6%，扣除经济周期影响（约占 GDP 的 1.7%）后，结构性赤字相当于 GDP 的 2.0%。分权部门盈余占 GDP 的 0.4%，与中央财政赤字相抵后，非金融公共部门赤字占 GDP 的 3.2%，高于 2016 年的 2.4%。分权部门盈余收窄的原因主要是地方政府进入任期第二年，投资速度加快。

2. 货币政策逐步放松

由于 2017 年通货膨胀下降迹象明显，央行逐步放松其紧缩立场，并将货币政策利率下调了 300 个基点，从 2016 年 11 月的 7.75% 降至 2017 年 11 月底的 4.75%。贷款利率下调的传导速度缓慢，特别是消费组合情况，其利率是根据两年和五年的时间范围确定的。随着消费和投资放缓，信贷需求减弱，截至 9 月，其投资组合质量指标显示损失 4.5%。

哥伦比亚比索的价值受到了国际石油供应和价格预期的变化以及美元兑换其他货币走弱的影响。2017 年名义汇率为 2900 比索兑 1 美元左右，2016 年的平均汇率为 3055 比索兑 1 美元。自 2014 年年中以来，比索实际贬值，但贬值率在 2016 年年中开始放缓，2017 年 1 月 ~10 月，实际的多边汇率指数平均升值 5.0%。

3. 国际收支继续向好

2017 年上半年国际收支经常项目赤字有所下降，占 GDP 的 4.1%，2016 年同期占 GDP 的 4.6%，此后继续下降，全年约占 GDP 的 3.8%。与前一年的趋势不同，国际矿产和石油价格的上涨有助于减少货物账户的赤字，因为燃料出口的价值增加了，这也是1～9月对出口增长19.5%贡献最大的一类商品。截至2017年9月，进口下滑的趋势得以扭转，累计增长4.4%，其中大部分增长来自进口投入、资本货物和运输设备。油价上涨也推动了净要素收入流出，这是因为该部门的外国投资者汇出利润，收入流出的增加被汇款流入所抵消，截至2017年9月，汇款上涨了9.5%。经常项目账户赤字的减少缓解了对净资本流入的需求。外国直接投资（FDI）尽管比上一年有所减少，但和证券投资一起成为2017年上半年对金融账户做出最大贡献的两类流入。

4. 经济增速步伐缓慢

2017年的经济活动保持自2015年开始的持续放缓状态。2017年年初家庭贷款利率高，上半年间接税的上调抑制了私人消费。消费者信心指数仍为负值但有所改善，这预示着下半年家庭消费的好转。由于对市政工程、农业设施和运输设备的投资加快，在连续下跌超过四个季度后，固定资本形成总额略有上升，但建筑投资下滑。政府消费攀升3.5%。

以咖啡生产和其他作物为主导的农业部门以及与社会、个人和金融服务相关的部门推动了增长。家庭消费速度放缓反映为运输和商业增长停滞以及工业部门的萎缩（1～9月累计下降1.2%），后者归因于石油产品以外的商品减少。建筑行业受到需求疲软的影响，也受到4G道路基础设施项目财务方案闭合延迟等问题的影响。采矿业继续下滑，尽管由于价格上涨而出现微弱的复苏迹象。

5. 通胀压力得以缓解

年通货膨胀率从2017年1月的5.5%降至11月的4.1%，接近央行设置的2%～4%的目标上限。下降的主要影响因素是2016年实施的紧缩货币政策的滞后效应，这一滞后效应因2017年需求低迷而影响力得到加强。2016年年底通过的税制改革带来了价格上涨压力，非食品通胀下降幅度低于总体通胀率（4.8%）。

（二）2018年经济展望

哥伦比亚经济将逐步复苏，各大机构对其2018年经济增长的预测均高于2017年。CEPAL预计哥伦比亚2018年的GDP增速将达到2.6%，EIU的预判是2.5%，IMF将其经济增长预期提高至3%。

促进经济回暖的国内利好是利率下降、基础设施投资增加以及私人消费的增长。国际利好是国际石油价格上涨以及美国和欧元区经济表现预期改善。此外，也存在一系列挑战和不确定性，例如，反政府武装对能源矿产设施的袭击和破坏，对于道路基建领域的资金安排存在争议导致融资闭合难度加大，以及大选对投资热情的影响。值得关注的是，近两年哥伦比亚的营商便利性排名持续下滑，根据世界银行发布的《2018年全球营商环境报告》，在190个经济体中，哥伦比亚经商便利程度排名由第53位降至第59位，在拉美地区由位列第2下降至位列第4，排在墨西哥、智利和秘鲁之后。

三　社会形势

（一）暴力事件时有发生

哥伦比亚是美洲最不安全的国家之一。根据“2017年全球和平指数”，在163个国家和地区中，哥伦比亚排在第146位，与2016年相比，上升了一位。[①] 据报道，当前哥伦比亚境内至少有52平方公里雷区，主要集中在安蒂奥基亚省、北桑坦德省、梅塔省、卡克塔省和纳里尼奥省。[②]

尽管政府与FARC的和平协议已经达成，并在实施过程中，但反政府武装

① “Global Peace Index 2017”，http：//visionofhumanity.org/indexes/global-peace-index/，最后访问日期：2018年1月15日。

② 《哥伦比亚媒体称哥境内至少有52平方公里雷区》，中华人民共和国驻哥伦比亚共和国大使馆经济商务参赞处官网，http：//co.mofcom.gov.cn/article/jmxw/201704/20170402559210.shtml，最后访问日期：2017年12月15日。

仍保持了强大的破坏力。2017 年 5 月，FARC 反叛成员绑架了一名联合国哥伦比亚籍官员。ELN 在与政府进行和平谈判的同时，部分成员仍在其活跃地区从事各类犯罪活动，包括武装袭击政府军、绑架、破坏基础设施等。此外，各反政府武装、犯罪团伙之间仍经常发生暴力冲突，为争夺原为 FARC 控制的古柯种植地卡塔通博地区而展开地盘战，使该地区安全状况严重恶化。

与此同时，哥伦比亚凶杀率自 2002 年以来呈稳步下降趋势，2017 年凶杀率是十万分之二十四，同比下降 1.6%。[①]

（二）贫困仍是主要挑战

贫困是哥伦比亚国内冲突问题的原因，同时也是结果。桑托斯总统执政后，推出了“更多家庭行动”等有条件现金转移项目，开展减贫行动。当前，哥伦比亚极端贫困有所缓解，但由于城乡差异很大，贫困仍是社会主要挑战。

农村贫困率远高于城市。据哥伦比亚国家统计局的数据，截至 2016 年年底，全国处于极端贫困和贫困状态的人口为 36.31%，这意味着在全国 4865 万人中，有 1766 万极端贫困和贫困人口。其中，贫困人口占 28%，与 2015 年同期相比，下降 0.2 个百分点。根据多维贫困指数统计，贫困人口从 2015 年的 20.12% 下降到 2016 年的 17.4%；但在农村地区，2016 年的贫困人口达到 37.6%。[②]

城市存在严重的非正规就业问题。由于经济高度依赖原油、煤炭和咖啡，哥伦比亚劳动力就业状况一直欠佳，高达 46% 的城市劳动力属于非正规就业。[③] 与此同时，城市地区的失业率反映了近几年经济放缓的状况，失业率从 2016 年 9 月的 10.2% 上升至 2017 年 9 月的 10.4%，其中 13 个主要大都市地区的失业率增幅更为显著，从 9.9% 跃升至 10.5%。就业在商业和房地产业下跌最多，但在农业部门则呈上升态势。工资上涨了 4% ~7%

---

① “Region：Mixed picture on homicide rates”，LatinNews Daily，February 2018.

② “Mixed picture on homicide rates”，*Latin American Security and Strategic Review*，February 2018，p. 5，http：//latinnews. com/media/k2/pdf/palviz. pdf，最后访问日期：2018 年 2 月 27 日。

③ “Poverty reduction in Colombia-miles behind”，*Latin American Andean Group Report*，January 2018，p. 5，http：//latinnews. com/media/k2/pdf/aofte. pdf，最后访问日期：2018 年 2 月 1 日。

（后者是商定的最低工资上涨幅度）。[①]

对于桑托斯以及其继任政府来说，结束冲突只是第一步，只有大幅减少贫困、杜绝返贫现象、减少社会不平等、创造正规部门就业、提供教育和培训机会、培养稳定的中产阶级，才能真正实现国家和平。

（三）举行罢工活动为政府施压

2017 年 5 ~6 月，哥伦比亚政府一直面临来自至少三个不同群体的一系列群众抗议活动。抗议者的诉求各不相同，但有一点是相同的，即抗议中央政府未能履行增加财政支持的承诺。这些示威活动具有高度破坏性，不仅造成交通混乱，也造成了一定的经济损失。

规模最大的抗议活动是由哥伦比亚教育工作者联合会（FECODE）组织的，超过 6 万人进行了 3 次抗议游行活动，要求改善工资和工作条件。罢工活动影响了全国 800 万学生的课程。布埃纳文图拉市有超过 80 个当地工会与社会团体进行了 21 天的罢工，要求政府改善基础设施、医疗卫生条件和安全状况。由于该市是哥伦比亚最大的太平洋沿岸港口，占全国海运贸易额近 50%，罢工造成了约 2000 亿比索的经济损失，游行示威活动还引发了严重骚乱。与此同时，稻农也组织了罢工。在压力之下，政府通过与不同组织建立对话来回应和满足其要求，以解决问题。

四　外交形势

桑托斯政府的外交政策致力于为国内和平进程以及经济发展服务，并努力提高哥伦比亚的国际地位和地区影响力。

（一）积极推行经济外交

深化与太平洋联盟伙伴国经济一体化进程是桑托斯政府的重要外交政策之一。2017 年 6 月，哥伦比亚在卡利市主办太平洋联盟第十二届首脑会议，

---

① ECLAC, *Preliminary Overview of the Economies of Latin America and the Caribbean 2017*, Santiago, Chile, December 2017。

成员国讨论了贸易便利化、金融一体化等议题，并决定设立基础设施投资基金。峰会决定吸收澳大利亚、加拿大、新西兰、新加坡四国为候选“联系国”，并于9月启动太平洋联盟与四国的自贸谈判。桑托斯总统指出，本次峰会提出了“联系国”概念，揭开了太平洋联盟新的历史篇章，会后发表《卡利宣言》，哥伦比亚接任太平洋联盟轮值主席国。10月下旬，哥伦比亚与“联系国”的代表商谈了合作事宜。

哥伦比亚加入经济合作与发展组织（OECD）取得重要进展。2013年桑托斯政府正式启动加入OECD的程序，此后，经历了耗时数年的审批过程，并在2017年取得突破性进展。加入经合组织需获得23个委员会的批准，哥伦比亚已经获得20个委员会的通过。

与巴拿马加强关于贸易争端的对话。哥伦比亚与巴拿马长期存在贸易争端。2017年，双方决定保持经常性对话，以解决纷争，并改善两国经贸关系，因为持续的贸易争端将导致双边贸易发展低于预期，也会进一步弱化巴拿马2022年加入太平洋联盟的机会。

（二）保持对美合作立场

哥伦比亚是美国在西半球的重要盟友，也是拉美地区最大的美国财政受援国。当前两国关系中关注的优先议题是反毒、安全和委内瑞拉危机。

2017年5月，桑托斯总统访美。特朗普总统表示，哥伦比亚是美国在西半球最亲密的盟友之一，美国将继续帮助哥伦比亚实施禁毒战略。尽管如此，特朗普政府大幅削减了对哥伦比亚的援助金额。在美国2018年的预算报告中，将对哥伦比亚的援助削减至2.51亿美元，同比下降35.7%。援助主要用于哥伦比亚和平进程、反毒斗争、排雷和军事训练。[①] 此外，2017年9月，特朗普指责桑托斯政府禁毒力度不够，造成最近两年哥伦比亚古柯叶和可卡因产量剧增，并威胁如果哥伦比亚不能扭转这一势头，将取消其作为美国反毒合作伙伴的资格。

① 《美国政府2018年预算报告削减对哥伦比亚援助至2.51亿美元》，http://co.mofcom.gov.cn/article/jmxw/201705/20170502581373.shtml，最后访问日期：2017年12月15日。

哥伦比亚政府保持了加强对美安全合作的立场。2017 年 11 月，副总统纳兰霍（Óscar Naranjo）与美国副总统彭斯（Mike Pence）在华盛顿会晤，双方强调了在安全领域的合作。12 月，哥伦比亚、美国和墨西哥的总检察长在卡塔赫纳举行会议，承诺共同打击有组织犯罪、贩毒、洗钱和腐败行为。并承诺三国将在信息共享、优先禁止毒品贩运、有效打击跨国犯罪组织、共享最佳调查和检控策略信息、培训侦察人员和检察官等方面加强行动。11 月，哥伦比亚还参加了与美国、巴西、秘鲁等四国组织的在亚马孙地区的联合军事演习。

（三）对委关系持续紧张

哥伦比亚是受委内瑞拉政治危机影响最大的国家。一方面，大量委内瑞拉移民流向哥伦比亚，已经对哥伦比亚边境地区造成重大压力。根据联合国难民署的统计，当前有约 44 万名委内瑞拉人滞留在哥伦比亚，哥伦比亚政府的数据则高达 50 万人，其中超过 6.3 万人申请了特别居留许可，可以在哥伦比亚合法居留和工作。自 2014 年以来，已有 500 例庇护案件申请登记。[①] 委内瑞拉移民对哥伦比亚的经济、社会和安全带来严重影响，尤其是对脆弱的和平进程造成冲击。这一问题促使桑托斯政府加强边境管理，向所有边境口岸部署更多安全部队，以确保公共秩序。与此同时，呼吁国际援助解决可能出现的人道主义危机。

另一方面，哥委两国时常因边境安全发生纠纷。8 月 30 日，哥伦比亚众议院呼吁桑托斯总统在联合国安理会谴责委内瑞拉安全部队未经授权入侵哥伦比亚国家领土。哥伦比亚政府官员抱怨称，为打击政治异己和非法走私货物，委内瑞拉武装部队已数次进入哥伦比亚领土并威胁当地居民。但马杜罗政府拒绝这些指控，并指责哥伦比亚参与了对委内瑞拉进行国际军事干预的阴谋。

（刘维广　审读）

---

① VENEZUELA, *The migrant crisis accelerates*, Latin American Andean Group Report, February 2018, p. 10, http://Latinnews. com/media/k2/pdf/sbwie. pdf，最后访问日期：2018 年 2 月 27 日。

Y.16

秘鲁：反腐败引发总统弹劾案

谭道明*

摘　要： 2017年秘鲁政治的关键词是反腐败。从中央到地方，从反对党到执政党，从前总统到现总统，秘鲁的反腐大戏令世人眼花缭乱。时任总统库琴斯基通过赦免前总统藤森，以免遭到国会弹劾。但库琴斯基的政治交易丑闻遭到反对派曝光，他最终选择辞去总统职务。在拉美整体经济不景气的情况下，秘鲁经济保持了增长，但增幅不及上年。社会形势依然严峻，特别是应对游行示威、减贫和反毒等方面，考验现政府的社会治理水平。秘鲁政府继续推动区域一体化，扩展双多边自由贸易协议，与中国关系稳定向好。

关键词： 秘鲁　库琴斯基政府　反腐败　总统弹劾案

一　政治形势

2017年秘鲁政治的关键词之一是反腐败。从年初到年末，秘鲁版的反腐大戏一直在不停上演。从中央高官到地方官员，从前政客到现政客，从反对党到执政党，从前总统到现总统，反腐败行动波及秘鲁政坛几乎所有政治人物，整个反腐戏剧高潮迭起，令世人眼花缭乱。

---

* 谭道明，法学博士，中国社会科学院拉丁美洲研究所政治研究室助理研究员、阿根廷研究中心副秘书长，主要研究领域为拉美政治制度比较研究和拉美政治思想史研究。

秘鲁这一波反腐败的突破口来自境外企业。具体而言，来自巴西的一家大型国企。2013 年巴西国家石油公司腐败案曝光并发酵后，巴西建筑行业的龙头老大奥德布雷希特集团被发现深度涉案。巴西前总统卢拉因卷入本案，有很大概率无缘 2018 年大选。据悉，该集团在全球超过 20 个国家拥有项目，公司很大一部分收入来自海外。经过调查，该集团承认在 12 个国家涉嫌以行贿手段获取工程合同，贿金总额将近 8 亿美元。

秘鲁是奥德布雷希特集团多年来以非法手段获取政府工程项目的主要国家之一。巴西建筑公司腐败案成为秘鲁反腐败的导火线，一经点燃就迅速往纵深方向发展。涉案官员数量众多，首都利马前任和现任市长、卡亚俄州州长、最大的反对党人民力量党党首藤森庆子，都涉嫌与巴西建筑公司腐败案有关联。更令人瞠目的是，秘鲁三位前总统，乌马拉（2011 ~ 2016 年在任）、托莱多（2001 ~ 2006 年在任）和加西亚（1985 ~ 1990 年、2006 ~ 2011 年在任）都被发现不同程度涉案。

秘鲁反腐大戏的高潮是时任总统库琴斯基涉嫌腐败而引发的弹劾案。2017 年 12 月，库琴斯基本人也被指控卷入了巴西建筑公司的腐败丑闻。秘鲁国会“洗车行动”调查委员会收到上述公司前高官的证词，确认在 2004 ~ 2007 年库琴斯基任秘鲁经济部部长、财政部部长和部长会议主席并兼任私人投资促进署董事会主席期间，奥德布雷希特公司分别以 78.2 万美元和 405 万美元贿赂西部田野资本公司和第一资本公司，以获取工程项目的审批。库琴斯基对此表示坚决否认，申辩说在他加入政府时，将其商业委托给一位经理人，自己对上述两家公司与巴西企业的合同和贿赂问题毫不知情。秘鲁国会先后于 2017 年 12 月 15 日和 2018 年 3 月 15 日两次启动关于总统弹劾的动议；2018 年 3 月 21 日，在国会弹劾通过几成定局的情况下，库琴斯基决定辞去总统职务。秘鲁第一副总统兼驻加拿大大使马丁·比斯卡拉依据宪法规定接任总统。

国会弹劾总统的主要依据是秘鲁现行宪法第 113 条。在该条规定的总统可被宣布空缺的五大原因中，只有第二个原因是适用于本案的：“国会宣布总统……道德上永久不能胜任。”从宪法文本的字面上理解，该规定主要涉及总统个人精神层面的疾患导致其永久不能胜任所担任的职务。但在前总统藤森弹劾案中，“道德上永久不能胜任”的含义被扩大使用，秘鲁宪法法院认为贪腐和滥权等行为也构成弹劾理由。2000 年 11 月，前总统藤森流亡日本后，秘鲁国会就是以“道德上永久不能胜任”的理由成功将其弹劾的。根据秘鲁宪法第 115 条，总统缺位后的继任顺位依次是第一副总统、第二副总统和国会主席。国会主席继任总统后，必须立即召集选举。

根据秘鲁宪法和有关法律，弹劾总统需要经过国会两轮投票。第一轮投票决定是否启动弹劾程序的动议；第二轮投票决定是否通过上述弹劾动议。在总统陈述申辩、国会辩论等正当法律程序获得遵守后，国会将以是否通过 2/3 多数（即 87 张赞成票）决定将其弹劾与否。一旦获得通过，总统将被正式弹劾。2017 年 12 月 21 日的首次弹劾投票仅以 8 票之差未能通过针对库琴斯基的弹劾案。

库琴斯基在首次弹劾中涉险过关的原因有很多。首先，得益于他执政以来秘鲁良好的经济环境。2016 年以来，秘鲁经济虽有所回落，但总体成绩不错。库琴斯基政风务实，拥抱市场经济和全球化，做大蛋糕再分好蛋糕，拒绝福利民粹主义，执政的路子走对了。其次，尽管民意支持率下降，但库琴斯基在民间有一定声望，涉腐丑闻爆发后没有出现大量的街头示威活动。库琴斯基竞选期间明确提出“秘鲁人需要更加现实”、“应致力于解决实际问题”。就职以来，他推出的第一批政策专注于民生领域改革，比如大力推进自来水改造项目、加强交通基础设施等民生工程建设，得到了许多民众的认可。

库琴斯基当时逃过一劫，还有一大重要原因，即最大的反对党人民力量党出现了内斗，导致库琴斯基“渔翁得利”。人民力量党的领导人藤森庆子两次竞选总统，均功败垂成。人民力量党成为库琴斯基政府最大的在野党后，频频向政府“秀肌肉”。藤森庆子的攻击性做法，遭到弟弟藤森健二的公开批评。健二有意参加下一届总统大选，对庆子垄断本党的领导权相当不满。他认为庆子应为人民力量党两次参选失败负责，进而要求改组党的领导层。健二周围集聚了一些党内异见议员，形成了事实上的党内新派系——“健二派”，成为挑战庆子领导权的党内竞争对手。庆子奋起反击，以党的名义指控健二屡次藐视党纪，启动对他的调查，给予健二暂停党员资格60日的党规处罚。2018年2月1日，庆子领导的人民力量党已经决定将健二开除出党。

在2017年12月21日的弹劾审判中，人民力量党健二派的10名议员投了弃权票。然而，健二派的弃权票并不是无条件的。秘鲁很多媒体报道，他的条件是换取库琴斯基赦免其尚在服刑的父亲、前总统藤森。藤森2017年已经79岁，自2007年9月从智利被引渡回国后，先后因滥用职权、谋杀、绑架、挪用公款、侵权和行贿等罪名五次受审，其中因谋杀和绑架罪被判监禁25年。2013年以来，藤森三次申请赦免均被驳回。根据秘鲁法律，犯有谋杀或绑架罪的人不能获得赦免，除非身患不可治愈之绝症。库琴斯基在竞选总统时，曾公开向选民承诺在当选后不会赦免藤森。

但是，就在首次弹劾涉险过关仅三天后，2017年12月24日，库琴斯基宣布，因藤森患有“无法治愈的退行性”疾病，出于人道主义考虑，他决定赦免这位争议很大的前总统。库琴斯基自食其言引发了比弹劾案本身更大规模的反对声浪。为抗议总统的赦免决定，库琴斯基政府中有多位部长宣布辞职，内阁随后被迫进行大幅改组。数位执政党议员也决定退出执政党“为了变革秘鲁人”。一份由诺贝尔文学奖获得者略萨领衔、230多名秘鲁作家签署的联名信，声称这一赦免是非法的和不负责任的，是秘鲁政治势力之间一次危险的妥协，旨在把控政客们卷入的贪污事件。2017年年底和2018年年初，在首都利马和其他城市出现了数万名民众参加的多起抗议示威游行。赦免藤森也引发国际社会的强烈批评。拉美地区有影响的一些政府间组织，如美洲国家组织、美洲人权委员会和联合国人权专家组都对库琴斯基的决定提出质疑，认为这一决定存在非法律的政治因素。很多非政府组织，如人权观察、大赦国际、华盛顿拉丁美洲问题办公室，均指出藤森目前的状况未必符合秘鲁法律所设定的赦免条件。

尽管库琴斯基公开否认他与健二存在“政治交易”，但不容否认的是，他逃过弹劾厄运与赦免藤森行为之间的确存在着某种容易引发联想的联系。根据捷孚凯市场咨询公司2018年1月27日公布的民意调查结果，高达78%的秘鲁被调查者相信赦免藤森是“交易的产物”。① 这种联系在2018年3月下旬最终获得证实。来自人民力量党的多名国会议员公布了藤森健二等人与一名政府官员就工程合同谈判的录像，并称这就是库琴斯基试图收买反对派议员的证据。该视频录制于2017年12月，国会首轮弹劾总统投票之前。录像的曝光导致库琴斯基的支持基础迅速解体。

尽管库琴斯基本人坚称清白，但根据秘鲁的现行宪制安排，弹劾总统在性质上是一种完全由国会议员们说了算的“政治审判”。秘鲁目前实行一院制，缺乏两院制所存在的参众两院之间的互相制衡，对总统进行的弹劾动议和最终审判都在国会进行。在国会的130个议席中，库琴斯基领导的执政党“为了变革秘鲁人”仅占12席，而藤森的女儿藤森庆子领导的最大反对党人民力量党则占了72席。库琴斯基执政一年多来，人民力量党挑起的政党争斗十分激烈。库琴斯基政府内阁官员多次受到来自国会反对派的弹劾压力，此前已有多位部长被迫辞职。

无疑，赦免藤森的决定，尤其是“政治交易”录像的曝光，严重损耗了库琴斯基的政治声望，这或许是他始料未及的。在当时的情况下，库琴斯基做出的政治决断也未尝不可理解，甚至不失为一种明智之举。赦免藤森的决定可能引发藤森家族内讧，或将促成人民力量党内部更大的分裂。健二通过与库琴斯基的交易，不仅迎接父亲回归正常生活，也将提高他在藤森主义者中间的声望。庆子原本不乐见父亲过早出狱，因为获释后的藤森将对庆子在党内的领导权产生掣肘。换言之，藤森出狱后，人民力量党内部的庆子派与健二派之间必将就党内领导权问题发生更剧烈的争斗，甚至不排除人民力量党发生严重分裂的可能性。最大反对党上演的藤森家族“宫斗”戏码，

① Jacqueline Fowks，“El rechazo al indulto a Furimori aumenta entre los peruanos”，ELPAÍS，28 enero 2018，https：//elpais. com/internacional/2018/01/29/actualidad/1517185622_ 604016. html，最后访问日期：2018年1月30日。

原本可以给库琴斯基政府提供难得的喘息之机。库琴斯基在坚持反藤森路线的前提下，可以利用这一短暂时间，进一步提高政府的治理能力，或许可以重新赢回日渐流失的民心、民意。然而，交易录像的曝光让这一切努力瞬间化为乌有。

2017 年秘鲁的反腐大戏具有自身鲜明的特色。首先，大致而言，这是一种制度化的反腐。司法机关在反腐过程中发挥了中坚作用。法院特别是检方体现了相对于行政部门的独立性。一些评论人士指出，应当警惕在秘鲁库琴斯基反腐弹劾案和巴西卢拉涉腐案过程中所出现的这种所谓的“司法民粹主义”。然而，目前尚未有充分证据表明秘鲁的司法机构在反腐过程中存在过度政治化的问题，也不明显存在选择性反腐的问题，更没有出现民意直接干预司法的情况。其次，反腐行动没有预设禁区，基本实现了对所有领域的反腐全覆盖。无论职位多高，只要有涉嫌腐败的行为，都无法免于相关调查和面临司法审判。反腐败调查不仅指向了反对党领导人，也指向了执政党的高层和骨干。不仅指向中央高层官员，也扩大到各省和市的官员。多位业已退休的前总统遭到调查和审判，就算是现任总统，也依然无法幸免，乃至在弹劾压力下被迫辞职。最后，秘鲁的政治体制经受住了激烈的反腐行动的严峻考验，政局虽然出现一定动荡，政党恶斗并未停歇，在未来一定时期可能还会加剧，但整个体制基本无损。如此大规模的反腐行动没有脱离秘鲁宪法所设定的制度框架，没有动摇秘鲁的政治体制。在拉美地区各国中，秘鲁在反腐过程中所体现出的这些特点是值得高度肯定的。

但是，秘鲁这一波的反腐败，特别是针对库琴斯基的弹劾案，也暴露了制度层面的深层次问题。秘鲁是拉美地区唯一实行半总统制的国家，意在兼采总统制与议会制之长而无二者之短。目前看来，制度设计的初衷并未达到。现行宪法规定了一院制，且国会选举采取比例代表制，导致政党制度碎片化，大党可以屡屡发起对总统及其内阁成员的弹劾威胁。秘鲁未来需要在制度层面进行一定改革，其中选举制度改革尤为迫切。问题在于，各派之间很难凝聚起关于政治改革的共识。

二　经济形势[①]

秘鲁经济已经连续保持97个月的增长[②]。相比2016年的4%，2017年秘鲁经济增长率预计将回调至2.5%。经济增长的减速来自非初级部门的收缩（截至8月累计为-1.7%），比如非初级制造业增长-2.3%、碳氢化合物产业增长-2.5%、建筑业增长-1.9%，以及商业部门（0.7%）、水电（1.4%）和服务业（2.9%）等部门的减速。与此同时，与出口关联度最强的初级产品部门保持了可观的增长幅度（4%），铁矿石增长3.9%、初级资源处理增长11%、渔业增长40%。在外向部门与内需紧密结合的情况下，2018年经济增长率预计为3.5%。政府公共投资将增加15%，能够拉动内需的政府项目主要有将于2019年举行的泛美运动会基础设施建设项目（总投资为50亿索尔，约合15.34亿美元）、国家北部重建计划、利马地铁2号线建设以及塔拉拉炼油厂更新项目等。金属矿业部门也将吸引一些私人投资。

2017年，秘鲁内需整体上疲软不振，主要受到巴西建筑公司奥德布雷希特腐败案和沿海地区厄尔尼诺现象的负面影响。沿海地区厄尔尼诺现象导致秘鲁全国11个省普降暴雨，造成山洪暴发、河水泛滥，许多地方发生泥石流，导致严重的人员伤亡和重大财产损失。为应对以上问题，库琴斯基政府于2017年下半年推出灾后重建和财政刺激计划。公共债务增加，非金融公共部门（SPNF）赤字率从2016年的23.8%预计升高到2017年的24.9%。

秘鲁现政府实行扩张性财政政策。2017年，由于经济增长低于预期，且通货膨胀整体可控，中央银行实施了适度扩张的货币政策，四次降低货币

---

① 如无特别注明，“经济形势”部分的数据均来自CEPAL，“Perú”，*Balance Preliminar de las Economías de América Latina y el Caribe 2017*，Santiago de Chile，Diciembre de 2017。

② 《秘鲁经济保持连续97个月的增长》，中华人民共和国国家发展和改革委员会官网，2017年11月2日，http://www.ndrc.gov.cn/fzgggz/wzly/jwtz/jwtzzl/201711/t20171102_866190.html，最后访问日期：2018年2月3日。

基准利率，从4.25%降到了3.25%。与此同时，设法提高货币乘数，降低货币储备金率以及以美元计算的法定储备金的边际替代率，旨在减少因国际利率增长对国家层面造成的影响。商业银行拆借利率根据政府设定的指导规则降低。具体而言，大型商业银行的拆借利率从2016年12月的7.12%降低到2017年8月的6.91%，小型商业银行同期的拆借利率从21.65%降低到20.87%，抵押贷款同期从8.52%降到8.27%，美元计算的利率以比较温和的幅度增加。私营部门的信贷增长率在2017年年末预计为5.0%~5.5%，略低于2016年年底的5.6%。中小企业的信贷和消费信贷维持高增长，但抵押信贷、汽车信贷和高收益企业信贷保持低增长。

2017年，秘鲁的经常项目赤字预计从2016年占GDP的2.7%减少到2.0%。到2017年9月，货币索尔实际有效汇率贬值了3.9%。为此，中央银行决定购入美元，旨在控制本币进一步贬值，也增加了自己的国际储备。受严重气候现象冲击，年度通货膨胀率将从2016年12月的3.2%下降到2017年10月的2.0%。

三　社会形势

2017年，秘鲁的全国就业形势较为严峻，但好于地区平均水平。由于整体经济活动的减速，2017年前9个月有质量就业的平均数量（秘鲁各城市10个以上工人的正式私营企业的就业数量的平均数）较2016年同期减少了0.2%。在利马都会区，2017年前三个季度的平均失业率从2016年同期的6.9%提高到7.0%，但比拉美地区同期的失业率8.4%要低。根据秘鲁国家统计信息局（INEI）的统计，全国15~24岁年轻人失业率在2017年第二季度达到了10.6%，较2016年同期提高了1.2%。根据国际劳工组织的数据，拉美地区15~24岁的年轻人失业率在2017年创十年来新高，接近20%。①

① Óscar Grandos，“Joven，latino y desempleado”，ELPAÍS，15 enero 2018，https：//elpais.com/economia/2018/01/11/actualidad/1515683219_964292.html，最后访问日期：2018年1月30日。

秘鲁现政府承诺进行相关政策改革，希望能够创造150万个新就业岗位，到2021年将非正式岗位减少到48%。① 为此，政府希望改革秘鲁的现行劳动法，简化劳动聘用和解除的程序，引入多种类型的就业合同，增加对公司遵守劳动法进行审计的次数。政府还希望推动年轻人就业法案，降低雇主招聘年轻人的社会保障成本，预计将为年轻人创造每年5万个新正式岗位。但由于体制方面的原因，如宪法的刚性规定和宪法法院对劳动合同的严格保护，再加上国会中反对党的抵制，政府的改革法案预计困难重重。

在减贫方面，秘鲁的贫困人口比重下降明显，但现政府的减贫政策还有待展开和落地。根据秘鲁官方公布的数据，从2012～2016年，秘鲁的贫困人口比重逐年下降，从占总人口的25.8%下降到20.7%，极端贫困人口同期也逐年下降，从6%下降到3.8%。② 库琴斯基的竞选纲领之一是解决贫困问题。库琴斯基上台后做出指示，要求到2020年将秘鲁贫困率降至15%或者更低水平，秘方希望加强与中方合作，促进秘方减贫等民生事业发展。③

社会不安定因素持续存在，罢工、游行示威等活动频发，现政府的应对策略受到挑战。2017年3月，秘鲁最大的铜生产商Cerro Verde工会宣布罢工，抗议资方取消工人的红利奖金。该铜矿年产近5万吨，占全国产量的1/5，该罢工对该矿的铜产量产生影响。2017年6月～8月，利马的教师工会发起大罢工，要求提高工资待遇和提供更好的教育环境。该罢工持续两个月，超过350万学生无法正常上课。现政府最初指责罢工背后有政治目的，罢工领导人与反政府组织"光辉道路"有关联，最后才被迫选择与教师工会接触进行谈判。库琴斯基决定赦免藤森后，包括首都利马在内的全国不少城市举行了规模不一的示威游行活动。总体而言，政府在处理罢工问题和游

① EIU, *Country Report—Peru*, Oct. 2017, pp. 29－30.

② CEPAL, *Panorama Social de América Latina 2017*, Santiago de Chile, Diciembre de 2017, p. 91.

③《贾桂德大使会见秘鲁社会发展合作委员会主任》，中华人民共和国驻秘鲁大使馆，2017年11月8日，http://www.mfa.gov.cn/ce/cepe/chn/sgxw/t1507164.htm，最后访问日期：2018年2月2日。

行示威方面乏善可陈，体现出现政府的社会治理水平有待提高。

社会犯罪率保持稳定，但民众对公共机构信任度不高。秘鲁国家统计信息局的调查显示，城市地区 15 岁以上的被调查者中，有 29% 在 2016 年 4 ~ 8 月是某些犯罪的受害者，呈缓慢下降趋势。[①] 盗窃和诈骗是两种最常见的犯罪，分别有 14% 和 8% 的受访者是这两种犯罪的受害者。近 1/3 的受害者报告他们遭遇了持枪案件。调查还显示，只有 12.6% 的受访者愿意向警方报案，与 2015 年同期相比下降了 1.6%。对于那些不愿意报案的受访者，32% 的人认为报案是浪费时间，24% 的人说他们不清楚谁是犯罪嫌疑人，12% 的人说因为他们不信任警察。这些数据显示，秘鲁的普通民众对警方调查、抓捕和刑事案件司法起诉的信任度是很低的。

打击毒品犯罪任重道远。秘鲁是拉美三大毒品种植地之一。美国国务院 2017 年 3 月发布《国际麻醉毒品控制策略报告》，肯定了秘鲁打击毒品犯罪的工作。根据该报告，2016 年秘鲁共缴获 28 吨可卡因，数量较上年有所增长，但仍不足本国可卡因出口数量的 10%。[②] 这份报告还指出，2016 年秘鲁安全力量共截获了 9 架运输毒品的飞行器，破坏了 74 条秘密跑道。2017 年 10 月，秘鲁警方在首都利马附近的卡亚俄港缴获藏匿在水管内的可卡因近 1.3 吨，逮捕 17 名犯罪嫌疑人。[③] 在 2017 年 3 月举行的联合国麻醉品委员会会议上，秘鲁代表估计，该国目前种植着 55000 公顷的古柯，比 2016 年联合国《世界毒品问题报告》中的 40300 公顷有大幅增加。

秘鲁现政府正在重新评估它的打击毒品策略。[④] 多年来，秘鲁政府主要致力于铲除制造可卡因的原材料古柯叶，但效果不彰，据估计，95% 的被铲除古柯区被重新种植。秘鲁发展和无毒品生活全国委员会目前正在制订新的打击毒品五年（2017 ~ 2021 年）计划，指导全国层面的反毒工作。首先，

---

① EIU, *Country Report—Peru*, Apr. 2017, pp. 26 – 27，关于犯罪率的相关材料均来自该报告。

② EIU, *Country Report—Peru*, Apr. 2017, pp. 30 – 32.

③ 张国英：《水管内藏可卡因 1.3 吨？秘鲁警方破获藏毒大案》，新华社，2017 年 10 月 19 日，http://www.chinanews.com/gj/2017/10 – 19/8355851.shtml，最后访问日期：2018 年 1 月 30 日。

④ EIU, *Country Report—Peru*, Apr. 2017, pp. 30 – 32.

2017 年计划铲除 3 万公顷古柯树，并努力控制毒品运输及与贩毒有关的洗钱活动，追缴非法毒品贸易所获资金。其次，将古柯被铲除后的复植率作为一项监控指标。最后，推进新的立法，将复植古柯树的行为入刑，最长可判 8 年有期徒刑。该法案还将授权政府击落任何可疑的运输毒品的飞行器。

四 外交形势

秘鲁现政府的外交重点是继续推动区域一体化和多元自由贸易协议。美国特朗普政府于 2017 年 1 月初宣布退出“跨太平洋伙伴关系协定”（TPP）后，秘鲁等其他 11 个国家继续推进区域一体化。2017 年 11 月 11 日，11 国宣布就推进 TPP 正式达成框架协议，同时将协议更名为《全面且先进的跨太平洋伙伴关系协定》（CPTPP）。正式协议计划于 2018 年 3 月 8 日在智利签署。秘鲁外贸与旅游部称，该协定的签订将巩固秘鲁在亚太地区的地位。秘鲁等拉美四国组成的太平洋联盟继续深化与亚太地区的联系。2017 年 6 月底，太平洋联盟在哥伦比亚的卡利市举行峰会，将其联系国扩大到澳大利亚、加拿大、新西兰和新加坡四个亚太国家。自 2018 年 1 月 1 日起，秘鲁正式担任联合国非常任理事国，任期两年。

在拉美地区，秘鲁现政府积极发挥秘鲁在地区事务中的作用，发展与邻国关系。2017 年 8 月 8 日，来自加拿大、阿根廷、巴西、智利等美洲 12 国的代表在利马召开会议，谴责委内瑞拉马杜罗政权“系统侵犯人权和基本自由”，拒绝承认该国新的制宪大会及其通过的任何法律的合法性。但是，玻利维亚和厄瓜多尔没有参加该会议，乌拉圭和一些加勒比国家拒绝发布谴责声明，美国宣布对委内瑞拉实行单边制裁。受此影响，秘鲁与委内瑞拉两国互相驱逐驻本国大使。秘鲁还取消了对马杜罗参加 2018 年 4 月美洲峰会的邀请。

在与邻国关系方面，现政府取得一些进展。2017 年 7 月 7 日，秘鲁和智利在利马召开第一次联合内阁会议，两国总统签署《利马宣言》，宣布在联合反腐败等五个双边议题上进行有效合作。9 月 1 日，玻利维亚与秘鲁在利马举行第三次联合内阁会议。两国签署《利马宣言》，重申两国有意发展秘鲁南方的伊洛港口。秘方希望建设一条从伊洛港口到玻利维亚的铁路，最终将两国与阿根廷、巴西、巴拉圭、乌拉圭和大西洋连接起来。两国同意开始就该铁路线的可行性开展前期研究。不过，秘鲁与厄瓜多尔于 2017 年 6 月发生边境纠纷。厄瓜多尔政府最初宣布在秘鲁与厄瓜多尔边境一侧建筑一堵墙，并在边境城镇华奎亚斯建设一个新公园，目的是减少该地区的洪水隐患。秘鲁外交部则认为这一举动违反了 1998 年签署的双边和平协定，其中规定禁止双方在边境 10 公里之内建设边境墙。秘鲁外交部要求厄方停止建墙，并召回驻厄大使。经过六周紧张磋商，厄瓜多尔政府宣布暂停建墙行动。

秘鲁现政府继续保持秘鲁与欧美主要国家的传统友好关系。时任总统库琴斯基是特朗普上台后首位访问美国的拉美国家领导人。他于 2017 年 2 月 23 ~27 日对美国进行正式访问，并于 24 日下午与特朗普在白宫就进一步巩固双边关系，加强经济、移民、禁毒、反腐合作等诸多问题进行会谈。美国时任国务卿蒂勒森 2018 年 2 月 5 日到访秘鲁，意在改善美拉关系，双方期待 4 月在利马举行的美洲国家首脑会议上达成具体成果。库琴斯基也是法国总统马克龙上台后访问法国的第一位拉美国家元首。库琴斯基与马克龙一致承诺遵守《巴黎气候变化协定》，并探讨了卫星和科技合作、发展交通和自来水供应等共同感兴趣的议题。库琴斯基介绍了秘鲁加入经济合作与发展组织（OECD）的优势。秘鲁 2014 年 12 月申请加入 OECD，现政府希望能在 2021 年正式加入该组织。根据 2017 年 12 月 OECD 发展研究中心的报告，秘鲁可望于 2029 年跻身高收入国家。库琴斯基还访问了西班牙。西班牙是秘鲁的主要投资国之一，特别是在电信行业。梵蒂冈教宗方济各 2018 年 1 月 18 ~22 日访问秘鲁，强烈抨击秘鲁的政治贪腐，表示秘鲁多任总统卸任后都被关进监狱，他质问“秘鲁出了什么问题”。

秘鲁现政府还积极发展与亚太重要国家的关系，推动与这些国家的自贸协定谈判。经过贸易部部长的前期磋商和谈判，秘鲁与澳大利亚的双边自贸协定已进入法律审查和内部审批阶段，很快正式签署生效。秘澳自贸协定签订之日起5年内，将免除几乎所有关税，澳大利亚出口至秘鲁的肉类产品关税将降低17%，同时将促进矿业服务、设备及技术领域的投资。两国之间的食糖自贸协议已经签订，澳大利亚食糖出口商在秘鲁遇到的几乎所有贸易壁垒将彻底消除。秘鲁与印度自贸协定进入倒计时，此前已经进行了两年的可行性研究。一旦达成，秘鲁将是拉美地区第一个与印度达成自贸协定的国家。秘鲁农产品和其他具有附加值的产品将从协定中获益，而印度也将加强其软件业在秘鲁的影响。秘鲁与印度尼西亚在亚太经合组织（APEC）贸易部长会议上达成共识，双边自贸协定的磋商和谈判正在进行之中。

秘鲁现政府重视发展与中国的经贸关系，库琴斯基辞职不会影响中秘关系的良好发展势头。2016年9月中旬，库琴斯基打破“传统”，将中国作为其就任总统以来的首个出访国家。2016年11月21日，中国国家主席习近平对秘鲁进行国事访问，并参加在利马举办的亚太经合组织第24次领导人非正式会议。2017年11月10日，习近平主席应邀出席在越南岘港举行的亚太经合组织工商领导人峰会并发表主旨演讲，之后简短会见了前来聆听演讲的秘鲁时任总统库琴斯基。2017年3月，秘鲁加入亚洲基础设施投资银行。5月，秘鲁外贸与旅游部部长率团参加“一带一路”国际合作高峰论坛，表示秘方将继续加大力度积极支持“一带一路”倡议在拉美地区的推进落实。秘鲁代表团还到访京东电商平台，与京东协商确定引进秘鲁知名的羊驼毛服装企业，以及全面推广秘鲁生鲜及进口食品等合作计划事宜。

（杨建民　审读）

Y.17
玻利维亚：现任总统欲谋第四任期

宋　霞*

摘　要： 2017年玻利维亚总体形势在动荡中保持平稳。已执政12年之久的莫拉莱斯总统在未修宪和全民公投失败的情况下，接受党内提名，欲谋第四任期。经济虽呈现增长态势，但增速持续下滑。莫拉莱斯政府的改革未能兼顾不同社群利益，不断引发社会矛盾与冲突。注重多元化和非传统外交，将国内发展需求与外交战略紧密结合。

关键词： 玻利维亚　增速放缓　非传统外交

一　政治形势

2017年玻利维亚看似平稳的政治形势暗含变数。已执政12年之久的莫拉莱斯总统在未修宪和全民公投失败的情况下，接受党内提名，欲谋第四任期；最高司法机构举行第二次司法直选。这两大政治事件均引发反对派和分裂势力的抗议。

2009年玻利维亚新宪法和2016年全民公投均未授予总统连选连任的权利，但占国会2/3多数的执政党争取社会主义运动（MAS）仍提名莫拉莱斯参加2019年的第四次总统选举，同时，执政党向宪法法院提起上诉，控

* 宋霞，历史学博士，中国社会科学院拉丁美洲研究所一体化室副研究员，研究方向为拉美区域组织和一体化。

告宪法条款本身限制和侵犯了宪法赋予官员与投票人的政治权利，要求宪法法院修改相应宪法条款。2017 年 11 月，宪法法院正式做出不得上诉的最终裁决，允许总统、副总统、省长和市长等当选官员拥有无限期连任的权利，因为玻利维亚遵守的《美洲人权公约》赋予公民参加选举的权利超越玻利维亚宪法对总统任期的限制。莫拉莱斯已接受党内提名，并制定了政府“2020～2025 年议程”。

这一裁决立即引起反对派的强烈抗议示威，他们认为限制总统连选连任的条款并非对人权或政治代表权的侵犯和违背，而是防止权力的滥用。宪法法院只有解释宪法的权力，无权修正宪法。宪法的任何改变必须经过全民公决投票。

2017 年 12 月，宪法法院判决 5 天之后，玻利维亚举行了第二次全国司法选举，通过直接投票选举产生司法系统的最高官员。这次选举选出的最高司法系统——最高法院、宪法法院、司法委员会和农业环境法院的法官将取代 2011 年第一次直选选出的所有法官。为了削弱选举的合法性，以民主统一联盟（UD）为首的主要反对党和分裂势力指责玻利维亚司法选举明显向亲执政党派别倾斜，低效的司法系统早已政党化。[①] 他们认为由政府操纵的选举缺乏公正性，煽动选民以破坏选票或投无效选票的形式进行抗议。多民族选举机构——选举委员会的官方正式计票的最后结果显示，尽管投票率高达 84.2%，但有 65% 的选民投了空白票或无效票。选举结束之后，政府宣称大量的反对票并不会破坏新法官的合法性。

莫拉莱斯总统仍是执政党唯一具有全国影响力的领袖，反对党力量分裂且薄弱，无法对执政党形成挑战，但莫拉莱斯也面临越来越不利的政治局面，政治基础进一步发生分裂。他违背宪法和全民公投接受党内提名参选的做法，以及不顾原住民和环保组织者的反对批准了 2017 年修路法，都使他失去了一部分原有支持者甚至是最坚定的支持者；经济增速持续下滑，公共福利减少，也使

① “Election of top judges backfires on government”, The Economist Intelligence Unit, December 11, 2017, http://country.eiu.com/article.aspx?articleid=796211663&Country=Bolivia&topic=Politics&subtopic=Recent+developments&subsubtopic=Political+and+institutional+effectiveness，最后访问日期：2017 年 12 月 26 日。

民众不满情绪日益高涨，矿业主、交通工人、医生、教师及其他群体抗议不断。莫拉莱斯总统的支持率不断下降。2017 年 10 月伊普索斯（Ipsos）发布的民意调查结果显示，68% 的玻利维亚人反对莫拉莱斯第四度参选总统。[①]

二 经济形势[②]

2017 年，玻利维亚的基本经济指标变化不大。据联合国拉美经委会初步统计，2017 年玻利维亚国内生产总值（GDP）增长率为 3.9%，比 2016 年的 4.3% 降低了 0.4 个百分点。2017 年，玻利维亚的人均 GDP 增长率为 2.4%，比 2016 年的 2.7% 降低了 0.3 个百分点。经济实现正增长的主要原因是，巴西和阿根廷对天然气的需求比 2016 年有所增加；天然气国际价格有所回升；农业、建筑业、交通运输业和商业都有不同程度增长。2017 年，GDP 增幅低于 2016 年的主要原因是，国有油气公司（YPFB）的腐败丑闻及其总裁 6 月被捕影响了油气生产，天然气、石油和矿业产量均有所下降，其中碳氢产量同比缩减了 14.1%；总固定资本构成的增长对经济的贡献也有所降低，2017 年玻利维亚总固定资本构成相当于 GDP 的 20.3%，稍低于 2016 年的 20.6%。

2017 年，玻利维亚财政收支进一步失衡。尽管政府采取了增加税收种类以实现财政稳定的政策，但赤字仍未有效缩减。相反，2016 年政府推行的五年规划需要政府加大公共开支。2017 年下半年，政府又提出加快公共部门投资的计划，8 月国会新批准了一项价值 21 亿玻利维亚诺（相当于 3.04 亿美元）的公共开支，占 GDP 的 0.9%。据 EIU 估计，2017 年玻利维亚政府开支同比增加了 4.5%，公共赤字达 GDP 的 6.5%。[③]

---

① " Bolivia politics: Quick View - New attempt at lifting presidential term limits", September 27, 2017, http: //viewswire. eiu. com/index. asp? layout = VWArticleVW3&article_ id = 1365937120，最后访问日期：2017 年 12 月 26 日。

② 除特别标明以外，"经济形势" 的数据均引自 Comisión Económica para América Latina y el Caribe, *Preliminary Overview of the Economies of Latin America and the Caribbean 2017*, Decmber 2017，最后访问日期：2017 年 12 月 26 日。

③ EIU，*Country Report—Bolivia*，September 2017.

截至2017年10月，玻利维亚消费者价格指数为3.0%，比2016年的4.0%有所降低。通货膨胀率得到控制，主要原因是2017年上半年政府推行的抑制食品价格上涨的政策卓有成效，这一政策使得第二季度月通胀率大大降低。但7月以后通胀率逐渐回升，原因是供应不足导致食品和非酒精类饮料价格回升，住房成本也有所提高。

由于政府继续推行举借外债的政策，玻利维亚外债总额有所提高，从2016年的107.17亿美元增加到2017年的120.36亿美元。内债负担亦有所加重，2017年中央政府持有的公债总额相当于GDP的31.7%，比2016年的31.5%略高；与2016年相比，2017年非金融公共部门持有的公债占GDP的比例未变，仍是34.3%。2017年，玻利维亚的国际储备总额有所增加，2017年前11个月的国际储备为107.42亿美元，略高于2016年的100.81亿美元。

2017年，玻利维亚商品出口额为78.40亿美元，与2016年的70亿美元相比有所提高；服务出口额为13.07亿美元，也略高于2016年的12.45亿美元。总出口额处于回升态势，主要归因于锌、铅、锑等矿产品价格提高，国有矿产公司Comibol冶炼厂重新开工生产以及天然气等碳氢产品出口的增加。据玻利维亚统计局数据显示，2017年前8个月，玻利维亚初级商品出口同比增长7.5%。占碳氢出口96%的天然气出口同比增长了20%，矿产品出口同比增长了45%～50%。然而，恶劣天气导致大部分粮食作物产量和食品加工项目减少，农业和制造业出口额在2017年前8个月分别缩减了11%和6%，燃料出口也下降了32%，这是出口额增长幅度不大的主要因素。[①]

2017年，玻利维亚商品进口额为85.73亿美元，高于2016年的78.88亿美元，服务进口额为28.98亿美元，略高于2016年的28.41亿美元。这是燃料和润滑剂进口增加显著的结果，此类商品的进口同比增长了37%。2017年上半年，消费品、资本货物和原材料的进口也分别增加了6%、11%和5%，农业进口同比增长9.5%。但运输设备进口同比缩减了4%，限制

① "Bolivia economy: Quick View -Trade deficit continues to deteriorate", The Economist Intelligence Unit, October 10th 2017, http://viewswire.eiu.com/index.asp?layout=VWArticleVW3&article_id=1485973132，最后访问日期：2017年12月26日。

了进口增长的幅度。[①]

2017 年，玻利维亚进口仍大于出口，贸易逆差增大。据 EIU 数据初步预测，2017 年玻利维亚贸易赤字达 GDP 的 2.1%，为 17 年来新高。玻利维亚国家统计局 2017 年头三个季度的初级产品贸易数据显示，贸易赤字飙升到 8.99 亿美元，同比提高了 15%。[②]

三　社会形势

玻利维亚社会指标最新数据统计到 2016 年。据联合国拉美经委会初步统计，2016 年玻利维亚就业率达 63.4%，高于 2015 年的 58.9%，城市公开失业率 2016 年为 4.9%，略微高于 2015 年的 4.4%。2016 年的劳动参与率达 65.6%。这说明莫拉莱斯的政策在社会领域起到了积极作用。但 2017 年围绕总统参选资格、全国司法选举、经济持续下滑引起的福利缩减以及伊西博罗原住民保护地国家公园（TIPNIS）修路等问题，爆发了多次社会抗议运动和暴力冲突，社会局势并不稳定，亦反映出执政党和反对党之间长期斗争造成社会严重分裂的局面。

TIPNIS 修路问题引发政府与环保运动组织和当地原住民之间的冲突。2017 年 8 月，国会通过一项法案，取消对玻利维亚中部一处原住民聚居区与国家公园的环境和法律保护，修建一条穿越 TIPNIS 的高速公路，将玻利维亚南北贯通，并与巴西东部腹地联通起来。该高速公路的北部和南部路段早在 2008 年即已建成，但中间路段的修建因当地原住民和环保组织的强烈反对而不断拖延。2017 年法案的出台立即引起激烈的抗议运动。反对派政治力量与环保组织和原住民群体结成联盟，强调修路和在 TIPNIS 进行石油和天然气勘探必然带来更为严重的滥伐森林、非法垦殖和非法种植古柯等问题；而已在 TIPNIS 进行垦殖的外来移民和古柯种植农则支持修建公路。两

---

① “Bolivia economy: Quick View - Trade deficit continues to deteriorate”, The Economist Intelligence Unit, October 10, 2017, http://viewswire.eiu.com/index.asp?layout=VWArticleVW3&article_id=1485973132，最后访问日期：2017 年 12 月 26 日。

② EIU: *Country Report—Bolivia*, September 2017.

派之间的冲突愈演愈烈，不断升级。

2017 年，围绕玻利维亚政府的其他社会政策也引发了程度不同的社会运动。例如，拉巴斯远郊区发生了反对前执政党党员、拉巴斯省省长费利克斯·帕特西（Félix Patzi）未能实现其架桥修路的竞选承诺的阻路运动；要求对医疗事故进行刑事处罚的新医疗体系政策引发拉巴斯市医务人员和学生的不满与抗议；部分企业家和民众抗议国家碳氢工业管理局（ANH）制定的新天然气价格机制，指出实行阶梯价格的新机制使得公司经营成本增加了 23% ~48%，给企业经营造成巨大压力。新价格机制还将削减用户以前从国家天然气公司获得的隐性补贴，因此民众也表示不满。

2017 年社会抗议运动彰显出玻利维亚社会需求日益多样化、碎片化和复杂化的特征，单一目的的社会政策将无法满足不同社群的需求，这给玻利维亚政府的社会政策带来巨大冲击和考验。如何在发展与稳定间寻求平衡，是莫拉莱斯政府在社会领域面临的巨大挑战。

四　外交形势

2017 年玻利维亚外交体现出多元化特征，着重发展与中国、伊朗和俄罗斯等非传统伙伴国的关系，将国内发展与外交战略结合起来；坚决维护与委内瑞拉、古巴和尼加拉瓜等拉美左翼政权的关系；与智利、秘鲁、阿根廷和巴西等邻国有冲突也有合作；因玻利维亚扩大古柯种植面积和美国向拉美等国出口低价液化天然气等问题与美国关系日益僵化。

（一）与美国关系日益僵化

2017 年，莫拉莱斯的古柯政策加剧了玻美两国关系的紧张。3 月，莫拉莱斯总统签署了国民大会通过的 906 号法律，将古柯的合法种植面积从 1.2 万公顷提高到 2.2 万公顷。① 这一政策立即引起美国对玻利维亚的谴责和批

① “Bolivia economy：Expansion of coca farming set to stoke illicit drug trade”，November 27，2017，Economist Intelligence Unit，http：//search. eiu. com/default. aspx? sText = coca，最后访问日期：2018 年 3 月 19 日。

评，指责其未能遵守国际反毒品协议规定的义务。莫拉莱斯则认为这一批评是外国势力对玻利维亚事务的干涉。另外，2017 年特朗普上台之后加大了美国液化天然气对拉美的出口供应，并降低了出口到智利和阿根廷的天然气价格，从而可能取代玻利维亚这一拉美地区传统的天然气供应国。长期依赖巴西和阿根廷天然气市场的玻利维亚缺乏多样化的出口市场，其天然气生产和出口面临与美国的强大竞争，两国关系进一步恶化。

（二）与阿根廷和智利发生贸易摩擦，与智利发生边界冲突

为保护本国葡萄种植农，发展本国葡萄酒业，玻利维亚政府下令 2017 年 1 月 27 日至 4 月 27 日禁止从邻国阿根廷和智利进口任何葡萄及葡萄酒产品，而阿根廷和智利是玻利维亚最大的葡萄酒供应国。这一决定导致玻利维亚与阿、智两国产生贸易摩擦，某种程度上损害了双边关系。3 月，智利警方拘捕了 7 名玻利维亚海关工作人员和 2 名士兵，指控其在圣地亚哥偷盗智利货车。玻利维亚也以打击走私犯罪活动为由，向边境地区派遣由陆军、空军和海军士官组成的武装部队精锐旅，两国关系更加紧张。

（三）与秘鲁联合开展军演

2017 年 11 月，为加强两国在打击毒品运输方面的协调与合作，玻利维亚和秘鲁空军在两国边境地区举行为期 3 天代号为“佩波尔一号”的联合军事演习，演习地点覆盖从秘鲁东南部马德雷德迪奥斯省首府马尔多纳多港至玻利维亚潘多省首府科维哈的区域。秘鲁派出 A-37 攻击机、Mi-171SH 直升机等，玻利维亚派出 K8 飞机等。联合军演将有效改进两国空军在空中拦截行动中的通信联络，加强边境地区的缉毒合作。

（四）与中国在能源和基础设施领域的合作成果显著

中国已成为玻利维亚第二大贸易伙伴和第一大融资提供国。2017 年 5 月，玻利维亚正式加入亚洲基础设施投资银行。中资企业与玻利维亚在基础设施建设、通信、电子、金融投资等领域的合作成果显著，成为帮助玻利维

亚实现“南美能源心脏”战略和“2025发展规划”的有力推手。9月，中国电力建设集团有限公司与玻利维亚国家电力公司正式签署了位于玻利维亚能源中心科恰班巴省的伊比利苏水电站项目合同。12月，由中国公司承建的玻利维亚圣何塞水电站项目顺利下闸蓄水，下一步即可实现工程发电目标。

（五）举办“天然气输出国论坛”，扩大国际天然气合作

2017年11月，玻利维亚在圣克鲁斯主持召开了“天然气输出国论坛”（GECF），委内瑞拉等6个OPEC成员国参加。该论坛讨论了天然气定价模式这一核心议题，以提高天然气供应国的盈利能力。玻利维亚是GECF的重要成员国、世界十大天然气出口国之一。在GECF会议上，玻利维亚宣布将向外国投资者开放80多个以前专为国有油气公司保留的碳氢储备丰富的区域，并邀请国际石油公司在玻利维亚进行投资和勘探。玻利维亚还计划与赤道几内亚签署一份双边天然气合作协议，加快两国天然气部门的技术转让。

从2017年玻利维亚形势看，莫拉莱斯总统可能在2018年进行修宪或举行第二次全民公投，使自己参加2019年总统选举更具合法性。2018年，以缩减财政赤字为宗旨的政府财政调整政策很难见效，政府会通过改革国有油气公司，扩大生产，提高国内天然气价格、关税和银行利润税等来增加政府收入，但是增加的收入很难抵消巨额的政府开支，2016～2020年“五年规划”的大规模开支——每年高达100亿美元的支出（相当于玻利维亚GDP的30%），[①] 以及政府为应付2019年选举用于减贫和改善占人口大多数的原住民生活的公共开支，都会使2018年玻利维亚财政赤字不断扩大。

（杨志敏　审读）

① Economist Intelligence Unit, *Country Report—Bolivia*, September 2017.

Y.18
厄瓜多尔：执政党分裂，经济恢复性增长

方旭飞*

摘　要： 2017年，厄瓜多尔举行了总统和议会选举，执政党候选人莱宁·莫雷诺当选总统。因在政治经济主张、副总统豪尔赫·格拉斯腐败案等方面的意见存在严重分歧，莫雷诺与前总统科雷亚之间的矛盾日益公开化、白热化，最终导致执政党分裂。经济实现恢复性增长，全年增长率为1.0%。公共债务增长较快，对财政政策造成较大挑战。失业率较低，但非充分就业率较高，劳工市场有待进一步改善。在对外关系方面，莫雷诺政府意欲修复与美国的关系，改变前任政府对美敌视态度。

关键词： 厄瓜多尔　大选　莱宁·莫雷诺

一　政治形势

2017年2月19日，厄瓜多尔大选如期举行。8名候选人参与总统竞选，得票率前两名的候选人为执政党主权祖国联盟运动候选人莱宁·莫雷诺（Lenín Moreno）和中右翼政党创造机会运动（Movimiento Creo Oportunidad）

* 方旭飞，中国社会科学院拉丁美洲研究所副研究员，主要研究方向为拉美左派与社会运动、美拉关系等。

候选人吉列尔莫·拉索（Guillermo Lasso），两人的得票率分别为 39.4% 和 28.1%，均未获得宪法规定的第一轮胜出的得票率。厄瓜多尔《2008 年宪法》规定，在总统竞选第一轮投票中得票率超过 40% 且与第二名候选人差距达 10 个百分比的候选人才能宣布获胜。第二轮投票在 4 月 2 日举行，莫雷诺最终以 51.16% 的得票率战胜拉索（48.9%）。拉索对投票结果表示疑义，提出重新计票的要求，且动员民众进行了为期两周的示威抗议。厄瓜多尔选举委员会对存疑的 120 万张选票进行了重新计票，但并未改变选举结果。5 月 24 日，莫雷诺宣誓就任总统。在就职演说中，莫雷诺表示将继续推进和深化科雷亚提出的“公民革命”理念与国家现代化进程，加强同各党派与政治势力的对话和沟通。莫雷诺还强调要在保持国家政策稳定性和连贯性的前提下，改善投资环境，推动经济可持续发展，严厉打击毒品犯罪和腐败活动，促进社会公平正义。

在议会选举中，执政党主权祖国联盟运动及其联盟政党获得 74 个席位，占全部议席（137 席）的 54%，继续保持议会第一大党的地位，但是与 2013 年（100 席）相比减少了 26 席，没有获得 2/3 绝对多数席位。议会第二大党创造机会运动及其联盟政党获得 34 个议席，比上一届增加了 22 席。基督教社会党获得 15 个议席，比上一届增加了 9 席，是议会第三大党。2017 年 5 月 14 日，新一届议会正式就职。

新总统莫雷诺酝酿政策温和化，与前总统科雷亚产生政见分歧。作为“公民革命”的奠基人，科雷亚希望新政府能继续推进“公民革命”的各项政治议程，保证政策连续性，捍卫革命遗产。而莫雷诺的政治经济主张较为温和，意识形态色彩相对淡薄。在政治领域，他主张改变科雷亚的强硬执政风格，保持更为温和的政治立场，缓和与反对派的关系。在经济领域，莫雷诺主张增强与私人部门的合作，进行财政调整和税制改革，促进经济增长。在新政府内阁人选方面，二人也有意见分歧。科雷亚要求保持政府政策可持续性，而莫雷诺希望任用政策主张较为温和的人选，改变过去的激进政策。

副总统豪尔赫·格拉斯（Jorge Glas）腐败案件持续发酵，对政坛造成严重冲击，使莫雷诺与科雷亚二人的矛盾公开化。2017 年 6 月，厄瓜多尔最高检察院开始对涉嫌巴西建筑公司奥德布雷希特公司（Odebrecht）腐败案件的副总统格拉斯进行司法调查。8 月 3 日，莫雷诺发布总统令，宣布解除格拉斯的所有职权，而格拉斯则宣称莫雷诺此举是对自己前一天在社交媒体上公开两人政治分歧的“政治报复”。格拉斯是前总统科雷亚的亲信和盟友，曾批评莫雷诺背离执政党的政治纲领，同包括反对派在内的社会各界展开无原则对话，违背人民意志。8 月 29 日，格拉斯被宣布限制离境。10 月 2 日，总检察长下令对格拉斯实施预防性监禁。莫雷诺随后提出进行全民公投的倡议，要求对修改总统任期、改革公民参与和社会监督委员会等 7 大修宪议题进行全民公投。科雷亚认为，这是莫雷诺执意反对他 2021 年再次竞选总统，指责莫雷诺是“叛徒”，背叛了“公民革命”。10 月 4 日，莫雷诺颁布政令，由城市发展与住房部部长玛丽娅·亚历杭德拉·比库尼娅（Maria Alejandra Vicuña）代理副总统。10 月 31 日，在亲科雷亚派系的主导下，主权祖国联盟运动召开全国执行委员会会议，投票解除了莫雷诺的党主席职务，由里卡多·帕提尼奥（Ricardo Patiño）接替。莫雷诺指责其被解除党主席职位未经党代会投票，是非法行为。11 月初，格拉斯被正式起诉。12 月 13 日，格拉斯被判 6 年有期徒刑。科雷亚公开支持格拉斯，认为对他的审讯和判刑是政治迫害。莫雷诺则反唇相讥，指责“某些前总统忘了自己已经不是总统了”。2018 年 1 月 6 日，比库尼娅被正式任命为副总统，任期至 2021 年。

随着前总统与现任总统之间矛盾的公开化和激化，执政党内部的派系斗争也进一步升级。在议会内部，莫雷诺获得包括议长何塞·塞拉诺（José Serrano）在内的 46 名执政党议员的支持，而支持科雷亚的执政党议员只有 23 名。2018 年 1 月 16 日，科雷亚宣布正式脱离主权祖国联盟运动党，另组建公民革命运动（Movimiento Revolución Ciudadana），至此，厄瓜多尔左翼执政党正式分裂。

2018 年 2 月 4 日，厄瓜多尔举行公民投票和人民咨询，就修改宪法特别是是否同意禁止总统无限期连选连任、治理贪污、禁止在保护区开采金属等 7 个议案举行全民公投。据全国选举委员会（Consejo Nacional Eletoral）

公布的99%选票统计，对是否同意禁止总统等职位无限期连选连任，67.3%选民投了赞成票，这样，前总统科雷亚已没有希望参加下届总统竞选。

厄瓜多尔国内政治斗争加剧，将对未来的政府治理提出严峻挑战。执政党的分裂使莫雷诺的新政府失去了对议会的多数控制，加大了政府政策在议会通过的难度。莫雷诺很有可能被迫寻求基督教社会党等中右派政党的支持，就一些具体政策进行磋商。但是，莫雷诺政府也拥有一些有利条件。一是莫雷诺拥有较高的民众支持率。厄瓜多尔民意调查机构 Cedato 的调查显示，在2017年11月，莫雷诺的支持率高达73%。[①] 二是莫雷诺经济政策较为温和，实用主义色彩明显，执政风格较为温和，有利于与中右翼政党结盟。三是政府的反腐行动符合民众心声，也会得到反对派的共鸣。四是经济复苏对莫雷诺执政有利，尤其是较高的私人消费水平和较低的失业率也有利于社会稳定。

二　经济形势[②]

2016年，厄瓜多尔经济增长率为 -1.5%。自2017年第二季度开始，厄瓜多尔经济开始缓慢复苏，2017年全年经济增长率为1.0%。私人消费、政府支出和出口的增长是带动经济恢复性增长的主要因素。2017年上半年，国内生产总值同比增长了2.8%，主要是因为电、水、金融服务的供应以及对虾养殖和贸易的扩张，上述产品同比分别增长了19%、11.3%、5.9%和5.3%；建筑业继续收缩，负增长8.3%；固定资本形成总额同比下降2.8%。

2017年，厄瓜多尔产品和服务出口总额220.59亿美元，比上一年增长25亿美元；进口总额为225.13亿美元，比上一年增长35亿美元。经常项

① EIU, *Country Report—Ecuador*, December 2017, p. 5.

② 除特别标明外，“经济形势”部分的数据均引自 CEPAL, *Balance Preliminar de las Economías de América Latina y el Caribe 2017*, Santiago de Chile, Diciembre de 2017。

目账户余额为0.92亿美元，比上一年减少14亿美元；资本和金融账户赤字为2.31亿美元；国际收支账户赤字为15.33亿美元，而2016年盈余12.07亿美元。在进口产品中，消费品和资本货物进口分别增长了28%和14%。2017年1～9月，石油出口同比增长29%，非石油产品同比增长9%。非石油产品中，虾的出口表现突出。进口快速增长是经常项目账户盈余减少的主要原因。

公共部门财政赤字减少。2017年1～8月，非金融公共部门收入总额同比增长了13.7%，支出增长了7.3%。预计全年赤字总额占GDP的比重可由2016年的7.4%降至4.7%。受原油价格上涨的推动，石油收入增加了14.4%，而非石油部门收入受惠于内需恢复而增长了9%。2017年10月，政府宣布了一些扩大税收收入和刺激中小企业的措施，也有利于政府收入的增加。即便如此，厄瓜多尔政府仍然面临较大的财政压力，其主要原因是财政收入有限而公共投资总额较大，教育、医疗和电力资源等部门的投资需求尤为可观。

公共债务大幅增加。截至2017年10月，公共债务和外债占GDP的比重分别达到了31.8%和30.9%，而2016年分别是27.2%和26%。如果将私人机构和公共机构的内债都计算在内，那么公共债务总额占GDP的比重达到了45.7%。债务的高速增长将给中短期的财政政策带来巨大挑战。为防止国际储备急剧下降，2017年厄瓜多尔政府发行了三宗主权债券，总计55亿美元；还使用了6.38亿美元的拉丁美洲储备基金（Fondo Latinoamericano de Reservas）和中央银行价值5亿美元的黄金置换。2017年1～10月，厄瓜多尔国际储备维持在39亿美元左右。由于石油价格上涨、国际市场流动性充裕，厄瓜多尔经济增长的外部形势良好，为政府投放55亿美元主权债券创造了有利的国际环境，也为政府公共支出的适度增长创造了条件，防止了国际储备的急剧下降，支撑了金融体系的流动性。

2017年10月，货币总量M2比上一年增长了10.4%，M1增长了11.3%，总体货币投资组合增长了23.2%；存款总额同比增长了7.2%；年平均实际利率为7.86%，比上一年下降了108个基点。

通货紧缩风险加大。2017年的通货膨胀率很低。受酒精饮料、烟草、服装和鞋类等产品价格大幅下降的影响，2017年6月以后连续5个月通胀率为负，10月消费者价格指数（CPI）累计下降了0.1%，全年通胀率为-0.09%。根据国际货币基金组织设定的标准，若某一经济体连续两个月以上通胀率为负，表明该经济体出现通货紧缩，国家经济活力减退。

2017年10月，莫雷诺总统宣布经济重振法，计划实施一系列税收政策改革和经济发展新举措，重振经济、保护“美元化”和发展政府社会民生项目。税收改革的优惠措施包括取消年营业额30万美元以下中小企业的预缴所得税，逐步返还营业额在30万美元以上的大型企业所预缴的所得税的最低应缴部分，减免小微企业所得税，等等。经济重振法案还提出了包括实施紧缩性财政政策、降低财政赤字和积极吸引外国直接投资等一系列经济新举措。

2017年11月29日，厄瓜多尔议会审议通过了2018年预算案。2018年，公共项目预算资金总额为47.39亿美元，其中电力项目预算较多，总额为7.24亿美元，教育、医疗和公共交通等部门的预算总额为19.8亿美元，主要用于建设学校、医院和完善交通网络。

三　社会形势

联合国开发计划署（UNDP）发布的2016年全球人类发展报告显示，厄瓜多尔人类发展指数在188个国家和地区中排在第89位。2010~2015年，排名上升7位，人类发展指数处于较高水平。主要原因是预期寿命延长、受教育渠道扩大、受教育时间增加、居民人均收入提高等。①

① 《厄瓜多尔全球人类发展指数提高较快》，中华人民共和国驻厄瓜多尔共和国大使馆经济商务参赞处官网，http://ec.mofcom.gov.cn/article/jmxw/201703/20170302539129.shtml，最后访问日期：2018年1月2日。

科雷亚执政时期向低收入群体倾斜的社会政策对于降低收入分配不平等和减贫起到了良好的效果。据联合国拉美经委会统计，厄瓜多尔的基尼系数由2008年的0.491降至2012年的0.463、2014年的0.448和2016年的0.445。[①] 厄瓜多尔的贫困率由2012年的27.3%降至2014年的22.5%；同期，极端贫困率由11.2%降至7.7%。2014年以后，厄瓜多尔经济形势恶化，2016年贫困率增至22.9%，极端贫困率增至8.7%。[②]

失业率总体下降，但是就业质量有待提高。随着经济形势的好转，2017年9月全国失业率下降至4.1%，比上年同期下降1.1个百分点，是拉美地区失业率较低的国家之一。但是，失业率的降低不能与劳工市场的改善混为一谈。2017年1~9月，厄瓜多尔非充分就业率由19.4%上升至20.5%。[③] 在厄瓜多尔，充分就业指的是每周工作40小时以上、有固定工资收入的就业，而非充分就业是指一周工作时间不到40小时、工资收入不稳定或低于法定最低工资的就业。非充分就业率较高是厄瓜多尔劳工市场中存在的严重问题。厄瓜多尔统计局的数据显示，2017年3月，厄瓜多尔失业率为4.4%，同比降低了1.3个百分点，失业人口同比减少了9万人。但是充分就业率只有38.5%，低于2016年同期的40%；非充分就业率则由17.1%升至21.4%；男性经济活跃人口的充分就业率可达45.3%，而女性经济活跃人口的充分就业率只有29.5%。全国不同城市的就业形势也有差别。基多、昆卡和安巴托三个城市的充分就业率较高，对全国充分就业率增长贡献最大，而瓜亚基尔和马查拉的就业形势不容乐观，充分就业率较低，不充分就业率明显增长。首都基多的失业率达到了过去10年里的最高点9.1%。[④] 为提高对失业人员的保障，2016年3月厄瓜多尔社保局设立失业保障基金，对失业人员进行临时救济，2016年共有2.8万人受惠。2017年1~4月，

---

① CEPAL, *Panorama Social de América Latina 2017*, Santiago de Chile, p. 80.

② CEPAL, *Panorama Social de América Latina 2017*, Santiago de Chile, p. 91.

③ CEPAL, *Balance Preliminar de las Economías de América Latina y el Caribe 2017*, Santiago de Chile, Diciembre de 2017.

④ EIU, *Country Report—Ecuador*, May 2017, p. 27.

9000人领取了失业保障金。①

2017年1~9月，实际工资指数有小幅上涨，5月上涨了1.3%，10月上涨幅度为2.6%。② 经过企业、工会和劳工部的三方谈判，2018年厄瓜多尔最低基本月工资最终确定为386美元，较2017年的375美元增长2.9%。厄瓜多尔工会希望提高最低月工资的主要目的是缩小最低工资和基本家庭月支出之间的差距，降低贫困人口生活成本。2017年11月家庭基本月支出为706美元。

虽然中央财政收入存在困难，但莫雷诺政府依然对教育和医疗等民生领域给予较大财政支持。2018年，厄瓜多尔政府将加大对民生项目的投入，重点是上调最低生活保障金，实施"相伴一生"扶幼养老项目和"居者有其屋"社会保障房项目，计划为上述三个项目投入的财政预算金额分别为3.83亿美元、10亿美元和32亿美元。厄瓜多尔领取低保的人口由2007年的100万人减少至2015年的44.4万人。莫雷诺在总统竞选中承诺将最低生活保障金由50美元提高到150美元，并通过小额贷款和技术支持鼓励低保户经营小额生意。

四　对外关系

在科雷亚执政的十年内，厄瓜多尔对外关系发展稳定，在加强与亚洲各国关系、推动拉美地区一体化、积极拓展国际市场等方面取得了积极的成效。莫雷诺上台之后，承诺延续科雷亚政府的对外政策的同时，主张在世界和区域事务中发挥更为积极的作用，在维护主权和国家利益的前提下开展对外交往，重视与各国发展关系；支持拉美地区一体化；制定有效的对外经济政策，提高对外贸易水平和促进旅游收入增长，通过对外经济关系多样化降

① 《厄瓜多尔失业保障基金已惠及3.7万失业者》，中华人民共和国驻厄瓜多尔共和国大使馆经济商务参赞处官网，http://ec.mofcom.gov.cn/article/jmxw/201704/20170402567226.shtml，最后访问日期：2018年1月3日。

② CEPAL, *Balance Preliminar de las Economías de América Latina y el Caribe 2017*, Santiago de Chile, Diciembre de 2017.

低对石油部门的出口依赖；愿与各国在环保和气候变化问题上合作，以和平方式解决冲突，尊重公民自决。

美国是厄瓜多尔的主要贸易伙伴。与科雷亚政府的敌视立场不同，莫雷诺政府对美国的态度较为温和，主张修复与美国的关系，深化贸易和外交关系，积极吸引美国投资。厄瓜多尔出口至美国的商品所享受的普惠制优惠政策于2017 年年底到期。受美国的保护主义和厄瓜多尔国内政策的影响，这一贸易优惠安排最终能否延长面临较大不确定性。2017 年享受美国普惠制待遇的厄瓜多尔商品种类共有 200 多种，占厄瓜多尔对美出口商品种类的1/3。能否继续享受普惠制优惠待遇，将影响到厄瓜多尔商品在美国市场的竞争力和出口收入。2018 年 2 月 27 日，美国副国务卿香农（Thomas A. Shannon）访问厄瓜多尔并会见了莫雷诺总统。香农是莫雷诺执政以来访厄的最高级别的美国官员。两人就发展双边贸易、投资、扫毒等问题进行了会谈。

欧盟是厄瓜多尔的第二大贸易伙伴。2017 年 1 月 1 日，欧盟 - 安第斯共同体联系协定正式生效，确保厄瓜多尔能获得欧盟的优惠关税待遇。协定的生效为双方经贸关系发展带来积极的影响。2017 年，厄瓜多尔对欧盟的出口增长了 2% 左右，来自欧盟的进口则增长了 30% 左右，尤其是从西班牙、英国、德国、荷兰和比利时等国的进口有较大幅度增长。[①] 厄瓜多尔向欧盟的出口产品主要是香蕉、鱼和花卉，从欧盟主要进口机械产品、医疗药品、钢铁和塑料制品等。

莫雷诺政府重视与拉美地区邻国的关系，积极推进拉美地区一体化，支持哥伦比亚政府与第二大反政府武装“民族解放军”进行和谈。2017 年 5 月 9 日，厄瓜多尔接任安第斯共同体轮值主席国。10 月 29 日，智利总统巴切莱特对厄瓜多尔进行正式访问，与莫雷诺总统进行会晤，发表了联合声明，一致同意继续推动拉美区域一体化，加强拉美加勒比共同体、南美洲国家联盟在地区事务中所发挥的作用。

---

① EIU，*Country Report—Ecuador*，December 2017，p. 28.

与中国的关系将进一步深化。中国是厄瓜多尔最大的外国投资国、债权国和第三大贸易伙伴，厄瓜多尔是中国在拉美的第十大贸易伙伴。2017 年 5 月，习近平主席特使、教育部部长陈宝生出席莫雷诺总统就职仪式。10 月 11 日上午，中厄两国政府在厄瓜多尔外交部举行经济技术合作协定签字仪式。厄瓜多尔外长埃斯皮诺萨感谢中国政府给予厄瓜多尔的无私援助。

（杨建民　审读）

Y.19
乌拉圭：腐败丑闻落幕，经济增长提速

何露杨*

摘　要： 2017年，乌拉圭迎来首位女性副总统，原副总统因违规行为辞职，养老金改革和纸浆厂建设谈判成为执政联盟内部团结面临的主要挑战。经济增长提速，通胀率创历史新低，但财政赤字居高不下。治安问题仍棘手，政府、工会、商界三者之间的紧张关系成为社会冲突的主要来源。2017年，乌拉圭与巴西、委内瑞拉发生外交摩擦。

关键词： 乌拉圭　腐败　养老金改革　乌巴关系

一　政治形势

2017年，乌拉圭副总统的腐败丑闻告一段落，国家迎来首位女性副总统，但危机的后续影响将逐渐显露。养老金改革和纸浆厂建设谈判将考验执政联盟的内部团结。

乌拉圭副总统劳尔·森迪克（Raúl Sendic）近年来丑闻不断，不仅被曝简历造假，还成为国家石油公司管理不善的调查对象，2017年6月媒体的调查报告称，其在担任公司总裁期间使用企业信用卡进行私人消费。在压力之下，执政联盟对此展开调查，相关机构最终确认森迪克违规使用公司信用

* 何露杨，中国社会科学院拉丁美洲研究所助理研究员，巴西研究中心副秘书长，主要研究方向为拉美国际关系、巴西外交。

卡。为了避免受制裁而失去参与2019年大选的机会，9月9日，森迪克主动辞去副总统职位。依据宪法相关规定，前第一夫人、人民参与行动党（Movimiento de Participación Popular，MPP）议员卢西亚·托波兰斯基（Lucía Topolansky）接任，成为乌拉圭首位女性副总统。

尽管森迪克的辞职平息了此轮政治风波，但危机的后续影响将逐渐显露。一方面，反对派称辞职事件损害了乌拉圭的国家形象，强调巴斯克斯总统应为其错误选择承担责任。另一方面，执政联盟内部分裂加剧。森迪克领导的711名单党（Lista 711）和前总统、参议员穆希卡领导的人民参与行动党同属执政联盟中的激进势力，二者均为副总统的坚强后盾。森迪克辞职后，激进势力立即表达对执政联盟主席哈维尔·米兰达（Javier Miranda）未能妥善处理该事件的不满，穆希卡称森迪克的离开将导致政府失去在国会的微弱优势。随着托波兰斯基继任副总统，执政联盟内部的激进势力将进一步壮大，如何开展广泛阵线的内部协调以保障团结将成为巴斯克斯总统接下来的工作重点。

2017年6月26日，总统提出议案允许退休或即将退休的人员自行选择私有养老基金或国有社保银行体系。1996年新的养老金体系建立后，相关人员被强制转入该体系，而原来的国有社保银行能发放更多的养老金，政策实施以来游行示威不断。为了巩固民众基础，总统表示被强制转入新体系的人员可以选择回到国有社保银行体系，称此举是国家社保体系改革的一部分。议案受到相关人员的欢迎，但也引发执政联盟内部的分歧。以财政部部长达尼洛·阿斯托里（Danilo Astori）为首的温和派担心议案成本给政府带来财政压力，因而自2017年7月议案递交国会以来，缺乏共识导致围绕该议案的讨论一再被推迟。12月初，工会再次组织示威游行，要求国会批准该议案，实施养老金改革。与此同时，国家计划与预算办公室发布了一项报告，称养老金改革议案将对收入分配产生负面影响，2/3的议案受益者属于高收入群体，仅16%的低收入工人能从议案中获益①。劳工部部长埃内斯

① “Uruguay gov't under pressure over pensions bill”, LatinNews Daily, 6 December 2017, https://www.latinnews.com/item/74506-uruguay-gov-t-under-pressure-over-pensions-bill.html.

托·穆罗（Ernesto Murro）批评该报告为“数据恐怖主义”，呼吁尽快通过议案。下一阶段，养老金改革还将成为执政联盟内部产生分歧的主要因素之一。

经过长达17个月的努力，巴斯克斯政府于2017年11月7日宣布与芬兰纸浆企业UPM就在乌拉圭投建其第二座造纸厂签署框架协议。该项目预计投资40亿美元，创下乌拉圭最高纪录。鉴于项目对投资、就业和税收的积极影响，巴斯克斯政府一直将其视为经济工作的重点。为了满足UPM提出的改善基础设施要求，10月29日政府宣布就建设新的273公里货运铁路线进行国际公开招标，还承诺给予项目自由贸易区地位。谈判的过程并不顺利，财政部宏观经济咨询处处长安德烈斯·玛索耶尔（Andrés Masoller）因不认同政府为此做出过多让步而提出辞呈，其他经济团队成员也颇有微词。反对派指责政府至今未公开协议内容，强调存在国家利益受损的风险。

二 经济形势[①]

尽管2014～2016年经济增速有所放缓，2017年乌拉圭实现3%的GDP增长，成就国家经济连续15年不间断增长的佳绩，2018年乌拉圭有望保持3%的经济增长。增长主要基于地区对商品和服务需求复苏、大宗产品出口扩大、全球金融状况改善和消费者信心提升。2017年，乌拉圭的经济特点表现为财政赤字居高不下、旅游业收入斐然、通胀率创历史新低、劳动力市场指标略有恶化。

2017年，乌拉圭政府经济工作的重心在于减少财政赤字（9月底占GDP的3.6%）。个人所得税税率的上升不足以应付新的开支，特别是社会保障福利的增加以及普及国家健康基金的支出。2017年，政府暂时提高了进口领事税（原来统一为2%），对从南共市进口的商品征收3%的领事税，

---

① 如无特别说明，“经济形势”部分的数据均来自CEPAL，*Balance Preliminar de las Economías de América Latina y el Caribe 2017*，Santiago de Chile，Diciembre de 2017。

对从其他国家进口的商品征收5%的领事税。同时，政府还提高了对赌博所得和奖金的税收。支出方面，2019年和2020年的预算推迟至2018年决定，对自主实体投资的控制力度有所加强。政府还在进行两项社保改革谈判：一是解决1996年社保改革的影响问题，二是修改军队的退休和养老金服务，两项改革均会对公共账户造成较大影响。

货币政策继续以增加货币总量为基准工具。在2017年举行的三次季度会议上，随着货币需求的急剧增长，货币政策委员会提高了M1的目标增长率。第三季度的M1同比增长18.2%，远高于13%～15%的季度基准。2017年，乌拉圭比索兑美元汇率保持稳定。

由于价格和成交量的增长，乌拉圭2017年1～10月的货物出口量同比上涨10%，其中大豆表现尤其突出。中国仍是乌拉圭的主要出口目的地。第二大出口目的地巴西的市场有所恢复。占出口约5%的奶制品行业陷入销售困境，正面临严重的盈利危机。服务业方面，2017年旅游业收入将超过25亿美元，首次跃升为最主要的出口部门。货物和服务的进口总体保持稳定。

GDP增长主要得益于外部需求和消费的回升。投资和消费领域都呈现私营部门扩张、公共部门萎缩的特点。产出方面，电信业再次成为对经济增长贡献最大的部门。商业、酒店和初级部门也对经济增长做出一定贡献，而制造业、能源和建筑业表现不佳。

2017年，通胀率低于7%，处于央行3%～7%的目标范围内，果蔬价格的下降和稳定的汇率价格是主要影响因素。劳动力市场的活跃程度不及经济活动，2017年1～9月的平均就业率为58%，略低于2016年同期，劳动力参与率小幅降至63%。失业率保持在8%左右，与2016年同期持平。通胀率下降导致实际工资增长明显。

三　社会形势

2017年，治安问题继续成为乌拉圭的社会焦点，政府、工会、商界三

者之间的紧张关系成为社会冲突的主要来源。

针对女性的犯罪和枪支管制问题凸显乌拉圭令人担忧的治安状况。2017年2月8日和7月3日，首都街头爆发示威游行，抗议针对女性的谋杀，要求政府出台专门立法。仅2017年上半年，乌拉圭就有19名女性被杀害。示威游行的组织者称这些事件只是乌拉圭性别暴力的冰山一角，要求政府通过2015年年底就进入国会讨论的反杀害女性（anti-femicide）法。执政联盟和白党均表示支持，反对人士认为将杀害女性从谋杀行为中分离出来，本身就是一种歧视，会导致法律中的男女不平等。2017年9月25日，两帮犯罪团伙在首都发生激烈枪战，治安问题再次成为众矢之的。当地媒体报道，乌拉圭登记的枪支数量位居世界第八，枪击死亡数比例甚至高于美国。

2017年，乌拉圭工会坚持通过游行和罢工表达经济诉求，商界指责政府偏袒工会，工会和商界均不满政府的2018年预算。2017年2月中旬，全国气象服务部门工会称政府未按协议支付工资且双方的谈判破裂，计划组织罢工。罢工期间，该部门将不提供任何气象预报，包括每天两小时的民航气象服务。为避免罢工对经济造成影响，劳动与社会保障部于2月21日宣布将全国气象服务定为关键公共服务，这意味着该机构人员被临时禁止罢工。政府称其宣布的决定立即生效并将持续到争端解决之日，该做法引发工会的强烈不满。3月，政府通过总统令，授权警方可在未获得司法许可的情况下及时清除示威活动中的路障。工会方面指责总统令侵害了劳动者的权利，执政联盟的部分议员也认为总统令给予警方过多权力。

乌拉圭商界一直指责政府偏袒工会，在三方集体工资谈判中给予工会更多的代表名额，但政府和工会对此并未理会。2009年，商界决定向国际劳工组织正式投诉。随着威胁的不断加剧，因担心被国际劳工组织列入黑名单，乌拉圭政府自2015年起着手解决该问题。2017年5月2日，政府宣布劳动部、工会和商会代表达成协议，政府同意邀请国际劳工组织派代表团来乌拉圭考察、评估争议，作为交换，商业游说团体不再要求国际劳工组织在六月的会议上审理其投诉。协议最终能否化解冲突仍有待观察，鉴于国际劳工组织已经认定乌拉圭的集体谈判立法不当，要求乌拉圭进行修订，如果考察团也得出同样的结论，那么巴斯克斯政府将会面临更大的压力。

2018 年的政府预算草案要求继续实施 2015 年以来的紧缩政策，通过降低财政赤字应对经济增长放缓，还提议提高进口税率、对赌博活动征收新税来为教育和社保支出筹集资金。2017 年 6 月 21 日和 7 月 20 日，工会组织 Pit-Cnt 发动了 24 小时大罢工，抵制政府预算草案。企业商会联合会则呼吁政府通过减少财政支出、提高国家竞争力，而非通过增加税收来解决财政赤字问题。经济学家也对此提出批评，认为此举将影响国内经济增长、破坏商业环境。

四　外交形势

2017 年，乌拉圭分别与巴西、委内瑞拉掀起外交拉锯战，前者围绕劳工法改革和奶制品贸易问题，后者主要涉及对委立场。

2017 年 7 月中旬，巴西国会通过劳工法改革议案，通过放宽假期、津贴等相关规定促进就业。乌拉圭政府认为，巴西的劳工法改革将提高其对乌拉圭的商业竞争力，给乌拉圭经济带来连锁反应。为此，外交部部长尼恩·诺沃亚（Nin Novoa）表示劳动者的工资不应成为开拓市场的谈判筹码，称或将依据南共市的社会与劳工协议提出上诉。巴西外交部立即召见乌拉圭驻巴西大使，要求其对相关言论做出解释。事实表明，该外交摩擦开启了两国之间的奶制品贸易风波。8 月底，巴西农业部部长布莱罗·马吉（Blairo Maggi）在于圣保罗召开的南共市农业理事会会议上宣布，巴西计划将乌拉圭奶制品从自由贸易产品清单中移除。10 月 10 日，巴西宣布暂停进口乌拉圭奶制品，理由是乌拉圭生产商利用第三国奶源对巴西倾销奶制品，称将对此展开调查。乌拉圭财政部部长阿斯托里随即做出回应，称巴西的做法毫无根据，违背了南共市和世贸组织的规定。乌拉圭外长诺沃亚表示，巴西的做法在南共市成员国与欧盟进行自贸谈判的关键时刻释放了错误的信号。

在委内瑞拉问题上，乌拉圭政府一直坚持通过对话解决其政治危机，努力维护委内瑞拉的南共市成员国地位，同时划清政府与美洲国家组织秘书长阿尔马格罗的立场。在美洲国家组织针对委内瑞拉问题的特别会议上，乌拉圭投票反对对委内瑞拉启用“民主宪章”程序。在担任联合国安理会轮值主席国期间，乌拉圭表态无意将委内瑞拉问题带到联合国层面讨论，外长诺沃亚称对委内瑞拉实施制裁是不明智的，强调乌拉圭不会在地区机制中对委内瑞拉采取民主条款行动。尽管如此，双方之间的摩擦仍难以避免。2017年4月初，马杜罗指责乌拉圭联手美国攻击玻利瓦尔革命，巴斯克斯就此致信马杜罗，要求其做出解释。8月5日，乌拉圭最终放弃此前坚持的立场，与创始成员国阿根廷、巴西、巴拉圭一道发表决议称因委内瑞拉违反南共市有关成员国和联系国民主条款承诺，决定中止委内瑞拉成员国资格。委内瑞拉政府对此表达了强烈抗议。

（谌园庭　审读）

Y.20 巴拉圭：进入选战预热期

李　慧*

摘　要： 卡特斯总统谋求连任，修宪失败后，执政党红党内部分裂加深，两个不同的派系已经分别产生各自的总统候选人。最终，马里奥·阿布多击败卡特斯总统青睐的候选人成为红党的候选人，并在总统大选中获胜成为巴拉圭下一任总统。2017年，巴拉圭经济稳步增长，略高于拉美地区平均增长水平。社会动荡依旧，罢工游行频繁发生，跨境暴力犯罪猖獗暴露出国家安全防卫的脆弱性。卡特斯政府积极巩固与邻国关系，谋求区域外的贸易与投资合作。

关键词： 巴拉圭　大选　红党　对外关系

一　政治形势

（一）选战前夕，红党内部分裂加深

奥拉西奥·卡特斯（Horacio Cartes）总统的任期将于2018年8月结束，其推行的结构性改革计划将难以完成。2018年4月22日，巴拉圭举行了总统和国会选举，红党候选人马里奥·阿布多（Mario Abdo）以46.47%的选票击败了反对党派联盟候选人埃弗拉因·阿莱格雷（Efraín Alegre），当选下一任总统。

卡特斯曾试图修宪以谋求连任，但未能如愿，此举甚至造成了党内的分

* 李慧，西班牙语硕士，中国社会科学院拉丁美洲研究所一体化研究室助理研究员，墨西哥研究中心副秘书长。

裂。2017 年 5 月 23 日，巴拉圭众议长、国家共和联盟 – 红党（Asociación Nacional Republicana-Partido Colorado，ANR-PC）的乌戈·维拉斯克斯（Hugo Velázquez）表示党内持不同政见的派系将于 6 月选出总统和副总统候选人，维拉斯克斯是红党内部反对卡特斯总统的政治领袖之一，这意味着党内裂痕的加大。随着时间推移，形势不断明朗，追随卡特斯的经济部部长圣地亚哥·培尼亚（Santiago Peña）和持不同政见的参议员马里奥·阿布多成为红党内部两名有竞争力的总统候选人。鉴于卡特斯的执政历史，红党有可能更青睐培尼亚作为总统候选人。培尼亚是一位技术官僚，执政经验有限，有较大可能继承卡特斯的公共机构改革计划，利用私营部门资金改善巴拉圭的基础设施建设。培尼亚毕业于美国哥伦比亚大学，曾在国际货币基金组织任职。他 17 岁时就加入了自由党（Partido Liberal），后来为了保持财政部部长职位加入红党。红党内部另一个派系的候选人是马里奥·阿布多，是阿尔弗雷多·斯特罗斯纳（Alfredo Stroessner）[①] 私人秘书之子，也曾在美国求学，有较为丰富的政治经历。他若当选可能会弱化结构性改革，但其政策与卡特斯相似的可能性很大。

反对派真正激进自由党（Partido Liberal Radical Auténtico，PLRA）[②] 和瓜苏阵（Frente Guasú，FG）组成国家革新联盟，其主要支持力量是前总统费尔南多·卢戈（Fernando Lugo，2008～2012 年）、现任瓜苏阵线领导人以及亚松森市市长马里奥·费列罗（Mario Ferreiro）。该联盟的总统候选人是前 PLRA 主席埃弗拉因·阿莱格雷，副总统候选人为瓜苏阵线的利奥·罗宾（Leo Rubin），罗宾是环保主义者和电视节目主持人。埃弗拉因在 2013 年也参加了总统竞选，但是被卡特斯击败。此次，国家革新联盟试图扩大反对派阵营，聚集所有反对派选民。这个联盟曾将费尔南多·卢戈推上总统之位。

（二）红党再次胜选

马里奥·阿布多击败了现任总统卡特斯青睐的候选人，成为红党的总统

① 阿尔弗雷多·斯特罗斯纳，巴拉圭独裁者（1954～1989 年）。

② 真正激进自由党又称“蓝党”，是巴拉圭第二大党派。

候选人。2018 年 4 月 22 日，巴拉圭举行了总统和国会选举。最高选举法院在 22 日晚间宣布，在当天进行的总统选举中，来自执政党红党的候选人马里奥·阿布多赢得选举。在 10 名候选人中，阿布多获得 46.47% 的选票，其主要竞争对手、来自国家革新联盟的埃弗拉因获得 42.72% 的选票。

根据大选前的民调，本次选举的结果没有很多悬念。竞选运动一直较为低调，没有明确的竞选计划，国内选民氛围也较为平静。4 月 15 日曾开展了一场电视竞选辩论。竞选辩论中阿布多和埃弗拉因主要的分歧点是税收政策。

在本次大选的竞选阶段，虽然红党内部发生了分裂，但红党候选人在总统选举中胜出是阿布多与卡特斯的共识。基于这一共识，两人关系有所改善，但紧张局势仍然存在，红党内部的分歧可能为阿布多日后执政带来挑战，也可能削弱政府的执政能力。此次大选中，还选出了副总统、45 名参议院、80 名众议院和 17 名省长。

（三）其他政治情况

大选政治之外，城乡不平等仍是反政府和反腐情绪的主要来源。学生继续抗议低质量的初中、高中教育，农民（自耕农）定期集结罢工，要求广泛的土地改革。然而，居高不下的农村贫困率、巴拉圭人民军（游击队）的叛乱活动以及与贩毒有关的暴力犯罪并不会中断农业和制造业的外部投资。

二　经济形势[①]

（一）主要经济指标

如表 1 所示，据联合国拉美经委会估计，2017 年巴拉圭国内生产总值（GDP）增长率为 4%，与 2016 年持平，高于拉美地区平均增长率。2017 年第一季度 GDP 同比增长 6.6%，而第二季度由于投资减少和不利的气候条

① 本部分数据来自 CEPAL，*Balance Preliminar de las economías de América Latina y el Caribe 2017*，Santiago de Chile，Diciembre de 2017，https：//www.cepal.org/es/publicaciones/42651-balance-preliminar-economias-america-latina-caribe-2017，最后访问日期：2018 年 1 月 9 日。

件，畜牧业产量降低和建筑部门活力下降，GDP 同比增长仅为 0.9%。2017 年下半年呈现反弹迹象，服务业和制造业有所增长。财政赤字相当于 GDP 的 1.5%，控制在财政责任法设置的范围以内。2016 年的财政赤字相当于 GDP 的 1.4%，接近法律设定的上限（占 GDP 的 1.5%）。

2017 年，财政政策的优先考虑仍是控制赤字。根据巴拉圭财政部数据，2017 年 10 月中央财政赤字相当于 GDP 的 0.7%，同比增长了 1.2%。截至 10 月，总收入与上一年同期相比略有增长，这主要得益于对外贸易部门的税收增长。相反，伊泰普（Itaipú）和亚西雷塔（Yacyretá）这两家跨国公司的能源销售收入有所减少。此外，增设了合作交易和摩托车组装等业务的增值税、香烟消费的选择性税收，修改了个人所得税的扣除项目。自 2013 年巴拉圭开始发行主权债券以来，2017 年年初发行了 5 亿美元的第五次债券，2013 ~2017 年，公共债务从相当于 GDP 的 14.4% 增加到 23.7%。

从 2011 年开始，巴拉圭实行通货膨胀目标制。2017 年的货币政策主要取决于两方面因素：一是年初将通货膨胀目标从 4.5% 降低到 4.0%；二是 8 月采取的一项扩张型政策，利率从 5.5% 降低到 5.25%。上半年通货膨胀增长非常缓慢，至 10 月达 3.2%，为此央行设置了 2017 年年终 3.8% 的通胀目标。下半年通货膨胀率的上升主要由食品、服务和耐用品价格的上涨引起。

表 1　2015 ~2017 年巴拉圭主要经济指标

年份	2015	2016	2017
年际变化率(%)			
GDP	3.0	4.0	4.0
人均 GDP	1.6	2.8	2.8
消费者价格指数	3.1	3.9	4.9
实际平均工资	0.5	0.7	1.5
货币(M1)	11.6	3.1	13.6
实际有效汇率	1.6	3.9	3.9
百万美元			
商品和服务出口额	11758	12038	12649
商品和服务进口额	11421	10893	12830
经常项目账户	-301	415	-802
资本和金融账户	-258	543	1632

资料来源：CEPAL，*Balance Preliminar de las economías de América Latina y el Caribe 2017*，Santiago de Chile，Diciembre de 2017，https：//www.cepal.org/es/publicaciones/42651-balance-preliminar-economias-america-latina-caribe-2017，最后访问日期：2018 年 1 月 9 日。

在对外部门，巴拉圭央行预计2017年年底经常项目账户盈余为GDP的0.2%，而2016年为1.5%。盈余较少主要是因为出口部门增长缓慢，再出口产品附加值的增加，消费品、中间和资本货物进口增加。2017年10月，出口增长最为显著，增速达到44.2%。2016年，巴拉圭对2008~2015年的对外直接投资数据进行了审核与更新，2017年，又对2014年、2015年和2016年的数据重新进行审核，由于信息源扩大，国际收支余额略有变更。2017年上半年，巴拉圭吸收的外国直接投资达2.23亿美元。

劳动力市场缺乏活力，根据持续就业调查（Encuesta Continua de Empleo）的数据，2017年第二季度失业率与上一年同期持平（8.9%）。其中，建造业和服务业就业人数则有所增加，农业和商业部门就业人数减少。截至2017年6月，央行的薪酬和工资指数显示出4.5%的年际变动率，从年中开始，最低工资增加了3.9%，达到204.1万瓜拉尼。

（二）主要经济政策

预计在2018年8月卡特斯离任时，巴拉圭的基础设施吸引外资目标和公共部门改革的计划仅能够实现部分。在卡特斯任期内，这些政策的推行受到了左翼联盟以及红党内部传统势力的抵制，最明显地体现在国家基础设施公私合营项目（Public-Private Partnership，PPP）上。由于国会中存在卡特斯所在党派红党的阻力以及反对党的抵制，自2013年公私合营法原始框架通过之后，该法案已被多次修订。法案合法性的不确定性和招标程序争议使得亚松森机场的现代化改造和跨查科公路（Transchaco）维修这两个最大的PPP项目陷入停滞。阿布多就职总统后，将能够继续推进该法案的实施。而若阿莱格雷和阿布多当选，预计也不会对卡特斯的外资和债务政策进行大幅修改，但结构性改革不是其当务之急，其工作重点将转向再分配政策。

政府继续向外国资本部分开放自然资源。近期的巴拉圭矿业立法进行了改革，以增加该部门对外国公司的吸引力。巴拉圭欠发展的石油和矿产部门可能成为潜在的经济增长点。巴拉圭有丰富的石油储备，油气层结构与相邻产油国阿根廷和玻利维亚相似。但是，目前已探明的石油不具有经济开采价值。此外，巴拉圭正在寻求优化与巴西和阿根廷共建水电站的合作条款，更好地利用电力资源，便利工业部门发展。但该合同期限漫长，与巴西签署的伊泰普水电站合同有效期是到2023年，在此之前不会有本质上的改善。巴拉圭虽然电力生产实力雄厚，但是由于落后的电力输送系统，日常用电的断电十分频繁，近期在该领域的大幅投资将会有效改善日常断电现象。

三　社会形势

（一）主要社会指标

巴拉圭的社会问题集中体现在贫困、失业和犯罪方面。卡特斯政府上台后，将消除贫困和改善收入不平等问题作为首要任务之一。巴拉圭是拉美地区贫富差距悬殊最大的国家之一，仅次于洪都拉斯和尼加拉瓜。

据统计，2011年，巴拉圭全国贫困人口占总人口的49.6%，极端贫困人口占28.0%。如表2所示，近年来巴拉圭的贫困率下降较快，贫困人口平

表2　2012～2016年巴拉圭贫困率和极端贫困率

单位：%

年份	贫困	极端贫困
2012	31.4	7.4
2014	27.2	5.5
2015	26.6	5.4
2016	28.9	5.7

资料来源：CEPAL，*Panorama Social de América Latina 2017*，Santiago de Chile，https://www.cepal.org/es/publicaciones/42716-panorama-social-america-latina-2017，最后访问日期：2017年1月9日。

均每年减少4.5%。2014～2016年，拉美基尼系数降低1%以上的国家只有5个，分别是玻利维亚、哥伦比亚、智利、萨尔瓦多和巴拉圭。①

（二）2018年巴拉圭主要社会事件

1. 申办世界杯

2030年是世界杯足球赛100周年。2017年10月，国际足联宣布巴拉圭与阿根廷和乌拉圭南美三国将联合申办世界杯。这一决定是由阿根廷总统马克里、乌拉圭总统巴斯克斯和巴拉圭总统卡特斯与国际足联主席因凡蒂诺和南美洲足联主席亚历杭德罗·多明戈斯会面之后共同宣布的。② 曾有联合申办世界杯的先例，2002年曾由韩国、日本联合举办，然而在该届杯赛结束之后，国际足联曾对联合申办的形式提出过异议。

2. 突击式抢劫

2017年4月24日，巴拉圭第二大城市埃斯特城被犯罪组织控制达数小时。埃斯特城坐落于巴拉那河沿岸，该河流是巴西和巴拉圭的分界线。24日凌晨，市中心遭到连续爆破袭击，遭袭地点包括国家警察总部附近，警察局出口被燃烧的车辆围堵。当地一家安全公司遭突击式抢劫，被盗数百万美元。卡特斯总统发布行政命令调动军队增强该市兵力。尽管如此，这场突击式抢劫的发生仍暴露出国家警察极度脆弱，国家安全面临跨国犯罪集团的威胁。③

3. 亚松森农民大游行

2017年7月18日，数千名农民在巴拉圭首都亚松森举行大游行，要求

---

① CEPAL, *Panorama Social de América Latina 2017*, Santiago de Chile, p.44, https://www.cepal.org/es/publicaciones/42716-panorama-social-america-latina-2017，最后访问日期：2018年1月9日。

② "Se sumó Paraguay y ahora el sueño de recibir la Copa del Mundo es tripartito", https://www.lanacion.com.ar/2058618-se-sumo-paraguay-y-ahora-el-sueno-de-recibir-la-copa-del-mundo-es-tripartito，最后访问日期：2018年1月9日。

③ "Paraguai suspeita que assalto de 120 milhões de reais foi obra do PCC", https://brasil.elpais.com/brasil/2017/04/24/internacional/1493047109_595943.html，最后访问日期：2018年1月9日。

政府免除债务。参加游行的农民来自国家行业间协会（Coordinadora Nacional Intersectorial），该协会呼吁政府为1500家公共和私营企业减免大约3400万美元的债务。此次游行对卡特斯政府形成较大压力。

四　外交形势

在卡特斯执任期内，巴拉圭与邻国的关系有所改善。南共市目前由中右翼政府主导，巴拉圭自恢复成员国身份以来，一直是该组织的活跃成员。在委内瑞拉问题上，巴拉圭与其他成员国立场一致，谴责其威权政治，采取孤立委内瑞拉政策；与巴西保持密切关系，互访频繁。2017年8月，巴拉圭总统卡特斯访问巴西，会见了特梅尔总统。安全问题尤其是共同打击边境跨国犯罪是卡特斯此行最重要的议题。此外，两国领导人就促进经贸合作、通过推动与欧盟的贸易谈判加强双边范畴及在南共市框架下的一体化程度等议题交流了意见。此前，巴西外长于2017年3月赴阿根廷参加南共市会议之后，对巴拉圭进行了为期两天的访问，与卡特斯总统及罗伊萨加（Eladio Loizaga）外长进行会晤。2017年5月，卡特斯总统与阿根廷马克里总统签署谅解备忘录，为两国持续30年之久的亚西雷塔（Yacyretá）水电站建造债务纠纷画上句号。长期以来，巴拉圭要求阿根廷方面撤销估定的100多亿美元的债务。此次双方达成一致，将巴方债务设定为38亿美元，偿还期限设为至2028年。在美墨关系上，外长罗伊萨加表示巴拉圭不想参与美墨之间关于特朗普新移民政策的争端，认为这是美墨之间的事，巴拉圭将尊重各国的主权决策，不会对抗美国政府。

卡特斯多次访问欧洲，寻求贸易与投资合作，并建立了巴拉圭－欧盟年度投资论坛[①]。2017年7月11日，巴拉圭总统卡特斯到访中国台湾地区，双方签署了新的经济合作和游客免签协议。巴拉圭将中国台湾当作通向亚洲

① “Paraguay-EU investment forum opens in Asuncion”，https：//www.efe.com/efe/english/business/paraguay-eu-investment-forum-opens-in-asuncion/50000265－32132，最后访问日期：2018年1月10日。

市场的桥梁。该协议的主要内容是，将允许巴拉圭以零关税向中国台湾出口 54 种产品，包括奶粉、果汁、冷冻牛肉、木地板、木薯粉及其他制成品和工业品；促进台商在巴拉圭投资及进行企业联合发展。中国台湾承诺协助推动巴拉圭的中小企业发展。中国台湾拥有 100 万家中小企业，在该领域有较为丰富的经验。

（杨志敏　审读）

Y.21

哥斯达黎加：政治持续碎片化，财税改革仍陷困局

楼 宇*

摘 要： 2017年是哥斯达黎加现任总统索利斯及其所属的公民行动党执政的最后一年。政治上，立法机构内政党碎片化使改革措施推行愈加困难。经济上，哥斯达黎加继续保持中低速增长的态势，通货膨胀率两年多来首次达到央行设定的目标区间，但财政赤字、政府负债率及失业率高企仍是哥斯达黎加经济面临的三大主要难题。社会方面，贫困率和基尼系数再度降低，治安状况并未好转，凶杀率连续三年达到暴力猖獗的标准。对外关系方面，哥斯达黎加秉持积极参与全球和区域一体化的态度，继续探索加深与亚太各国的关系。中哥建交进入第十年，两国关系持续向好。

关键词： 哥斯达黎加 政治碎片化 财税改革 失业

一 政治形势

2017年是哥斯达黎加现任总统路易斯·吉列尔莫·索利斯（Luis Guillermo Solís）执政的最后一年。索利斯在2014年选举中胜出，结束了哥

* 楼宇，博士，中国社会科学院拉丁美洲研究所社会文化研究室助理研究员，主要研究方向为拉丁美洲文学、文化及中拉人文交流等。

斯达黎加长达半个多世纪的两党统治局面。但由于索利斯所属的公民行动党（PAC）在立法大会57个议席中只占12席，总统权力受限，执政党的政策推行频繁遇阻。2017年，索利斯的民意支持率有所上升，但在剩下不到一年的总统任期内，难以取得重大的政策进展。

2017年11月23日，哥斯达黎加大学政治研究中心发布2018年大选民调结果，受访者中66%表示将参与投票，37%表示尚未决定支持哪位候选人。主要候选人中，民族解放党（PLN）的阿尔瓦雷斯·德桑蒂（Álvarez Desanti）的支持率为15%，较此前民调略有下降；民族融合党（PIN）的迭戈·卡斯特罗（Diego Castro）的支持率升至15%；基督教社会团结党（PUSC）的鲁道夫·皮萨（Rodolfo Piza）以11%的支持率位居第三。其余候选人的支持率均未超5%。此外，高达38%的受访者明确表示不会投票给德桑蒂，8%的受访者表示不会投票给迭戈·卡斯特罗。[①]

鉴于公民行动党在执政期间表现平平，英国经济学人智库（EIU）在2017年年底预测[②]，其在2018年获得连任的概率极低，而基督教社会团结党和民族解放党可能会联手进入选举第二轮。其中，代表基督教社会团结党的皮萨具有“廉洁”的公众形象，与索利斯相比更像一个有决断力的决策者。这不仅使基督教社会团结党逐渐摆脱了两次前总统贪污丑闻引发的危机，而且也使皮萨成为2018年选举的有力竞争者。经济学人智库的预测也面临不少变数，其中之一就是迭戈·卡斯特罗。作为曾经服务于前总统菲格雷斯（José María Figueres）的律师，迭戈·卡斯特罗试图将自己打造成政治素人，并从社会对现实政治的不满中受益。在最近的民调中，他与德桑蒂一样获得了15%的支持率。经济学人智库预测，随着选举活动的展开，迭戈·卡斯特罗的支持率或将下降。但如果其余两大党的政治造势不够，那么

① 《哥斯达黎加2018年总统选举最新民调》，中华人民共和国驻哥斯达黎加共和国大使馆经济商务参赞处官网，2017年11月24日，http://cr.mofcom.gov.cn/article/jmxw/201711/20171102675793.shtml，最后访问日期：2017年12月24日。

② 除特殊标明外，本文所引英国经济学人智库（EIU）数据均来源于 *Country Report—Costa Rica*，December 2017。

剩余的政治真空可以让他有足够的余地在第一轮投票中获得第二名。

2018 年 2 月初，哥斯达黎加总统选举第一轮投票结果揭晓。不出所料没有候选人在本轮投票中获得 40% 以上的选票，但得票最多的两名候选人多少有些令人意外。根据投票结果，民族重建党（PRN）候选人法夫里西奥·阿尔瓦拉多（Fabricio Alvarado）以 24.9% 的得票率居首位，公民行动党候选人卡洛斯·阿尔瓦拉多（Carlos Alvarado）以 21.6% 的得票率位居第二，民族解放党的德桑蒂和基督教社会团结党的皮萨分别以 18.6% 和 16% 的支持率位居第三和第四。法夫里西奥·阿尔瓦拉多和卡洛斯·阿尔瓦拉多进入于 2018 年 4 月举行的第二轮投票。最终，卡洛斯·阿尔瓦拉多以 60.7% 的得票率逆转取胜，成为新一届总统。公民行动党出人意料地获得连任，但立法机构内部权力分散、公众对整个政治阶层的不满情绪日益增加，这些因素将继续影响新一届政府的政策执行力。不过，从积极的方面看，虽然在财政改革领域尚存重大分歧，但主要党派在诸多重大问题上，特别是在社会、经济和安全方面达成了普遍共识，有利于哥斯达黎加社会的稳定性。

二　经济形势

据联合国拉美经委会预测①，受私人消费放缓和不利天气的影响，2017 年哥斯达黎加的经济将实际增长 3.9%，低于 2016 年的 4.5%。对外贸易活力趋弱，特别是服务出口，经常项目账户赤字将扩大到占 GDP 的 4%。与 2016 年相比，由于原材料的国际价格上涨，通货膨胀将接近中央银行制定的 3% 的目标。但政府财政赤字和高失业率的难题并未得到根本性改善。

1. 经济继续温和增长，通胀开始上升

2017 年上半年，哥斯达黎加的经济增长主要得益于服务业的发展，尤其是商业服务、金融中介和保险业，而建筑业则显著下滑。预计下半年服务

---

① 除特殊标明外，本文所引数据均来源于 CEPAL，“Costa Rica”，*Balance Preliminar de las Economías de América Latina y el Caribe*，Santiago de Chile，Diciembre de 2017，最后访问日期：2017 年 12 月 24 日。

业和制造业将持续带来活力，而农业活动将受到恶劣天气的不利影响。从GDP的支出组成部分来看，上半年私人消费平均增长2.9%，低于2016年同期的5.4%。主要原因是居民可支配收入增长幅度较小，且利率上升。此外，由于新的私人部门的投资，固定资本形成总额增加了1.2%，较2016年上升了2.7个百分点。出口增速则放缓到8%。

2017年10月，哥斯达黎加的通货膨胀率达到2.3%，这也是两年多来首次达到央行设定的目标区间。医疗健康、饮料和教育价格指数变化最大，通信和服装价格指数则有所下降。

2.财政赤字反弹，政府债务率居高不下

由于利息支出和经常性支出的增加，哥斯达黎加的财政赤字在经过2016年的短暂改善之后，2017年或将反弹至GDP的6%左右。2017年前9个月，中央政府实现收入同比增长4.4%，低于2016年同期的9.9%。科朗贬值导致汽车及其他耐用消费品进口减少，来自进口税和消费税的收入降低成为此轮中央财政收入增速变慢的主因。同时，中央财政支出在2017年前三季度实际同比增长8.8%，其中利率上升所导致的利息支付的增长尤为明显。此外，经常性支出也增加了7.3%。

2017年9月底，哥斯达黎加中央政府债务达到155.6亿科朗，较2016年12月实际增长9.4%。预计至2017年年底，中央政府债务约占GDP的48%，较2016年再度上涨3.3个百分点。政府债务的融资依然主要依靠国内市场，由公共部门的机构客户承担。

为摆脱长期的财政困局，哥斯达黎加急需进行财税制度改革。目前，政府已经批准了一些零散的财政修正案，并且已成功将财政收入的GDP占比从2014年的13.9%增加到了2017年的14.8%。但这不足以满足财政支出同期的大幅增加，2014～2017年，财政支出的GDP占比由19.6%增至21%，预计2018年将达到21.4%。截至当前，政府和国会尚未就削减财政赤字的主要财政改革议案达成协议。争论的焦点集中于“开源”和“节流”之上，索利斯政府主张引入新增值税及改革所得税来增加政府收入，而国会的反对派则认为应通过控制支出来实现财政平衡。鉴于索利斯总统任期即将结束，税收改革的突破将留待下一届政府来解决。这意味着短期内财政支出和赤字将继续保持在高位。

3. 货币政策趋紧，利率上升

2017 年，哥斯达黎加的货币政策趋紧，与宽松的财政政策形成冲突。2017 年前 11 个月，哥斯达黎加央行六次上调基准利率共 300 个基点，达到 4.75%。基准利率上涨带来对美元的需求增长，推高了美元兑科朗的汇率。2017 年 5 月，美元兑科朗汇率一度达到 1 美元兑换 595 科朗。哥斯达黎加央行较为充足的国际储备缓解了汇率压力，到 10 月底，汇率下降到 1 美元兑换 570 科朗，相对于 2016 年年底的水平，名义汇率贬值 2.5%。在此背景下，截至 2017 年 9 月底，哥斯达黎加央行国际储备总额为 68.98 亿美元，比上年同期减少 7.85 亿美元。10 月初，拉美储备基金（FLAR）批准了哥方提出的 10 亿美元贷款的请求，以增加该国的国际储备。

基准利率的上涨已经开始传导到金融体系的其他部分。2017 年 9 月基准存款利率为 5.84%，而 2016 年同期则为 4.78%。同期，金融体系的平均贷款利率为 12.9%，而 2016 年 9 月则为 13.7%。可见，哥斯达黎加货币传导机制较弱，这意味着利率政策对经济表现的实际影响有限。货币紧缩尚未对私营部门的信贷产生重大影响，私人部门贷款 2017 年 6 月同比增长 12.2%。

三 社会形势

2017 年，哥斯达黎加的贫困率和基尼系数再度降低，治安状况依旧严峻，凶杀率连续三年达到暴力猖獗的标准。

1. 贫困率与基尼系数再创新低

根据哥斯达黎加国家统计及人口普查局（INEC）2017 年 10 月发布的最新一期家庭调查，哥斯达黎加共有平均月收入低于 99238 科朗的贫困家庭 30.5 万户。在这些家庭中，极端贫困人口有 8.7 万人，平均月收入为 46966 科朗。这意味着继 2016 年后贫困率再创新低，从 2016 年的 20.5% 降至

2017 年的 20%，赤贫率则从 6.3% 降至 5.7%。同期，衡量收入不平等的基尼系数指标从 2016 年的 0.521 降至 2017 年的 0.514，显著下降。[①]

2. 失业率高企，青年就业形势尤为严峻

2017 年，哥斯达黎加失业率先降后升。根据哥斯达黎加国家统计及人口普查局调查，第一季度失业率为 9.1%，第二季度小幅下滑至 8.5%，但第三季度大幅上升至 9.4%，回到 2016 年的水平。第三季度失业人数为 21.4 万人，其中城市失业率高于农村地区（分别为 9.5% 和 9%）。第三季度的就业人数为 207 万人，但未充分就业人口（每周工作时间少于 40 小时的就业人员）的比重为 8.9%。人口结构中，约有 15 万名 15～24 岁的青年不学习也不工作，失业率为 24.5%，使哥斯达黎加处于中美洲青年失业的第一位。另外，非正规部门的就业人口仍占 43.2%，造成财政收入和社会保障缴款的损失，成为哥斯达黎加公共收入和社会保障体系的负担。[②]

3. 治安形势依旧严峻

2015 年，哥斯达黎加共发生 557 起凶杀案，2016 年为 578 起。2017 年，截至 11 月已发生 528 起凶杀案，哥斯达黎加公共安全部预计全年将达到 566 起。[③] 尽管与其他拉美国家相比，这一数字并不高，但考虑到哥斯达黎加的人口规模，这将是该国连续第三年高于世界卫生组织认定的暴力猖獗标准（每 10 万人的凶杀案超过 10 起）。公共安全的预算不足是导致治安恶化的主要原因之一。哥斯达黎加公共安全部的开支，2014 年占行政部门全部支出预算的 3.4%，2017 年下降至 2.5%，成为 2010 年以来预算占比最低的

---

① "Encuesta Nacional de Hogares 2017", INEC, Octubre 2017, http://www.inec.go.cr/multimedia/enaho-2017-encuesta-nacional-de-hogares-2017，最后访问日期：2017 年 12 月 26 日。

② "Encuesta Continua de Empleo, III Trimestre 2017", INEC, Noviembre 2017, http://www.inec.go.cr/multimedia/encuesta-continua-de-empleo-iii-trimestre-2017，最后访问日期：2017 年 12 月 26 日。

③ "2017 Homicides Stats in Costa Rica Show 11 per 100 Thousand Inhabitants", *Costa Rica Star News*, https://news.co.cr/homicides-costa-rica-continues-11-per-100-thousand-inhabitants-third-consecutive-year/68734/，最后访问日期：2017 年 12 月 26 日。

一年。①

2017 年，在哥斯达黎加从商的华商也成为恶性案件的受害者。据中国驻哥斯达黎加大使馆网站的消息，10 月 9 日至 12 日，哥斯达黎加连续发生 4 起持枪抢劫华商超市案，造成 1 名侨胞腿部受到枪伤，相关超市财物被抢劫。为此，中国驻哥斯达黎加大使馆特别提醒旅哥中国公民采取防范措施。②

四　外交形势

长期以来，除了因边界争端引起的与尼加拉瓜的紧张关系外，哥斯达黎加与世界各国关系良好。贸易政策方面，除了自 2009 年开始实施的“美国-多米尼加-中美洲自由贸易协定”外，自 2013 年起哥斯达黎加所属的“中美洲一体化体系”（Sistema de la Integración Centroamericana）与欧盟之间的自由贸易协定也进展顺利。哥斯达黎加加入太平洋联盟（Alianza del Pacífico）的谈判在索利斯政府任期内已陷入僵局，或能在下一届政府任期内取得进展。哥斯达黎加加入经济合作与发展组织（OECD）的计划也仍在进行之中，2017 年 11 月其监管和消费者政策已获经济合作与发展组织批准，但仍要经历 22 次评估才可能在 2023 年成为正式成员国。

与此同时，哥斯达黎加积极寻求与亚洲各国加深联系。2017 年 3 月，中美洲 5 国（哥斯达黎加、萨尔瓦多、尼加拉瓜、洪都拉斯、巴拿马）和韩国在哥斯达黎加首都圣何塞草签了自由贸易协定。除现有的与中国、新加坡和韩国的自由贸易协定外，哥斯达黎加还打算与日本签署自由贸易协定，

---

① “Costa Rica sacrifica presupuesto de seguridad para pagar deuda pública”, La Nación, http://www.nacion.com/economia/politica-economica/costa-rica-sacrifica-presupuesto-de-seguridad-para-pagar-deuda-publica/HSA757XL3FAFTD4TBBJGFQJAZQ/story/，最后访问日期：2017 年 12 月 26 日。

② 《中国驻哥斯达黎加使馆提醒旅哥华侨华人注意安全》，中华人民共和国驻哥斯达黎加大使馆官网，2017 年 10 月 14 日，http://cr.chineseembassy.org/chn/xwdt/t1501720.htm，最后访问日期：2017 年 12 月 26 日。

并正在寻求与东盟的紧密联系，以扩大其在亚洲的自由贸易网络。

2017 年是中哥建交 10 周年。9 月 15 日，中国外交部部长王毅与索利斯总统在圣何塞会晤。中哥建交 10 年来，两国在各个领域开展了卓有成效的互利合作。经贸方面，据哥斯达黎加国家统计及人口普查局统计，2017 年中哥双边货物进出口额为 21.3 亿美元，较上年增长 1.4%。其中，哥斯达黎加对中国出口额为 1.5 亿美元，增长 34.2%，占其出口总额的 1.4%，提高了 0.3 个百分点；哥斯达黎加自中国进口额为 19.8 亿美元，下降 0.4%，占其进口总额的 13%，下降了 0.2 个百分点；哥斯达黎加对中国贸易逆差为 18.3 亿美元，下降 2.3%。哥斯达黎加向中国出口最多的商品为机电产品和活动物及动物产品，2017 年的出口额分别为 6638 万美元和 1566 万美元，分别占其对中国出口总额的 44.25% 和 10.44%，较上年增长 12.3% 和 56.2%。哥斯达黎加自中国进口的主要商品为机电产品和贱金属及制品，2017 年的进口额分别为 6.57 亿美元和 2.97 亿美元，占其自中国进口总额的 33.18% 和 15.0%，较上年变化 -1.7% 和 12.5%。

为进一步加强双边贸易往来，中国逐步按《中华人民共和国政府和哥斯达黎加共和国政府自由贸易协定》实施协定税率，并计划于 2018 年进一步降税。2017 年 3 月，中国国家质检总局批准哥斯达黎加的菠萝进入中国消费市场。之后，中国国家质检总局将哥斯达黎加列入 2017 年 5 月发布的最新版《获得我国检验检疫准入的新鲜水果种类及输出国家/地区名录》。

根据世界银行发布的《2018 年营商环境报告》，哥斯达黎加是中美洲营商环境最好的国家，在整个拉丁美洲位居第五。① 中国与哥斯达黎加企业在基建领域有着较为广阔的合作空间。2017 年，中国能建广东省电力设计研究院有限公司与中美洲最大的电力、电网及通信运营商——哥斯达黎加电力电信公司（Instituto Costarricense de Electricidad）签署商业合作协议。根据协议，双方将发挥各自优势，在能源、电力、通信、智慧城市建设等领域开

① 《世界银行〈2018 年营商环境报告〉：哥斯达黎加世界排名第 61 位》，中华人民共和国商务部官网，2017 年 11 月 4 日，http://www.mofcom.gov.cn/article/i/dxfw/nbgz/201711/20171102665509.shtml，最后访问日期：2017 年 12 月 26 日。

展全方位合作。

中哥两国政府间的交流合作更多地反映在公共领域。比如，针对哥斯达黎加令人担忧的治安状况，2017 年 7 月，中国驻哥斯达黎加使馆和哥斯达黎加公共安全部共同宣布建立“中哥警侨联络体系”，以切实保障广大旅哥侨胞的安全和利益。[①] 2017 年 8 月，自 2014 年年底启动的中国援哥国家警察学院项目正式交付。

展望 2018 年，拉美经委会预测哥斯达黎加经济将略有加速，实际增长可达 4.1%。主要贸易伙伴经济的进一步复苏将推动外部需求，而通过努力修复 2017 年自然灾害造成的损失，预计投资活力也将有所增加。通货膨胀率将在中央银行的目标范围内，经常项目账户赤字将接近 GDP 的 4%。如果在财税改革问题上没有重大突破，中央财政赤字将超过国内生产总值的 6.5%。于 2018 年 4 月当选的新一届总统卡洛斯·阿尔瓦拉多将继续面临改革的阻力，降低国家财政赤字和加强公共安全是其政府工作的重中之重。。

（岳云霞　审读）

① 《驻哥斯达黎加使馆同哥公安部共同建立“中哥警侨联络体系”并举办治安座谈会》，中华人民共和国驻哥斯达黎加大使馆官网，2017 年 7 月 29 日，http：//cr. chineseembassy. org/chn/lsfw/t1481062. htm，最后访问日期：2017 年 12 月 26 日。

Y.22

尼加拉瓜：桑解阵控制政局，经济持续增长

李　菡*

摘　要： 2017年，执政党桑解阵在全国市政选举中大获全胜，现总统奥尔特加仍是最受欢迎的政治人物。经济仍保持增长态势，增速位居拉美第二。政府推行十年之久的减贫计划取得显著成效。尼加拉瓜与委内瑞拉的政治经济联盟存在不确定性，与美国的关系紧张，与中国台湾和俄罗斯的交流紧密加强。

关键词： 尼加拉瓜　奥尔特加　桑解阵　市政选举　减贫计划

一　政治形势

尼加拉瓜在2017年迎来新一届桑地诺民族解放阵线（FSLN）政府。2017年1月10日，丹尼尔·奥尔特加（Daniel Ortega）自2007年以来连续第三次就任总统（2007～2012年，2012～2017年，2017～2022年）。他的妻子罗萨里奥·穆里略（Rosario Murillo）担任副总统，这是该国首次出现夫妻担任正副总统的情况。奥尔特加在近年一直受到比较广泛的认可，在2016年以72.5%的得票率当选总统，在近期（2017年10月）保持近80%的民意支持率。

尼加拉瓜在2017年11月举行市政选举。市政选举每4年举行一次，选

* 李菡，法学博士，现为中国社会科学院拉丁美洲研究所助理研究员，主要研究领域为拉美政治。

民投票选出 153 个城市的市长、副市长和市政议员。桑解阵、制宪自由党（PLC）等 8 个政党进行角逐。最高选举委员会公布的计票结果显示，桑解阵大获全胜，总共获得约 68% 的选票，主要反对党——制宪自由党获得约 16% 的选票。桑解阵最终赢得全国 153 个市长职位之中的 135 个。该党在上次市政选举（2012 年）中也获得胜利，赢得 153 个市长职位之中的 134 个。

2007 年以来，桑解阵一直保持执政地位。它在本届议会控制 71 个席位，形成超过 2/3 多数席位的优势。这一次的市政选举使它能够进一步巩固执政地位。这场选举胜利在很大程度上是因为奥尔特加政府在近年取得比较显著的执政绩效。政府在保障能源稳定、基础设施投资、市场多元化和劳动力市场稳定方面取得许多成就；在地方政治层面，该党通过一系列社会计划向农户和小微企业提供资金支持，帮助居民改善住房条件，改善市容和环境。但是，2016 年大选和此次的市政选举都存在比较重大的政治争议，反对党指责桑解阵操纵选举。这种状况导致桑解阵和反对党阵营形成非常尖锐的对立。本次市政选举的投票率仅为 52%。这意味着许多选民对国家的当前形势并不满意。

反对党仍然处于分裂之中，尚未形成足以抗衡桑解阵的力量。制宪自由党是最大的反对党，在本届议会控制 14 个席位，在本次市政选举中仅赢得 2 个市长职位。另一个反对党——独立自由党（PLI）仅有 2 个议会席位，但在市政选举中赢得 12 个市长职位。

就短期而言，桑解阵对政局保持较强的控制力，反对党暂时难以形成有力的挑战。外界认为，穆里略有可能在 2022 年代表该党竞选总统。

二 经济形势[①]

由于农牧业产量增加和外需扩大，2017 年，尼加拉瓜的经济增长率为

① 除特别说明外，“经济形势”中的数据均引自 CEPAL，*Balance Preliminar de las Economías de América Latina y el Caribe 2017*，Santiago de Chile，Diciembre de 2017，http：//repositorio. cepal. org/bitstream/handle/11362/42651/70/BPE2017_ Nicaragua_ es. pdf，最后访问日期：2017 年 12 月 30 日。

4.9%，略高于2016年的4.7%，属于拉美地区经济增速快的国家之一，仅次于巴拿马，与多米尼加并列位居第二。根据拉美经委会预测，2018年尼加拉瓜经济增长率为5.0%。

为保持宏观经济稳定，政府继续实施扩张性财政政策和紧缩性货币政策。2017年，中央政府财政赤字占GDP的比重为1.7%，比2016年下降0.4个百分点。由于商品进口规模缩减，政府征收的增值税收减少。2017年前8个月，中央政府财政收入增速为6.6%，低于2016年的11.8%，政府财政支出水平也从2016年的12.2%降至6.8%，主要归因于政府在转移支付、员工薪水和购买货物服务等方面的支出减少。2017年，通胀率从2016年的3.1%升至4%。在货币政策方面，政府设定汇率名义锚，保持贬值5%的目标；名义存款利率约为1.1%，实际利率为-2.4%，短期名义贷款利率约为9.6%，总贷款增速从2016年的21.7%下降至16.1%，这归因于牧业部门所需信贷减少。由于汽车业和房产业销量锐减，个人信贷和商业信贷增速分别从2016年的32%和22.4%下降至2017年的15.7%和15.7%。

从经济部门来看，经济保持增长主要源于农牧业增速加快以及建筑业、制造业和食品业恢复增长。由于气候条件有利，2017年农牧业增长率为10.8%，建筑业增长率从2016年的-0.2%增至2017年的9.7%，扭转了下滑态势。在消费方面，政府消费从2016年的9%降至2017年的2.3%，外需从2016年的7.7%增至2017年的15.4%。2017年，由于经济活动保持活力，公开失业率从2016年第二季度的4.6%减少至3.8%，就业不足率仍保持在43.8%。实际工资水平从2016年的2.9%增至2017年的4.9%。

在对外部门方面，尼加拉瓜出口产品结构以咖啡、牛肉、糖和黄金为主，主要出口对象是美国、中美洲、委内瑞拉和加拿大。2017年前8个月，尼加拉瓜出口总额比2016年同期增长7.4%，其中咖啡的出口额和出口量分别增加21.6%和17.1%、牛肉的出口额和出口量分别增加19.8%和20.5%、糖的出口额和出口量分别增加97.1%和56.3%。2017年，由于出口扩大、进口收缩，经常项目赤字占GDP的比重从2016年的8.6%降至2017年的5.2%。尼加拉瓜商品和服务出口总额为56.17亿美元。在进口方面，尼加拉瓜国内工业基础非常薄弱，对进口依赖度较高。2017 年，进口总额为 75.74 亿美元。尼加拉瓜在获得国际资金援助方面面临挑战，一方面来自委内瑞拉的资金援助减少，另一方面美国国会一致通过《尼加拉瓜融资条件法案》（NICA），限制该国从国际多边机构获得贷款。

尼加拉瓜是中美洲地区开发程度最低的国家，外汇储备长期偏低，侨汇是外汇收入的主要来源之一。尼加拉瓜央行指出，2000～2017 年，侨汇收入逐年上升，年平均增长率达 7.5%。2017 年 1～11 月，尼加拉瓜侨汇收入达 12.54 亿美元，比 2016 年同期增加 10.5%，占 GDP 的比重为 10.2%。[①] 该国侨汇收入主要来源国是美国、哥斯达黎加、西班牙和巴拿马，四国所占比重分别为 53.8%、19.4%、10.7% 和 7.2%。[②] 2017 年第一季度，该国吸引外国直接投资约 3.86 亿美元，主要流向制造业和金融业。2017 年 9 月，公共外债为 53.168 亿美元，与 2016 年同期相比，债务占 GDP 的比重由 44.8% 上升为 45.4%。

三　社会形势

2017 年，奥尔特加政府继续加大社会支出和公共支出。根据《2017 年国家预算》报告，政府投入教育和卫生部门的预算占比分别为 16.3% 和 17.4%，比 2016 年增加 8.8% 和 9.8%。在教育领域，政府主要加强北部太平洋地区学校建设、修缮教室和推动教育改革计划。教育部与世界银行签署了一项五年《优质教育联盟合作计划》的贷款协定，共计 5500 万美元。根据美国非营利组织社会进步促进会发布的《2017 年全球社会进步指数》，尼加拉瓜小学入学率达到 98.4%，全国仅有 26.5% 的人接受高等教育。

① Banco Central de Nicaragua, "Remesas Familiares", http://www.bcn.gob.ni/estadisticas/siec/datos/1a.2.1.04.htm，最后访问日期：2017 年 12 月 30 日。

② Banco Central de Nicaragua, *Informe Remesas Familiares: Ⅲ Trimiestre 2017*, http://www.bcn.gob.ni/publicaciones/periodicidad/trimestral/remesas/Remesas_3.pdf，最后访问日期：2017 年 12 月 30 日。

尼加拉瓜政府推行的一系列减贫计划取得显著成效。这些社会计划包括“零饥饿计划”、“房屋计划”、“零利率贷款计划”、“学校营养午餐计划”、“食品生产券计划”和“人民有房计划”，实施时间已有十年之久。此外，政府还实行了“青年合作社计划”、“中小企业发展计划”和“促进城乡家庭创建中小企业计划”，为农户和小微企业提供资金支持。根据尼加拉瓜中央银行2017年公布的贫困与不平等评估结果，2009～2016年，全国贫困率和极端贫困率分别从42.5%和14.6%减少至24.9%和6.9%。① 联合国粮农组织代表肯定了尼加拉瓜政府在减贫和消除饥饿方面做出的努力，认为尼加拉瓜是联合国千年发展目标中取得最大进展的国家之一。

尼加拉瓜注重缩小性别差距。根据世界经济论坛公布的《2017年全球性别平等报告》，尼加拉瓜名列全球第6位，较2016年上升4位，在拉美地区排在第1位，其中女性参政排在全球第2位，女性国会议员比例达46%，位居全球第5。联合国人口基金（UNFPA）调查指出，尼加拉瓜职场领导或经理职位中女性约占41%，全球排名第20位。

尼加拉瓜积极推动再生能源发展，改变能源结构。世界能源协会数据指出，尼加拉瓜能源耗损率为25.32%，为中美洲国家最高。国会通过《第532号再生能源促进法》，积极发展再生能源。根据该国能源矿业部公布的《2016～2030年再生能源发电计划能源规划》，2016年，绿色能源发电占全国发电总量的52.8%，另外47.2%为燃油发电，2023年将实现64%的电力供应采用可再生能源发电方式。政府增加对能源领域的投入，2017年1月，尼加拉瓜从中美洲经济一体化银行获得贷款1.6亿美元，投入电力产业计划中，旨在将能源耗损率减少至18%。双方还签署了《干旱走廊居民生活改善计划》和《电力输送改善计划》，分别投入1500万美元和28万美元用于扩大该国电力输送范围。目前，全国电力覆盖率从2016年的54%增加至2017年的90%，预计2021年可达99%。

---

① Instituto Nacional de Información de Desarrollo, “Reporte de Pobreza y Desigualdad EMNV 2016”, https://www.el19digital.com/app/webroot/tinymce/source/2017/00-Julio/Del03al09Jul/Lunes03Julio/BCN/Reporte_Pobreza_Desigualdad.pdf，最后访问日期：2017年1月5日。

四　外交形势

2017 年，尼加拉瓜的外交政策面临不确定性。由于该国重要的政治经济联盟委内瑞拉陷入政治经济双重危机，委内瑞拉向尼加拉瓜提供的经济援助连续 4 年呈不断下降趋势。2017 年前 3 个月，尼加拉瓜从委内瑞拉获得的合作资金约 2110 万美元，比 2016 年同期约减少 1.5 亿美元，占该国双边贷款总额的比重为 77%，位居尼加拉瓜援助来源国之首，其贷款额高于荷兰和中国台湾。①

尼加拉瓜与哥斯达黎加的关系仍未缓和。2015 年 12 月，国际法院要求尼加拉瓜就其在哥斯达黎加领土上进行的不法活动所导致的环境破坏在一年内进行赔偿。尼加拉瓜至今尚未进行任何赔偿。2017 年 1 月，哥斯达黎加再次提出诉讼，请求法院确定波蒂略泻湖末端与波蒂略岛之间陆地分界线的精确位置，同时请求法院判决，宣告尼加拉瓜在波蒂略岛沙滩上建立并维持一个新的军事营地是对哥斯达黎加主权和领土完整的侵犯，违反了国际法院 2015 年 12 月 16 日对“尼加拉瓜在边界地区进行的某些活动案”所做的判决，还要求法院声明，尼加拉瓜必须撤回军事营地并遵守国际法院 2015 年的判决。尼加拉瓜政府对此未做出任何回应。

尼加拉瓜与美国的双边关系紧张。2017 年 11 月，美国国土安全部宣布取消对尼加拉瓜移民的“临时保护地位”措施，相关移民必须于 2019 年 1 月 5 日前离开美国。9 月，美国国会通过《尼加拉瓜融资条件法案》，反对国际金融机构向该国提供贷款。美国指出，尼加拉瓜政府不应浪费资源游说国会以反对该法案的通过，而是应该实施民主法制，与美洲国家组织签署的备忘录是不够的。尼加拉瓜副总统穆里略发表声明，指责美国威胁尼加拉瓜人民和政府，干涉尼加拉瓜内政。针对该法案在美国众议院通过，尼加拉瓜

---

① Banco Central de Nicaragua, “Informe de Cooperación Oficial Externa del I semestre de 2017”, http://www.bcn.gob.ni/publicaciones/periodicidad/semestral/cooperacion/ICOE_1.pdf，最后访问日期：2017 年 1 月 5 日。

政府宣布将就1986年海牙国际法庭仲裁案向美国追讨170亿美元的赔偿。2018年1月初，尼加拉瓜M&R民调公司最新报告指出，尼加拉瓜81.7%的受访者反对美国的《尼加拉瓜融资条件法案》，85%的受访者认为该法案将对本国造成损害。

尼加拉瓜与中国台湾保持密切联系。2017年1月9日，台湾地区领导人蔡英文访问尼加拉瓜，与总统奥尔特加进行会晤。4月6日，尼加拉瓜外交部部长孟卡达（Denis Moncada）、财政与公共信贷部部长阿科斯达（Iván Acosta）及工商发展部部长苏洛萨诺（Orlando Solórzano）一行3人访问中国台湾。9月2日，台湾当局有关部门领导人冯世宽应尼加拉瓜总司令胡里奥·阿维莱斯（Julio Aviles）邀请，参加尼加拉瓜建军38周年庆祝典礼。双方签订协议，内容包括中国台湾为尼加拉瓜提供技术和资金援助，提供奖学金鼓励尼加拉瓜学生赴中国台湾留学。10月6日，尼加拉瓜外长接见中国台湾当局有关部门官员，签订2017~2021年谅解备忘录，中国台湾为尼加拉瓜的社会发展项目和经济项目提供5000万美元的援助。11月，中国台湾援助尼加拉瓜100万美元实施《2018年加强科技计划》。

尼加拉瓜与俄罗斯加强交流。2017年4月6日，俄罗斯军事代表团访问尼加拉瓜，与奥尔特加的第4个儿子劳雷亚诺·奥尔特加（Laureano Ortega）共同启用俄罗斯捐建的Glonass地面卫星系统。2017年4月3日，俄罗斯国防部指出，两国将在尼加拉瓜举行联合军演。12月，在两国军事技术合作的框架下，俄罗斯已经向尼加拉瓜交付了一批经过现代化改装的俄制T-72主战坦克。此外，5月，尼加拉瓜政府与俄罗斯合资兴建的Mechnikov疫苗生产基地已启用8个月。10月，尼加拉瓜全国自治大学设立了第一个俄罗斯文化中心。

（杨建民　审读）

Y.23
洪都拉斯：总统选举引发社会冲突

韩　晗*

摘　要： 2017年，洪都拉斯的经济与社会战略进一步推动了国家发展。通过落实宏观经济政策，洪都拉斯经济实现多年连续增长且在拉美国家中排名靠前，多项经济指标高于地区平均水平。“厄瓜多尔的顽疾”——社会犯罪率及凶杀率实现“双降”。由于落选候选人对总统大选计票结果存在争议，国家陷入政治分裂和社会动荡状态。洪都拉斯保持与美国的关系，积极参与中美洲事务，努力提高国家的地区影响力。

关键词： 洪都拉斯　总统选举　示威游行　洪美关系

一　政治形势

（一）总统积极谋求连任，执政末期频推政策维稳

洪都拉斯现任总统胡安·奥兰多·埃尔南德斯（Juan Orlando Hernández）为中右翼国民党领导人。本届政府于2014年开始执政，任期于2018年1月底结束。洪都拉斯《宪法》第239条规定，总统任期为4年，

* 韩晗，法学博士，中国社会科学院拉丁美洲研究所助理研究员，古巴研究中心秘书长，主要研究领域为拉美政治、法律问题。

不得再次担任。根据最高法院2015年给出的宪法解释，《宪法》对总统再次参选没有限制。因此，现任总统顺利参加了2017年11月26日的总统大选。此举引起了所有反对党的不满，理由在于总统谋求连选连任的行为破坏了国家基本法权威，可能导致独裁。此外，总统连选合宪性的争议为选举后的政局分裂埋下了伏笔，加剧了议会党派间的政治嫌隙。

然而，埃尔南德斯政府在社会、经济领域的政策获得选民认可。在其任内，在经济发展的利好因素下，主要的社会问题有所缓解，凶杀率显著降低。由于美国经济的增长、国际油价在低位徘徊以及财政政策的巩固，洪都拉斯实现了经济领域的持续好转，国家经济增长为现任总统赢得了支持。根据2017年9月的民调（CID-Gallup）估计，埃尔南德斯可获稳定投票比例约为37%，支持率达61%。[①]

（二）大选因计票结果造成争议

2017年洪都拉斯进入大选年，大选导致国家政局混乱，并累及社会治安。2017年11月26日，洪都拉斯举行大选，9名候选人中，现任总统、国民党人埃尔南德斯作为热门候选人积极谋求连任。他的主要竞争对手是反对派联盟候选人、电视台著名主持人萨尔瓦多·纳斯拉亚（Salvdor Nasralla），他以反对独裁主张与现任总统抗衡。洪都拉斯《选举法》规定，得票居首位的候选人不需要获50%以上的选票，即可当选总统。若萨尔瓦多当选总统，这将标志着2009年被政变推翻的曼努埃尔·塞拉亚（Manuel Zelaya）重返政坛，因为他领导的自由复兴党（Libertad y Refundación，Libre）是反对派联盟的主要成员。

大选计票过程缓慢。2017年11月27日，官方才公布部分选举结果。全国选举委员会根据57%票箱统计，发表第一份选举初步结果，中左翼反对派联盟得票45.17%，国民党主席、现总统得票40.21%，第

① 参见CID网站，“Honduras el Partido Nacional sigue siendo mayoritario”, dice CID Gallap, https：//www.cidgallup.com/es/viotual - library? q = honduras&country = &category = ，最后访问日期：2017年12月27日。

三名为自由党（Partido Liberal，PL）竞选人路易斯·塞拉亚（Luis Zelaya）。由于计票出现问题，选举结果于29日进一步更新：根据82.89%票箱统计，埃尔南德斯总统得票率为42.21%，反对派联盟党首萨尔瓦多为42.11%。两人同时宣布自己当选，双方支持者分别上街游行庆祝。

此次选举造成了洪都拉斯的政治决裂和社会冲突。2017年11月26日，选举法院公布埃尔南德斯获胜。12月4日，全国选举委员会主席戴维·马塔莫罗斯（David Matamoros）宣布，根据99.96%选票统计，现总统得票率为42.98%，领先反对派联盟竞选人萨尔瓦多·纳斯拉亚的41.39%，但他未指明大选获胜者。反对派竞选人萨尔瓦多及联盟主席、前总统塞拉亚均指责此次大选存在舞弊问题，拒绝承认结果。反对派支持者上街游行，政府镇压示威者，致14人死亡、多人受伤。①

（三）现总统的执政风险以及政治不确定性增加

2017年11月，经济学人（EIU）预测②，无论谁在总统选举中胜出，都会造成社会动荡以及政治分化局面。议会形势本就不利于埃尔南德斯总统所在政党。即使是在11月大选过后，国民党仍未获立法领域多数，这将给政府议案的通过带来挑战。执政党仍需继续寻求与其他党派结盟，包括由前总统塞拉亚领导的自由复兴党、反腐败党（Partido Anticorrupción，PAC）以及中间派的自由党，该党同时是主要反对党。政府拥有少数席位的状态持续，还将影响财富分配调整、腐败和高犯罪率等棘手问题的解决效力。

2018年，洪都拉斯的首要问题为解决政治分裂，消除社会冲突。埃尔南德斯总统提出与反对派对话，解决当前政治分歧。目前，政府与反对派仍未达成共识，引发国际社会关注。最终政治分歧能否弥合仍未可知。

---

① 本部分数据来源：EIU，*Country Report—Honduras*，4th Quarter of 2017。

② EIU，*Country Report—Honduras*，4th Quarter of 2017.

二　经济形势[①]

据联合国拉美经委会估计，2017 年洪都拉斯经济增长率约为 3.9%，略高于 2016 年 3.6% 的增长率。经济增长率的提升主要得益于私人消费、投资的增长以及外部有利的经济条件。国家年度公共管理赤字相当于 GDP 的 3.2%，较 2016 年（2.6%）小幅增加，主要是因为总支出的增加。2017 年侨汇收入和出口（主要是咖啡）的增加部分对冲了进口增长。年度经常项目账户赤字相当于 GDP 的 4.7%，较 2016 年（3.8%）小幅上涨。此外，由于电力能源税的增加以及地方消费价格的提高，预计年度通货膨胀率为 4.0%。

（一）财政政策兼顾透明与实效

财政稳定是洪都拉斯实现经济增长的关键因素，这一政策包含保障公共支出信息公开、进一步优化财政结构以及保障政策执行等。政策目标为实现长期生产性增长，并不局限于保持短期宏观经济数值稳定。

货币政策方面，2017 年洪都拉斯中央银行短期内采取了中性的财政政策，应对当前的低通胀压力。在本年度前 9 个月，利率维持在 5.5%。9 月，名义贷款利率为 20.61%（2016 年同期为 19%），名义存款利率为 3.94%（2016 年为 5.79%）。贷款利率的增长未造成信贷流通的下降。2017 年 8 月，商业、服务业和消费领域信贷增长最快（分别增长 13.7%、12.5%、11.5%），较 2016 年 8 月同比增长 10%。

（二）宏观经济表现基本良好

通过连续三年的财政政策调整，洪都拉斯政府实现了公共财政赤字的三

---

① 除特别注明外，本部分数据均来自 CEPAL，*Balance Preliminar de las Economías de América Latina y el Caribe 2017*，Santiago de Chile，Diciembre de 2017。

连降，赤字占 GDP 的比重从 2013 年的 7.9% 降为 2016 年的 2.8%。2017 年，因公共投资规模增加，赤字占 GDP 的比例小幅反弹至 3.2%，财政收入与支出保持相对平衡。2017 年前 7 个月，政府财政收入约有 8.9% 来自税收，非税收财政收入为 23.4%。收入变化主要包括：所得税减免，向产品和服务增收生产税，国家海关税收改革。2017 年，洪都拉斯实际年度公共支出较上年增长 9.9%，主要是由于资本支出增加了 23.1% 以及经常项目账户增长 6.2%，同时政府削减了部分财政支出。

2017 年第三季度，国家公共债务约相当于 GDP 的 47%，外债、内债占 GDP 的比重分别为 30%、17%。外债的增加主要是因为政府发行了规模总计 7 亿美元的主权债券，用于以优惠利率偿还国家能源电力公司债务。这一增债行为并未超过国际货币基金组织规定的债务范围。同时，融资还用于偿还国内市场规模约 2 亿美元的债务，充分利用好国际市场利率（6.25%）优于国内市场利率的时段（6.5%）。上述发行债券与减少国内债务的行为并举，有助于洪都拉斯政府信贷评级的提升。

2017 年，洪都拉斯是五大拉动地区经济发展的国家之一。生产和服务部门的增长远高于地区其他国家。洪都拉斯实现了 2017 年的 GDP 预期目标。政府采取了更多措施，保障国家宏观经济的稳定。2017 年 10 月，年度赤字约相当于 GDP 的 3.97%，符合央行预期（3.5% ~4.5%）。消费、教育、酒精类饮品、烟草和个人护理产品为主要价格增长类目。

（三）对外部门表现良好

危地马拉和洪都拉斯关税同盟政策开始实施，萨尔瓦多也开始加入同盟谈判。2017 年，中美洲与韩国自由贸易谈判结束，条约签署并生效。中美洲外贸部部长拟于 12 月签署这一协定，并将交由各国家议会审议通过。

2017 年前 8 个月，洪都拉斯商品出口和进口总值实现双增长，同比分别增长 12.3% 和 8.6%。出口增长主要得益于咖啡出口（同比增长 57.9%），一方面，国内咖啡生产能力提高；另一方面，国际大宗商品市场的咖啡价格上涨。与此同时，进口的增长主要集中在普通金属及其制成品

（上涨 18.9%）。此外，机械、零件和电子元件上涨 9.3%。2017 年 8 月以来，国家的设备投资和再投资呈现上涨态势。

侨汇增加带动海外服务收入增长，政府引资政策加快外国直接投资增长。2017 年第二季度末，海外服务收入同比增长 7.2%。家庭侨汇收入同比增长 13.5%，达到 11.08 亿美元。同期，对外服务支出约 8.8%。由于国家在设备投资领域实施了鼓励性措施，2017 年第一季度投资金额达到 6.17 亿美元，同期吸引的外国直接投资增长 2.6%。

汇率小幅下降，为外资外贸部门提供了稳定的货币金融条件。2017 年 10 月 31 日，本国货币伦皮拉兑美元汇率为 23.61，较 2016 年 12 月 30 日，名义汇率下降 0.09%。截至 2017 年 9 月，实际汇率同比下降 0.42%，与多数货币兑美元的汇率波动一致。截至 2017 年 8 月 31 日，洪都拉斯国际储备为 46.37 亿美元，比 2016 年年末增长 13.9%。预计 2018 年洪都拉斯依靠主要贸易伙伴（美国）外贸规模的扩大，GDP 增速将达 3.9%。国际市场价格上涨和咖啡产量的增加也都是洪都拉斯经济增长的利好因素。此外，内部需求的持续增加以及基础设施建设投资的连续支出都有利于经济发展。受公共投资增加的影响，公共非金融部门赤字仍将进一步扩大。经常项目账户盈余将相当于 GDP 的 5%。政治稳定将成为 2018 年经济发展的关键，稳定的经济政策的实施，有待于 2017 年 11 月大选结果获得广泛认同。

三　社会形势

（一）多政并举改善社会状况

最低工资标准提高、失业率有所下降是洪都拉斯社会的利好，但不充分就业问题仍待解决。2017 年，洪都拉斯的公开失业率约为 6.7%，同比下降 0.6%。据洪都拉斯国家统计局统计，2016 年不充分就业人口规模为 160 万人，促进就业仍是国家主要社会经济问题。从 2017 年 1 月起，国家最低月

均工资标准为 8448.4 伦皮拉，最低小时工资为 35.2 伦皮拉。较 2016 年，名义工资与实际工资分别上涨 8.87% 和 5.21% 。[①]

埃尔南德斯政府在反犯罪斗争中取得了一定成效。洪都拉斯在全球和平指数中的排名有所提高，从 2013 年的第 123 位，上升到 2017 年的第 106 位。[②] 但是仍未脱离危险国家名单，洪都拉斯是拉美七大社会冲突最严重国家之一。洪都拉斯曾被视为全球没有战争却最危险的国家。2017 年，在全球法律与秩序指数中，洪都拉斯与智利获得了相同的名次，[③] 这主要得益于洪都拉斯公民安全及对安全部门信心两项指标的上升。此外，自 2016 年 9 月起，洪都拉斯最安全的“深井”监狱投入使用，连同“深井 II”监狱，是本届政府加大打击刑事犯罪力度的实际努力，一定程度上震慑了有组织犯罪，司法监管不力问题同时得到改善。

反腐败倡议和警察机关的改革也初见成效。2016 年，政府公布了一系列反腐败和反赦免特别委员会新举措，包括洪都拉斯反腐败和反赦免特别计划，这一计划获得了美洲国家组织的支持。此外，《清廉警察法》与建立提高党派政策执行力和推动选举透明度特别联合机构的立法、行政举措，也得到了国际社会的支持。然而，洪都拉斯政府在反腐问题上仍需要见到更多成效。

埃尔南德斯总统的战略发展目标中，有多项改善社会民生的内容。在 2017 年再次竞选时，他表示将推动七个优先领域的战略性发展：经济增长实现创新性发展；放宽中小型公司的不动产信贷门槛；提高国家在中美洲的地区物流枢纽作用；促进教育和健康领域的政策发展，包括投资英语－西班牙语公共双语教育；强化国土安全和防卫政策，增强投资

① 数据来自 CEPAL，*Balance Preliminar de las Economías de América Latina y el Caribe 2017*，Santiago de Chile，Diciembre de 2017。

② 悉尼大学和平与冲突研究中心根据经济学人数据，对全球 158 个国家进行暴力指数评估。参见“Índice de Paz Global”，https：//www.datosmacro.com/demografia/indice-paz-global，最后访问日期：2018 年 1 月 14 日。

③ “2017 Global Law and Order Report”，http：//news.gallup.com/reports/214607/7.aspx？g_source = CATEGORY_ LAW_ AND_ ORDER&g_ medium = topic&g_ campaign = tiles，最后访问日期：2018 年 1 月 14 日。

者信心；加强反腐败工作。如能实现上述规划，无疑将进一步改善国家社会状况。

（二）为改善社会问题增进地区合作

为强化反腐败和惩治犯罪、提高国家的地区影响力，洪都拉斯本年度加强了在上述两个领域的地区合作。鉴于枪支威胁及有组织犯罪是地区共同问题，洪都拉斯与危地马拉建立了首个国际反腐败和惩治犯罪委员会（ICACIs），该委员会得到联合国的支持。危地马拉反腐委员会还专门成立了一个部门，负责与洪都拉斯司法体系共同开展腐败相关调查与诉讼。

经济和社会发展的重要支柱之一是建设有效的交通网络。为此，埃尔南德斯总统积极推进将洪都拉斯建设为美洲物流中心的设想。提出在地区建设后勤走廊，发展农业、旅游业。为此，政府将增加基础设施建设投资，将可再生能源列为国家能源投资的首要目标，帕图卡（Patuca）二期水电站项目着手启动。

（三）社会顽疾有待根本性解决

洪都拉斯仍是地区最贫困国家之一。根据洪都拉斯官方数据，国家受贫困影响人口约为870万人，约占总人口的60.9%。根据世界银行统计数据，2000~2016年，洪都拉斯日均收入少于1.9美元。①

困扰洪都拉斯的另一个社会顽疾是凶杀率居高不下。2017年，洪都拉斯的凶杀率进一步降低，并未阻止有组织犯罪问题，仍有很多犯罪嫌疑人逃往甚至移民到美国，以躲避刑事责任追究。尽管凶杀率已在2016年降到十万分之五十九（2015年为十万分之六十），政府计划2017年下降到十万分之四十五；但洪都拉斯仍是世界上最危险的国家之一，凶杀率远高于地区平

① 数据来源于世界银行，参见 http：//datos. bancomundial. org/？locations = HN - XN，最后访问日期：2017年12月27日。

均水平（十万分之二十三）。犯罪司法体系改革和法律实施都在继续推进。议会于 2017 年 8 月通过新法律，用于促进公民对警察机关的监督，提高司法警察的应战能力。

大规模降低犯罪率仍难快速实现，这也与行政能力的无力与屡禁不止的腐败关系紧密。洪都拉斯执行与美国签署的引渡条例，一定程度上震慑了国内犯罪猖獗问题。在线警察统计系统显示，2017 年第一季度凶杀死亡率下降了 5.91%。在本届政府执政的 3.5 年中，共计向美国引渡 14 名涉嫌洗钱和毒品运输的犯罪嫌疑人。①

四　外交形势

洪都拉斯作为中美洲国家，外交政策中的重心历来都是其邻国美国，进一步提高国家在中美洲的地位也是本届政府的外交目标之一。此外，进一步推进与欧盟国家的贸易往来，是洪都拉斯降低国家经贸风险的中长期计划。

（一）与美国保持密切关系

在外交政策上，洪都拉斯以强化同美国的经济和安全关系为主。2017 年，美国调整了对中美洲国家政策，但在洪都拉斯短期内未见消极影响。相反，侨汇收入增长，国家不仅实现了财政收支平衡，而且民生得到进一步改善。美国是洪都拉斯重要的贸易和投资伙伴，同时是洪都拉斯移民的主要目的地。在美国外交问题上，日前，在联合国否决美国在耶路撒冷问题上的决议中，危地马拉和洪都拉斯是仅有的两个投反对票的拉美国家。危地马拉政府还曾表示，中美洲国家将集体将大使馆迁往耶路撒冷，洪都拉斯公开表示支持美国驻以色列使馆迁馆。洪都拉斯方面对此不置可否。

① 数据来源于 EIU，*Country Report—Honduras*，4th Quarter of 2017。

（二）国内大选结果危机引发国际社会关注

自公布有争议的计票以来，洪都拉斯大选引发国内持续性游行示威，受到世界范围的关注，多数国家仍对埃尔南德斯再次当选存疑。2017 年 12 月 22 日，美国、巴拿马承认选举结果，美洲国家组织则提出重新进行选举。联合国、美洲人权法院也对洪都拉斯政府部分行为提出质疑，认为在 2017 年反对总统参选及对计票存疑的示威游行中，政府镇压冲突造成人员伤亡，侵犯了人权。

（三）积极提高地区影响力

2017 年，洪都拉斯进一步参与中美洲地区事务，力求提高国家的地区影响力。发展与中美洲其他邻国的经济关系以及扩大中美洲多边贸易网，如中美洲自由贸易体系（Central American Integration System）和多米尼加－中美洲自由贸易协定（The Dominican Republic-Central America Free Trade Agreement）。中美洲自由贸易体系与欧盟的协调协定有助于增进洪都拉斯和欧洲的贸易往来。然而，洪都拉斯过去的人权问题考验着未来双方关系的深入。2017 年，洪都拉斯与危地马拉正式开始实施两国 2016 年正式批准生效的关税同盟，两国间 80% 的商品贸易将实现自由流通，萨尔瓦多也有望加入。

洪都拉斯进一步参与地区一体化事务。2017 年 11 月 24 日，在该国首都特古西加尔巴召开拉丁美洲与加勒比政党常设大会（COPPPAL）第 35 次全会，本次会议的宗旨是团结一致反对外国压力，争取各国的政治经济独立。大会主席、多米尼加众议员、解放党党员马诺罗·比查尔多（Manolo Pichardo）在开幕式上号召拉美各国和平解决分歧，团结一致反对外国干涉、剥削和压力，争取拉美完全一体化和独立。政党常设大会成立于 1979 年，由拉美与加勒比 34 个国家和地区的 58 个中左翼政党组成。

（四）外交仍面临诸多挑战

受美国新一届政府外交策略调整影响，洪都拉斯在地区反毒事务中，未能与其他国家达成共识。因此，中美洲反毒品运输和反暴力的战略性联盟近期进展受阻，主要是因为地区领导人之间的意见不尽相同。洪都拉斯重心仍在如何增进同美国的合作，美国为其提供了大量安全支持。未来美国能否提供进一步的安全措施，仍未可知。唐纳德·特朗普当选总统以来，还未提出针对中美洲地区的具体贸易措施。2018 年，美国外交相关预算的削减将会波及中美洲地区。美国非正规移民政策收紧，已影响部分中美洲国家，2018 年洪都拉斯恐怕会受到波及。

（杨志敏　审读）

Y.24

萨尔瓦多：执政党无力扭转颓势

刘凡平[*]

摘　要： 2017年，萨尔瓦多政治形势整体稳定，执政党在议会中仍处于不利地位；市政当局、议会甚至司法机构都存在相当严重的腐败现象；首都市长纳伊布·布凯莱与执政的法拉本多·马蒂民族解放阵线决裂。经济增长缓慢，贸易逆差扩大，但侨汇的流入呈现强劲的走势。凶杀率稍有下降，公共治安状况有所改善；《大赦法》废除后，政府着手调查内战期间发生的侵犯人权案件；养老金改革法案正式实施。在美国的萨尔瓦多移民面临被驱逐的压力。

关键词： 萨尔瓦多　腐败　经济疲软　凶杀率　养老金改革法案

一　政治形势[①]

2017年，萨尔瓦多·桑切斯·塞伦（Salvador Sánchez Cerén）总统进入执政任期的第四年，并将于2019年6月结束任期。执政党在议会中处于少数，没有议会第一大党——民族主义共和联盟（ARENA）的支持，政府议案就无法获得通过。

由于桑切斯·塞伦政府的民意支持率持续低迷，法拉本多·马蒂民族解

---

* 刘凡平，政治学硕士，中国社会科学院拉丁美洲研究所助理研究员。

① 如无特别注明，本部分数据来自EIU，*Country Report—El Salvador*，4th Quarter of 2017。

放阵线（FMLN）很可能在2018年3月的议会选举中失去部分席位，在2019年大选中再度获胜的可能性也随之降低。右翼的民族主义共和联盟拥有35个议会席位，将继续在议会中阻挠政府的政策制定，包括阻止执政党提高外部融资限额的目标。

2016年12月11日，法拉本多·马蒂民族解放阵线举行全国代表大会，包括议员、市长和基层代表在内的900名代表参会，780名代表投票通过党章的修订①。此次修订可能会使该党焕然一新，为议会选举、市长选举和2019年总统选举的初选名单奠定基础。

2017年，萨尔瓦多市政当局、议会和司法机构暴露出相当严重的腐败丑闻，导致政治体制陷入信任危机。首先，市政当局和黑帮存在严重的串谋行为，国家机构被黑帮渗透。2017年6月20日，该国第五大城市乌苏卢坦市市长米格尔·安赫尔·海梅（Miguel Angel Jaime）因涉嫌利用公共资金资助恐怖主义被捕。萨尔瓦多总检察长办公室获得的证据显示，为赢得2015年的市长竞选，他曾向当地黑帮"野蛮萨尔瓦多人"（MS-13）提供资金以换取支持，涉案金额达39000美元。海梅不是第一个因与黑帮进行非法政治和金融合作而被捕的市长。2016年6月，民族主义共和联盟成员、圣萨尔瓦多省阿波帕市市长何塞·埃利亚斯·埃尔南德斯（José Elias Hernández）被捕。他曾向当地黑帮成员提供手机、车辆、燃料、就业机会，甚至勒索当地企业，以换取他们减少暴力和在2015年3月赢得连任的承诺。2016年年初，该国在线出版物《灯塔》（*El Faro*）还揭露，民族主义共和联盟高层立法委员埃内斯托·穆伊颂特（Ernesto Muyshondt）了2014年2月总统竞选期间，与所有黑帮头目举行秘密会谈，并向他们提供了一系列好处，用来换取支持率。②

其次，2017年7月22日，议会投票通过对资产没收法（Ley de

① Latin American Regional Report, Caribbean and Central America, "FMLN administers injection of internal democracy", January 2017, RC-17-01, pp. 3-4.

② Latin American Regional Report, Caribbean and Central America, "Mayoral links to maras exposed", July 2017, RC-17-07, pp. 5-6.

Extincion de Dominio）进行的16项修订。赞成此次修订的议员有31名法拉本多·马蒂民族解放阵线议员、包括国会主席在内的10名GANA议员、1名PCN党议员和1名民族主义共和联盟议员。法案修订后，议员们通过涉足贩毒、勒索或腐败等非法活动获得的资产将得到保护。此次修订遭到25家当地反腐和反对有罪不罚现象的民间社会团体的强烈体谴责。①

最后，2017年8月中旬，总检察长道格拉斯·梅伦德斯（Douglas Melendez）揭露了司法机构的腐败网，涉及操纵犯罪案件至少29起。涉案者包括前法官、律师和前检察官在内的18人，涉嫌受贿金额为50～1万美元，行为涉及泄露机密资料和向黑帮成员输送合法利益。②

2017年9月19日，法拉本多·马蒂民族解放阵线正式启动党内程序，开除首都圣萨尔瓦多市市长纳伊布·布凯莱（Nayib Bukele）的党籍。布凯莱是执政党内民望颇高的进步派年轻政治家，2015年当选圣萨尔瓦多市市长，在一定程度上比其他党派人士的支持率高。在2月的一次盖洛普民意调查中，他的支持率为69%，比副总统奥斯卡·奥尔蒂斯（Oscar Ortiz）高出25%。③ 但是，他与执政党存在政见分歧，并公开对总统和本党进行批评，甚至将执政党与反对党民族主义共和联盟相提并论。桑切斯·塞伦政府采取强硬手段应对暴力问题，而他支持建设足球场和图书馆，主张建设更具包容性的环境，加强社区凝聚力，使边缘化的年轻人远离帮派和减少犯罪。④ 布凯莱的市长任期到2018年5月结束，并将竞选连任。他在4月2日曾发布公告，否认会在2019年选举中成为

① Latin American Regional Report, Caribbean and Central America, "Deputies provoke ire by diluting anti-corruption law", August 2017, RC-17-08, p. 3.

② Latin American Regional Report, Caribbean and Central America, "Call for action as police murders rise", September 2017, RC-17-09, p. 4.

③ Latin American Regional Report, Caribbean and Central America, "Bukele rules out presidential bid", April 2017, RC-17-04, pp. 11-12.

④ Latin American Regional Report, Caribbean and Central America, "Bukele rules out presidential bid", April 2017, RC-17-04, pp. 11-12.

本党的总统候选人。外界认为，如果没有布凯莱，执政党很可能会在市长选举中丢掉圣萨尔瓦多市。

二 经济形势①

2017 年，萨尔瓦多经济实际增长 2.4%（与 2016 年相同），预计通胀率在年底达到 1.8%。经济增长主要是由于出口部门业务扩大、国内需求强劲以及侨汇收入和商业银行资金增加。包括社会保障费用在内，全年中央财政赤字占国内生产总值的 2.6%，略低于 2016 年的 2.7%。外债占国内生产总值的比重为 61%。国际收支经常项目账户赤字将占国内生产总值的 1.1%（2016 年为 2%）。

民族主义共和联盟因 2019 年大选拒绝配合政府放行相关债务重组置换法案。此举导致政府陷入违约境况，无法履行养老金投资证明（CIP）的债务承诺，债务总计 5660 万美元（占总预算的 1.1%）。2017 年 4 月下旬，议会通过预算法的改革，并重新分配预算项目。在此背景下，财政政策试图遏制公共支出的增长。2017 年前 9 个月，非金融公共部门的实际收入与同期相比实际增长 3.5%，主要是由于税收收入增长了 5%，尤其是所得税（ISR）和增值税（VAT）实现增长。总投资实际下跌 13.9%。预计到 12 月底政府税负将达到 GDP 的 16%。

2017 年 2 月，政府以 8.625% 的利率发行了 12 年期、价值 60 亿美元的欧元债券。为提高偿债能力，议会对养老金负债信托基金（FOP）法进行了改革，该法使已经到期的养老金投资证明和新的养老金投资证明的有效期限延长到 50 年。第三季度非金融公共部门债务总额占国内生产总值的 60.4%（168.603 亿美元），较 2016 年 12 月底上升 3.3%，主要是由养老金负债信托基金债务增加所致。

---

① 如无特别注明，本部分数据来自 CEPAL，“El Salvador”，*Balance Preliminar de las Economías de América Latina y el Caribe 2017*，Santiago de Chile，Diciembre de 2017。

在2017年前10个月，180天期存款利率平均为4.44%，略高于上年同期的4.39%。一年期贷款利率平均为6.43%，比上年同期小幅回落9个基点。国际储备净额为33.32亿美元（约占GDP的12%），比2016年12月增加了14%。

2017年1~9月，萨尔瓦多出口额达到43.15亿美元，同比增长5.7%，销量同比增长14.4%。传统产品出口增长速度（33.3%）高于非传统产品出口的增长速度（6.8%），传统产品出口占出口总量的3/4。按行业分，农产品出口增长8.9%，制造业出口增长5.7%。制造业出口以服装、机械和设备为主。进口同比增长5.1%，但成交量下降3.4%。石油及其衍生品单价平均上涨24.2%，涨幅达9.4%。贸易收支逆差为34.14亿美元，同比增长4.3%。

2017年上半年，外商直接投资净流入总额达4.13亿美元，较2016年同期增长178.6%。这些流量是自2010年以来第一个季度收到的最大流量，是由电力部门的利润再投资、债务融资和新投资项目所驱动的。家庭汇款同比上涨10.4%，其中2017年第三季度共计36.85亿美元。

2017年第二季度是经济连续增长超过2%的第10个季度。上半年国内生产总值实际平均增长率为2.3%，主要由房地产及商业服务（4.5%）、社会及社区服务（3.4%）和农业（3.4%）所推动。在此趋势周期中，8月的经济活动量指数（IVAE）同比增长2.8%，其中建筑业增长6.5%、金融机构增长4.9%和商业增长4.3%。相比之下，电力、发电、煤气和水则下降了7.9%。

到2017年10月，通货膨胀率为1.4%，2016年同期则为-0.9%。住宿、水和电力（4.4%）、运输（2.3%）、餐馆和旅馆（1.4%）上涨的价格，部分被服装和鞋类价格下跌（-1.9%）所抵消。9月的核心通胀同比上涨了0.3%，为2017年年初以来最高。

12月4日，萨尔瓦多旅游部部长杜阿尔特表示，在圣诞季来该国的游客逾10万人次，旅游收入达6280万美元，分别同比增长2.8%和23%。全年游客总数或达220万人次，旅游收入约12.55亿美元，分别较2016年增长8.9%和6.1%。[①]

根据萨尔瓦多中央银行（BCR）的数据，2017年1月至8月，侨汇达到33亿美元，比2016年同期增长10.4%。如果这一趋势继续下去，2017年的汇款总额可能会突破50亿美元。主要原因是美国总统特朗普的反移民政策导致在美萨尔瓦多人将更多现金汇往国内。萨尔瓦多的经济强烈依赖于汇款，侨汇收入相当于国内生产总值的17%左右。[②]

2018年，拉丁美洲和加勒比经济委员会预计，由于私人投资、汇款和出口的推动，萨尔瓦多经济增长2.4%（与2017年相同）。预计中央财政赤字占国内生产总值的2.8%，而贸易条件进一步恶化，预计经常项目账户赤字将略微扩大（占国内生产总值的1.9%）。预计原材料和燃料价格上涨将使通胀上涨2%左右。

三　社会形势

自2016年4月，桑切斯·塞伦政府实施打击黑帮的“非常措施”，凶杀率从2015年的高峰略有下降，但暴力犯罪仍然是一项艰巨的制度挑战。这项打击黑帮措施的重点是压制而不是预防，岌岌可危的安全局势继续威胁商业和体制的稳定。外界预计，政府在打击绑架勒索等严重犯罪活动或贩毒团伙方面不会取得重大进展。[③]

萨尔瓦多公民安全委员会（CNSCC）向桑切斯总统提交的“安全萨尔瓦多”计划成果报告显示，2017年1～10月，该国凶杀率同比下降27%，

---

① 《2017年萨尔瓦多旅游业快速增长》，中华人民共和国驻哥斯达黎加共和国大使馆经济商务参赞处官网，http：//cr.mofcom.gov.cn/article/Salvador/201712/20171202682825.shtml，最后访问日期：2018年1月12日。

② EIU，*Country Report—El Salvador*，4th Quarter of 2017.

③ EIU，*Country Report—El Salvador*，4th Quarter of 2017.

青年辍学失业人口同比下降3.6%。[①] 9月23日和27日则是1~10月暴力行为最严重的两天，分别发生40起和34起凶杀案。实际上，自9月21日以来，发生凶杀案的日平均数已超过28起，是2017年其他时间平均值的3倍。政府和国家警察部队将其归因于黑帮内部火拼和报复行为（但大多数遇难者非黑帮成员）。[②] 此外，警察甚至其亲属被谋杀的事件急剧增加。2017年1~8月，共有23名警察、9名军人和1名监狱看守遇害，其原因是黑帮加大了对安全部队的攻击力度，从而迫使政府取消"非常措施"。

在1993年颁布的《大赦法》被废除后，萨尔瓦多总检察长办公室在2017年开始着手调查内战期间（1980~1992年）侵犯人权的案件。5月18日，最高法院宣布重新审理奥斯卡·阿诺德·罗梅罗·加尔达梅斯（Oscar Arnulfo Romero）大主教被杀案。1980年3月24日，罗梅罗大主教在圣萨尔瓦多一家医院被暗杀，民族主义共和联盟创始人罗伯特·德阿武因松（Roberto D' Abuisson）涉嫌在幕后指使。[③]《大赦法》的废除并未得到执政党和民族主义共和联盟的支持，它们认为这一做法可能会破坏稳定。然而，罗梅罗是该国和平的象征，大部分民众表示支持查明真相。

议会在9月27日通过桑切斯·塞伦政府提出的养老金改革法案，主要包括增加雇员和雇主的定期缴款，引入养老金上限和建立新的国家养老基金体系。此次改革将使政府有更多的时间偿还欠萨尔瓦多养老金管理协会（AFPs）的9100万美元，将主权证券的条款从25年延长到30年，并避免破坏性违约。政府拖欠该协会的债务约为57亿美元，相当于国内生产总值的14%左右。标准普尔在10月3日对这一改革做出了回应，将萨尔瓦多的

① 《2017年1~10月萨尔瓦多凶杀率同比下降27%》，中华人民共和国驻哥斯达黎加共和国大使馆经济商务参赞处官网，http://cr.mofcom.gov.cn/article/Salvador/201712/20171202682828.shtml，最后访问日期：2018年1月12日。

② Latin American Regional Report, Caribbean and Central America, October 2017, RC-17－10, "Key Pension reform gets green light", p. 11.

③ Latin American Regional Report, Caribbean and Central America, June 2017, "Judiciary moves on seminal case", RC-17－06, pp. 11－12

主权信用评级从选择性违约（SD）提升为“CCC +”级。养老金改革规定，15% 的定期缴款中的 8.1% 将进入由萨尔瓦多养老金管理协会管理的个人储蓄账户；5% 将进入联合基金账户（而其中 1% 将用于取消在 1998 年终止的仍由 16 万多人持有的公共系统中的退休养老金），以保证劳动者获得终身养老金。退休后，退休人员的个人储蓄将被划分为 20 年。如果超过 20 年，他们将继续通过联合基金账户获得养老金。女性退休年龄为 55 岁，男性为 60 岁。剩余的 1.9% 定期缴款将用于萨尔瓦多养老金管理协会对养老金的管理，比之前的 2.2% 有所下降。但是，由于联合基金账户的存在，劳动者个人储蓄账户中的缴款将从 10.8% 下降到 8.10%，工人阶层所要缴纳的养老金也要从薪资的 13% 提升至 15%。①

就业方面，2017 年的就业率继续缓慢上升。根据萨尔瓦多社会保障协会（ISSS）数据，截至 8 月，就业人数同比上升 0.8%。6 月实际工资比 2016 年同期上涨 5%。② 2016 年，政府花费大量时间与商业部门抗争，试图提高最低工资标准，以缓解经济增长迟缓对社会最贫困阶层的影响。该提议于 2017 年 1 月 1 日生效。约 236000 名雇员从中受益，服务业和工人薪资增加 20%，达到每月 300 美元，农民的收入增至 100%。即使如此，甘蔗和咖啡以及和棉花种植者每月的收入也只能达到 200 ~ 224 美元。③

四　外交形势④

美国是萨尔瓦多的主要贸易和投资伙伴，也是 210 万名萨尔瓦多移民的

---

① Latin American Regional Report, Caribbean and Central America, October 2017, “Key Pension reform gets green light”, RC-17 - 10, p. 11.

② CEPAL, “El Salvador”, *Balance Preliminar de las Economías de América Latina y el Caribe 2017*, Santiago de Chile.

③ Latin American Regional Report, Caribbean and Central America, January 2017, “FMLN administers injection of internal democracy”, RC-17 - 01, pp. 3 - 4.

④ 如无特别注明，本部分数据来自 EIU, *Country Report—El Salvador*, 4th Quarter of 2017。

定居国。来自美国的侨汇是萨尔瓦多经济的主要支柱。美国对萨尔瓦多的援助仍将继续，但萨美关系因为移民问题面对挑战，由此带来的侨汇问题使萨尔瓦多经济的不确定性持续增大。特朗普威胁废除“童年入境暂缓遣返计划”（DACA），这将使现在居住在美国的25000多名萨尔瓦多儿童被遣返回国，成为留守儿童。此外，美国的“临时保护地位”计划也将成为特朗普废除的目标。约20万名萨尔瓦多人处于临时保护下，在美国获得了工作许可和社会保障卡，从而可以合法受雇。由于特朗普已经废除了对海地等国家的此项许可，萨尔瓦多也即将面临这一结果。如果特朗普继续执行反移民政策，驱逐萨尔瓦多人，该国侨汇收入会急剧下降。这会对已经停滞不前的萨尔瓦多经济产生剧烈的冲击。美国驱逐萨尔瓦多移民的事件日益增多，截至2017年4月27日，被美国驱逐出境的萨尔瓦多移民人数同比增长了13.1%，达到6559人。[①]

为解决移民问题、加强法治和打击有组织犯罪，美国司法部部长杰夫·塞申斯（Jeff Sessions）2017年8月访问了萨尔瓦多首都圣萨尔瓦多，并与萨尔瓦多、危地马拉和洪都拉斯三国官员就解决暴力犯罪和遏制该地区的贩毒活动的进一步合作展开讨论。塞申斯访问后，特朗普在纽约发表了关于公共安全的讲话，称“野蛮萨尔瓦多人”的敲诈勒索和谋杀等犯罪活动不断增多，美国警方已经在2017年至少将11起谋杀案归咎于该团伙。他还宣布了对“野蛮萨尔瓦多人”的“零容忍”政策。根据美国司法部的统计，该黑帮在全世界有4万名成员，其中美国有1万名。2017年4月18日，特朗普还在推特上表达驱逐萨尔瓦多黑帮成员的意图。帮派暴力依然是萨尔瓦多的一个关键问题。根据德国非政府组织弗里德里希·艾伯特基金会（Friedrich Ebert Foundation）的一项研究，与帮派有关的暴力行为的成本相当于该国国内生产总值的16%。此外，报告估计萨尔瓦多企业在2015年被勒索金额总计7.56亿美元。萨尔瓦多的高犯罪率迫使大量的人移民到美国，

---

① Latin American Regional Report, Caribbean and Central America, May 2017, “Storm brewing over security proposal”, RC-17-05, pp. 10-11.

通过美墨边境的无人陪伴的未成年人数量空前高涨。

法拉本多·马蒂民族解放阵线不但与委内瑞拉和古巴等国的激进左派政权保持着历史联系，而且与其他中美洲国家有着密切关系。2018 年年初，萨尔瓦多开始与危地马拉和洪都拉斯就加入现有的关税同盟进行谈判。

（王鹏　审读）

Y.25

危地马拉：总统面临执政危机

王　飞*

摘　要： 2017 年，危地马拉总统吉米·莫拉莱斯因腐败丑闻以及驱逐联合国反腐败官员而遭遇执政危机。受执政危机影响，危地马拉全年经济增速放缓，财政收入下降，私人投资信心受损。连续两年的财政紧缩政策初见成效，但财政空间仍然有限。通货膨胀率始终在目标区间内，货币政策存在一定空间。执政危机触发了多场游行示威，民众对政府不满情绪扩散，社会不稳定程度上升。驱逐联合国官员还造成危地马拉的国际声誉受损。危地马拉积极拓展与中国的经贸关系成为 2017 年危地马拉对外关系领域的亮点。

关键词： 危地马拉　执政危机　腐败

一　政治形势

2017 年，危地马拉政治形势最大的特点是吉米·莫拉莱斯（Jimmy Morales）总统遭遇执政危机。吉米·莫拉莱斯本是喜剧演员，是危地马拉右翼政党国家融合阵线（Frente de Convergencia Nacional）的领袖，于 2011 年进入政坛，2015 年在大选中获胜，2016 年 1 月 14 日就职。莫拉莱斯在竞

* 王飞，经济学博士，中国社会科学院拉丁美洲研究所经济研究室助理研究员，主要研究方向为拉美经济。

选中承诺将打击特权阶层以解决长期以来限制危地马拉发展的腐败问题。[①] 但是，在其结束一半任期之后，当初参选的口号并未落实，其本人也因腐败问题受到设在危地马拉的联合国反对有罪不罚国际委员会（CICIG）[②] 的调查，吉米·莫拉莱斯总统的民众支持率迅速下降。

腐败问题充斥于危地马拉。2017 年 1 月 18 日，总统莫拉莱斯的兄弟和儿子被指控在财产登记中存在瞒报现象，影响了其治理腐败的公信力。1 月 30 日，宪法法院宣布，因违背正常选举程序，最高法院（Supreme Justice Court）院长的选举结果无效。2 月 2 日，国会剥夺了最高法院院长的司法豁免权，并对其展开反腐败调查。这两起事件严重影响了总统和最高法院的可信度及声誉。与此同时，总统涉嫌腐败还限制了其执政能力。莫拉莱斯总统对全国公路网络进行更新的计划在国会遭遇阻力，在 7 月 20 日的国会投票中被否决。[③] 9 月 1 日，危地马拉宪法法院裁定，暂停莫拉莱斯所属的国家融合阵线的一切行政功能，原因是这一政党推迟申报 2015 年的竞选资金情况，且没有如期缴纳 6 万美元罚款。10 月 4 日，莫拉莱斯总统受到来自检察院的指控，认为其滥用权力并非法敛财。

莫拉莱斯不仅深陷腐败丑闻，还因驱逐联合国反腐官员遭遇执政危机。2017 年 8 月，吉米·莫拉莱斯总统下令驱逐联合国反腐官员伊万·贝拉斯克斯（Ivan Velasquez），理由是“为了危地马拉人民的利益，为了加强法治和巩固体制”。这一行为遭到民众抗议和国际社会的批评，并引发危地马拉外交部部长、卫生部部长等多名政府高级官员辞职。“驱逐令”下达数小时后便被危地马拉最高法院临时喊停。8 月 29 日，宪法法院宣布“驱逐令”无效，危地马拉政府驱逐联合国反腐官员的闹剧告一段落。危地马拉国会并未对总统的行为采取任何措施，并试图通过立法限制现行反腐败法的效力。

---

① 危地马拉 1996 年结束长达 36 年的内战后，一直在同腐败和有组织犯罪做斗争。

② 2006 年 12 月，根据联合国和危地马拉政府所签协议，反对有罪不罚国际委员会成立。它是联合国帮助成员加强法治的工具之一，对授权范围内的案件进行调查，同危地马拉检察机关合作打击腐败。

③ EIU，*Country Report—Guatemala*，August 2017，p. 20.

迫于各方压力，国会最终放弃了这一尝试。10 月 11 日，危地马拉最高司法法院发起对莫拉莱斯总统收受国防部贿赂的调查，同时对参与试图限制反腐败法的 107 名立法委员展开调查。

莫拉莱斯在前总统奥托·佩雷斯·莫利纳（Otto Perez Molina）因涉嫌贪污而被迫辞职并被捕入狱后当选为总统，承诺将反腐进行到底是其获得选票的最关键因素。但是，由于驱逐联合国反腐官员，莫拉莱斯受到反腐败调查。目前，已经有三位部长提出辞职[①]，危地马拉国内超过 30 个公民团体和组织要求莫拉莱斯辞职。虽然在 2017 年 9 月 29 日的发言中，莫拉莱斯表示其不会辞职，但是大多数机构认为他很可能难以坚持到 2020 年本届任期结束。[②]

二　经济形势[③]

在经济连续两年负增长之后，拉丁美洲地区的经济触底反弹，2017 年增长 1.3%。其中，中美洲地区国家的经济发展情况仍然抢眼，平均增长 3.3%，高于南美洲和加勒比地区的经济增长率。由于受美国特朗普新政以及国内腐败丑闻影响，危地马拉经济增速为 3.2%，与 2016 年基本持平，但低于中美洲的平均水平。[④] 人均 GDP 从 2016 年的 7946 美元增长至 2017 年的 8003 美元。危地马拉经济增长的主要动力来自私人消费和固定资本形成。2017 年年底，危地马拉中央银行成功将通货膨胀率控制在目标范围内，完成了年度目标，但财政赤字略有扩大，货币政策的空间大于财政政策。

2017 年，危地马拉继续实行紧缩性财政政策，中央银行年度预算完成的水平低。2016 年 10 月通过的《政府购买改革法案》在 2017 年见到明显

---

① 分别是内务部、财政部和劳工部的部长，在总统劝说下暂时留任。

② EIU，*Country Report—Guatemala*，November 2017，p. 25.

③ 除特殊标明外，“经济形势”数据来源于 CEPAL，“Guatemala”，*Balance Preliminar de las Economías de América Latina y el Caribe 2017*，Santiago de Chile，Diciembre de 2017。

④ 根据 EIU 的预测，危地马拉 2017 年的经济增速只有 2.8%。

成效，政府购买的透明度提高。该法案在一定程度上限制了财政支出。据统计，截至 2017 年 10 月，危地马拉中央政府只完成了年度预算总额的 69.9%，创 2010 年以来的最低值，其中交通、基础设施和住房部只完成了年度预算的 41.8%，是预算完成最低的部门。虽然政府收紧财政，但危地马拉税收改革并未获得明显进展，而莫拉莱斯总统旨在打击犯罪和刺激增长的政策使政府支出大幅增加，这造成危地马拉的财政赤字从 2016 年的 1.1% 扩大到 2017 年的 1.9%，提高了 0.8 个百分点。与此同时，受美联储加息、国内经济不稳定等因素的影响，危地马拉债务水平提高。截至 9 月，危地马拉内债和外债分别增长 9% 和 3.1%，占 GDP 的比重分别为 12.6% 和 11.1%。

2017 年，危地马拉货币政策相对稳健。由于通货膨胀率始终保持在危地马拉中央银行规定的目标区间内，中央银行基准利率自 2015 年 9 月以来始终保持在 3%，存贷款利率也保持不变。相对宽松的货币政策使私人部门的信贷行为更为活跃，前 10 个月增长了 5.8%。在通货膨胀相对稳定的环境下，危地马拉官方汇率小幅升值。年内，危地马拉中央银行采取了外汇市场干预，以维持汇率稳定。例如，2017 年 9 月 30 日，中央银行购入 19.15 亿美元，干预规模大大高于 2016 年同期（8.7 亿美元）。

2017 年，危地马拉贸易赤字扩大。其中商品贸易赤字达 68.58 亿美元，增长 32.2%；服务贸易赤字达 3.8 亿美元，增长 57%，经常项目账户盈余从 2016 年的 10.23 亿美元下降至 9.63 亿美元，降幅达 5.9%。[①] 危地马拉外汇储备在 2017 年进一步扩大，截至 10 月底，外汇储备规模达 114.94 亿美元，相当于该国 8 个月的进口额，是 2016 年外汇储备总规模（23.34 亿美元）的 5 倍。外贸政策方面，2017 年危地马拉与洪都拉斯之间的关税同盟[②]正式运行，但为保护国内相关产业部门，危地马拉决定推迟其与韩国之间的自由贸易谈判至 2018 年。

---

① EIU, *Country Report—Guatemala*, February 2018, p. 11.

② 同时，萨尔瓦多表示希望尽快加入该同盟。

表 1　2016～2018 年危地马拉主要经济指标

年份	2015	2016	2017[a]
年增长率(%)			
GDP	4.1	3.1	3.2
人均 GDP	2.1	1.1	1.3
消费者价格指数	3.1	4.2	4.2[b]
货币供应量(M1)	11.9	6.1	7.2[c]
贸易条件	-3.9	5.4	0.6
年平均值(%)			
城市公开失业率	3.2	3.4	4.0
中央政府财政盈余/GDP	-1.4	-1.1	-1.9
名义存款利率	5.5	5.5	5.4[c]
名义贷款利率	13.2	13.1	13.1[c]

注：a 为估计值；b 和 c 分别为 10 月、9 月末数值。

资料来源：CEPAL，“Guatemala”，*Balance Preliminar de las Economías de América Latina y el Caribe 2017*，Santiago de Chile，Diciembre de 2017，最后访问日期：2018 年 2 月 24 日。

右翼总统莫拉莱斯整体经济政策相对正统，注重恢复市场的自身调节能力。但由于在处理腐败和社会问题等方面的能力不足，经济改革进程受阻。特别是莫拉莱斯本人因驱逐联合国外交官而遭遇执政危机，危地马拉自 2016 年就已经停滞的经济改革将继续被搁浅。政治不稳定将对私人投资产生一定冲击。标准普尔在 2017 年 10 月将危地马拉的信用评级由 BB 调低至 BB-，但根据 BMI 国家风险指数，危地马拉在中美洲地区的风险程度相对较高。① 低效率的劳动力市场、广泛存在的腐败、制度框架弱、能源基础不足以及财政困境将是影响危地马拉在未来提高经济竞争力的主要因素。同时，财政压力将继续存在并制约政府的各项开支。

① BMI Research，“Latin America Monitor：Central America”，Vol. 35，Issue 1，January 2018.

三 社会形势

2017 年，莫拉莱斯总统驱逐联合国外交官的行为在危地马拉国内引发公众不满，爆发了多场示威游行。7 月，“驱逐令”发布当天，大批群众聚集在联合国反对有罪不罚国际委员会设在首都危地马拉城的总部周围以及宪法法院外游行示威，反对赶走贝拉斯克斯，并要求莫拉莱斯总统辞职。8 月 29 日，首都危地马拉城不同种族的土著代表游行抗议，声援贝拉斯克斯，要求总统辞职。11 月 7 日，危地马拉农民发展委员会[①]（Comité Desarrollo Campesino de Guatemala）封锁了该国主要的高速公路，对政府进行抗议，要求莫拉莱斯总统和 158 名国会议员辞职。抗议者认为莫拉莱斯总统执政以来并未表现出杰出的执政能力，反而使危地马拉的腐败问题进一步扩散。此次游行示威封锁了危地马拉国内 7 条主要高速公路，扰乱了交通和商业秩序。

2017 年，危地马拉失业率小幅升高，政府试图进行劳动力市场改革，但雷声大雨点小。2017 年前 9 个月，危地马拉城市失业率为 4%，比 2016 年提高 0.6 个百分点，就业率则从 59.2% 下降至 59%（见表 2）。根据危地马拉统计部门的数据，2016 年第一季度全国正规就业率只有 30.2%，这意味着每 10 个人当中有 7 个人游离于税收和社会保障体系之外。2017 年 2 月，政府出台了“国家体面就业计划”（National Plan for Employment with Dignity），目标是在 2032 年之前新增 10 万个正规就业岗位。[②] 2017 年 3 月，危地马拉国会通过了修改劳动法的意见，劳工督察部门的权力将被加强，实现了与国际标准的接轨。但是，工会方面认为此举将使公共部门受监督的范围缩小，造成更多违反法律的行为。另外，新劳动法允许员工兼职，工会则认为这将使全职工作人数下降以及国内失业率上升。工会同

① 危地马拉最激进的左翼社会组织，会员超过 6 万人。

② EIU, *Country Report—Guatemala*, May 2017, p. 20.

时还指出，现行劳动法对 70 岁以上的兼职工人实行全额最低工资标准的保护存在一定的不合理性。2017 年 12 月底，莫拉莱斯总统宣布 2018 年危地马拉最低工资标准将提高 3.4%。此次调整后，该国农业工人的月最低工资将达到 407.8 美元，出口部门工人的月最低工资则为 375.7 美元。①

表 2　2013～2017 年危地马拉劳动力市场指标

指标	2013 年	2014 年	2015 年	2016 年	2017 年[a]
劳动参与率(%)	60.6	60.9	60.7	60.8	61
城市失业率(%)	3.8	4.0	3.2	3.4	4.0
就业率(%)	58.7	59.1	59.2	59.2	59.0
实际工资指数(2010 = 100)	104.3	106.8	110.4	108.2	—

注：a 表示截至 2017 年 9 月的数据。

资料来源：ECLAC，*Preliminary Overview of the Economies of Latin America and the Caribbean 2017*，Santiago，Chile，2017。

危地马拉是全球高犯罪率国家之一，其中与毒品和枪支有关的犯罪数量多，所造成的社会危害大。2017 年，危地马拉贩毒和黑帮犯罪案件数量居高不下。巨大的贫富差距是造成这一困境的原因之一。根据联合国拉美经委会的数据，危地马拉是中美洲地区贫富差距最大的国家，2014 年的基尼系数为 0.535。② 在原住民居住地区以及内战期间被严重破坏的地区，社会政策覆盖度差，对全国社会不稳定形成冲击。值得注意的是，据 2017 年 12 月 31 日危地马拉警察总署发布的报告，2017 年该国凶杀率为 26 人/10 万人，较 2016 年发案率降低 1.2%，创 2000 年来历史新低。③

① Latin Amenican weekly Report，Caribbean and Central America，Latin American Newsletters，January 2018，p. 7.

② ECLAC，*Social Panorama of Latin America 2017*，Santiago，Chile，2018，p. 72.

③ 《2017 年危地马拉凶杀率下降》，中华人民共和国驻哥斯达黎加共和国大使馆经济商务参赞处官网，http：//cr. mofcom. gov. cn/article/jmxw/201801/20180102693942. shtml，最后访问日期：2018 年 2 月 24 日。

四 外交形势

特朗普新政继续对危地马拉造成负面冲击。作为危地马拉最主要的投资和贸易伙伴，美国特朗普政府采取的一系列政策对包括危地马拉在内的中美洲国家产生的负面冲击将在未来几年延续。这些影响主要体现在移民政策缩紧、自由贸易被限制、侨汇减少以及来自美国的需求降低。2014 年 11 月，美国同北三角国家（危地马拉、洪都拉斯和萨尔瓦多）建立了“繁荣联盟”（Alliance for Prosperity），由美国为这三个国家提供发展和安全援助。但是，自 2016 年特朗普上台之后，收紧的政策将影响美国对这三个国家的援助。例如，美国对从本国汇出的侨汇征税，将严重冲击危地马拉这个存在大量来自美国侨汇收入的国家。[①] 2017 年 2 月 27 日，特朗普政府出台反移民政策，来自中美洲地区的非法移民将被遣返，这将进一步恶化包括危地马拉在内的中美洲国家的治安。

驱逐联合国外交官引发广泛争议。莫拉莱斯总统驱逐联合国官员一事在危地马拉国内外均受到批评。多国驻危地马拉大使馆发布联合声明，谴责莫拉莱斯的做法。联合国秘书长安东尼奥·奥利韦拉·古特雷斯则反复重申他完全信任贝拉斯克斯的立场。经过一番研究，危地马拉宪法法院在 8 月 29 日宣布“驱逐令”无效。2017 年 10 月 16 日，美国国会发出公开信，重新评估美国对危地马拉的援助，并对参与限制危地马拉反腐败法的官员进行签证限制。

危地马拉积极加强与墨西哥之间的关系。2017 年 6 月，墨西哥总统恩里克·培尼亚·涅托与危地马拉总统吉米·莫拉莱斯进行会晤，决定在移民和贸易两大方面加强两国的合作。从危地马拉经墨西哥进入美国是中美洲地区毒品贸易的主要线路之一，历来受到危地马拉和墨西哥两国的重视。特朗

---

① 2016 年，危地马拉自美国的侨汇收入为 71 亿美元，是北三角国家中接收美国侨汇最多的国家。

普在计划构筑美墨边境的同时，墨西哥也加强了同危地马拉在总长度为960千米共同边境范围内的管制，严格控制经墨西哥进入美国境内的危地马拉非法移民的毒品贸易。危地马拉计划对边境地区农民发放农业补贴，提高其收入水平，以此影响移民意愿。两国领导人还宣布加强边境地区的基础设施建设，有效避免两国之间的冲突。墨西哥和危地马拉于2013年签署自由贸易协定后，双边贸易增长迅猛，墨西哥成为危地马拉第五大贸易伙伴。危地马拉希望进一步增加其农产品和制成品在墨西哥市场的份额，同时希望提高两国边境地区的旅游承载能力。

危地马拉积极拓展与中国的经贸关系。中国和危地马拉虽相距遥远且尚未建交，但经贸往来日益密切。由中国国际贸易促进委员会和危地马拉－中国贸易与合作商会共同主办的中国－危地马拉经贸研讨会于2018年1月25日在危地马拉城举行，与会代表共同探讨深化中危合作。中国与危地马拉资源禀赋不同、经济结构具有一定互补性，在经济全球化、区域经济一体化的大背景下，进一步加强合作有助于双方互利共赢。中国贸促会副会长陈洲提出了进一步深化中危经贸合作的四点建议：一是欢迎危地马拉企业参加在珠海举办的第十二届中国－拉美企业家高峰会；二是组织更多经贸团访问危地马拉，重点办好2018年在危地马拉举行的中国贸易展览会；三是加大与危地马拉对口机构的合作力度，共建信息交流渠道，提供信息咨询、项目对接和商事法律等服务；四是鼓励和支持更多危地马拉企业开发中国市场，推动双边贸易更加均衡、可持续发展。危地马拉经济、工业和金融协会联合会会长马卢夫则希望两国企业抓住机遇，重点发展贸易、旅游、基础设施建设和制造业，推动双边经贸合作迈上新台阶。①

（郭存海　审读）

① 《中国－危地马拉经贸研讨会在危地马拉举行》，中国国际贸易促进委员会官网，http：//www.ccpit.org/Contents/Channel_ 3434/2018/0126/956032/content_ 956032.htm，最后访问日期：2018年2月24日。

Y.26
巴拿马：中巴建交发展新机

王　帅*

摘　要： 前总统马蒂内利被捕成为2017年巴拿马政治的标志性事件，从中映射出当前巴拿马政坛腐败丑闻与权力斗争并行的两大主线无不着眼于2019年大选。经济表现抢眼，再现潜在活力，主要得益于基础设施工程建设和扩建后巴拿马运河的通航竞争力。安全成为民众最为关心的社会问题，政府加大整治力度并寻求国际合作。中巴建交载入巴拿马外交史册，为巴拿马经济进一步快速发展提供重要新机遇。

关键词： 巴拿马　腐败丑闻　基础设施　巴拿马运河　中巴建交

一　政治形势

2017年，巴拿马政坛继续被“涉腐”疑云笼罩，被民间团体称为“史上最大贪污案”的巴西建筑公司奥德布雷希特（Odebrecht）行贿案几乎将巴拿马前后三届政府牵涉其中，令政府威严扫地。与此同时，总统巴雷拉（Juan Carlos Varela）领导的政府积极修复由于“巴拿马文件”泄露事件而受损的巴拿马国际形象。此外，反对党、执政党间的权力斗争日益公开化，双方都积极为2019年大选积蓄力量。

---

* 王帅，硕士，中国社会科学院拉丁美洲研究所助理研究员，研究方向为拉美社会治理。

（一）反对党、执政党接连陷入重大腐败案，各党疲于自证清白

2017 年 6 月 12 日，前总统、民主变革党（CD）人马蒂内利（Ricardo Martinelli）因涉腐和政治间谍等罪名在迈阿密家中被捕，两个月后美国同意了巴拿马政府对马蒂内利的引渡申请。据悉，根据美国司法部的调查，巴西建筑公司奥德布雷希特自 2006 年开始在巴拿马开展业务活动，2010～2014 年马蒂内利在任期间，该公司向巴拿马政府官员贿赂了至少 5900 万美元以获取价值 1.75 亿美元的公共工程和基础设施项目合同①。目前，马蒂内利政府时期的涉案官员包括前总统府部长、前公共工程部部长、前经济和财政部部长、前住房部部长（2014 年民主变革党总统候选人）以及马蒂内利的两个儿子。然而，马蒂内利被捕时仍坚称自己是现总统巴雷拉政治迫害的受害者，同时其所在的民主变革党屡次要求调查总统巴雷拉，认为其滥用职权、失职以及非法接受竞选捐赠。

事实上，自 2017 年 2 月以来总统巴雷拉已三次被指认涉嫌接受奥德布雷希特的贿赂。通过对泄露了“巴拿马文件”的巴拿马莫萨克·丰塞卡律师事务所涉嫌洗钱和腐败案件的调查，该律所合伙人之一的丰塞卡·莫拉（Fonseca Mora）称巴雷拉曾亲口承认接受了奥德布雷希特的捐赠。7 月，一位前巴西律师罗德里格·塔克拉（Rodrigo Tacla）表示，奥德布雷希特曾于 2014 年通过现金、避税账户和国际转移支付等方式向巴雷拉提供了没有记录的竞选捐赠。11 月，前巴拿马驻韩国大使又称，2009 年奥德布雷希特曾为巴雷拉的副总统竞选提供 70 万美元捐款②。对于以上种种指控，总统巴雷拉均一一否认。他首先公布了支持自己 2014 年总统大选的部分捐赠者名单，后承认在 2009 年的副总统竞选中获得过资助基金，但坚称这些是捐赠而不是贿赂。

---

① “Panama gov't under press over Odebrecht”, LatinNews Daily, 24 January, 2017, https://www.latinnews.com/component/k2/item/71002.html.

② “Panama's Varela back on defensive as names named in Odebrecht case”, LatinNews Daily, 10 November 2017, https://www.latinnews.com/component/k2/item/74228.html.

面对巴拿马政要频涉腐败，巴拿马民众表示十分愤慨，对政府透明度及司法公正表现出极大失望和不信任。在几次民调中只有10%左右的民众认为政府是透明的；政府威信丧失，巴雷拉的支持率也一度降到新低。国内和国际非政府组织多次抗议并组织游行，敦促政府加快查办巴西建筑公司腐败案，并公布涉案人员名单。目前已有约63人遭到巴拿马检方调查，范围甚至扩大至民主革命党的小托里霍斯出任总统期间（2004～2009年）的公共基础设施项目。为迅速平息民愤，扭转对国家和政府造成的不利形象，除已动工的项目可继续完成外，巴雷拉政府禁止奥德布雷希特公司参与今后的巴拿马工程招标，且重新修订了公共采购条例，以提高政府支出的有效性和透明度，减少腐败机会。同时，政府也在积极修复“巴拿马文件”的余波影响，承诺至2018年实现税务信息自动交换机制、加入经合组织（OECD）的“税务行政互助多边公约”等，国际货币基金组织（IMF）对巴拿马在短期内采取的种种行动给予了肯定评价。6月，经合组织完成了对巴拿马的“快速行踪审查”，并宣布其“基本符合”国际税务透明标准。

（二）各政党争斗逐渐加剧，目标直指2019年大选

目前，巴拿马政坛呈现三党分立的局面，从国会席位分布来看，执政党——巴拿马主义党（PPA）所占席位最少，为16席，但占席位最多的民主革命党（PRD）也仅有26席，另一大党民主变革党占25席。执政党若想在2019年的大选中与其他两党分庭抗礼，恐怕还需网罗更多的政治力量甚至进行联盟，但可以预见的是其中的阻力也会很大，预计2018年巴雷拉政府面临的治理挑战也将越来越大。目前，作为民众最为关心的腐败和安全问题可能会成为反对党进行攻击的主要工具。

对于执政党来说，最紧迫的任务一直都是扩大自己在国会的势力。民主变革党创始人、党领袖马蒂内利被捕，导致该党内部陷入分裂危局，给予巴拿马主义党以可乘之机。在7月的国会主席换届选举中，民主变革党内的不同政见者亚尼贝尔·阿布雷戈（Yanibel Abrego）当选，被认为是总统巴雷拉

的一次胜利，因为阿布雷戈获得了执政联盟议员的全票支持以及来自民主变革党 17 票和民主革命党 3 票的支持[①]。反对党的分裂程度可见一斑，两党纷纷指责这是总统的煽动和政治交易，并宣称要处分叛党者。此次取得立法机构领导人的支持，为进一步提高执政联盟在国会的势力提供可能。12 月，罗慕洛·罗斯（Rómulo Roux）宣布将作为民主变革党候选人参加竞选，此举被理解为试图脱离马蒂内利的势力转而选择新的领袖，而马蒂内利党内的支持者则视罗慕洛为叛徒。相信在民主变革党的党内初选后其内部的分化将更加复杂，这也为执政党提供了继续拉拢不同政见者的机会，事实上也只有这样执政党才可能具备与其他两党竞争的实力。4 月，为应对国内的腐败危机、提高竞选透明度、防止庇护主义，巴拿马国会通过了第 292 号倡议，批准了对选举法案的改革。新法案明确规定了竞选的公共资金限额、各类候选人可筹措的私人资金额度、竞选运动的时间以及候选人的性别比例等。

二　经济形势[②]

得益于基础设施工程建设和新巴拿马运河通航量的显著增加，2017 年巴拿马终于摆脱了连续五年的经济增速放缓，实现经济增长的再次加速，增长率预计达到 5.3%，相较上年，实际增长率提高 0.4 个百分点，继续保持为地区经济增速最快的国家之一。

（一）宏观经济大局稳中向好，经济部门焕发活力、吸引力增强

截至 2017 年 9 月，巴拿马非金融公共部门（SPNF）赤字为 14.3 亿美元，占 GDP 的 2.4%，预计至 2017 年年底调整后赤字将降至 GDP 的 1% 左右。赤字的产生主要是因为总支出的增长，实际增长率达 5.3%，同时总收

① “Panama has new president of congress”，LatinNews Daily，3 July 2017，https：//www.latinnews.com/component/k2/iem/72670.html.

② 除特殊标明外，“经济形势”的数据均来自 CEPAL，*Balance Preliminar de lasEconomías de América Latina y el Caribe 2017*，Santiago de Chile，Diciembre de 2017。

入保持稳定。总支出的增加主要是因为社会保障资金账户支出导致流动支出实际增长了7.5%，但同时资本支出实际降低2.6%，部分抵消了这种影响。在收入方面，税收收入实际增长1.5%，其中直接税收收入实际增长4.4%，间接税收实际下降1.6%。经常项目账户赤字在第一季度即已下降至9.33亿美元，占GDP的1.6%，同比减少20.9%，预计至2017年年底将降至GDP的2%，远低于2016年的5.7%。这主要得益于积极的服务出口，特别是航空运输（占21.1%）、海运（占17.3%）、巴拿马运河（占19%）和港口（占5.7%）领域。此外，截至2017年9月，巴拿马的公共债务已达234.18亿美元，占GDP的39.9%，较上年同比增长7.3%。其中，外债占总债务的78%，内债占总债务的22%。穆迪公司将巴拿马的主权债务预期由“稳定”调整为“积极”，并维持了Baa2的评级。

各经济部门在2017年表现出较为旺盛的活力，特别是交通运输业、仓储业和通信业的表现抢眼。这主要归功于巴拿马运河业务量的显著增加，包括大型船舶运输和港口活动的增加，以及托库门国际机场运送旅客人数的增长。同时，由于住宅项目和公共基础设施（如地铁2号线、科隆市区翻新工程等）建设的发展，至第一季度建筑业增长8.1%。此外，采矿和采石业也表现出明显增长，增速达8.1%。尽管增速有所放缓，银行业对私营部门的信贷业务仍然保持活跃，截至2017年8月全国银行系统对当地投放信贷总额为518亿美元，同比名义增长8%，贷款主要投放于建筑业、个人消费、抵押贷款等。

然而，由于出口额增长远低于进口额，巴拿马的对外商品贸易逆差呈现持续扩大的趋势。据统计，2017年1～10月，巴拿马的商品出口总额仅为5.63亿美元，而同期进口总额为104.63亿美元①。事实上，相比于服务出口，巴拿马的商品出口规模一直较小。对此，未来如何发展多样化的商品出口已成为巴拿马政府正在考虑的一项长期战略。目前，政府已将重心放在增加农产品及农业制成品、海产品和铜矿品向更多的国家与地区出

① INEC，“Principales Indicadores Económicos Mensuales-2017”，http：//www.contraloria.gob.pa/INEC/Avance/Avance.aspx? ID_ CATEGORIA =1&ID_ CIFRAS =36&ID_ IDIOMA =1.

口。此外，受委内瑞拉政治危机和与哥伦比亚贸易争端的持续影响，科隆自由区的贸易总量依旧低迷，但与上年相比呈现复苏迹象，1～10月自由区的贸易总额达163.42亿美元，虽然同比增长仍为-2.4%，但已为4年来的最低负增长；同时交易量达75.01万吨，同比增加7.1%，为近4年来的首次增长①。

2017年，巴拿马仍旧是地区最具外国直接投资吸引力的国家之一。2017年上半年，外国对巴直接投资总额已达到29亿美元，同比增长5.8%。

（二）巴拿马运河扩建初见成效，国际竞争力提高

新巴拿马运河自2016年5月通航以来，运河扩建的效应逐渐显现。2017财年（2016年10月至2017年9月）通航量达40.3亿吨，同比增长22.2%；同时，扩建后运河对本年度国家财政的贡献达17亿美元，同比增长70%②。新运河通航量的显著增长源于两个原因：一方面，由于可允许更大的“新巴拿马型”船舶通过，这种大型船只可容纳14000个20英尺标准箱（TEUs）；另一方面，得益于全球贸易的增加，平均每天有6艘“新巴拿马型”船舶通过新运河，远远超出原来通航首年每天2～3艘的预期。

每年有6%左右的全球贸易经过巴拿马运河运输，它连接了1700个港口、140条贸易路线。其中集装箱船占新运河通航量的52%，液态石油气（LPG）船和液态天然气（LNG）船分别占30%和9%③。事实上，全球90%以上的液化天然气为首次经由水路运输，使得美国的液化天然气产品能以有竞争力的价格通过船只运送到亚洲市场。此外，通过“新巴拿马型”船闸的还包括散货船、油轮、汽车运输船和客船等。

目前，巴拿马正着手在太平洋沿岸的科罗萨尔（Corozal）建设一个新的集装箱码头，该码头将分成两个部分，预计建成后可分别容纳3200个和

① INEC，“Principales Indicadores Económicos Mensuales-2017”，http：//www.contraloria.gob.pa/INEC/Avance/Avance.aspx?ID_ CATEGORIA＝1&ID_ CIFRAS＝36&ID_ IDIOMA＝1.

② ACP，“Transparencia”，http：//micanaldepanama.com/transparencia/.

③ ACP，“Transparencia”，http：//micanaldepanama.com/transparencia/.

2000 个 20 英尺标准箱[①]，且具有直接连接跨地峡货运铁路的优势。建成后的科罗萨尔港可进一步提高巴拿马物流枢纽的转运能力，并为巴拿马运河可能的进一步扩建做准备。

三 社会形势

2017 年，巴拿马社会总体稳定，但局部挑战增多。就业率水平在 2017 年基本保持稳定，同时消费者价格指数（CPI）保持在较低水平。然而，由于邻国哥伦比亚和平进程和委内瑞拉的复杂局势，以及美国特朗普政府推行的“孤立主义”对外政策，安全、缉毒和移民成为 2017 年巴拿马社会领域的主要议题。此外，抗议政府腐败的民众上街游行运动也时有发生。

安全一直是巴拿马民众最为关心的社会问题。除本国的问题外，邻国哥伦比亚和平进程成为今年一个特殊的外部因素：哥伦比亚最大的反政府武装力量解散导致的权力真空，使得一些贩毒和暴力犯罪更加猖獗甚至流窜至巴拿马。2017 年年初，总统巴雷拉就宣布在科隆市的 16 个街区实行禁枪。随后，为进一步安抚民众，总统从国家警察、国家海空部队、边防部队和其他执法机构抽调 300 名军官组成精英力量——“鹰”联合特遣队，以打击在巴拿马日益增加的贩毒和有组织犯罪活动。同时，在美国的推动下，巴拿马还同哥斯达黎加、哥伦比亚组成“南三角”共同打击贩毒、有组织犯罪和偷渡客，以及应对来自中美洲“北三角”国家的威胁。5 月，巴拿马取得打击贩毒的重要成果，缉获至少 4 吨可卡因，并逮捕了 64 名国际犯罪集团成员[②]。这是 2015 年开始的名为“阿斯图里亚”（Asturia）的缴毒反黑行动的一部分。

同时，巴拿马政府收紧了移民政策。首先，国会通过了更为严厉的法案。根据规定，企业不得雇用未取得工作许可的外国移民，否则将予以累进

---

① EIU,“Deadline of Corozal port project bids extended”, *Country Report—Panama*, March 2017, p. 23.

② “Panama hails significant drug seizure”, LatinNews Daily, 1 June 2017, https://www.latinnews.com/component/k2/item/72298-panama-hails-significant-drug-seizure.html.

式罚款；若第四次发现类似情况则可直接吊销其营业执照。其次，考虑到委内瑞拉当前复杂的国内局势，巴拿马政府宣布自2017年10月1日起委内瑞拉人需加盖签证章方可入境巴拿马。此前，巴拿马政府宣布将来自哥伦比亚、尼加拉瓜和委内瑞拉的游客在巴拿马的停留时间由180天缩短至90天。

四　外交形势

2017年6月13日，巴拿马总统巴雷拉宣布同中国建立大使级外交关系，随后两国政府签署联合公报，中巴关系从此进入新纪元。

两国建交以来关系发展顺利，现已达成诸多合作项目，推进速度不同以往。7月，原中国驻巴拿马贸易代表处正式更名为“中国驻巴拿马大使馆”；9月，外交部部长王毅和巴拿马总统巴雷拉共同为其揭牌。建交两月后，巴拿马便组成了由安全部部长率领的高级别政府代表团访华，成员包括巴拿马外交部、财经部、工商部及海事和旅游部门的官员。11月，总统巴雷拉正式对中国进行为期6天的访问。除为巴拿马驻华大使馆揭牌外，访华期间中巴双方还签署了19个协议合作协议（此前双方已开启了自由贸易协定谈判），其中11个协议集中于经贸领域，同时还涉及在交通运输、农业、电力和旅游业等领域的合作。特别是双方对合作共建“一带一路”倡议达成共识，签署了《关于共同推进丝绸之路经济带和21世纪海上丝绸之路建设的谅解备忘录》，为进一步加强双方发展战略对接、实现全面合作提供支撑。从短期看，双方经济关系将集中于贸易、交通基础设施和物流投资上；从中期来看，巴拿马将从中国的能源投资中获益，而中国游客的到来也将拉动巴拿马旅游业的增长。

巴拿马与邻国哥伦比亚的关系依旧微妙，这主要表现为双边争端与合作共存。两国自2013年以来的贸易争端仍旧持续。尽管世贸组织（WTO）已经裁定哥伦比亚对巴拿马出口到该国的纺织品等征收高关税不合理，但哥伦比亚似乎并未理会这一判决以及巴拿马提出的赔偿要求，甚至在2月哥伦比亚表示将继续推迟对巴拿马进口全面正常化的日期，以保护本国的轻工制造业。11月，哥伦比亚又再次宣布，将2016年11月开始的对巴拿马科隆自由区出口鞋类和糖果实施反倾销措施的期限，由两年延长至 2019 年 11 月。然而，哥伦比亚和平进程开始后，哥伦比亚仍然面临古柯种植增加的挑战，并受到美国关切。同时中美洲又是毒品贩卖至美国的重要通道，因此，在美国的协调下，哥巴双方在安全领域展开深入合作。事实上，安全议题正是 2017 年巴拿马政府工作的重中之重。除感到贩毒、有组织犯罪的威胁增加外，委内瑞拉复杂局势造成的移民增加也是重要原因之一。对此，巴拿马积极寻求与邻国开展国际合作。6 月，巴拿马接任中美洲一体化体系（SICA）临时主席国，同样将安全问题列为首要问题，并在会议期间与哥斯达黎加、多米尼加签订了旨在加强次地区安全的双边协议。

随着大选的临近，2018 年巴拿马各党派的斗争将愈演愈烈，巴雷拉政府面临的治理挑战也将越来越大。涉腐丑闻仍是巴拿马朝野政治攻击的利器，而巴雷拉政府也将进一步巩固自己的执政业绩，特别是在经济和外交领域。新巴拿马运河的竞争力以及同中国建交带来的新发展机遇，将为巴拿马未来中期的稳定和快速发展提供保障。影响社会稳定的不利因素增多，但巴拿马社会总体稳健的大局不会改变。此外，巴拿马将继续奉行务实独立的多边外交政策。中巴经贸领域的合作和人文交流也将进一步深化。

（郭存海　审读）

Y.27

多米尼加：经济发展稳定，政治前路迷茫

史沛然*

摘　要： 2017年是现任总统梅迪纳第二届任期的第二年。政治方面，尽管梅迪纳本人和解放党一再强调不会参与2020年的总统选举，但执政党解放党提出的开放式初选提案引发在野党不满，两党分歧进一步加剧。在经济方面，多米尼加依然是拉丁美洲和加勒比地区经济增长速度最快的国家之一。财政赤字维持在GDP的2.4%，消费者价格指数低于政府预期目标，贸易赤字降低，利率和汇率均保持稳定。社会方面，腐败问题成为多米尼加最大的社会问题，引发了数次游行示威，但就业率进一步改善，"厄玛"飓风虽然带来巨大损害，但并未造成过多人员伤亡。在外交层面，2017年海地总统率团访问多米尼加，并恢复了联合双边委员会，以处理边界和移民问题，2017年9月，委内瑞拉政府和反对派代表在多米尼加展开双边会谈。

关键词： 多米尼加　开放式初选　经济稳定　危机调停

---

* 史沛然，经济学博士，中国社会科学院拉丁美洲研究所助理研究员，研究领域为计量经济学。

一 政治形势

2016 年，多米尼加大选尘埃落定，但 2017 年的政治形势并未因此而更加明朗。国内出现了现任总统梅迪纳可能再次参加 2020 年总统大选的传言，由此引发修宪的不确定性，造成了在野党的反对浪潮。同一年内推动的司法改革更是进一步加剧了政党间的矛盾和分歧，且有愈演愈烈的趋势。

（一）就现任总统2020年再次参选一事，政治形势出现波荡

2017 年是达尼洛·梅迪纳（Danilo Medina）本届任期的第二年。虽然下一任总统大选是 2020 年 5 月，但进入 2017 年之后，关于梅迪纳总统是否会继续参选的讨论在多米尼加国内愈演愈烈，国内政治风潮也似乎可以嗅到“动荡”的气味。

根据多米尼加《2012 年宪法》，梅迪纳的第二任总统任职期满后，他本人不可继续参与竞选。但 2015 年，执政党解放党修订了《2012 年宪法》中有关总统连任期限的条款，允许总统连续就任两期，这使梅迪纳得以参选并最终获胜。在 2015 年修订宪法以前，《2012 年宪法》也在前任总统伊波利托·梅希亚（Hipólito Mejía）任内被修改，随后，梅希亚参加了 2012 年总统竞选，但最终输给了梅迪纳。

2017 年 6 月，解放党创始人之一菲利克斯·希门尼斯（Félix Jiménez）表示梅迪纳总统授权他本人在电视上公开表态，后者不会参与 2020 年大选。[①] 7 月，多米尼加公布的一份民调显示，梅迪纳总统的支持率为 64%，超过半数的被调查人表示更支持解放党。2017 年 10 月，解放党召集宪法专家，论证未来大选中进行开放式初选的合宪性。2017 年 11 月，总统府行政部部长何塞·拉蒙·佩拉尔塔（José Ramón Peralta）再次公开表示：“梅迪

① “Medina won't seek reelection，says ruling party cofounder”，https：//dominicantoday. com/dr/local/2017/06/12/medina-wont-seek-reelection-says-ruling-party-cofounder/，最后访问日期：2018 年 1 月 10 日。

纳总统无意参加2020年大选，整届政府也无意于此。”[①] 随后，哥伦比亚前总统莱昂内尔·费尔南德斯（Leonel Fernández）指责开放式初选违宪，但这一说法随即遭到解放党的反驳。对开放式初选的争议进一步加深，也为2020年总统大选带来更多的不确定性。2018年，巴西、智利、哥伦比亚、哥斯达黎加、古巴、巴拉圭、墨西哥和委内瑞拉等主要拉美国家都将进行最高领导人选举，届时，各国选举结果将对尚在混沌中的多米尼加选举局势产生何等影响，还需要进一步观察和分析。[②]

（二）司法改革造成最高法院人事变动，引发司法缺乏独立性的忧虑

2017年5月，由于最高法院中4名大法官面临退休，梅迪纳总统正式召集国家司法委员会（CNM）启动遴选程序，更换大法官。多米尼加国家司法委员会根据宪法要求，负责最高法院、宪法法院（TC）和高级选举法院（TSE）的相关任命。这一委员会共有八名成员，代表来自立法、司法和行政部门。

由于最高法院人事变动，高级选举法院也会出现职位空缺。2017年7月，多米尼加公布了新任大法官和五位高级选举法院法官。[③] 本次司法系统的任命可谓至关重要——根据宪法规定，本次就任的高级选举法院的法官将监督2020年的总统大选。自1997年以来，国家司法委员会就被指控缺乏司法独立性。目前委员会的人事安排对梅迪纳总统和其所领导的解放党更有利。因此，这一任命可能会进一步加剧多米尼加国内对司法腐败的愤怒和司法独立性的担忧。

尽管距离2020年选举尚有时日，然而，多米尼加国内已经围绕此议题

---

① “Dominican Republic leader not interested in reelection”，https：//dominicantoday. com/dr/local/2017/11/10/dominican-republic-leader-no-interested-in-reelection/，最后访问日期：2018年1月10日。

② EIU（2017），*Turning tides：A guide to Latin America's busy* 2018 *election year*，http：//page. eiu. com/rs/753 – RIQ – 438/images/LATAM_ elecfions_ 2018_ FINAL. pdf，最后访问日期：2018年1月15日。

③ “Los nuevos jueces del Tribunal Superior Electoral y la Suprema Corte de Justicia”，https：//www. listindiario. com/la-republica/2017/07/20/474848/los-nuevos-jueces-del-tribunal-superior-electoral-y-la-suprema-corte-de-justicia，最后访问日期：2018年1月10日。

展开了激烈的讨论。目前，就初选方式和修宪等具体措施，执政党和在野党的分歧进一步加大。随着2020年日渐临近，解放党和其他在野政党的分歧和矛盾恐怕会不断升级，这无疑对解放党未来三年中的政策效力提出了挑战。

二 经济形势[①]

2017年，多米尼加主要经济指标位列区域前列。年均经济增长率为4.9%，消费者价格指数表现良好，通货膨胀水平维持在低位，主权债务的评价也有所提升。国际贸易方面，货物和服务贸易进出口额均有所增长，经常项目账户赤字则下降到近三年来的最低值。整体而言，全年内，多米尼加继续维持良好的经济发展势头，经济发展速度在整个拉美地区名列前茅。

（一）宏观经济表现良好

多米尼加是近年来拉丁美洲和加勒比地区经济表现最好的国家之一。经济发展遥遥领先，通货膨胀率多年处于地区低位。根据联合国拉美经委会的预期，2017年多米尼加的经济将持续增长，计划增长率为4.9%，带动经济增长的主要部门为建筑业和旅游业。这一增长率高于拉丁美洲和中美洲的平均增长水平（拉丁美洲为1.3%，中美洲为3.3%）。2017年人均GDP增长率预计为3.8%，较2016年的5.4%有所下降。同期，多米尼加的累计消费者价格指数为2.34%，低于央行在2017年年初设定的4.00%的目标。1月~12月的消费者价格指数均值为0.84%，处在近年来的最低水平。[②]

在对外部门方面，经常项目的赤字约为GDP的2.0%。2017年，多米

① 如无特别说明，本节数据来源均为ECLAC，*Preliminary Overview of the Economies of Latin America and the Caribbean 2017*，Santiago，Chile，December 2017。

② Banco Central de la República Dominicana，“Prices”，https：//www.bancentral.gov.do/statistics/prices/，最后访问日期：2018年1月5日。

尼加的国际收支依然实现了盈余，盈余总额为 1.29 亿美元，较 2016 年的 8.92 亿美元有所下降。与之相应，国际储备由 2016 年的 60.47 亿美元上升为 63.45 亿美元。

在财政方面，中央政府的财政赤字为 GDP 的 2.4%，这已经是自 2012 年以来，连续第六年的政府赤字水平下降。预计 2017 年多米尼加总外债占 GDP 的比重为 24.96%，基本与 2016 年的 24.54% 持平。公共债务占 GDP 的比重则由 2016 年的 36.4% 上升为 2017 年的 38.6%。此外，多米尼加的财政收入和税收收入在 GDP 中的占比持续增长，也表明政府在增加税收收入和改善支出效率方面都取得了一定成效。

在货币政策方面，多米尼加央行根据经济走势及时调整了政策方向。2017 年，多米尼加央行进行了两次公开利率操作，2 月，基准利率由 5.50% 上升到 5.75%；7 月，基准利率下降 50 个基点，此后均维持在 5.25%。但 2017 年的基准利率整体而言高于 2016 年的 5%。多米尼加的汇率基本维持稳定，2017 年的实际有效汇率指数为 120.9%，较 2016 年的 116.9% 稍有贬值。

2017 年，多米尼加发行债券 20.17 亿美元，略高于 2016 年的 18.7 亿美元。其中，1 月发行了 12 亿美元、票面利率为 5.95% 的政府 10 年期债券。2017 年 10 月 31 日，全球新兴市场债券风险指数（EMBIG）多米尼加得分 278，远高于 2016 年 10 月 31 日时的 407。这表明全球金融市场对多米尼加主权债务风险的乐观度进一步得到提升。多米尼加在 EMBIG 的得分也是拉美地区分数最高的国家之一。

虽然多米尼加的经济发展维持稳定向好，但其在《全球竞争力指数 2017～2018》中的排名出现了较大的下降，从 2016 年的第 92 位下降到 2017 年的第 104 位。[①] 其中，“宏观经济环境”项排名最高（49/137），“制度”项排名最低（第 129 位），其他影响其全球竞争力指数总排名的因素还包括基础设施（第 101 位）、健康和初级教育（第 105 位）、商品市场效率

① 数据来源于 World Economic Forum，*The Global Competitive Report 2017－2018*，p. 108。

（第 115 位）、劳动力市场效率（第 117 位）、金融市场发展（第 99 位）以及创新水平（第 120 位）。腐败、政府部门的低效率以及税率是拉低多米尼加营商环境排名的主要影响因素。

（二）国际贸易稳步提升，经常账户赤字连续三年下降

在贸易方面，如表 1 所示，2017 年，预计多米尼加货物出口 103.46 亿美元，较 2016 年增长 4.93%，服务出口 88.86 亿美元，较 2016 年增长 7.00%；预计货物进口 181.83 亿美元，较 2016 年增长 3.9%，服务进口 35.03 亿美元，同比增长 4.75%。综合进出口数据，货物贸易为逆差，逆差金额为 78.45 亿美元；服务贸易为顺差，顺差金额为 53.83 亿美元。货物和服务贸易总逆差为 24.62 亿美元，较 2016 年的 26.63 亿美元的逆差稍有改善。此外，多米尼加的经常转移盈余连续三年上升，2017 年预期值为 54.54 亿美元。得益于此，经常项目账户赤字持续三年下降，2017 年预计值为 9.01 亿美元，为近年来最低值。

表 1　多米尼加主要经济指标：2015 ~ 2017

项目	2015 年	2016 年	2017 年(估值)
年均增长率及占比(%)			
GDP	7.0	6.6	4.9
人均 GDP	5.8	5.4	3.8
固定资本形成总额/GDP	27	25.2	25.9
国际收支情况(百万美元,%)			
货物出口	9442	9860	10346
货物进口	16907	17484	18183
服务出口	7542	8305	8886
服务进口	3174	3344	3503
货物和服务余额	-3097	-2663	-2454
收入差额	-2936	-3364	-3900
经常转移余额	4753	5049	5454
经常项目账户余额	-1280	-978	-901
资本及金融账户余额	2050	1870	1029
国际收支余额	770	892	129
国际储备变化	-407	-780	-129
错误与遗漏	-363	-112	—

续表

年份	2015	2016	2017(估值)
外债总额	16029	17567	18819
国际债券发行总额	3500	1870	2017
国际储备	5233	6047	6345
实际有效汇率指数(2005=100)	115.9	116.9	120.9
财政赤字(GDP占比)	-2.4	-2.4	-2.4
财政收入(GDP占比)	14.5	14.8	15.0
税收收入(GDP占比)	13.5	13.7	13.9
财政支出(GDP占比)	16.9	17.2	17.3
公共债务(GDP占比)	34.7	36.4	38.6

资料来源：ECLAC, *Preliminary Overview of the Economies of Latin America and the Caribbean 2017*, Santiago, Chile, 2017。

2017年，多米尼加货物贸易出口价格、出口总量和出口总额的增长率分别为1.2%、1.8%和3.0%，低于拉丁美洲和加勒比地区的均值（6.5%、3.5%和10%）；进口价格、进口总量和进口总额的增长率则分别为5.2%、-3.2%和2.1%，低于地区平均增长水平（5.0%、2.0%和7.0%）。在贸易对象方面，与2016年相比，多米尼加对欧盟、美国和中国的出口都有所下降。其中，对欧盟的出口由2016年的增长18.7%变化为下降6.9%；对中国的出口进一步下降，由2016年的-3.1%下降为2017年的-11.9%。但区域内出口有了显著增长，多米尼加对拉美和加勒比地区的出口由2016年的-12.3%变为2017年的17.3%。同期，多米尼加在地区内的进口也有明显增加，但从美国、欧盟和拉丁美洲的进口大幅减少，而从中国和亚洲其他地区的进口显著增长。整体而言，2017年的多米尼加在世界贸易中的份额发生了缩水。①

2017年，多米尼加进出口增长率均低于区域平均水平的原因之一是其遭受了飓风灾害，主要出口商品如电力、烟草、食品（香蕉）和纺织

① ECLAC, *International Trade Outlook for Latin America and the Caribbean: Recovering in an uncertain context*, 2017, p. 52.

品的出口数量均大幅降低。根据 ECLAC 的预期，2017 年，包括多米尼加在内的受灾区域的出口总量将下降 5%。对多米尼加贸易产生重要影响的另一原因是美国因素。由于唐纳德·特朗普总统奉行“美国第一”（America First）的贸易政策，并将贸易政策逐步由多边协定转为双边协定，这一贸易保护主义的抬头趋势对多米尼加无疑产生了潜在的负面影响。

表 2　多米尼加国际贸易指数

年份	2015	2016	2017(估值)
货物出口价值	138.5	144.7	151.8
货物出口单位	141.0	150.4	154.2
货物出口单位价值	92.3	90.3	92.5
货物出口价值	112.2	114.9	119.5
货物出口单位	119.3	125.9	125.9
货物出口单位价值	94.3	91.4	95.0
贸易条件	105.4	105.3	103.6

资料来源：ECLAC，*Preliminary Overview of the Economies of Latin America and the Caribbean 2017*，Santiago，Chile，2017。

三　社会形势

尽管经济形势依旧向好，2017 年多米尼加在社会问题方面却并不乐观。根据最新数据，虽然政府采取了一系列改革措施，多米尼加的腐败问题依然没有得到好转，年内针对腐败的游行频发。由于经济好转，旅游业等服务产业和基础设施建设的政策降低了城市人口失业率，再加上政府出台的一系列打击犯罪的强力措施，短期内有效地提高了社会治安水平。然而，倘若多米尼加的政治治理水平无法有效提高，社会安全水平的好转恐怕将是“昙花一现”。

（一）腐败仍是“宿疾”，国内多次爆发针对政府腐败的游行活动

多米尼加的腐败问题根深蒂固。根据国际透明组织公布的 2016 年全球清廉指数，多米尼加排在第 120 位。该组织 2017 年 9 月发布的最新报告显示[①]，多米尼加的腐败问题并未得到好转。46% 的多米尼加民众宣称，在过去的 12 个月里曾为得到基本公共服务行贿，该比例在拉丁美洲和加勒比地区排名第一。该报告涉及 20 个国家，相关问题包括腐败程度是否得到改善，政府打击腐败的力度如何，警察腐败程度如何，行贿的次数，在打击腐败的过程中民众是否觉得受到激励，等等。在所列问题中，多米尼加是所有受访国家中得到最多负面反馈的受访对象之一，与哥伦比亚、墨西哥、秘鲁和委内瑞拉排名相近。由于总统梅迪纳并未将反腐作为其近期施政的重点，多米尼加的腐败问题恐怕还会进一步加剧，甚至可能引发民众对行政系统的不信任。在 2017 年 1 月、3 月和 7 月，首都圣多明各已经多次爆发针对政府腐败的和平游行，规模逐渐升级。

（二）犯罪问题得到控制，短期内有所改善

2017 年，犯罪依然是多米尼加排名第一位的安全问题，犯罪率居高不下。据国家警察局 2016 年的统计，多米尼加最常见的犯罪类型是偷车、抢劫。此外，虽然其国内不生产毒品，但多米尼加是毒品流入美国和欧洲的重要集散地，贩毒也是影响其社会治安的一大痼疾。

2017 年 3 月，多米尼加政府宣布在全国范围内开展打击犯罪活动。超过 5000 名警察和 2000 名士兵参加了此次行动，具体措施包括在主要城市的街头增设巡逻和检查点。政府并未宣布这一活动的截止日期。有分析观点认为，这一行动对控制多米尼加境内犯罪的成效有限，整体社会安全的改善需

---

① “Corrupción en Ascenso en América Latina y el Caribe”，https：//www.transparency.org/news/feature/corrupcion_en_ascenso_en_america_latina_y_el_caribe，最后访问日期：2018 年 1 月 10 日。

要社会水平和制度管理水平的共同进步，否则即便犯罪率在短期下降，如果社会经济水平无法在中长期得到发展，犯罪率又会再次回升。此外，若多米尼加民众认为政府此次打击犯罪的力度不够，其对政府的不满情绪可能会被进一步激发。[①]

（三）飓风再次袭击多米尼加，但损失较上年有所减轻

2017 年，飓风再次袭击加勒比海地区，2017 年 9 月，飓风“厄玛”和“玛丽亚”肆虐加勒比海区域，给包括多米尼加在内的诸多国家带来了巨大的损失。

作为首当其冲的受害者，在此次连续袭来的飓风灾害中，多米尼加至少死亡 15 人、失踪 20 人，两场飓风使得数以百万计的民众受到直接影响，95% 以上的房顶被掀翻。据总理罗斯福・斯凯里特事后称，“死亡数量没有达到百人以上可谓一个奇迹……多米尼加需要来自世界的一切可能援助”[②]。整体而言，截至 2017 年年底，多米尼加已经从飓风灾害中逐步恢复，但灾害损失的具体数字尚未公布。

（四）劳动力市场进一步改善，城市失业率下降

2017 年，劳动力市场的情况进一步得到改善。劳动参与率与 2016 年基本持平，为 62%。城市就业率由 2016 年的 57.4% 上升到 58.8%，城市失业率则由 2017 年的 7.1% 下降为 5.6%，下降幅度为 21.1%。劳动力市场的改善与多米尼加政府近年来推动的基础设施建设和发展旅游业的政策密不可分。

---

① EIU, *Country Report—Dominican Republic*, April 2017.

② “How the Caribbean islands are coping after hurricanes Irma and Maria”, https://www.theguardian.com/world/2017/sep/21/caribbean-islands-hurricane-irma-maria-puerto-rico, 最后访问日期：2018 年 1 月 5 日。

表 3　多米尼加劳动参与率、失业率和就业率变化

年份	2015	2016	2017
劳动参与率	65.2	62.1	62.0[a]
城市失业率	7.3	7.1	5.6[b]
就业率	56.6	57.4	58.8[c]

注：a. 为截至 9 月的数据；b. 为截至 3 月的数据；c. 为截至 6 月的数据。

数据来源：ECLAC，*Preliminary Overview of the Economies of Latin America and the Caribbean 2017*，Santiago，Chile，December 2017。

四　外交形势

2017 年，多米尼加在外交方面采取积极、主动的策略，为区域内的安全、和平与稳定做出了贡献。其中，最为世人所瞩目的外交成果主要有两项：一是与海地重新签署双边协议，携手解决两国间的移民争端；二是作为主办方，参与了对委内瑞拉危机的调停，尽管调停细节尚未完全公布，但梅迪纳总统表示，会谈双方已经达成部分一致，取得了有效的进展。

（一）与海地关系缓和

2017 年 1 月，新当选的海地总统若弗内尔·莫伊斯率团访问多米尼加，与达尼洛·梅迪纳举行了会谈。这也是莫伊斯当选后的第一次外事访问。5 月，海地和多米尼加重新签署了双边协议。双方同意恢复始建于 2014 年的联合双边委员会，以处理边界和移民问题。①

多米尼加和海地就两国间移民问题的争执由来已久，近年来爆发了数次冲突。随着海地总统莫伊斯 2 月就职，两国外交关系得到改善。目前，海地已经同意为滞留在多米尼加境内的公民签发证件，解决其非法移民问题。多米尼加也要求海地进一步解决滞留在其境内的海地公民问

① EIU，*Country Report—Dominican Republic*，May 2017.

题，如签署协议，将承认海地非法移民的外籍劳工地位。伴随着驻海地的联合国维和部队10月的缩编，多米尼加将更加关注两国间的非法移民议题。因此，联合双边委员会的成立可能将在解决这一争端的过程中发挥更大作用。尽管海地和多米尼加处于近年来外交关系的“蜜月期”，但如果海地的安全情况在维和部队缩编后有所恶化，两国刚刚改善的外交关系恐怕也会经受新的考验。

（二）参与对委内瑞拉危机的调停

2017年9月，委内瑞拉政府和反对派民主联盟分别派出代表，在多米尼加举行会谈。这次会面是在2016年年底梵蒂冈介入谈判失败后的首次会谈，代表国际会谈重新启动。[①] 会谈由多米尼加总统达尼洛·梅迪纳和西班牙前总理何塞·路易斯·罗德里格斯·萨帕特罗主持，国际调解人来自墨西哥、智利、玻利维亚和尼加拉瓜。由于政府和反对派代表没有达成一致，初次会谈并未取得实际性结果，而原定于9月下旬举行的第二轮会谈因反对派代表拒绝出席而被取消。会谈于12月再次启动，该次会谈共举行了三轮，并在六点协议上达成部分一致。但梅迪纳总统表示：“已经取得了长足进展，但会谈双方均同意暂不透露细节。”[②] 下一轮会谈预计将于2018年1月继续在多米尼加境内举行。

展望2018年，多米尼加的政治风向值得进一步关注。如果现任总统梅迪纳无法就修宪、连任等一系列政治敏感问题明确表态，政党间的矛盾和分歧恐怕会加剧，继而对近年来日渐稳定的经济发展造成难以避免的负面影响。同时，政局的稳定程度也是2020年大选来临前多米尼加经济、社会、外交发展中最大的变数之一。此外，多米尼加的经济发展保持了近年来的良好势头，汇率和物价稳定，财政货币政策得宜，但经济发展

---

① EIU，*Country Report—Dominican Republic*，September 2017.

② “Diálogo Gobierno y oposición de Venezuela avanza y sigue en enero”，https：//www.diariolibre.com/noticias/dialogo-gobierno-y-oposicion-de-venezuela-avanza-y-sigue-en-enero-IH8797956，最后访问日期：2018年1月10日。

的良好趋势并没有辐射到国家竞争力上——薄弱、贪腐政府的行政能力和低下的基础设施建设水平反而使得国家的竞争力出现了下降。这也表明需要进一步警惕多米尼加的政治治理能力。2017 年的经济发展水平较 2016 年已经出现了放缓的势头，如果政府风险进一步扩大，2018 年的经济发展恐怕会再度放缓。

（岳云霞　审读）

Y.28
海地：国内政局渐趋稳定

赵重阳 *

摘　要： 2017年，海地经过两年的选举历程，选出了新总统，并组建了新政府，政治局势渐趋平稳。经济形势受2016年飓风“马修”破坏和2017年春季农业丰收的双面影响，基本维持稳定。社会形势整体平稳，但隐藏着不安定因素。联海团撤离海地和唐纳德·特朗普出任美国总统使海地与联合国及美国的关系出现变化。

关键词： 海地　政局趋稳　经济平稳　联海团　海美关系

2017年，海地新总统和新政府开始履职，政治形势趋于平稳；经济形势受飓风灾害和农业丰收的双面影响，基本维持稳定；社会安全形势总体平稳，但联合国海地稳定特派团（MINUSTAH）的撤离使警察部队面临严峻考验；同时，联海团的撤离和唐纳德·特朗普出任美国总统使海地与联合国及美国的关系出现变化。

一　政治形势

2017年，由于新一任总统、议会和政府相继就任或履职，海地的政治形势与前两年相比趋于稳定。

---

* 赵重阳，中国社会科学院拉丁美洲研究所助理研究员，主要从事拉美国际关系研究。

总统和议会选举落下帷幕。由于海地政局长期动荡，自 2011 年起就未能举行任何选举，导致出现百余名市长职位空缺、议会“停摆”、总统职位也面临空缺的局面。为了解决这种状况，海地从 2015 年 8 月起举行大选，计划分批次一揽子选出所有人员。但是，如同以往的历次选举一样，此次选举进程依然充满纷争、波折和暴力，其间经历了反对党质疑、民众街头抗议、马尔泰利（Michel Martelly）总统期满离任、临时总统接替、成立委员会复核选举结果、重新举行总统选举、再次审核选举结果等一系列事件，最终于 2017 年 1 月选出海地光头党（Parti Haïtien Tèt Kale）候选人若弗内尔·莫伊兹（Jovenel Moïse）为新一任总统。莫依兹总统于 2 月 7 日宣誓就职，新议会也开始履行职能，而此时距上任总统离任已整整一年。

新总理和内阁顺利就职。海地总理的产生往往是一个漫长的过程。历任总统与议会在总理人选问题上总是反复较量，有时总统甚至要接连提名多个人选才能最终被议会通过。莫依兹总统就任后，提名医生雅克居伊·拉丰唐（Jack Guy Lafontant）担任总理。外界普遍担心这一提名仍会受到议会的阻碍。然而，海地参众两院分别于 2017 年 3 月 16 日和 21 日一次性通过这一总理人选及其施政纲领，出乎各界的意料。拉丰唐于 3 月 21 日晚当即就职，并紧接着组成了新的内阁。

海地新总统和政府的履职使海地政局实现一定程度的稳定。虽然一些主要反对党派依然认为第二次总统选举仍存在舞弊行为，但并未像以往那样采取激烈的对抗措施，而是决定遵守通过法律程序选出的结果。这从一个侧面反映出海地各界都已对混乱数年的政局感到疲惫和厌倦，希望海地能稳定下来。

海地民众希望新政府能够制定应对众多社会和经济问题的长期战略，提高政府工作效率，加快重建工作进展，并吸引到更多的外国援助。莫依兹总统也表示，政府面临的主要任务是使国家从 2010 年 1 月的毁灭性地震和 2016 年 10 月飓风“马修”的破坏性侵袭造成的沉重打击中恢复过来。为此，政府将主要从促进农业、旅游业发展，加强基础设施建设，以及促进创业这四个方面着手恢复国家发展。

尽管海地政局渐趋稳定，但政府仍面临多个严峻挑战。首先，莫伊兹总统和拉丰唐总理都是政治素人，他们一位是农产品商人，一位是医生，政治经验和影响力十分有限。其次，执政党光头党虽然是议会最大党派，但并没有占到绝对多数席位，政府今后制定的各项政策能否在议会及时获得通过并得到实施，还需要视各政治派别之间的博弈情况而定。最后，海地还有很多长期、深刻的经济和社会问题没有得到解决，构成了很多潜藏的不安定因素。例如，2017 年 5 月政府宣布上调汽油价格以及 9 月公布的 2018 财年预算中显示将增加新的税收项目，海地先后爆发了两轮游行示威和罢工潮，对政府的执政能力构成不小的挑战。

二　经济形势①

2016 年 10 月，飓风“马修”过境海地，给海地造成的经济损失高达 26 亿美元，相当于海地国内生产总值的 30%②。不过，海地农业在 2017 年上半年获得丰收，在很大程度上抵消了飓风灾害造成的负面影响，使海地 2017 年的经济形势能够基本保持稳定。

初步的预测显示，海地 2017 年的 GDP 增长率为 1.3%，比 2016 年减少了 0.1 个百分点。这一预测结果是基于海地的种植业在春季获得了丰收而做出的。种植业是对海地农业整体业绩贡献最大的一项。2017 年，海地的玉米、豆类作物、根茎类作物和香蕉都收成良好。但是，截至 2017 财年第三季度，农业经济活动短期指标（ICAE）的累计变化仍然显示出下降的趋势（-1.7%）。不过，制造业和建筑业的活动分别增长了 1.4% 和 4.6%，商业活动也增加了 0.9%。

2017 年，海地中央政府的税负占 GDP 的 14.1%，比 2016 年的 13.6%

① 本部分数据除特别说明外，均引自 ECLAC，*Preliminary Overview of the Economies of Latin America and the Caribbean*，Santiago，Chile，December 2017。

② “Protests over Minimum Wage Demands Continue in Haiti”，LatinNews Daily，11 July 2017.

稍有增长。实际税收总额减少了1.5%，其中直接税收增加17%，关税和非直接税收分别减少7%和11%。非直接税收的减少是由碳氢化合物消费税的下降造成的。

2017年，海地中央政府的总支出实际下降了6%，主要原因是公共投资减少了35%，此外经常性支出也减少了3%。公共投资下降是由加勒比石油计划框架内的收入减少以及临时政府时期采取的紧缩政策所致。

2017年，海地中央政府的赤字总额占GDP的4%，主要由海地中央银行的净资金（占GDP的1.2%）资助。这违背了经济财政部和中央银行于2016年签订的《现金管理协议》，该协议要求公共支出与可支配收入保持一致。海地的经常项目账户赤字在2017年也增长到占GDP的3.2%。

2017年，海地的外部公共债务达到21.29亿美元，占GDP的26%，比2016年增加了6%，其中大部分是来自委内瑞拉的贷款。由于加勒比石油计划，委内瑞拉成为海地最大的债权国。飓风“马修”过境后，海地又增加了一笔由国际货币基金组织（IMF）紧急融资机制提供的4200万美元新债务。2017年，海地的偿债额锐减85%，由8800万美元减少到1300万美元，主要是由美国金融体系对委内瑞拉实施的制裁造成的，这阻止了海地对委内瑞拉的还款。

海地的名义汇率在2016年和2017财年前7个月大幅贬值23%和11%，使海地总存款的美元化率和广义货币供应量（M3）不断上升，分别达到65%和56%。海地2017年的汇率政策主要侧重于通过干预货币市场和直接向大运营商拍卖美元来缓解通胀影响。海地中央银行2017年共出售了1.5亿美元，比2016年增长59%。净购买额为1200万美元，用于帮助巩固其净国际储备。海地的国际储备在2017年9月时为9.29亿美元。

2017年，海地的通货膨胀率依然居高不下。截至9月，年通胀率达到15.4%。造成通胀率上涨的原因主要有两个：一是飓风“马修”造成部分农产品大幅减产，使本地生产的食品价格飙升；二是汇率贬值和5月燃料价格上调产生的传导效应进一步加强了上涨的趋势。

在强大的通胀压力下，海地2017年的货币政策依然吃紧，法定准备金率（高于40%）、银行同业拆息（中央银行债券占12%）和中央银行债券发行量均与2016年持平。

2017年，海地的名义国内信贷净额增长了10.5%，与私人信贷7%的增长率相当接近，但远低于公共部门46%的信贷增幅。公共信贷的增幅是以其在2016年锐减38%为背景的。

2017年，海地的出口额基本与2016年持平，进口额增长了13%，使其贸易逆差扩大至31.36亿美元，较2016年增长了21%。国际碳氢化合物价格上涨、海地的碳氢化合物进口量增长（12%）以及一些原材料和食品价格的上涨是导致进口额增加的主要原因；而服装行业外销产品的价格下降5%、销量减少7.5%则是导致出口没有增长的主要因素。海地服装产品的出口占海地出口总额的75%。

尽管美国收紧移民政策，但2017年海地的家庭汇款额仍大幅上升15%，达到27.23亿美元，这有助于缩小经常项目账户赤字。就资本账户而言，2017年海地的外国直接投资总额为3.74亿美元，较2016年的1.05亿美元有较大增长，这主要是私人持有的海地所有资产被出售给跨国公司产生的结果。

2017年，海地没有与国际货币基金组织达成任何正式协议，但是经济财政部和中央银行采取的各种旨在维持宏观经济稳定和推进结构性改革的措施都与该组织通常类型协议的规定相一致，如调整碳氢化合物价格、制订规划以减少对国有电力公司的巨额补贴等。

预计2018年海地的国内生产总值将有强劲回升，汇率将保持稳定，通胀率将下降到11%。在此背景下，海地用于农业基础设施建设的公共投资将增加，并将进行能源和其他基础服务部门的可持续改革。同时，由于实行新的税收、税率和关税，以及取消石油补贴，政府的财政收入将增加，财政赤字有可能减少。此外，海地政治形势趋于稳定使其有望获得更多新的双边和多边赠款，这将有助于缩小其国际收支经常项目账户的逆差。

三　社会形势

2017 年，海地的社会形势较 2016 年趋于平稳，但联海团的撤离给海地警察的能力带来严峻挑战。

根据联海团 2017 年 10 月向联合国安理会提交的报告，海地总体安全形势保持“相对稳定”，“虽然一些与社会经济和政治不满相关的紧张因素持续存在，但没有重大事件发生”。报告指出，海地 2017 年第三季度死于凶杀的人数为 181 人，低于第二季度的 259 人；其中 71% 的案件发生在首都太子港大都市区，这与以往的趋势一致。在社会稳定方面，海地在第三季度共发生了 162 起公共示威事件，也低于第二季度的 264 起，其中 39 起（占 24%）出现不同程度的暴力行为，包括设置路障、投掷石块和开枪射击等，而第二季度则有 73 起（占 28%）存在暴力行为。

虽然社会治安状况总体平稳，但随着联海团于 2017 年 10 月 15 日全部撤离，海地警察将承担起独自维护国内稳定的任务，这给警察部门带来了很大压力。2004 年，联海团最初进驻海地时，海地只有 4000 余名警察。十几年来，在联海团的帮助下，海地警察的力量得到较大发展。2017 年 10 月，海地警察的人数已达到 1.4 万人[①]，并将在年底达到 1.5 万人，警察/居民比例已达到 1.3‰[②]。海地政府对警察部门的投入也有所增加。其 2017 财年用于海地警察部门的预算为 1.325 亿美元，占总预算的 7.2%，较 2013 财年 4.77% 的比例有明显增长。尽管如此，与海地近 1100 万的总人口数相比，海地警察的力量仍然严重不足。目前，海地警察在全国 140 个市镇中基本都有部署，但全国 570 个社区中只有 262 个设有警察局[③]。因此，海地警察部门还需要补充更多的警员和装

① “Minustah Leaves Behind a Mixed Legacy”, *Latin American Weekly Report*, 25 October 2017, p. 14.

② “PNd’ H”, *Latin American Weekly Report*, 27 July 2017, p. 15.

③ “Haiti Launches Military Recruitment Drive”, LatinNews Daily, 12 July 2017, https://www.latianews.com/component/k2/item/72772.htm/?period=2017&archive=808060&Itemid=68ccat_id=808060: haiti-launches-military-recruitment-drive.

备，以实现对海地所有社区的全覆盖，以及更加有效地开展工作。

在联海团撤离、警察部门力量不足的背景下，海地各界对重建军队的支持度提高。海地自1994年解散军队后，一直不乏重建军队的呼声。2015年10月，时任总统马尔泰利签署法令，正式重建军队。此后，海地重建军队的进程虽然缓慢，但并没有停止。目前，海地已建立了两个军事基地，其人员均在厄瓜多尔和美国接受过培训。莫伊兹总统也明确支持重建军队。2017年3月，海地总理拉丰唐要求国防部起草关于重建和运作军队的法规并确保其获得议会通过，同时还要求国防部设立一个军事情报中心指挥部（DCRM）。4月，海地行政和立法部门通过的一个包括51个法律草案在内的联合议程中，就有一项关于重建军队的法案，并将其确认为优先事项。7月11～25日，海地国防部进行了征兵活动，所有18～25岁具有初中学历的人均可报名。国防部计划征召500人，而据海地媒体报道共有超过2200人报名登记。从目前的形势来看，尽管步伐缓慢，但海地重建军队已成为不可逆转的趋势。虽然重建军队是以防止联海团撤离后国内出现安全真空为理由的，但仍有不少人士对军队未来在国家政治生活中的作用、军队与警察部门如何分配有限的资源等问题存在担忧。

此外，海地的监狱问题也是影响其社会稳定的一个重要因素。根据联合国2017年7月发布的一份报告，由于虐待囚犯和不人道的监狱条件等原因，从2017年年初至5月30日，海地已至少有115名犯人死亡，超过2016年全年的犯人死亡人数（113人）。此外，与大多数拉美国家一样，海地的监狱一直面临过度拥挤的问题。这主要是由大量的任意逮捕和过度使用审前拘留造成的。根据联合国的报告，5月19日当天，海地监狱共关押着10512人，其中71%的人并未得到审判①。在此情况下，莫伊兹总统于2月成立了关于监狱状况的特别总统委员会，该委员会负责解决相关问题。海地行政部门也于4月向议会提交了刑法草案和刑事诉讼法草案。此外，太子港的一审法院还实行了实时案卷管理程序，以遏制长时间审前拘留情况的发生。

① “Prison Concerns Back to the Fore”, *Latin American Security and Strategic Review*, August 2017, p. 17.

四　外交形势

海地与美国的关系。2017 年，随着美国特朗普总统上台执政，海美关系发生了较大转变，这主要体现在移民问题上。自 2010 年海地遭受毁灭性的地震灾害后，美国奥巴马政府对海地实施了“临时保护地拉”（Temporary Protected Status）计划，很多海地人得以前往美国，并在美国生活、工作。特朗普总统上台后，大幅收紧移民政策，针对海地在美移民，先是将该计划的延长期由每 18 个月缩短为半年，之后又宣布将在 2019 年 7 月 22 日终止该计划。

美国是海地除多米尼加外的第二大移民国家，这一决定将波及约 5 万名生活在美国的海地人。而多米尼加已于 2014 年 5 月开始实施外国人归化法案，驱逐在海地的非法移民及其后代。在这一背景下，未来将有超过 30 万的海地移民在美国或多米尼加面临被强制遣返的问题。当前的海地仍深陷地震、飓风和霍乱等多重灾害的困扰，根本无力承受如此大规模的移民遣返。此外，海地在美国的移民对海地经济的稳定具有重大影响，他们每年向国内的汇款总额占到海地国内生产总值的 1/4，是海地外汇收入的主要来源。移民遣返造成的侨汇减少不仅将对海地经济造成重大打击，也将影响数万海地家庭的生活。

虽然美国政府表示，终止该计划的原因是海地自地震以来已在多个方面取得重大进展，如海地政府计划重建总统府邸国家宫和联海团的撤离都表明海地已从地震中恢复。但是，莫伊兹总统在一些外交事务上没有听从美国的要求也可能是促使美国采取这一行动的原因之一。例如，在 2017 年 4 月举行的美洲国家组织会议上，海地没有跟随美国投票赞成针对委内瑞拉的提议，使美国心怀不满。美国政府在 2017 年 5 月 23 日向国会提交的 2018 年预算草案中，提出将针对海地的经济、人道主义和安全援助削减 17%，从 2016 年的 1.907 亿美元减少到 1.576 亿美元。自 2010 年以来，美国一直是海地第一大援助国，累计向海地提供的援助达到48亿美元。

海地与联合国的关系。2017年10月，联海团结束其在海地长达13年的维和使命，全部撤离海地。在这13年中，海地经历了3次总统选举，也同时经历了地震、霍乱疫情暴发和多次飓风侵袭等灾害。在应对这些事件的过程中，联海团对海地可谓既有大功，也有大过。首先，在协助海地政府稳定国内局势、举行选举和进行灾后救援等方面，联海团起到了不可替代的作用，其作用和影响是重大、积极和正面的。与此同时，由于卫生防疫不当，联海团维和士兵也将霍乱疫情引入海地，造成海地在刚经历地震后不久又遭遇霍乱疫情的暴发，加重了海地民众的痛苦，这使联海团在海地民众心中的形象一落千丈，十分负面。因此，尽管联海团在10月向联合国安理会提交的最后一份报告中表示，海地已经由2004年的极度动荡、政治暴力猖獗和无法纪状态转变为一个民众享有相当程度的安全和更大的稳定、政治暴力减少与武装团伙受到严厉打击的国家，这些都离不开联海团的维和努力，但很多海地民众和民间团体坚持要求联合国对海地的霍乱疫情进行赔偿，并谴责联合国未能实现其控制疫情、为受害者提供治疗和补救措施的承诺。联合国曾于2016年宣布将筹集4亿美元用于海地霍乱疫情的控制和治疗，但至2017年10月只筹集到3%的资金。

接替联海团进驻海地的是联合国海地司法支助特派团（United Nations Mission for Justice Support in Haiti－MINUJUSTH），其将成为联合国新的驻海地机构。联合国海地司法支助特派团将由7个建制警察单位（包括980名建制警察）和295名单派警察组成，主要任务是协助海地提高法律机构的执行能力、进一步支持和提高海地国家警察的能力、监督人权状况以及在防区内保护民众安全等。

（谌园庭　审读）

Y.29

加勒比地区：经济缓慢复苏，社会问题严峻

曹　萌*

摘　要： 2017年，加勒比地区抓住发展机遇，稳中求进，但可持续发展依然面临挑战。政治形势平稳，成功举行了多次大选，民主政治发展势头良好。在全球经济有所复苏的大局势下，加勒比地区经济向好，但债务负担严重等问题依然存在。社会问题不容忽视，治安、就业、老龄化等问题严峻，飓风灾害影响较大。外交方面颇有成效，地区合作加强，国际组织给予多方面援助，与中国的合作和交流更加密切，未来中拉合作将进一步深化。

关键词： 加勒比地区　经济复苏　地区一体化

一　政治形势

2017年，加勒比地区政治形势较平稳，民主政治进一步发展和完善。通过选举，部分国家和地区成功实现了政权平稳过渡，并在联合政府方面做出积极探索。其他方面，波多黎各举行全民公投和“拯救科克皮特”运动值得关注。

---

* 曹萌，经济学博士，天津外国语大学拉丁美洲研究中心助理研究员，主要研究方向为拉美经济、人口经济学。

（一）地区大选

2017 年，加勒比地区举行了多次大选，荷属阿鲁巴岛、巴哈马及英属百慕大群岛的大选导致了政府的更迭；在荷属库拉索岛、英属开曼群岛执政联盟的变化牵动选情。

1. 库拉索联合政府发生变化

2017 年 4 月 28 日，库拉索岛举行了大选，本次大选的选民投票率为 66.40%。库拉索大选形成科伊曼领导的四党联合政府，但由于四党中的人民主权党（PS）于 2017 年 12 月 11 日宣布退出，执政联盟失去多数席位，科伊曼政府随后提交辞呈。3 月 24 日，希尔马·皮萨（Gilmar Pisas）宣誓就任临时政府总理。随后的大选中，尤金·罗荷纳特（Eugene Rhuggenaath）领导的安的列斯重组党（PAR）获得最多席位（21 个席位中的 6 席），其联合执政的新安的列斯运动党（MAN）和国家创新党（PIN）在议会分别获得 5 个和 1 个席位。罗荷纳特于 5 月 29 日宣誓就任总理，他曾担任荷属加勒比地区岛屿委员会（Island Council）委员、库拉索议员及经济发展部部长等。

2. 巴哈马反对党以绝对优势获胜

2017 年 5 月 10 日，巴哈马举行议会选举，反对党自由民族运动（Free National Movement，FNM）获胜，这是该党第四次在大选中获得胜利，其领袖休伯特·明尼斯（Hubert Minnis）担任新总理。此次选举中，选民投票率为 88.36%，执政党进步自由党（Progressive Libereal Party，PLP）仅获得议会 39 个席位中的 4 个席位，民主全国联盟（Democratic National Alliance，DNA）和无党派议员未获席位，反对党自由民族运动获得 35 席。反对党获胜优势明显，其竞选主张为促进“巴哈马人在经济中的所有权”。佩里·克里斯蒂（Perry Christie）领导的进步自由党此前陷入腐败丑闻。

3. 开曼群岛联合政府成立一波三折

2017 年 5 月 24 日，开曼群岛举行第四次大选，选民投票率为 74.06%。进步党（The Progressives）、开曼民主党（Cayman Democratic Party）和无党派议员宣布成立联合政府，奥尔登·麦克劳林（Alden McLaughlin）继续担任总理，麦基瓦·布什（McKeeva Bush）担任议长。5 月 31 日，奥尔登·麦克劳林就任总理。

4. 百慕大反对党获胜

2017 年 7 月 18 日，百慕大举行大选，此次选举投票率为 73.98%，大卫·伯特（David Burt）领导的反对党——进步工党（Progressive Labour Party，PLP）取得胜利，赢得了全部 36 个席位中的 24 个席位。迈克尔·邓克利（Michael Dunkley）领导的百慕大统一联盟党（The One Bermuda Alliance，OBA）赢得了剩下的 12 个席位，邓克利随后辞去百慕大统一联盟党的领导者职务。此前，百慕大统一联盟党由于两名议员转为无党派人士而失去了在众议院的多数席位，引发一系列连锁反应，最终导致在此次选举中失败。

5. 阿鲁巴成立第一届由女性领导的政府

2017 年 9 月 22 日，阿鲁巴举行大选，这是 1986 年该地区自治以来的第九次大选，投票率达 84.00%。此次选举共有 8 个政党参加，麦克·艾曼（Mike Eman）领导的阿鲁巴人民党（Aruban People's Party ，AVP）和伊夫林·韦弗－克罗斯（Evelyn Wever-Croes）领导的人民选举运动各获得 9 个席位，奥特马尔·奥杜伯（Otmar Oduber）领导的尊重人民党（The New Pueblo Orguyoso y Respcta）获得 2 个席位，由里卡多·克罗斯（Ricardo Croes）领导的民主选举网络（Network of Electoral Democracy）获得 1 个席位。随后，克罗斯设法成立联合政府（由尊重人民党和民主选举网络组成），这是阿鲁巴 16 年来的首届联合政府，也是第一届由女性领导的政府。2017 年 11 月 17 日，克罗斯内阁宣誓就职。

（二）地区公投和社会运动

1. 波多黎各第五次全民公投投票率低

2017 年 5 月 3 日，波多黎各总督卡多·罗塞尔（Ricardo Rosell）在本地区面对巨额债务的形势下，为确保必要的公共服务支出来维持政府和社会正常运转，向美国联邦法院寻求债务重组并提出破产保护。2017 年 6

月11日，波多黎各举行第五次全民公投，97%的投票者支持波多黎各成为美国第51个州。反对党烈抵制此次公投，并组织约500人走上首府圣胡安街头举行抵制活动，高呼要求独立的口号。这次公投投票率仅为23%，投票率低，但因这次公投此前未被美国联邦政府批准，其结果的合法性受到质疑。

2. 牙买加环保机构“拯救科克皮特”运动取得初步胜利

2017年8月，牙买加环保机构发起了“拯救科克皮特”运动。该运动旨在保护科克皮特地区宝贵的生态水文资源，避免采矿业对环境造成不可逆转的破坏。11月21日，牙买加总理安德鲁·霍尔尼斯（Andrew Honlness）宣布“禁止在牙买加科克皮特地区进行铝土矿开采”，并表示修改现有的矿业法和采矿许可，该地区的矿业活动也将停止，“拯救科克皮特”运动取得初步胜利。

二　经济形势

2017年，全球经济呈现增长态势，加勒比地区抓住了这一良好的发展机遇，经济缓慢复苏，通货膨胀减缓，债务水平略有下降，金融风险有所降低，但是对外部市场的严重依赖、地区财政收入不平衡和债务负担依然严重等突出问题仍给该地区的经济发展带来较大挑战。

（一）经济形势总体向好

1. 经济缓慢复苏

随着全球经济的回暖，加勒比地区经济发展缓慢复苏。尽管2017年该地区部分国家和地区遭遇了飓风“厄玛”（Irma）和“玛丽亚”（María）的袭击，造成了难以估量的经济损失，拉低了地区平均经济增长率，但经济发展仍然迎来曙光。特别是受国内需求复苏和出口增长的影响，2017年加勒比地区经济活跃度增强，农业、商业和制造业成为推进该地区经济增长的主要部门。

据估计，2017年加勒比地区的平均增长率为0.1%[①]，经济增长最快的国家是安提瓜和巴布达，其经济增长率为4.5%。此外，格林纳达的经济发展趋势较好，经济增长率为3.5%。其他经济体经济复苏缓慢，圭亚那的经济增长率为2.9%，圣卢西亚为2.8%，伯利兹为2.5%，圣基茨和尼维斯为2.1%，巴巴多斯为1.5%，巴哈马为1.2%，牙买加为1.2%，圣文森特和格林纳丁斯为0.8%，而经济下行的经济体包括苏里南（-0.7%）、特立尼达和多巴哥（-2.3%）。[②]

2. 通货膨胀减缓

2017年加勒比地区的通货膨胀率在年初小幅上涨后，一直呈现下降趋势，总体来看，从2016年10月到2017年10月，加勒比地区的平均通胀率从7.2%下降到3.7%[③]。但在不同领域表现有所差异，其中食品价格通胀比核心通胀率下降更快，而贸易商品通胀下降更快。

3. 债务水平有所下降

截至2017年第三季度，加勒比地区的政府债务总量仍占GDP的70.9%，但与2016年相比下降了1.5个百分点。从总体趋势上来看，公共债务呈现出下降的趋势，在加勒比地区13个经济体中仅有4个经济体的债务水平有所上涨。巴巴多斯和牙买加的负债率仍高于GDP的100%，分别为120.7%和109.5%，但与2016年相比，其债务负担水平大幅降低。[④] 2017年，加勒比地区的政府债务问题有所缓解，未来加勒比地区需要积极解决其巨额公共债务问题，充分发挥财政政策的积极作用。

4. 货币市场稳中求进

2017年，国际利率较低，加勒比地区的金融波动性下降，该地区面对

---

① ECLAC, *Preliminary Overview of the Economies of Latin America and the Caribbean 2017*, Santiago, Chile, December 2017, p. 10.

② ECLAC, *Preliminary Overview of the Economies of Latin America and the Caribbean 2017*, Santiago, Chile, December 2017, p. 98

③ ECLAC, *Preliminary Overview of the Economies of Latin America and the Caribbean 2017*, Santiago, Chile, December 2017, p. 12.

④ ECLAC, *Preliminary Overview of the Economies of Latin America and the Caribbean 2017*, Santiago, Chile, December 2017, pp. 11 - 12.

的金融风险也随之下降，国内信贷表现出紧缩的态势，第二季度下滑3.2%。宽松的货币政策有利于新兴经济体的经济发展，但也带来了一定风险。2017年，巴哈马、巴巴多斯、牙买加和苏里南等国家的基础货币平均增长仍超过10%。

从名义汇率（对美元）来看，2017年加勒比地区汇率波动幅度收窄，截至2017年11月21日，各国汇率波动表现为，伯利兹为0.2%，牙买加为-2.2%，苏里南为0.6%，特立尼达和多巴哥为-0.4%。与2016年相比，2017年加勒比地区的汇率市场较平稳。

2017年加勒比地区部分经济体国际储备占GDP的比重与2016年相比有所下降，主要包括伯利兹（4.7%）、安提瓜和巴布达（3.5%）、特立尼达和多巴哥（2.7%）、圣文森特和格林纳丁斯（2.7%）。与此同时，牙买加国际外汇储备的比例上升，为2.1%。①

（二）经济发展仍面临较大挑战

尽管2017年加勒比地区的经济缓慢复苏，经济形势总体向好，但受面积小、资源短缺、经济实力较弱等限制，存在严重依赖外部市场、收入不平衡、财政负担严重、创新能力不足等问题，经济发展仍面临较大挑战。

1. 严重依赖外部市场

加勒比各国经济发展对国际贸易形势存在很大的依赖性，受国际市场变化的影响很大。2017年，由于国际贸易市场回暖，加勒比地区主要出口商品价格大幅回升，经济才得以复苏。从与国际金融市场关系来看，国际债券市场仍然是加勒比地区发展经济的重要融资渠道。对国际金融市场的严重依赖，再加上加勒比地区宽松化货币政策和缺乏抗风险能力，加勒比地区金融风险较大。

---

① ECLAC, *Preliminary Overview of the Economies of Latin America and the Caribbean 2017*, Santiago, Chile, December 2017, p. 92.

2. 地区财政收入不平衡

加勒比地区财政平均总收入从2016年占GDP的27.4%攀升到2017年的27.7%，平均税收收入占GDP的比重也有小幅上升，但各经济体财政收入的构成情况存在明显差异。具体而言，2017年，安提瓜和巴布达、巴哈马、巴巴多斯、伯利兹、格林纳达、圭亚那和苏里南的财政收入都相对增加。其中，安提瓜和巴布达中央政府财政收入相对下降，在GDP中的占比比2016年下降0.3个百分点，但其税收收入占GDP的比重增加了1.9个百分点。与之不同，同期伯利兹中央政府的财政收入增加了0.5个百分点，而税收收入占比增加了1.2个百分点。但是，特立尼达和多巴哥、牙买加、圣基茨和尼维斯的财政收入却在下降。特别是特立尼达和多巴哥，税收急剧下滑（占GDP的-2.0%），非税收收入也有明显下降，这导致其财政总收入在GDP中的占比下降5.8个百分点（2017年占GDP的25.0%，2016年占GDP的30.8%）。[①]

3. 财政负担严重

2017年，加勒比地区预算平衡变化不大，利息支出略上涨，总体赤字有所增大，为平衡该地区财政政策造成的巨额政府债务，仍需要扩大初级盈余。加勒比地区财政结余占GDP的-2.3%，财政负担较重。具体来看，部分经济体保有财政盈余，占GDP的比重安提瓜和巴布达为2.6%、伯利兹为0.2%、格林纳达为1.9%、圣卢西亚为1.8%；其他国家和地区则出现财政赤字，占GDP的比重特立尼达和多巴哥为-8.4%、苏里南为-6.0%、圭亚那为-5.6%、巴巴多斯为-4.4%、巴哈马为-3.5%、牙买加为-0.9%、圣基茨和尼维斯为-0.1%。[②]

4. 创新能力不足

随着经济形势好转，全球创新指数有所提高，而加勒比地区的创新能力不

① ECLAC, *Preliminary Overview of the Economies of Latin America and the Caribbean 2017*, Santiago, Chile, December 2017, p. 82.

② ECLAC, *Preliminary Overview of the Economies of Latin America and the Caribbean 2017*, Santiago, Chile, December 2017, p. 128.

容乐观。根据2017全球创新指数（GII），加勒比地区排在前100名之列的仅有牙买加与特立尼达和多巴哥，但两国得分较低，排名落后。其中，牙买加为30.36分，排在第84位，特立尼达和多巴哥为29.75分，排名第91位。加勒比地区要想保持经济的平稳增长，必须做更多的工作提高该区域的全面创新潜力。

三　社会形势

2017年，加勒比地区社会稳定，取得了一定进步，但是受到部分地区社会治安威胁严重、自然灾害、就业、老龄化等问题的影响，要想实现新千年的发展目标，实现社会的全面进步，提高居民幸福感，仍面临较大挑战。

（一）社会治安问题依然严峻

总体来看，2017年，加勒比地区长期以来一直存在的治安威胁并没有得到根本性解决。2017年，巴巴多斯受到大选临近、经济发展乏力、失业率居高不下等不稳定因素的影响，抢劫等恶性案件增多。2017年，牙买加首都金斯敦被评为世界上第16位最暴力城市，金斯敦全年发生了705起谋杀案，每10万居民中就有59.7起。① 数据显示，在过去的30年里，有3.5万多名牙买加人被谋杀。② 美洲发展银行的研究表明，枪支在加勒比地区的抢劫和攻击中的使用频率是全球平均水平的2倍，令人担忧的是对妇女和儿童的暴力行为问题突出。

（二）飓风灾害带来巨大损失

2017年，加勒比地区遭遇了严重的飓风灾害，并且灾后重建工作困难

---

① "This Caribbean City Is The 16th Most Violent In the World", *Caribbean and Latin America Daily News*, http://www.newsamericasnow.com/caribbean-city-17th-violent-world/，最后访问日期：2018年3月11日。

② "This Caribbean Nation Has Sixth Highest Rate of Violent Deaths In The World", *Caribbean and Latin America Daily News*, http://www.newsamericasnow.com/this-caribbean-nation-has-sixth-highest-rate-of-violent-deaths-in-the-world/，最后访问日期：2018年1月11日。

重重。9月6~10日，飓风“厄玛”在加勒比海地区肆虐，造成至少43人死亡，对住房和基础设施造成广泛损害。随后两周内，“玛丽亚”飓风横扫法属瓜德罗普岛、美属维尔京群岛的圣克罗伊岛等，使这些地区经济遭到重创，用于出口的香蕉全部被破坏，学校也被迫停课，供电、供水问题严峻，飓风使旅游业受到严重影响，旅馆被破坏、机场关闭、游轮停运。灾后重建工作进展缓慢，受灾地区旅游业损失严重。

（三）失业率上涨，就业质量堪忧

拉美和加勒比地区失业率呈现上升趋势，预测将达到9.4%。[①] 此外，该地区工资性就业仍较低，随着就业供给上升，就业率会持续出现下滑。预计2017年，巴哈马、牙买加失业率将下降，但是巴巴多斯、伯利兹、特立尼达和多巴哥的失业率将上升。女性劳动参与率有所提高，但与男性相比仍有较大差距，仍存在女性就业歧视。工资性就业有所增长，但是总体就业质量仍下滑。疲软的就业创造和进入就业市场的劳动力数量回升，仍给该地区带来较大的就业压力。

（四）老龄化问题日益严重

2017年，加勒比地区人口老龄化问题引起关注，未来20年内该地区人口将急剧老龄化，老年人口将翻一番：60岁及以上人口将从2015年的110万人（占总人口的13%）增加到2035的200万人（接近总人口的22%）；70岁及以上的人口将从50万人（占总人口的6%）增加到100万人（占总人口的11%）。2015年，加勒比地区老年抚养比达到14，这一数值2040年将达到28，20年间将翻一番。[②] 加勒比内部老龄化程度并不一致，一般来讲，收入较高的国家和地区老龄化程度也较高。目前，加勒比养恤金制度、保健和社会服务无法满足当代老年人的需要，急需完善社会保障制度及其他配套服务。

---

① ECLAC, *Preliminary Overview of the Economies of Latin America and the Caribbean 2017*, Santiago, Chile, December 2017, p. 63.

② ECLAC, *Ageing in the Caribbean and thehuman rights of older persons*, p. 16.

四　外交形势

2017 年，加勒比地区的一体化发展取得新进展，继续加强与国际组织的合作，与中国的友好合作也得到了进一步的发展。

（一）加勒比地区一体化发展取得新成就

1. 加勒比共同体会议成功举行

2017 年2 月16 ~17 日，第28 届加共体届间政府首脑会议于圭亚那首都乔治敦举行，会议就重塑国际社会对当地金融业信心、加大交流合作、加强安全合作以及加共体对外关系等议题进行了讨论。2017 年7 月4 ~6 日，第38 届加共体政府首脑会议在格林纳达举行，加共体秘书长拉罗克及各成员的国家元首、政府首脑或代表出席了此次会议，重点讨论了加强信息共享和地区一体化、消除非贸易壁垒、发展区域航空运输、促进小岛屿国家融资等议题，通过多项涉及经济、安全、人文合作的文件，如《加共体逮捕令条约》《建立加勒比可再生能源和能源效率中心的协议》等。

2. 推动物流一体化

2017 年12 月12 日，拉美经委会在联合国发展账户项目下实施地区物流一体化项目，以实现拉丁美洲和加勒比地区自然资源的可持续开发。该项目以开办讲习班的形式，对包括高级别决策者以及与能源、物流、运输和公共工程有关的不同部委的公务员等进行培训，目的是促进区域物流一体化，以更环保、高效的方式促进加勒比地区的物流发展，进而促进该地区的可持续发展。

3. 加强地区旅游业合作

加勒比地区是全球最依赖旅游业的地区，加强与各方在旅游业的合作和发展对加勒比地区意义重大。2017 年12 月，“就业和包容性增长——共建可持续旅游业全球会议”在牙买加蒙特哥贝市举行，参会组织和机构主要包括世界旅游组织、世界银行和美国开发银行等，共同就促进加勒比地区旅游业健康、可持续发展进行磋商，积极探讨该地区旅游业发展的新路径。

（二）美国打击逃税和提供援助

美国伊利诺斯州将多米尼克、安提瓜和巴布达、阿鲁巴、巴哈马、巴巴多斯、英属维尔京群岛、格林纳达、圣基茨和尼维斯、圣卢西亚、圣文森特和格林纳丁斯群岛等加勒比国家与地区列入“海外避税天堂”黑名单，并对在这些国家和地区开展经营活动的公司进行制裁。加勒比银行协会在肯定这种打击逃税行为的同时，指责其对加勒比存在偏见，列出这样的黑名单是不公正的。

2017 年 1 月，美国国际开发署（USAID）发放了第一笔“加勒比和中美洲地区清洁能源融资机制”（CEFF-CCA）资金，帮助牙买加开发太阳能电站项目。

（三）国际援助力度进一步加大

2017 年，加勒比地区遭遇较严重的飓风侵袭，国际组织和机构对受灾严重的国家与地区进行了援助，欧洲投资银行与加勒比开发银行达成 2400 万美元的融资协议，并提供 1.2 亿美元贷款，支持该地区的气候适应性发展项目。国际复兴开发银行向格林纳达提供 600 万美元贷款项目，旨在发展东加勒比旅游业，提高贸易和旅游收入。[①] 欧盟糖业国家配套措施项目对牙买加蔗糖产区的居民提供了 650 万欧元援助，帮助当地居民摆脱贫困。2017 年 2 月，第三届牙买加与欧盟政治对话举行，牙买加政府积极寻求通过加共体－欧盟经济伙伴协定（EPA）进一步密切与欧盟的贸易往来。

（四）与中国合作进一步加强

2017 年，中国对受到飓风“厄玛”重创的安提瓜和巴布达提供了 750 万元人民币的抗灾物资、50 万美元的紧急人道主义援助、200 万美元的联合

① 《格众议院批准财政部贷款计划》，中华人民共和国驻格林纳达大使馆经济商务参赞处官网，http://gd.mofcom.gov.cn/article/jmxw/201707/20170702611745.shtml，最后访问日期：2018 年 1 月 10 日。

国开发计划署（UNDP）框架内专项支持。安提瓜和巴布达协助中国400多名公民进行紧急转移，确保中国公民顺利脱离险境。2017年1月，中国援助的牙买加外交外贸部大楼项目、援建的西部儿童医院项目等顺利进行。2017年12月，中国援建的格林纳达农业专家综合楼竣工移交。

合作培训方面，2017年2月，中国与牙买加就深化为牙买加提供人力资源援助加深探讨。2017年7月，中国援助格林纳达的首批海外援外人力资源培训班顺利举行，主要对该国体育场维护和汽车维修技术进行有针对性的培训。2017年8月，中国对安提瓜和巴布达为期90天的农业技术海外培训班开班，双方借此加强在农业领域的合作。

加勒比地区与中国签证互免又获得新进展，中国驻巴巴多斯大使王克与巴巴多斯外交外贸部部长麦克林在巴巴多斯外交部分别代表两国政府签署了中巴互免持普通护照人员签证协定，免签停留期为30天。

五　前景展望

2017年，加勒比地区部分国家和地区实现政权平稳过渡，民主政治得到进一步完善和发展。2018年，该地区将迎来巴巴多斯、格林纳达和美属维京群岛的选举。在格林纳达于2018年3月18日举行的大选中，新民族党获得全部15个议席，该党领袖基思·米切尔（Keith Mitchell）出任总理。此外，加勒比地区依然存在低效率、腐败及政党斗争激烈等问题，民主政治面临的挑战依然严峻。

在全球经济向好的大背景下，加勒比地区经济结束负增长，实现复苏，根据联合国拉美经委会的预测，2018年加勒比地区GDP增长率将达到1.5%。但加勒比地区长期以来的高债务、创新能力不足等问题，仍将给加勒比地区发展带来挑战。

加勒比地区长期存在的社会问题积重难返，也成为该地区发展的重要挑战。特别是随着老龄化进程的加速，社会发展将面临更多的新问题，如何利用好人口机会窗口、提高公共服务质量、合理配套养老保障等迫在眉睫。

外交方面，加勒比地区一体化将获得进一步发展，区域合作将给该地区带来新的发展机遇，同其他大国和国际组织的合作与交流也将加强。但该地区的地理位置和历史因素等决定了其外交上的弱势地位，努力保持在对外关系中的自主性尤其重要。

全面、健康、可持续的发展是每个地区的理想，加勒比地区要想实现这一理想，在未来的发展中要善于抓住机遇、把握机会，也要勇于迎接挑战、战胜困难。

（岳云霞　审读）

附录　统计资料

Appendix　Economic Statistics

Y.30
附表1～11

郑　猛*

附表1　GDP 年均增长率及人均 GDP 年均增长率（2008～2017年）

单位：%

国家和地区	GDP										人均 GDP									
	2008	2009	2010	2011	2012	2013	2014	2015	2016	2017[a]	2008	2009	2010	2011	2012	2013	2014	2015	2016	2017[a]
拉美和加勒比地区[b]	4.0	-1.8	6.2	4.4	2.8	2.9	1.2	-0.2	-0.8	1.3	2.7	-3.0	4.9	3.2	1.6	1.7	0.1	-1.3	-1.9	0.3
安提瓜和巴布达	0.0	-12.1	-7.2	-2.1	3.5	-0.1	5.1	4.1	5.3	4.5	-1.1	-13.1	-8.2	-3.1	2.4	-1.1	4.0	3.0	4.3	3.5

* 郑猛，中国社会科学院拉丁美洲研究所博士后，主要研究领域是世界经济。本部分内容由郑猛整理。

续表

国家和地区	GDP										人均 GDP									
	2008	2009	2010	2011	2012	2013	2014	2015	2016	2017[a]	2008	2009	2010	2011	2012	2013	2014	2015	2016	2017[a]
阿根廷	4.1	-5.9	10.1	6.0	-1.0	2.4	-2.5	2.6	-2.2	2.9	3.0	-6.9	9.0	4.9	-2.1	1.3	-3.5	1.6	-3.2	2.0
巴哈马	-2.3	-4.2	1.5	0.6	3.1	-0.6	-1.2	-3.1	0.2	1.2	-4.1	-5.8	-0.2	-1.0	1.5	-2.0	-2.6	-4.3	-1.0	0.1
巴巴多斯	0.1	-4.0	0.3	0.7	0.3	0.0	0.0	0.9	2.0	1.5	-0.3	-4.4	-0.1	0.3	-0.1	-0.3	-0.3	0.6	1.7	1.2
伯利兹	3.2	0.8	3.3	2.1	3.7	0.7	4.1	2.9	-0.5	2.5	0.6	-1.7	0.9	-0.3	1.4	-1.5	1.9	0.7	-2.6	0.4
玻利维亚	6.1	3.4	4.1	5.2	5.1	6.8	5.5	4.9	4.3	3.9	4.3	1.6	2.4	3.5	3.4	5.1	3.8	3.2	2.7	2.4
巴西	5.1	-0.1	7.5	4.0	1.9	3.0	0.5	-3.5	-3.5	0.9	3.9	-1.2	6.4	2.9	0.9	2.0	-0.4	-4.4	-4.3	0.1
智利	3.7	-1.0	5.8	5.8	5.5	4.0	1.9	2.3	1.6	1.5	2.5	-2.1	4.6	4.7	4.3	2.9	0.8	1.2	0.5	0.5
哥伦比亚	3.5	1.7	4.0	6.6	4.0	4.9	4.4	3.1	2.0	1.8	2.3	0.5	2.8	5.5	3.0	3.8	3.4	2.1	1.1	1.0
哥斯达黎加	2.7	-1.0	5.0	4.5	4.8	2.3	3.5	3.6	4.5	3.9	1.3	-2.3	3.6	3.2	3.6	1.1	2.4	2.5	3.5	2.9
古巴	4.1	1.5	2.4	2.8	3.0	2.8	1.0	4.3	-0.9	0.5	4.1	1.4	2.3	2.7	2.8	2.6	0.9	4.2	0.0	0.5
多米尼克	7.1	-1.2	0.7	-0.2	-1.1	-0.6	4.2	-2.5	2.6	-8.3	7.0	-1.3	0.4	-0.6	-1.5	-1.0	3.9	-3.0	2.2	-8.7
多米尼加	3.2	0.9	8.3	3.1	2.8	4.7	7.6	7.0	6.6	4.9	1.8	-0.4	6.9	1.8	1.5	3.5	6.3	5.8	5.4	3.8
厄瓜多尔	6.4	0.6	3.5	7.9	5.6	4.9	4.0	0.2	-1.5	1.0	4.6	-1.1	1.8	6.2	4.0	3.3	2.4	-1.3	-2.9	-0.5
萨尔瓦多	1.3	-3.1	1.4	2.2	1.9	1.8	1.4	2.5	2.4	2.4	0.9	-3.5	1.0	1.8	1.5	1.4	1.0	1.9	1.9	2.0
格林纳达	1.0	-6.6	-0.4	0.7	-1.2	2.4	7.3	6.4	3.7	3.5	0.6	-7.0	-0.8	0.3	-1.6	1.8	6.9	6.0	3.2	3.0
危地马拉	3.3	0.5	2.9	4.2	3.0	3.7	4.2	4.1	3.1	3.2	1.0	-1.6	0.7	2.0	0.8	1.6	2.1	2.1	1.1	1.3
圭亚那	2.0	3.3	4.4	5.4	4.8	5.2	3.8	3.2	3.3	2.9	1.6	3.0	4.0	5.1	4.5	4.9	3.5	2.7	2.8	2.4
海地	0.8	3.1	-5.5	5.5	2.9	4.2	2.8	1.2	1.4	1.3	-0.7	1.5	-6.9	4.0	1.4	2.8	1.4	-0.1	0.1	0.0
洪都拉斯	4.2	-2.4	3.7	3.8	4.1	2.8	3.1	3.6	3.6	3.9	2.4	-4.1	2.1	2.2	2.6	1.3	1.6	2.2	2.2	2.6

续表

国家和地区	GDP										人均 GDP									
	2008	2009	2010	2011	2012	2013	2014	2015	2016	2017[a]	2008	2009	2010	2011	2012	2013	2014	2015	2016	2017[a]
牙买加	-0.8	-4.3	-1.5	1.7	-0.6	0.5	0.7	1.0	1.4	1.2	-1.3	-4.8	-1.9	1.3	-1.0	0.1	0.3	0.6	1.0	0.8
墨西哥	1.4	-5.3	5.1	3.7	3.6	1.4	2.8	3.3	2.9	2.2	-0.5	-6.8	3.5	2.2	2.2	0.0	1.5	1.9	1.6	0.9
尼加拉瓜	3.4	-3.3	4.4	6.3	6.5	4.9	4.8	4.9	4.7	4.9	2.1	-4.5	3.1	5.0	5.2	3.7	3.6	3.7	3.6	3.8
巴拿马	8.6	1.6	5.8	11.8	9.2	6.6	6.1	5.8	4.9	5.3	6.7	-0.1	4.0	9.9	7.4	4.9	4.4	4.1	3.2	3.7
巴拉圭	6.4	-4.0	13.1	4.3	-1.2	14.0	4.7	3.0	4.0	4.0	4.9	-5.2	11.6	2.9	-2.6	12.5	3.3	1.6	2.8	2.8
秘鲁	9.1	1.1	8.3	6.3	6.1	5.9	2.4	3.3	4.0	2.5	7.8	-0.1	7.0	4.9	4.7	4.4	1.0	1.9	2.7	1.3
圣基茨和尼维斯	6.3	-3.0	-2.2	2.4	-0.6	6.2	6.0	4.0	2.2	2.1	5.0	-4.2	-3.4	1.2	-1.8	4.9	4.7	2.8	1.1	1.0
圣卢西亚	5.7	1.2	-1.6	0.6	0.2	3.4	-0.2	2.0	1.7	2.8	4.1	-0.2	-2.8	-0.4	-0.7	2.6	-0.9	1.2	0.9	2.1
圣文森特和格林纳丁斯	1.6	-2.1	-3.4	-0.4	1.4	1.8	1.0	1.8	1.3	0.8	1.5	-2.2	-3.4	-0.4	1.4	1.8	1.0	1.7	1.1	0.6
苏里南	4.1	3.0	5.2	5.3	2.7	2.9	0.3	-2.6	-5.1	-0.7	3.0	1.8	4.0	4.2	1.7	2.0	-0.6	-3.4	-6.0	-1.5
特立尼达和多巴哥	3.4	-4.4	3.3	-0.3	1.3	1.0	-0.3	1.5	-6.0	-2.3	2.9	-4.8	2.8	-0.8	0.8	0.5	-0.7	1.1	-6.3	-2.6
乌拉圭	7.2	4.2	7.8	5.2	3.5	4.6	3.2	0.4	1.5	3.0	6.8	3.9	7.5	4.8	3.2	4.3	2.9	0.0	1.1	2.6
委内瑞拉	5.3	-3.2	-1.5	4.2	5.6	1.3	-3.9	-5.7	—	—	3.6	-4.7	-2.9	2.7	4.2	0.0	-5.1	-6.9	—	—

注：a. 初步数据；b. 以 2010 年美元不变价格为基础核算。

资料来源：ECLAC，*Preliminary Overview of the Economies of Latin America and the Caribbean 2017*，Santiago，Chile，December 2017。

附表 2　拉美地区 GDP 与人均 GDP（2014～2016 年）

国家和地区	人均 GDP(美元,当前美元价格)				GDP(亿美元,当前美元价格)			
	2014	2015	2016	2016 年全球排名[a]	2014	2015	2016	2016 年全球排名[a]
拉美和加勒比地区	10125	8667	8218	—	63213. 73	54702. 17	52416. 24	—
安提瓜和巴布达	12947	13659	14462	65	12. 80	13. 65	14. 60	184
阿根廷	13193	14603	12449	72	5670. 50	6340. 19	5458. 66	21
巴哈马	28374	29056	28785	36	108. 44	112. 40	112. 62	132
巴巴多斯	15574	15704	15975	61	44. 13	44. 63	45. 53	161
伯利兹	4852	4850	4745	116	17. 06	17. 43	17. 41	181
玻利维亚	3124	3077	3105	140	329. 96	330. 00	338. 06	96
巴西	12027	8757	8649	87	24560. 44	18036. 50	17959. 26	9
智利	14817	13653	13794	69	2609. 90	2425. 18	2470. 46	43
哥伦比亚	7913	6045	5806	107	3781. 96	2915. 20	2824. 63	41
哥斯达黎加	10647	11406	11825	76	506. 56	548. 40	574. 36	76
古巴	7050	7609	7815	93	806. 56	872. 06	896. 89	65
多米尼克	7195	7314	7907	91	5. 24	5. 35	5. 81	201
多米尼加	6269	6468	6722	101	652. 31	681. 03	715. 84	68
厄瓜多尔	6432	6205	5982	104	1022. 92	1001. 77	980. 10	62
萨尔瓦多	3989	4127	4224	120	250. 54	260. 52	267. 97	101
格林纳达	8571	9212	9469	81	9. 12	9. 84	10. 16	193
危地马拉	3688	3924	4147	122	587. 22	637. 67	687. 63	71

续表

国家和地区	人均 GDP(美元,当前美元价格)				GDP(亿美元,当前美元价格)			
	2014	2015	2016	2016 年全球排名[a]	2014	2015	2016	2016 年全球排名[a]
圭亚那	4031	4137	4444	117	30. 77	31. 79	34. 37	168
海地	819	780	705	192	86. 61	83. 55	76. 47	146
洪都拉斯	2243	2326	2361	150	197. 57	208. 44	215. 17	107
牙买加	4856	4940	4879	114	138. 98	141. 87	140. 57	122
墨西哥	10581	9291	8444	88	13143. 90	11696. 25	10769. 14	15
尼加拉瓜	1975	2096	2151	155	118. 80	127. 48	132. 30	126
巴拿马	12594	13134	13680	70	491. 66	521. 32	551. 88	77
巴拉圭	4713	4109	4039	125	308. 81	272. 83	271. 65	100
秘鲁	6491	6030	6049	103	2010. 47	1892. 10	1922. 10	50
圣基茨和尼维斯	15776	16178	16597	59	8. 48	8. 78	9. 10	197
圣文森特和格林纳丁斯	6633	6912	6980	97	7. 25	7. 57	7. 65	200
圣卢西亚	7962	8184	7848	92	14. 05	14. 50	13. 97	186
苏里南	9565	8725	5871	106	52. 41	48. 26	32. 78	169
特立尼达和多巴哥	20131	19056	17646	56	272. 67	259. 17	240. 86	104
乌拉圭	16738	15525	15221	62	572. 36	532. 74	524. 20	79
委内瑞拉	11819	11054	9230	83	3632. 82	3443. 75	2913. 76	39

注：a. 在来源数据库中的排名。

资料来源：根据联合国统计署国家账户主要总体数据库（National Accounts Main Aggregate Database）数据整理，参见 http：//unstats. un. org/unsd/snaama/dnllist. asp。

附表 3　国际收支（2015～2017 年）

分表 1

单位：百万美元

国家和地区	货物出口额(FOB)			服务出口额			货物进口额(FOB)			服务进口额		
	2015	2016	2017[a]	2015	2016	2017[a]	2015	2016	2017[a]	2015	2016	2017[a]
拉美和加勒比地区	926951	865465	—	153765	152283	—	984239	872282	—	209375	187918	—
安提瓜和巴布达	66	78	—	968	955	—	460	503	—	388	424	—
阿根廷	56813	57784	58922	13219	12812	14134	57176	53243	63610	19005	20956	23680
巴哈马[b]	527	—	—	2737	—	—	2953	—	—	1271	—	—
巴巴多斯	483	517	—	1471	1565	—	1537	1540	—	494	495	—
伯利兹[b]	538	—	—	496	—	—	961	—	—	221	—	—
玻利维亚	8684	7000	7840	1243	1245	1307	9004	7888	8573	2835	2841	2898
巴西	190092	184453	215810	33778	33300	34632	172424	139416	150569	70696	63747	68209
智利	62183	60597	67599	9636	9500	10070	58718	55341	60875	13054	12638	13270
哥伦比亚	38263	33382	37967	7424	8012	8334	52051	43239	46266	12193	11171	11898
哥斯达黎加	9432	10166	10836	7693	8648	9080	14059	14587	15317	3085	3533	4035
多米尼克	34	26	—	234	255	—	188	188	—	126	126	—
多米尼加	9442	9860	10346	7542	8305	8886	16907	17484	18183	3174	3344	3503
厄瓜多尔	19049	17425	19888	2391	2140	2172	20699	15858	19236	3197	3194	3276
萨尔瓦多	4381	4186	4463	2337	2477	2570	9384	8823	9352	1532	1721	1787
格林纳达	41	38	—	537	555	—	327	315	—	238	238	—

续表

国家和地区	货物出口额(FOB)			服务出口额			货物进口额(FOB)			服务进口额		
	2015	2016	2017[a]	2015	2016	2017[a]	2015	2016	2017[a]	2015	2016	2017[a]
危地马拉	10824	10581	11114	2823	2784	2840	16381	15767	16871	3162	3026	3193
圭亚那	1170	—	—	143	—	—	1475	—	—	423	—	—
海地	1024	995	988	724	607	613	3449	3183	3693	1042	1013	1044
洪都拉斯	8188	7841	8317	1104	1181	1217	11097	10559	11142	1794	1791	1827
牙买加	1255	1195	1222	3059	3218	2900	4449	4169	4200	2161	2167	2200
墨西哥	380976	374296	409734	22903	24597	26566	395573	387368	417825	32657	33549	37910
尼加拉瓜	3859	3772	4111	1254	1394	15066	6405	6384	6518	1021	1148	1056
巴拿马	12765	11705	12641	14337	14613	16065	22487	20513	22564	4758	4423	4738
巴拉圭	10898	11155	11754	860	883	895	10317	9789	11649	1104	1104	1181
秘鲁	34414	37020	44424	6236	6312	7070	37331	35132	38118	8276	8287	8508
圣基茨和尼维斯	49	51	—	482	467	—	302	308	—	216	206	—
圣卢西亚	187	166	—	853	811	—	502	576	—	330	320	—
圣文森特和格林纳丁斯	46	47	—	233	239	—	295	295	—	117	119	—
苏里南	1652	2149	—	204	203	—	2028	1966	—	674	803	—
特立尼达和多巴哥	11114	8214	—	1192	1025	—	8602	9422	—	2277	2210	—
乌拉圭	11145	10766	11680	4488	4181	4683	9801	8427	8595	4077	3325	3358
委内瑞拉	37357	—	—	1163	—	—	36901	—	—	13774	—	—

分表 2

单位：百万美元

国家和地区	贸易余额			收益余额			经常转移余额			经常项目余额		
	2015	2016	2017[a]	2015	2016	2017[a]	2015	2016	2017[a]	2015	2016	2017[a]
拉美和加勒比地区	-112897	-42452	—	-131808	-124888	—	69763	75302	—	-174943	-91777	—
安提瓜和巴布达	185	106	—	-81	-98	—	-11	-7	—	93	2	—
阿根廷	-6148	-3603	-14235	-12105	-12105	-13710	1083	1176	1092	-17170	-14533	-26853
巴哈马	-960	—	—	-403	—	—	-46	—	—	-1409	—	—
巴巴多斯	-78	47	—	-213	-221	—	2	-33	—	-289	-207	—
伯利兹	-149	—	—	-95	—	—	70	—	—	-175	—	—
玻利维亚	-1911	-2485	-2324	-1127	-616	-900	1171	1194	1253	-1868	-1907	-1971
巴西	-19249	14590	31664	-42910	-41080	-46000	2724	2960	2398	-59434	-23530	-11938
智利	47	2119	3524	-6576	-7117	-10249	1858	1424	2300	-4670	-3574	-4425
哥伦比亚	-18557	-13016	-11862	-5650	-51135	-6400	5430	5823	6118	-18777	-12305	-12144
哥斯达黎加	-19	694	564	-2380	-2864	-3150	457	473	480	-1942	-1698	-2106
多米尼克	-47	-33	—	-19	-20	—	55	57	—	-10	5	—
多米尼加	-3097	-2663	-2454	-2936	-3364	-3900	4753	5049	5454	-1280	-978	-901
厄瓜多尔	-245	513	-453	-1731	-1856	-2290	2078	2780	2836	-2108	1438	92
萨尔瓦多	-4198	-3881	-4107	-1091	-1225	-1287	4363	4576	5066	-926	-531	-328
格林纳达	13	40	—	-58	-61	—	7	-12	—	-38	-34	—

续表

国家和地区	贸易余额			收益余额			经常转移余额			经常项目余额		
	2015	2016	2017[a]	2015	2016	2017[a]	2015	2016	2017[a]	2015	2016	2017[a]
危地马拉	-5896	-5428	-6110	-1399	-1507	-1550	7199	7959	8914	-96	1023	1254
圭亚那	-585	—	—	25	—	—	417	0	—	-144	0	—
海地	-2743	-2595	-3136	41	48	50	2437	2464	2830	-266	-83	-256
洪都拉斯	-3598	-3328	-3434	-1380	-1491	-1614	3835	4009	4473	-1144	-810	-575
牙买加	-2296	-1922	-2278	-440	-570	-280	2306	2389	2200	-430	-103	-358
墨西哥	-24351	-22025	-19435	-29268	-27152	-30000	24131	26527	28192	-29489	-22648	-21243
尼加拉瓜	-2313	-2366	-1957	-345	-354	-394	1515	1586	1665	-1144	-1133	-685
巴拿马	-143	1382	1404	-4025	-4385	-4245	-106	-157	-116	-4274	-3160	-2958
巴拉圭	337	1146	-181	-1311	-1506	-1490	672	775	869	-301	415	-802
秘鲁	-4956	-86	4867	-7544	-9184	-9184	3331	3967	3712	-9169	-5303	-2441
圣基茨和尼维斯	13	4	—	-81	-81	—	-17	-26	—	-85	-102	—
圣文森特和格林纳丁斯	-132	-127	—	-14	-25	—	33	30	—	-113	-122	—
圣卢西亚	208	81	—	-111	-118	—	15	6	—	112	-31	—
苏里南	-846	-417	—	-27	-69	—	65	71	—	-808	-157	—
特立尼达和多巴哥	1428	-2392	—	-429	-258	—	-42	53	—	957	-2598	—
乌拉圭	-770	130	639	-1941	-1495	-1459	131	124	123	-2580	-1241	-697
委内瑞拉	-12155	—	—	-5798	—	—	-197	—	—	-18150	—	—

分表 3

单位：百万美元

国家和地区	资本和金融项目余额[b]			国际收支余额			储备资产变化[c]			其他融资项目		
	2015	2016	2017[a]	2015	2016	2017[a]	2015	2016	2017[a]	2015	2016	2017[a]
拉美和加勒比地区	147716	116666	—	-27225	26459	—	26559	-26245	—	681	-201	—
安提瓜和巴布达	-35	-27	—	58	-24	—	-58	24	—	0	0	—
阿根廷	12237	28844	39965	-4933	14311	13112	4933	-14311	-13112	0	0	—
巴哈马	1437	—	—	28	—	—	-28	—	—	0	0	—
巴巴多斯	226	84	—	-63	-123	—	63	123	—	0	0	—
伯利兹	71	—	—	-104	—	—	104	—	—	0	0	—
玻利维亚	248	-1138	1961	-1620	-3046	-9	1620	3046	9	0	0	—
巴西	61003	32767	27105	1569	9237	15167	-1569	-9237	-15167	0	0	—
智利	4881	5379	1802	211	1805	-2623	-211	-1805	2623	0	0	—
哥伦比亚	19192	12470	12986	415	165	842	-415	-165	-842	0	0	—
哥斯达黎加	2586	1463	1356	644	-235	-750	-644	235	750	0	0	—
多米尼克	36	91	—	26	96	—	-26	-96	—	—	—	—
多米尼加	2050	1870	1029	770	892	129	-407	-780	-129	-363	-112	—
厄瓜多尔	620	-231	-1626	-1489	1207	-1533	1453	-1763	1533	36	556	—
萨尔瓦多	1039	983	850	113	453	523	-113	-453	-523	0	0	—
格林纳达	67	44	—	29	10	—	-29	-10	—	—	—	—
危地马拉	572	368	853	475	1392	2107	-475	-1392	-2107	0	0	—

续表

国家和地区	资本和金融项目余额[b]			国际收支余额			储备资产变化[c]			其他融资项目		
	2015	2016	2017[a]	2015	2016	2017[a]	2015	2016	2017[a]	2015	2016	2017[a]
圭亚那	169	—	—	25	—	—	-68	—	—	43	—	—
海地	81	164	321	-185	81	65	141	-142	-65	49	61	—
洪都拉斯	1437	864	1172	293	53	597	-293	-53	-597	10	13	—
牙买加	870	482	210	440	379	148	-440	-379	-148	0	0	—
墨西哥	13821	22515	17704	-15667	-136	-3539	15667	136	3539	0	0	—
尼加拉瓜	1341	1077	1077	197	-57	-57	-197	57	-332	0	0	—
巴拿马	3290	4487	2057	-984	1327	-901	78	-609	901	907	-718	—
巴拉圭	-258	543	1632	-560	957	830	560	-957	-830	0	0	—
秘鲁	9242	5472	5118	73	168	2677	-73	-168	-2677	0	0	—
圣基茨和尼维斯	47	147	—	-38	44	—	38	-44	—	—	—	—
圣文森特和格林纳丁斯	128	142	—	15	20	—	-15	-20	—	—	—	—
圣卢西亚	-51	18	—	61	-13	—	-61	13	—	—	—	—
苏里南	542	-1262	—	-266	150	—	266	-150	—	—	—	—
特立尼达和多巴哥	-2521	2130	—	-1564	-467	—	1564	46	—	0	—	—
乌拉圭	-1281	-3076	265	-1677	-2189	1926	1677	2189	-1926	—	—	—
委内瑞拉	14632	—	—	-3518	—	—	3518	—	—	—	—	—

注：a. 估计值；b. 包含错误和遗漏；c. 负号表示储备资产增加。

资料来源：ECLAC，*Preliminary Overview of the Economies of Latin America and the Caribbean 2017*，Santiago，Chile，December 2017。

附表4 外国直接投资净额[a]（2008～2016年）

单位：百万美元

国家和地区	2008	2009	2010	2011	2012	2013	2014	2015	2016
拉美和加勒比地区	105870	73343	114189	147195	149794	147413	142516	135781	130094
安提瓜和巴布达	159	81	97	65	133	95	40	96	42
阿根廷	8335	3305	10368	9352	14269	8932	3145	10884	1474
巴哈马	860	664	872	667	526	382	251	76	—
巴巴多斯	468	352	329	83	565	-62	—	—	—
伯利兹	167	108	95	95	193	92	138	59	—
玻利维亚	509	420	651	859	1060	1750	690	564	242
巴西	24601	36033	61689	85091	81399	54744	711355	61200	65351
智利	9476	6733	6693	4211	10006	11204	11211	3726	5101
哥伦比亚	7479	4530	947	6227	15646	8557	12265	7414	9210
哥斯达黎加	2240	1340	1589	2328	1803	2401	2818	2541	2440
多米尼克	57	42	43	35	59	23	14	23	32
多米尼加	2870	2165	2024	2277	3142	1991	2209	2205	2407
厄瓜多尔	1057	309	166	644	567	727	772	1322	755
萨尔瓦多	824	366	-226	218	484	176	311	399	374
格林纳达	135	103	60	43	31	113	58	89	91
危地马拉	738	574	782	1009	1205	1262	1282	1104	1068

续表

国家和地区	2008	2009	2010	2011	2012	2013	2014	2015	2016
圭亚那	178	164	198	247	278	201	238	117	—
海地	39	57	186	114	156	162	99	106	105
洪都拉斯	1007	505	971	1012	851	992	1315	1113	880
牙买加	1361	480	169	144	411	631	584	921	564
墨西哥	28256	8300	12931	11948	-1603	34757	22160	24315	27799
尼加拉瓜	608	463	475	929	704	665	790	905	860
巴拿马	2196	1259	2363	2956	3254	3612	4130	3966	5041
巴拉圭	263	71	462	581	697	245	412	306	320
秘鲁	6188	6020	8189	7194	11710	9663	3640	8144	6560
圣基茨和尼维斯	178	131	116	110	108	136	158	132	89
圣文森特和格林纳丁斯	159	110	97	86	115	160	108	48	90
圣卢西亚	161	146	121	81	74	92	19	75	116
苏里南	-231	-93	-248	73	173	188	163	276	-284
特立尼达和多巴哥	2101	709	549	-13	-2080	-1197	689	205	153
乌拉圭	2117	1512	2349	2511	2179	2793	2373	842	-784
委内瑞拉	1316	-3613	-918	6110	1679	1928	-704	2609	—

注：a. 流入一国的外国直接投资减去该国居民的对外直接投资，包括再投资收益。

资料来源：ECLAC，*Preliminary Overview of the Economies of Latin America and the Caribbean 2017*，Santiago，Chile，December 2017。

附表5　外债总额[a]（2008～2017年）

单位：百万美元

国家和地区	类型	2008	2009	2010	2011	2012	2013	2014	2015	2016	2017[a]
拉美和加勒比地区[b]		823047	917268	1107491	1238188	1373967	1506024	1681512	1687969	1761323	1811714
安提瓜和巴布达	公共	436	416	432	467	445	577	560	581	590	649
阿根廷	总额	154091	149359	144653	156300	156478	155489	158742	167412	181170	204818
巴哈马	公共	443	767	916	1045	1465	1616	2095	2185	2371	2311
巴巴多斯	公共	1089	1321	1366	1385	1322	1434	1521	1490	1538	1507
伯利兹	公共	958	1017	1021	1032	1029	1083	1127	1177	1202	1234
玻利维亚	总额	5930	5801	5875	6298	6625	7756	8543	9445	10717	12036
巴西	总额	289573	333607	452780	516030	570831	621439	712655	665101	676647	667763
智利	总额	63534	72617	86570	100973	122668	136351	152135	157764	163789	173565
哥伦比亚	总额	46436	53779	64792	75622	78784	92073	101404	110502	120153	124770
哥斯达黎加	总额	8827	8276	9527	11286	15381	19629	21671	24030	25470	26232
多米尼克	公共	234	222	232	238	263	273	278	283	270	278
多米尼加	公共	7219	8215	9947	11625	12872	14919	16074	16029	17567	18819
厄瓜多尔	总额	16900	13514	13914	15210	15913	18788	24112	27720	34181	36151
萨尔瓦多	总额	11143	11307	11399	11858	13353	14035	14800	15217	16253	16405
格林纳达	公共	481	512	528	535	535	562	578	602	601	607
危地马拉	总额	11163	11248	12026	14021	15339	17826	20031	20885	21651	22267

续表

国家和地区	类型	2008	2009	2010	2011	2012	2013	2014	2015	2016	2017[a]
圭亚那	公共	834	933	1043	1206	1358	1246	1216	1143	1162	1201
海地	公共	1917	1278	353	727	1126	1503	1875	1993	2019	2124
洪都拉斯	总额	3499	3365	3785	4208	4861	6709	7184	7456	7506	8392
牙买加	公共	6344	6594	8390	8626	8256	8310	8659	10314	10244	10184
墨西哥	总额	123626	160427	194766	210713	226492	259977	286624	298398	316194	323423
尼加拉瓜	公共	3512	3661	4068	4263	4481	4724	4796	4804	5042	5341
巴拿马	公共	8477	10150	10439	10858	10782	12231	14352	15648	16689	18273
巴拉圭	总额	3220	3177	3713	3970	4563	4776	6126	6513	7122	7876
秘鲁	总额	34997	35157	43674	47977	59376	60823	69215	73274	74651	80200
圣基茨和尼维斯	公共	312	325	296	320	317	320	280	213	197	189
圣文森特和格林纳丁斯	公共	229	262	313	328	329	354	385	399	465	474
圣卢西亚	公共	364	373	393	417	435	488	526	509	529	555
苏里南	公共	319	269	334	601	707	878	942	1156	1869	1957
特立尼达和多巴哥	公共	1515	1351	1522	1706	1478	2068	2109	2203	3194	3451
乌拉圭	总额	15425	17969	18425	18345	36104	37767	40898	43527	40268	38662
委内瑞拉	总额	66727	84602	88652	103140	113112	112103	117217	120204	—	—

注：a. 初步数据；b. 包括 IMF 债务，不包括委内瑞拉。
资料来源：ECLAC，*Preliminary Overview of the Economies of Latin America and the Caribbean 2017*，Santiago，Chile，December 2017。

附表6　消费者价格指数年度变化率（2008～2017年）

单位：%

国家和地区	2008	2009	2010	2011	2012	2013	2014	2015	2016	2017[a]
拉美和加勒比地区[b]	8.3	4.6	6.5	6.8	5.7	7.5	9.4	16.5	—	—
拉美和加勒比地区[c]	7.0	3.5	5.4	5.8	4.9	5.0	6.3	7.9	7.3	5.3
安提瓜和巴布达	0.7	2.4	2.9	4.0	1.8	1.1	1.3	0.9	-1.1	2.2[h]
阿根廷	7.2	7.7	10.9	9.5	10.8	10.9	23.9	27.5	38.5	22.9
巴哈马	4.5	1.3	1.4	0.0	0.7	0.8	0.2	2.0	0.8	2.7[h]
巴巴多斯	7.3	4.4	6.5	9.6	2.4	1.1	2.3	-2.5	3.2	1.2[i]
伯利兹	4.4	-0.4	0.0	2.6	0.8	1.6	-0.2	-0.6	1.1	0.7[f]
玻利维亚	11.9	0.3	7.2	6.9	4.5	6.5	5.2	3.0	4.0	3.0
巴西	5.9	4.3	5.9	6.5	5.8	5.9	6.4	10.7	6.3	2.7
智利	7.1	-1.4	3.0	4.4	1.5	3.0	4.6	4.4	2.7	1.9
哥伦比亚	7.7	2.0	3.2	3.7	2.4	1.9	3.7	6.8	5.7	4.0
哥斯达黎加	13.9	4.0	5.8	4.7	4.5	3.7	5.1	-0.8	0.8	2.3
古巴[d]	-0.1	-0.1	1.5	1.3	2.0	0.0	2.1	2.8	—	—
多米尼克	2.0	3.2	0.3	1.9	1.3	-0.4	0.5	-0.5	0.6	1.3[h]
多米尼加	4.5	5.7	6.3	7.8	3.9	3.9	1.6	2.3	1.7	3.5
厄瓜多尔	8.8	4.3	3.3	5.4	4.2	2.7	3.7	3.4	1.1	-0.1
萨尔瓦多	5.5	-0.2	2.1	5.1	0.8	0.8	0.5	1.0	-0.9	1.6[e]
格林纳达	5.2	-2.3	4.2	3.5	1.8	-1.7	-0.2	1.1	0.9	1.5[h]

续表

国家和地区	2008	2009	2010	2011	2012	2013	2014	2015	2016	2017[a]
危地马拉	9.4	-0.3	5.4	6.2	3.4	4.4	2.9	3.1	4.2	4.2
圭亚那	6.4	3.6	4.5	3.3	3.4	0.9	1.2	-1.8	1.4	1.8[f]
海地	10.1	2.0	6.2	8.3	7.6	3.4	6.4	12.5	14.3	15.6[f]
洪都拉斯	10.8	3.0	6.5	5.6	5.4	4.9	5.8	2.4	3.3	4.0
牙买加	16.9	10.2	11.7	6.0	8.0	9.7	6.2	3.7	1.7	4.1[e]
墨西哥	6.5	3.6	4.4	3.8	3.6	4.0	4.1	2.1	3.4	6.4
尼加拉瓜	12.7	1.8	9.1	8.6	7.1	5.4	6.4	2.9	3.1	4.6
巴拿马	6.8	1.9	4.9	6.3	4.6	3.7	1.0	0.3	1.5	0.5
巴拉圭	7.5	1.9	7.2	4.9	4.0	3.7	4.2	3.1	3.9	4.9
秘鲁	6.7	0.2	2.1	4.7	2.6	2.9	3.2	4.4	3.2	2.0
圣基茨和尼维斯	6.5	1.2	4.3	2.0	0.5	0.6	-0.5	-2.4	0.0	0.5[h]
圣文森特和格林纳丁斯	8.7	-1.6	0.9	4.7	1.0	0.0	0.1	-2.1	1.0	1.9[h]
圣卢西亚	3.4	-3.1	4.2	4.8	5.0	-0.7	3.7	-2.6	-2.8	-0.3[e]
苏里南	9.4	1.3	10.3	15.3	4.4	0.6	3.9	25.2	49.2	16.2[f]
特立尼达和多巴哥	14.5	1.3	13.4	5.3	7.2	5.6	8.5	1.5	3.1	1.2[e]
乌拉圭	9.2	5.9	6.9	8.6	7.5	8.5	8.3	9.4	8.1	6.0
委内瑞拉[g]	31.9	25.1	27.2	27.6	20.1	56.2	68.5	180.9	—	

注：a. 截至2017年10月；b. 加权平均；c. 加权平均，不包括委内瑞拉；d. 本国货币市场；e. 截至2017年9月；f. 截至2017年8月；g. 截至2008年，全国消费者价格指数；h. 截至2017年3月；i. 截至2017年6月。

资料来源：ECLAC，*Preliminary Overview of the Economies of Latin America and the Caribbean 2017*，Santiago，Chile，December 2017。

附表7　公开失业率（年度平均失业率）[a]（2008～2017年）

单位：%

国家和地区	类型	2008	2009	2010	2011	2012	2013	2014	2015	2016[b]	2017[b]
拉美和加勒比地区[c]		7.8	9.1	8.4	7.7	7.3	7.1	6.9	7.3	8.9	9.4
阿根廷[d]	城市	7.9	8.7	7.7	7.2	7.2	7.1	7.3	6.5[e]	8.9[f]	9.0[g]
巴哈马[h]	全国	8.7	14.2	—	15.9	14.4	15.8	14.8	13.4	12.2	9.9[i]
伯利兹[h]	全国	8.2	13.1	12.5	—	15.3	13.2	11.6	10.1	9.5	9.0[j]
巴巴多斯[h]	全国	8.1	10.0	10.8	11.2	11.6	11.6	12.3	11.3	9.7	10.4[g]
玻利维亚	城镇	6.7	6.8	—	3.8	3.2	4.0	3.5	4.4	4.9	—
巴西[k]	20大都市区[l]	7.9	8.1	6.7	6.0	8.2	8.0	7.8	9.3	13.0	14.5
智利[m]	城镇	—	11.3	8.5	7.4	6.7	6.2	6.7	6.4	6.8	6.9
哥伦比亚[h]	首都城市圈	12.1	13.2	12.7	11.8	11.4	10.7	10.0	9.8	10.3	10.6
哥伦比亚[n]	首都城市圈	11.4	12.4	12.0	11.1	10.8	10.0	9.4	9.2	9.7	10.0
哥斯达黎加[o]	城镇	4.8	8.5	7.1	7.7	9.8	9.1	9.5	9.7	9.6	8.9[p]
古巴	全国	1.6	1.7	2.5	3.2	3.5	3.3	2.7	2.5	2.0	—
多米尼加[q]	全国	4.7	5.3	5.0	5.8	6.5	7.1	6.4	7.3	7.1	5.6[g]
厄瓜多尔[h]	城镇	6.9	8.5	7.6	6.0	4.9	4.7	5.1	5.4	6.8	5.5
厄瓜多尔[n]	城镇	5.4	6.9	6.1	5.0	4.2	4.0	4.3	4.7	5.9	4.9
萨尔瓦多	城镇	5.5	7.1	6.8	6.6	6.2	5.6	6.7	65	6.9	—
危地马拉	城镇	—	—	—	3.1	4.0	3.8	4.0	3.2	3.4	4.0[r]
洪都拉斯	城镇	4.1	4.9	6.4	6.8	5.6	6.0	7.5	8.8	9.0	—

续表

国家和地区	类型	2008	2009	2010	2011	2012	2013	2014	2015	2016[b]	2017[b]
牙买加[g]	全国	10.6	11.4	12.4	12.6	13.9	15.2	13.7	13.5	13.2	11.1[e]
牙买加[n]	全国	6.9	7.5	8.0	8.4	9.3	10.3	9.5	9.8	9.0	8.0[e]
墨西哥	城镇	4.3	5.9	5.9	5.6	5.4	5.4	5.3	4.7	4.3	3.8
尼加拉瓜	城镇	8.0	10.2	10.5	8.1	8.7	7.7	8.5	7.7	6.3	5.2[g]
巴拿马[h]	城镇	6.5	7.9	7.7	5.4	4.8	4.7	5.4	5.8	6.4	6.4[s]
巴拿马[n]	城镇	5.0	6.3	5.8	3.6	3.6	3.7	4.1	4.5	5.2[s]	5.4[s]
巴拉圭	首都亚松森及中央省城区[t]	7.4	8.2	7.4	6.9	7.9	7.7	7.8	6.5	7.7	8.7[g]
秘鲁	城镇	6.0	5.9	5.3	5.1	4.7	4.8	4.5	4.4	5.2	5.4
特立尼达和多巴哥[h]	全国	4.6	5.3	5.9	5.1	5.0	3.6	3.3	3.5	4.0	4.5[u]
乌拉圭	城镇	8.3	8.2	7.5	6.6	6.7	6.7	6.9	7.8	8.2	8.4
委内瑞拉[h]	全国	7.3	7.9	8.7	8.3	8.1	7.8	7.2	7.0	7.5[v]	—

注：a. 失业人口占经济活动人口的百分比。b. 根据 1 ~ 9 月的数据估计。c. 因信息缺失和统计方法差异与变化进行加权平均调整；各国统计范围和对工作年龄人口的定义有所不同，故表中各国数据不具可比性。d. 2007 ~ 2015 年数据来源于阿根廷国家研究所人口普查和统计数据（The National Institute of Statistics and Censuses，INDEC），为初步数据，官方数据公布后将随之替换。e. 第一至三季度平均值。f. 第二至四季度平均值。g. 上半年数据。h. 包括隐性失业。i. 截至 5 月数据。j. 截至 4 月数据。k. 2012 年后的数据采用新的计量方法，与前期数据不具可比性。l. 到 2011 年 6 个城市圈汇总。m. 2010 年后的数据采用新的计量方法，与前期数据不具可比性。n. 不包括隐形失业，包括调整后的经济活动人口的数量。o. 2009 年后的数据采用新的计量方法，与前期数据不具可比性。p. 1 ~ 9 月平均值。q. 由于计算方法改变，与 2015 年前的数据不具可比性。r. 2 ~ 3 月数据。s. 截至 3 月数据。t. 到 2009 年城镇汇总。u. 第一季度数据。v. 1 ~ 4 月平均值。

资料来源：ECLAC，*Preliminary Overview of the Economies of Latin America and the Caribbean 2017*，Santiago，Chile，December 2017。

附表 8　拉美 18 个国家的收入集中度指数（2000～2016 年[a]）

国家	年份	基尼系数[b]	泰尔指数[c]	阿特金森指数[c]		
				(=0.5)	(=1.0)	(=1.5)
阿根廷[d]	2003	0.468	0.346	0.156	0.289	0.409
	2008	0.414	0.293	0.135	0.251	0.358
	2012	0.389	0.258	0.120	0.226	0.325
	2014	0.391	0.265	0.121	0.225	0.317
	2016	0.392	0.274	0.124	0.228	0.322
玻利维亚	2002	0.611	0.732	0.313	0.550	0.738
	2008	0.513	0.492	0.219	0.401	0.565
	2011	0.471	0.395	0.184	0.349	0.506
	2014	0.471	0.403	0.185	0.349	0.506
	2015	0.453	0.362	0.171	0.333	0.503
巴西	2002	0.569	0.650	0.262	0.431	0.547
	2008	0.536	0.574	0.234	0.394	0.510
	2012	0.523	0.555	0.223	0.377	0.492
	2014	0.514	0.526	0.217	0.370	0.486
	2015	0.511	0.520	0.216	0.369	0.489
智利	2003	0.508	0.508	0.210	0.358	0.477
	2009	0.478	0.453	0.188	0.323	0.434
	2011	0.469	0.430	0.181	0.313	0.419
	2013	0.466	0.424	0.178	0.306	0.408
	2015	0.453	0.408	0.170	0.293	0.392
哥伦比亚	2002	0.567	0.663	0.266	0.447	0.586
	2009	0.557	0.620	0.256	0.436	0.576
	2012	0.539	0.573	0.240	0.414	0.553
	2014	0.540	0.577	0.240	0.412	0.547
	2016	0.521	0.541	0.225	0.388	0.520
哥斯达黎加	2002	0.498	0.464	0.198	0.349	0.476
	2008	0.485	0.423	0.185	0.327	0.441
	2012[e]	0.502	0.450	0.200	0.359	0.493
	2014[e]	0.498	0.449	0.200	0.359	0.491
	2016[e]	0.500	0.448	0.200	0.358	0.488

续表

国家	年份	基尼系数[b]	泰尔指数[c]	阿特金森指数[c]		
				(=0.5)	(=1.0)	(=1.5)
多米尼加	2002	0.513	0.491	0.212	0.372	0.500
	2008	0.489	0.470	0.198	0.340	0.450
	2012	0.469	0.412	0.179	0.316	0.425
	2014	0.449	0.356	0.162	0.295	0.405
	2016	0.470	0.405	0.179	0.320	0.438
厄瓜多尔	2001	0.537	0.641	0.243	0.393	0.501
	2008	0.491	0.467	0.196	0.338	0.447
	2012	0.463	0.392	0.170	0.302	0.410
	2014	0.448	0.399	0.167	0.289	0.385
	2016	0.445	0.390	0.165	0.288	0.390
萨尔瓦多	2001	0.540	0.539	0.222	0.383	0.510
	2009	0.477	0.426	0.185	0.327	0.439
	2013	0.454	0.410	0.170	0.296	0.396
	2014	0.434	0.343	0.152	0.274	0.374
	2016	0.421	0.314	0.141	0.258	0.357
危地马拉	2000	0.636	0.883	0.341	0.558	0.714
	2006	0.558	0.608	0.253	0.432	0.567
	2014	0.535	0.664	0.248	0.407	0.533
洪都拉斯	2001	0.554	0.592	0.247	0.421	0.552
	2009	0.502	0.494	0.207	0.356	0.470
	2013	0.515	0.567	0.223	0.371	0.485
	2014	0.481	0.423	0.184	0.324	0.434
	2016	0.480	0.428	0.189	0.338	0.464
墨西哥	2002	0.508	0.491	0.210	0.364	0.479
	2008	0.513	0.535	0.219	0.376	0.498
	2012	0.499	0.499	0.207	0.359	0.486
	2014	0.502	0.511	0.209	0.357	0.475
	2016[f]	0.504	0.473	0.195	0.335	0.446
尼加拉瓜	2001	0.568	0.536	0.231	0.408	0.561
	2009	0.463	0.400	0.175	0.314	0.440
	2014	0.495	0.511	0.207	0.355	0.476

续表

国家	年份	基尼系数[b]	泰尔指数[c]	阿特金森指数[c]		
				(=0.5)	(=1.0)	(=1.5)
巴拿马	2001	0.571	0.608	0.269	0.483	0.652
	2008	0.527	0.516	0.228	0.407	0.548
	2011	0.528	0.522	0.228	0.403	0.540
	2014	0.509	0.470	0.211	0.384	0.528
	2016	0.513	0.475	0.214	0.388	0.530
巴拉圭	2002	0.583	0.647	0.258	0.438	0.584
	2008	0.516	0.539	0.219	0.372	0.490
	2012	0.489	0.438	0.192	0.344	0.472
	2014	0.522	0.542	0.219	0.372	0.493
	2016	0.497	0.501	0.207	0.356	0.473
秘鲁	2002	0.565	0.644	0.262	0.444	0.581
	2008	0.495	0.450	0.201	0.364	0.500
	2012	0.457	0.383	0.173	0.318	0.445
	2014	0.446	0.369	0.165	0.303	0.424
	2016	0.452	0.377	0.169	0.309	0.431
乌拉圭	2002[d]	0.474	0.393	0.177	0.322	0.448
	2008	0.453	0.3827	0.166	0.295	0.397
	2012	0.388	0.257	0.120	0.224	0.315
	2014	0.392	0.271	0.124	0.229	0.319
	2016	0.391	0.269	0.123	0.227	0.316
委内瑞拉	2002	0.420	0.320	0.141	0.254	0.357
	2008	0.380	0.250	0.115	0.213	0.299
	2012	0.385	0.260	0.118	0.219	0.309
	2014	0.387	0.242	0.112	0.210	0.300

注：a. 根据全国人口的人均收入的分配计算得出。b. 包括没有收入的人口。c. 为了降低最高及最低数值的影响，泰尔指数和阿特金森指数不包括人均收入为接近0与排名前三位数据。d. 城市汇总。e. 由于调查方法有变化，该数据与前些年的数据不具有可比性。f. 2016年的数据是根据2016年由美国国家统计和地理研究所（INEGI）编制的一项国家家庭收入和支出社会状况调查结果，通过统计模型计算而得，旨在增加2016年与2008~2014年调查结果的可比性。

资料来源：ECLAC，*Social Panorama of Latin America 2017*，Santiago，Chile，2018。

附表 9　拉美 18 个国家的贫困和赤贫指数（2012～2016[a] 年）

国家	贫困				赤贫			
	2012	2014	2015	2016	2012	2014	2015	2016
阿根廷	—	—	—	30.3	—	—	—	6.1
玻利维亚	43.3	39.2	38.6	—	21.6	17.2	16.8	—
巴西[b]	15.9	13.3	—	—	5.3	4.2	—	—
智利	22.2	14.4	11.7	—	8.1	4.5	3.5	—
哥伦比亚	32.7	28.5	27.8	28.0	10.4	8.1	7.9	8.5
哥斯达黎加	20.6	22.4	21.7	20.5	6.3	6.7	7.2	6.3
多米尼加	42.2	36.4	31.5	30.0	11.1	8.1	6.8	6.1
厄瓜多尔	27.3	22.5	23.3	22.9	11.2	7.7	8.5	8.7
萨尔瓦多[c]	34.5	31.8	34.9	32.7	8.9	7.6	8.1	7.9
危地马拉	—	59.3	—	—	—	23.4	—	—
洪都拉斯	71.1	68.2	68.7	65.7	50.9	44.6	44.7	42.5
墨西哥[d]	51.6	53.2	—	50.6	20.0	20.6	—	17.5
尼加拉瓜	—	29.6	—	—	—	8.3	—	—
巴拿马	26.5	25.8	23.0	22.1	11.1	11.0	10.3	9.9
巴拉圭	31.4	27.2	26.6	28.9	7.4	5.5	5.4	5.7
秘鲁	25.8	22.7	21.8	20.7	6.0	4.3	4.1	3.8
乌拉圭	12.4	9.7	9.7	9.4	0.5	0.3	0.3	0.3
委内瑞拉	21.2	32.6	—	—	60	9.5	—	—

注：a. 数据与年份相对应，智利除外（2011，2013 和 2015）。b. 来自 Institute of Applied Economic Research（IPEA）的估计值。c. 家庭百分比。d. 来自国家社会发展政策评价委员会对“低于最低福利门槛人口”和“低于福利门槛人口”的估计。

资料来源：Economic Commission for Latin America and the Caribbean，基于官方人口数据。

附表 10 中拉贸易统计（2013～2017 年）

单位：百万美元

国家和地区	2013 年			2014 年			2015 年		
	进出口额	出口额	进口额	进出口额	出口额	进口额	进出口额	出口额	进口额
全球	4158993. 47	2209004. 00	1949989. 47	4301527. 34	2342292. 70	1959234. 64	3953032. 72	2273468. 22	1679564. 50
拉丁美洲	261390. 25	133961. 30	127428. 95	263277. 53	136223. 56	127053. 97	235893. 25	132096. 61	103796. 64
安提瓜和巴布达	245. 82	245. 48	0. 34	172. 40	172. 36	0. 04	53. 08	53. 07	0. 01
阿根廷	14836. 20	8750. 43	6085. 77	12926. 77	7679. 83	5246. 94	14522. 58	8805. 11	5717. 48
阿鲁巴岛	21. 48	21. 33	0. 16	237. 86	53. 58	184. 28	48. 28	48. 28	0. 01
巴哈马	336. 79	336. 71	0. 08	743. 06	742. 87	0. 19	1609. 74	1585. 37	24. 37
巴巴多斯	82. 90	70. 21	12. 69	86. 26	71. 46	14. 80	84. 03	65. 20	18. 83
伯利兹	130. 75	122. 37	8. 39	103. 13	95. 86	7. 27	80. 28	78. 50	1. 79
玻利维亚	807. 24	531. 47	275. 77	1198. 51	705. 94	492. 57	1012. 67	568. 85	443. 83
博内尔	0. 04	0. 04	0. 00	47. 43	0. 29	47. 14	0. 35	0. 35	0. 00
巴西	90194. 59	35895. 47	54299. 12	86543. 36	34890. 13	51653. 24	71501. 58	27412. 23	44089. 36
开曼群岛	11. 45	11. 19	0. 26	8. 46	8. 46	0. 00	60. 95	60. 94	0. 00
智利	33813. 15	13105. 47	20707. 69	34003. 38	13017. 50	20985. 88	31729. 29	13290. 32	18438. 96
哥伦比亚	10446. 31	6826. 04	3620. 27	15642. 22	8043. 33	7598. 89	11125. 93	7580. 79	3545. 14
多米尼克	23. 08	22. 97	0. 11	37. 61	37. 04	0. 57	31. 41	30. 76	0. 65
哥斯达黎加	5685. 03	926. 98	4758. 05	5295. 81	1109. 54	4186. 27	2156. 64	1330. 68	825. 96
古巴	1879. 42	1374. 79	504. 63	1395. 48	1062. 47	333. 01	2216. 38	1886. 37	330. 00
库腊索岛	21. 56	20. 10	1. 46	25. 65	25. 63	0. 02	27. 75	27. 61	0. 14
多米尼加	1335. 53	1045. 52	290. 01	1547. 43	1273. 63	273. 80	1765. 44	1557. 43	208. 01
厄瓜多尔	3742. 11	2966. 85	775. 26	4309. 65	3245. 14	1064. 51	4129. 87	2891. 42	1238. 45

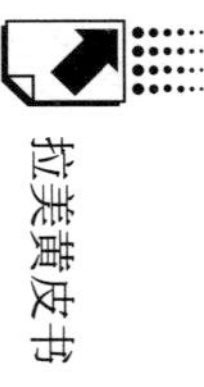

续表

国家和地区	2013 年			2014 年			2015 年		
	进出口额	出口额	进口额	进出口额	出口额	进口额	进出口额	出口额	进口额
法属圭亚那	14.59	14.51	0.08	12.95	12.94	0.01	14.44	14.44	0.01
格林纳达	7.60	7.57	0.03	14.87	14.86	0.01	9.94	9.93	0.01
瓜德罗普岛	30.52	30.31	0.21	36.53	36.51	0.02	33.17	33.16	0.00
危地马拉	1649.24	1475.31	173.93	1918.68	1867.28	51.40	2253.77	2052.66	201.10
圭亚那	181.27	160.14	21.13	207.51	167.29	40.22	208.32	158.95	49.37
海地	338.50	323.49	15.01	406.21	391.38	14.83	444.69	434.22	10.47
洪都拉斯	1033.91	799.04	234.87	848.20	686.54	161.66	889.28	853.79	35.49
牙买加	630.87	627.06	3.81	560.56	523.04	37.52	656.68	625.37	31.31
马提尼克岛	23.70	23.61	0.09	24.40	24.38	0.02	24.56	24.55	0.01
墨西哥	39204.78	28966.30	10238.48	43428.80	32255.39	11173.41	43819.27	33791.76	10027.52
蒙特塞拉特岛	0.17	0.15	0.02	0.43	0.42	0.01	0.50	0.49	0.01
尼加拉瓜	614.74	522.92	91.82	611.50	568.13	43.37	700.98	666.25	34.73
巴拿马	11036.68	10992.73	43.94	9434.88	9307.39	127.49	8834.10	8518.88	315.21
巴拉圭	1417.17	1356.50	60.67	1451.87	1396.24	55.63	1309.75	1267.97	41.78
秘鲁	14596.90	6188.84	8408.06	14241.72	6100.85	8140.87	14304.89	6354.97	7949.92
波多黎各	1709.91	657.46	1052.45	2040.22	1036.70	1003.52	1649.33	765.35	883.98
萨巴	1.23	1.23	0.00	0.10	0.10	0.00	0.08	0.08	0.00
圣卢西亚	19.91	19.88	0.03	29.94	29.90	0.04	18.36	18.29	0.07
圣马丁岛	3.04	3.04	0.00	5.98	5.98	0.00	12.69	12.69	0.00
圣文森特和格林纳丁斯	25.23	25.23	0.00	37.29	37.29	0.00	37.17	37.12	0.05
萨尔瓦多	530.94	521.96	8.99	612.37	601.89	10.48	780.45	726.69	53.76

续表

国家和地区	2013年			2014年			2015年		
	进出口额	出口额	进口额	进出口额	出口额	进口额	进出口额	出口额	进口额
苏里南	202.12	174.03	28.09	229.54	176.87	52.67	250.05	199.21	50.85
特立尼达和多巴哥	440.89	321.39	119.50	528.71	427.98	100.73	517.52	478.31	39.21
特克斯和凯科斯群岛	0.39	0.38	0.01	1.10	1.09	0.01	0.75	0.75	0.00
乌拉圭	4790.02	2323.60	2466.42	5087.58	2458.49	2629.09	4371.11	1960.57	2410.54
委内瑞拉	19184.60	6064.50	13120.10	16977.48	5657.42	11320.06	12093.49	5315.77	6777.71
英属维尔京群岛	19184.60	6064.50	13120.10	114.98	114.97	0.01	424.19	424.18	0.01
圣基茨和尼维斯	11.16	11.07	0.09	27.09	26.66	0.43	11.19	10.85	0.34
圣皮埃尔和密克隆	15.87	15.59	0.28	—	—	—	0.12	0.12	0.00
荷属安的列斯群岛	59.53	59.53		59.89	59.89	0.01	63.84	63.68	0.16
其他	1.32	0.54	0.78	1.68	0.62	1.06	2.39	2.32	0.07

国家和地区	2016年			2017年		
	进出口额	出口额	进口额	进出口额	出口额	进口额
全球	3685557.41	2097631.19	1587926.22	4105217	2263329	1841888
拉丁美洲	217007.36	113936.14	103071.23	257848.86	130826.48	127022.38
安提瓜和巴布达	133.49	133.45	0.04	45.23	45.22	0.01
阿根廷	12321.8	7203.7	5118.1	13808.92	9067.15	4741.77
阿鲁巴岛	25.67	25.29	0.38	24.30	24.29	0.01
巴哈马	411.16	359.56	51.6	299.49	278.49	21.01
巴巴多斯	91.07	72.43	18.64	132.57	107.8	24.77
伯利兹	90.93	89.99	0.94	87.64	87.23	0.41
玻利维亚	936.64	610.55	326.09	1083.6	729.02	354.58

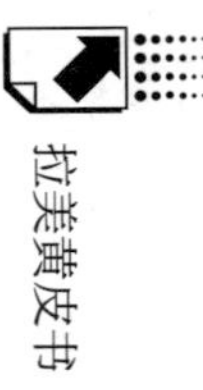

续表

国家和地区	2016 年			2017 年		
	进出口额	出口额	进口额	进出口额	出口额	进口额
博内尔	0. 67	0. 67	0	1. 12	1. 12	0
巴西	67834. 32	21979. 27	45855. 05	87542. 4	28957. 14	58585. 26
开曼群岛	169. 12	169. 11	0. 02	256. 98	256. 97	0. 01
智利	31411. 71	12806. 74	18604. 96	35394. 97	14413. 44	20981. 53
哥伦比亚	9300. 75	6756. 12	2544. 63	11304. 11	7440. 06	3864. 05
多米尼克	34. 75	33. 77	0. 99	—	—	—
哥斯达黎加	2192. 71	1495. 3	697. 41	2286. 69	1495. 06	791. 63
古巴	2056. 86	1783. 11	273. 75	1758. 9	1360. 91	397. 99
库腊索岛	23. 15	23. 15	0. 003	29. 69	29. 69	0. 01
多米尼加	1697. 47	1567. 21	130. 26	1871. 55	1703. 88	167. 67
厄瓜多尔	3197. 95	2258. 03	939. 92	4085. 86	2962. 72	1123. 15
法属圭亚那	13. 18	13. 14	0. 05	16. 05	15. 84	0. 21
格林纳达	7. 35	7. 34	0. 01	10. 71	10. 7	0. 01
瓜德罗普岛	33. 59	33. 58	0. 01	37. 55	37. 54	0. 01
危地马拉	1955. 67	1855. 61	100. 07	2065. 84	1959. 03	106. 8
圭亚那	206. 62	178. 36	28. 26	227	188. 62	38. 38
海地	460. 42	454. 03	6. 39	540. 12	532. 52	7. 61
洪都拉斯	748. 52	720. 67	27. 85	868. 83	844. 9	23. 03
牙买加	521. 87	506. 14	15. 73	564. 69	516. 72	47. 97
马提尼克岛	23. 66	23. 64	0. 02	27. 22	27. 16	0. 06
墨西哥	42692. 16	32367. 42	10324. 74	47673. 35	35899. 75	11773. 6

续表

国家和地区	2016 年			2017 年		
	进出口额	出口额	进口额	进出口额	出口额	进口额
蒙特塞拉特岛	0.35	0.34	0.01	0.27	0.22	0.05
尼加拉瓜	642.1	624.21	17.89	652.5	624.15	28.36
巴拿马	6381.74	6344.09	37.65	6690.52	6628.49	62.04
巴拉圭	1192.09	1169.71	22.38	1593.78	1560.76	33.02
秘鲁	15482.37	5991.56	9490.81	20152.76	6957.81	13194.95
波多黎各	1271.15	596.16	674.99	1093.94	597.82	496.12
萨巴	0.06	0.06	0	0.01	0.01	0.00
圣卢西亚	16.99	16.95	0.04	15.97	15.92	0.06
圣马丁岛	6.82	6.82	0	9.55	9.55	0.00
圣文森特和格林纳丁斯	17.54	17.48	0.06	42.24	41.79	0.44
萨尔瓦多	818.16	772.33	45.83	888.87	772.51	116.37
苏里南	166.03	136.73	29.29	203.78	177.55	26.23
特立尼达和多巴哥	521.3	346.36	174.94	612.22	429.88	182.35
特克斯和凯科斯群岛	0.91	0.91	0	2.72	2.71	0.00
乌拉圭	3721.36	1773.25	1948.1	4802.64	2152.25	2650.39
委内瑞拉	8082.36	2519.54	5562.82	8921.46	1746.56	7174.91
英属维尔京群岛	37.14	37.13	0.01	11.95	11.84	0.11
圣基茨和尼维斯	4.65	4.2	0.44	—	—	—
圣皮埃尔和密克隆	0.01	0.01	0	—	—	—
荷属安的列斯群岛	49.47	49.37	0.1	44.31	44.26	0.05
其他	1.56	1.56	0	4.54	1.47	3.07

资料来源：2013 ~2016 年数据来自《中国统计年鉴》（2014 ~2017），中国统计出版社；2017 年数据来自海关总署。

附表 11　中拉外国直接投资统计（2012 ~ 2016 年）

分表 1　拉美对华直接投资

单位：万美元

国家和地区	2012 年	2013 年	2014 年	2015 年	2016 年	国家和地区	2012 年	2013 年	2014 年	2015 年	2016 年
全球	11171614	11758620	11956156	12626555	12600142	格林纳达	—	—	—	—	—
拉丁美洲	1018357	820687	771545	913768	1221718	危地马拉	—	—	3	—	—
安提瓜和巴布达	—	—	400	—	—	洪都拉斯	—	—	—	—	—
阿根廷	830	52	305	—	3	牙买加	—	—	—	—	—
巴哈马	3731	8192	8412	14895	4217	墨西哥	1487	1580	319	731	74
巴巴多斯	15988	16096	7074	3911	17902	巴拿马	3281	3539	600	2064	2427
伯利兹	1130	4204	2208	3180	1988	巴拉圭	2013	—	—	—	
玻利维亚	—	22	—	—	64	秘鲁	16	—	39	28	1
巴西	5760	2304	2811	5084	4667	萨尔瓦多	—	—	—	—	—
开曼群岛	197540	177825	125509	144446	515133	苏里南	—	—	—	—	—
智利	2075	2094	625	526	300	特克斯和凯科斯群岛	25	40	17	—	—
哥伦比亚	3	38	—	12	6	乌拉圭	50	158	215	12	—
哥斯达黎加	—	—	—	—	—	委内瑞拉	128	66	45	6	3
古巴	—	—	—	—	761	英属维尔京群岛	783086	615858	—	738778	673957
多米尼克	103	100	60	—	4	圣基茨和尼维斯	652	95	50	52	35
多米尼加	—	—	—	—	—	圣文森特和格林纳丁斯	21	111	—	18	15
厄瓜多尔	1	2	—	—	—	拉美其他国家（地区）	437	256	—	25	7

资料来源：《中国统计年鉴》（2013 ~ 2017），中国统计出版社。

分表2　中国对拉美直接投资流量与存量

单位：万美元

国家和地区	FDI流量(净值)					国家和地区	FDI存量				
	2012年	2013年	2014年	2015年	2016年		2012年	2013年	2014年	2015年	2016年
全球	8780353	10784371	12311986	14566715	19614943	全球	53194058	66047840	88264242	109786459	135739045
拉丁美洲	616974	1435895	1054739	1261036	2722705	拉丁美洲	6821163	8609593	10611113	12631893	20715257
安提瓜和巴布达	—	—	—	—	40	安提瓜和巴布达	544	630	630	630	670
阿根廷	74325	22141	26992	20832	18152	阿根廷[a]	89719	165820	179152	194892	194366
巴哈马	—	—	—	—	658	巴哈马	60	60	60	60	16060
巴巴多斯	81	92	-167	-28	1441	巴巴多斯	395	497	330	289	8772
伯利兹	—	35	35	—	—	伯利兹	—	35	70	70	70
玻利维亚	4321	1440	2453	3432	5538	玻利维亚	15619	11892	13217	31746	37068
巴西	19410	310931	73000	-6328	12477	巴西[a]	144951	173358	283289	225712	296251
开曼群岛	82743	925340	419172	1021303	1352283	开曼群岛	3007200	4232406	4423672	6240048	10420893
智利	3622	1179	1629	685	21696	智利	12628	17904	19583	20464	40362
哥伦比亚	8351	1793	18310	370	-284	哥伦比亚[a]	34615	36869.	54730	55443	36245
古巴	-557	-2437	-2222	4243	974	古巴	13569	11134	6255	12062	13150
多米尼克	—	30	—	—	—	多米尼克	815	845	315	315	315
多米尼加	—	—	—	—	—	多米尼加	112	100	101	101	101
厄瓜多尔	31139	47060	13781	11811	7789	厄瓜多尔	40763	100879	94460	105635	118012

续表

国家和地区	FDI 流量(净值)					国家和地区	FDI 存量				
	2012 年	2013 年	2014 年	2015 年	2016 年		2012 年	2013 年	2014 年	2015 年	2016 年
格林纳达	—	—	—	—	10	格林纳达	1454	1454	2367	2367	2377
圭亚那	9884	3500	408	-389	651	圭亚那	15188	22518	24757	25601	25668
洪都拉斯	—	—	—	—	2771	洪都拉斯	—	—	—	—	
牙买加	3586	474	11132	—	4927	牙买加[a]	7493	7968	18837	22568	83919
墨西哥	10042	4973	14057	-628	21184	墨西哥[a]	36848	40987	54121	52476	57860
巴拿马	72	18768	481	2382	3783	巴拿马	19662	47864	20493	22815	26885
巴拉圭	142	18	—	—	—	巴拉圭	4606	4624	4791	4791	4791
秘鲁	-4937	11460	4507	-17776	6737	秘鲁	75287	86778	90798	70549	75978
圣文森特和格林纳丁斯	—	—	332	303	-253	圣文森特和格林纳丁斯	3620	3620	3900	4204	3952
苏里南	-3323	2900	-1690	2009	343	苏里南	4561	11193	9393	11352	12508
特立尼达和多巴哥	19	23	3625	915	210	特立尼达和多巴哥	109	386	102531	60463	60666
乌拉圭	950	967	108	3615	4927	乌拉圭	1765	2593	21081	18273	22559
委内瑞拉	154176	42556	11608	28830	-9986	委内瑞拉[a]	204276	236338	249323	280029	27141
英属维尔京群岛	223928	42556	457043	184900	1228849	英属维尔京群岛	3085095	3390298	4932041	5167214	8876589

注：a 表示该国家（地区）2016 年年末存量数据中包含对历史数据进行调整。

资料来源：中国商务部、中国国家统计局、国家外汇管理局：《2016 年度中国对外直接投资统计公报》，中国统计出版社，2017。

Introduction

Yuan Dongzhen

In the past year or so, the world has undergone important changes that cannot be ignored and there are some political and economic phenomena that warrant attention. In the economic field, there are more favorable and stable factors. In 2017, international trade resumed growth, international investment rebounded, global industrial production increased, and the scope of economic recovery expanded. The economic performance in more and more countries was better than expected. Driven by these favorable factors, the world economy has reversed from the downward trend and gone out of the low-growth situation that began from 2010, and it is expected to achieve a growth rate of 3.6% in 2017. Developed economies generally witnessed a faster economic growth, the growth rate rose from 1.6% in 2016 to above 2% in 2017. At the same time, the unemployment rate in developed economies decreased. For example, in the U.S. this indicator fell to about 4.3%, in Japan to a historically low of only 2.8%, in the EU to 7.7%, and in the euro zone it also reached the lowest level since 2009. The growth rate of emerging economies in 2017 was over 4.6%, higher than that of developed economies. As the largest developing economy, China has maintained a stable economic growth. Driven by the Chinese economy and the booming demand from developed countries, the growth rate of Asian developing countries exceeded 5% in 2017. Africa's economy, though faced with many risks, has also accelerated its recovery. Latin America and the Caribbean (LAC) achieved a slight increase in 2017 after a two-year contraction. The once-widened gap of economic growth between Northern and Southern countries began to narrow.

In the field of international politics and diplomacy, anti-globalization trends have intensified with the Brexit and Donald Trump coming into power in the

U. S.. Trump's "America First" policy has added uncertainties to the development of Latin America and the world. The global political and security situation is still grim and complex. Numerous issues, old and new, are intertwined. Old contradictions have not been completely resolved while new challenges have emerged. However, the practice of globalization and regionalization has been substantially promoted at the same time. Since 2017, the European Union has reached a framework of free trade agreement (FTA) with Japan and Canada; the United States has renegotiated on the amendment of the North American Free Trade Agreement (NAFTA) with Canada and Mexico, and revised the FTA with South Korea; the Pacific Alliance countries have explored the way to establish new free trade areas and sent invitations to some countries outside the region; after the United States withdrew from the Trans-Pacific Partnership Agreement (TPP), the remaining 11 member countries announced that they would sign a new free trade agreement. Many international organizations and financial institutions have also called for opposition to trade protectionism and support for multilateral trade. It is worth noting that developing countries and emerging market countries have increasingly become important players in global governance and continued to promote reform of the unreasonable international economic and political order. The world's political and economic landscape is expected to undergo significant reform.

Against the background of major changes in the world economy and international politics, a series of new changes have taken place, or are taking place, in Latin America's economic realm, political ecology, and social environment. Some countries in the region have adopted or are seeking political reform corresponding to the new changes in their external environment, since they face mounting pressure for adjustment to both domestic and foreign policies. China-LAC relations have ushered in new opportunities of development, while some new problems and challenges emerged as well. This year's *Annual Report on Latin America and the Caribbean* (here after referred to "annual report" for short) seeks to analyze the economic, political, social and diplomatic situations in Latin America since 2017, as well as to forecast the new trends in China-LAC relations, and analyze the commonalities and characteristics of the development of major Latin American countries.

First, "The Belt and Road" Initiative will create a new situation for China-LAC cooperation.

After "the Belt and Road" Initiative was proposed, many Latin American countries responded positively. Countries like Uruguay, Chile, Mexico, Costa Rica, Suriname, Trinidad and Tobago, Cuba and Venezuela all expressed their interest in this initiative. The Chinese government has confirmed that Latin America is an indispensable and important party in the construction of "the Belt and Road" Initiative. In particular, since President Xi Jinping proposed that China and Latin America should jointly build "the Belt and Road", Latin American countries realized the significance of "the Belt and Road" in promoting China-LAC cooperation and the development of Latin America. Many Latin American countries showed their willingness to participate in "the Belt and Road" Initiative since it will provide new ideas for China-Latin America's all-round partnership, inject new vitality and promise new prospects. Latin American countries mostly agree with new ideas and concepts that China has put forward under this initiative and believe that it will provide new opportunities for the prosperity and development of Latin America. They also showed their willingness of making joint efforts to promote the upgrading of China-LAC cooperation under "the Belt and Road" Initiative, and to create a new situation in China-LAC cooperation with wider fields, better structure, stronger motivation and higher quality. "The Belt and Road" has also become a "keyword" for China-LAC cooperation.

One of the main themes of this annual report is "the Belt and Road" Initiative and the alignment of development strategies of China and Latin America, and published two articles centering around this subject. The article "To Usher in the New Era of Sino-Latin American Relations by Jointly Building 'The Belt and Road'", or the main report, conducted a preliminary study on China-LAC cooperation under "the Belt and Road" framework, and provided some thoughtful insights into how to reach a consensus on jointly building "the Belt and Road" and promoting the development strategies of both parties. According to the proposal in this report, Latin America should correctly understand China's economic development strategy in the new era, promote "the Belt and Road" construction and international cooperation at the domestic, sub-regional, and

intercontinental levels; China-LAC overall cooperation should be analyzed from "the Belt and Road" perspective and should learn from those successful experiences; the two sides should work together to explore a feasible mechanism for interconnectivity and cooperation of market, capital and infrastructure; seek ideological consensus on the dialectical relationship between labor and capital, between government and market, between nation and the world; consolidate developmental consensus by reducing or eliminating structural imbalances in Latin American countries. The article "On the Feasibility of Connecting 'The Belt and Road' Initiative to Latin America", a special report in this annual report, explores the feasibility of aligning "the Belt and Road" with Latin America and possible challenges on the basis of analysis from historical, political and realistic dimensions. The author argues that the linkage between China and Latin America under "the Belt and Road" framework has historical, policy, and realistic foundations; China-Latin American trade has the historical experience of the "Pacific Silk Road"; "the Belt and Road" Initiative and the China-LAC cooperation have a high degree of compatibility in terms of goals, principles, and content; China and Latin America face similar realistic challenges; both sides have already started cooperation in certain fields and accumulated initial experiences.

Second, China-LAC cooperation faces new opportunities for transformation and upgrading.

Against the background of the ever-changing international situation, the profound adjustment of the international pattern, the fragile recovery of the world economy, and Latin American countries' active promotion of pluralistic diplomacy, the consensus between China and Latin America on deepening mutually beneficial cooperation and seeking common development has been further enhanced. On the basis of the 13 key cooperation areas and related measures illustrated in the "China-Latin America and the Caribbean Cooperation Program (2015-2019)", the second ministerial meeting of the China-Latin America Forum in January 2018 formulated specific initiatives in key cooperation areas such as security, trade, investment, finance, infrastructure, and transportation, opened new cooperation areas such as anti-corruption, anti-drug, and anti-cyber crime, highlighted new ideas such as innovation-driven development, green and sustainable development, and the

UN's 2030 sustainable development goals. The objectives of China-LAC cooperation are more accurate, the increasingly pragmatic cooperation methods are more suited to the actual needs of Latin American countries, and more conducive to better and faster cooperation between China and Latin America. To effectively implement the above-mentioned consensus and goals, and to lift China-LAC all-round cooperative partnership to a new level, China and Latin America should continuously make joint efforts to overcome institutional constraints and policy barriers, eliminate or reduce difficulties in practice, and cope with new challenges on the basis of equality, mutual benefit, and common development.

This annual report focuses on China-Latin America cooperation with several special reports, which analyze issues related to China-LAC cooperation from different perspectives, respectively. One special report titled "Strategic Positioning of China-Latin America Relations amid Dual Economic and Diplomatic Transformation" pointed out that currently both China and Latin America are faced with the task of "double transformation" of economy and diplomacy, and China-LAC relations have the feasibility of continuing the period of "strategic opportunities". In China's "double transformation", the strategic positioning of Latin America mainly focuses on areas such as market capacity, capacity cooperation space, and global governance cooperation in the region. In the "double transformation" phase of Latin America, China's importance is more reflected in market demand, investment supply, and diplomatic diversification options. The author emphasizes that important changes have taken place in the internal momentum of China-LAC relations: China's policy towards Latin America embodies greater planning and becomes more diversified; at the same time, Latin America's initiative in cooperation with China has significantly increased. The author suggests that the next phase of China's policy toward Latin America needs to effectively coordinate the overall cooperation with bilateral cooperation, make economic cooperation a priority of policy goal, and plan a strategic layout for key countries and important areas. The special report titled "The Building of the China-LAC Community of Shared Future: The Perspective of Cultural Exchanges" points out that the construction of the China-LAC Community of Shared Future has become the logical starting point and the basic goal of the current development cooperation between China and Latin America, where in the cultural factor is of vital importance to ensure its success. The author argues that the basic approaches of constructing the community of shared destiny from cultural aspects include language, culture, academia and the media, and that it is urgent for both sides to co-establish mechanisms of cultural exchange and cultural industry cooperation so as to achieve sustainable cultural exchanges with compounding effects.

Third, the economic, political and social ecology in Latin America continues to undergo new changes.

In 2017, the economic, political and social ecology in Latin America undergone new changes. The regional economy has reemerged from the declining situation for two consecutive years and achieved low-speed growth; foreign trade has shown signs of recovery, ending the continuous decline of export commodity prices and the slow growth of export volume for five consecutive years. As the "pink tide" that lasted for more than a decade continues to fade, even the left-wing governments remaining in power have also accelerated its reforms and adopted policies that are more moderate and practical. The factors conducive to the stability in Latin America have further increased. However, there are still some destabilizing factors. In particular, the negative impact of the political crisis in Venezuela has brought serious challenges to regional solidarity and cooperation. Besides these, many Latin American countries have strengthened anti-corruption efforts and made new progress in the fight against corruption.

With regard to these new changes and new trends in the political economy and social ecology in Latin America, three reports titled respectively "Latin American Economic Situation in 2017 - 2018", "Latin American Political Situation in 2017 - 2018" and "Latin American Social Situation in 2017 - 2018", provide detailed analysis of regional situation from three different perspectives. The report "Latin American Economic Situation in 2017 - 2018" pointed out that the Latin America region has ended its two - year recession, the economy of which has regained growth, and major basic indicators such as inflation and international balance of payments have also shown some improvements. In the context of macroeconomic improvements, the fiscal policy of Latin American countries aimed at ensuring fiscal stability, while many regional countries strived to increase revenue and reduce expenditure. However, the economic growth rate in Latin America is relatively low compared with the international level, and the risk of being marginalized is increasing. Due to the increase of external uncertainties, it is difficult for the regional economy to achieve a strong rebound in the short-to-medium term, and the internal growth disparities among regional countries will continue. According to the report "Latin American Political Situation in 2017-2018", the political situation in Latin America has remained basically stable, but a few countries experienced political instability and tension, and some countries were even bothered by serious political conflicts. The illusions of the public over traditional parties and politicians are further shattered, and the support rate for the ruling parties has generally declined. Traditional political parties have lost the upper hand and some political leaders have been trapped in corruption scandal. This has created new opportunities for the rise of anti-establishment forces or "political outsiders", bringing intensified uncertainties to the 2018 election year. According to the report "Latin American Social Situation in 2017 - 2018", the poverty rate in Latin America has not decreased significantly, with poverty reduction polices confronted with "bottlenecks". The risk of returning to poverty among the middle and low-income groups has increased, and the impetus for a continued poverty reduction is seriously insufficient. Although the actual wage level has risen slightly, the slow economic recovery has not had a positive impact on employment. Unemployment rate has risen and employment quality further declined. There has been no remarkable improvement in social inequality without significant increase in social spending by governments of regional countries. To make things worse, the effect of income redistribution on poverty reduction is gradually disappearing. Although Latin American countries' social reforms have made uneven progress, they all have encountered varying degrees of social protests, reflecting the gap between the government's objectives and people's expectations.

Fourth, there are important changes in the external environment of Latin American countries.

While the economic, political, and social ecology in Latin America has undergone rapid changes, its external environment has also gone through significant changes, which has brought certain impact on Latin American countries' foreign policy and international relations. The most significant change in the external environment stems from the fact that President Trump has pursued the "America First" philosophy and drastically adjusted the policy toward Latin America since he took office. The United States has strengthened trade protectionism policies against Latin American countries, withdrew from the TPP, renegotiated the NAFTA, expelled illegal immigrants from Latin America, narrowed its policy toward Cuba comprehensively, and increased pressure on left-wing governments such as that of Venezuela. Trump's policy readjustment toward Latin America has increased the worries of regional countries, especially Mexico and Central American countries, which have close economic ties with the U. S.. Trump's policy has worsened the plight of the left-wing government in Latin America, increased contradictions among regional countries to some extent, and intensified the uncertainty of the region's external development environment. Concerning the political crisis in Venezuela, differences among Latin American countries have become more pronounced, and even serious opposition has occurred.

According to the report "Latin American International Relations in 2017-2018", the theme of diplomacy for regional countries is still how to adapt to the changes in the global order and power structure, how to act in the whirlpool formed by the intertwining general trend of globalization and backlash against it; how to put forward timely contingency strategies and policies to solve a series of diplomatic problems facing the regional countries amid the "uncertainties" brought by their ever changing economic situation and political ecology. The author emphasizes that the diplomatic problems of Latin American countries not only originate from the changes in the international situation and the accompanying series of challenges, but are also rooted in many historical disputes that have long plagued the regional countries and re-fermented under new conditions and pressures. Latin American countries are mulling over new policies toward North America, Europe, and the Asia-Pacific region, and constructing new models for handling relations among regional countries, indicating new changes in Latin America's foreign policy in the coming years.

Fifth, the influence of differences among Latin American countries

continues to ferment.

The differences among Latin American countries in economic, political and social aspects still exist, therefore relevant pressures on these governments are different. The difference among Latin American countries is first manifested in varied speeds of economic growth, due to the different growth dynamics of countries and sub-regions. South American countries, which mainly produce and export primary products such as oil, minerals and food, have showed strong momentum after two consecutive years of negative growth. The economic growth in Central American countries is the strongest, and in the Caribbean countries relatively low due to natural disasters. The growth rates of major economies in Latin America, including Brazil, Argentina, Mexico, Chile, and Venezuela, also differ greatly. The differences are also significant in social and political realms, and are reflected in many aspects such as employment pressure and intensity of social conflicts. Due to the different situations and pressures, the prospects for the ruling parties in various countries are mixed. Regarding the differences in the political, economic, and social fields of Latin American countries and their consequences, this annual report incorporates 20 country reports, including that of Brazil, Mexico, Venezuela, Colombia, Chile, Peru, and Cuba, etc.. These country reports provide a reference for understanding the specificities and differences among Latin American countries.

In conclusion, reform and development, changes and adjustments, opportunities and challenges, uncertainties and differences are key words and important features of the political, economic, and social development in Latin America at present, and will remain so in the future.

March 2018

Contents

I Main Report

Abstract: In 2017, Latin America started the process of aligning with "the Belt and Road" initiative. In January 2018, President Xi Jinping proposed the initiative of jointly building "the Belt and Road" between China and Latin America. Against the backdrop, this article proposes some suggestions for accelerating the process and achieving "the consensus of jointly building the initiative". First, Latin America should correctly understand China's economic development strategy in the new era and China's implementation of "the Belt and Road" initiative. China's economic development strategy in the new era can be interpreted as a strategic coordinate, which reflects its open, inclusive and sharing natures. With itself as the fulcrum, China has been promoting the building and international cooperation of "the Belt and Road" at the domestic, sub-regional, and intercontinental levels. Second, it is necessary to comb the Sino-Latin American overall cooperation from the perspective of "the Belt and Road", to sum up the experiences of successful cases such as China-Chile free trade and production-capacity cooperation, and the Phase I of Brazilian Belo Monte energy transmission line. Third, efforts should be made to explore the alignment and cooperative mechanisms for market, capital, and infrastructure. The infrastructure interconnection in the Latin American region can be a priority for jointly building "the Belt and Road". Fourth, it is important to achieve the "thinking consensus" by focusing on the dialectical relationships between labor and capital, government and market, and the state and the world, and fifth, to achieve the "development consensus" by focusing on how to reduce or eliminate structural imbalances in Latin American countries.

Keywords: Latin America; The Belt and Road; Sino-Latin American Relations; Regional Interconnections; Economic Development Strategy

Ⅱ Situation Reports

Abstract: In 2017-2018, the political situation in the region is basically stable and the transition of the government is within the framework of the law, but instability and tension have continued in Venezuela and other countries. The legitimacy of the general election in Honduras has been seriously questioned and serious political clashes have taken place. The public's illusions about the leaders of the traditional political parties have been further dashed, as reflected in the ultra-low support ratings of the current leaders of several major countries. The holding of general elections in the context of weak traditional political parties and the corruption of political leaders is bound to create new opportunities for the rise of rebels or "political laymen". In addition, the 2018 elections in Latin America will be held in the fury of public discontent, and corruption cases across the region will bring uncertainties to the election year.

Keywords: General Election Year; Political Division; Political Corruption; Anti-establishment Faction

Y. 3 Latin American Economic Situation 2017 - 2018: Weak Recovery and Increasing Marginalization Risks

Yue Yunxai / 053

Abstract: In 2017, thanks to the steady recovery of the world economy, global trade and investment expansion, as well as commodity price rebound, Latin America and the Caribbean ended its recession in the past two years. The regional economy recovered and major macro indicators like inflation and international payments turned better. The three major regional economies showed different economic performance. The differences in regional growth converged, yet at the expense of the consecutive slowdown in Central America. Against the background of macroeconomic improvement, fiscal policy of all countries in the region targeted fiscal stability. Increasing income and throttling expenditure have become the choice of regional policies. Meanwhile, the elasticity and space of monetary policy grew a little bit, playing a certain role in providing incentives for economic growth. However, in view of international comparison, the rate of regional growth is still low, and the risk of being marginalized is increasing. Looking forward to the future, the regional economy is expected to continue its growth in 2018 under the favorable external circumstances. However, due to the increase of external uncertainties, the regional economy is difficult to achieve a strong rebound in the middle and short term, and the differences in internal growth will continue.

Keywords: Latin American Economy; The Caribbean Economy; Procyclicality

Y. 4 Latin American Social Situation in 2017 -2018: Bottlenecks in Development, Difficulties in Reforms

Lin Hua / 075

Abstract: In 2017, social poverty in Latin America did not change much. Poverty reduction fell into a bottleneck, low and middle income groups were at risk of returning to poverty, and there was not enough driving force behind poverty reduction. The slow recovery of Latin American economies did not have a positive impact on employment. Employment difficulties and a decline in the quality of employment were aggravated, but the real wage level rose slightly. Despite the recovery of the regional economy, social spending maintained a moderately tight trend. The problem of social inequality did not improve significantly, and the effect of income distribution on poverty reduction in Latin American countries was gradually disappearing. Remittances hit a record high, mainly due to the steady growth of the U. S. economy and the improvement of the labor market. The corruption was aggravated and became a cancer that eroded the social ethos. Despite the uneven progress of social reforms, they encountered widespread social protests, which reflected the contradictions between the goals of Latin American governments and the expectations of the people.

Keywords: Latin America; Social Situation; Poverty; Employment; Social Reform; Remittances

Abstract: The main themes of international relations in Latin America from 2017 to 2018 have remained how the countries in the region accommodate themselves to the changes in the global order and in the international distribution of power, especially in the swirl resulting from the interaction between the globalization process and the anti-globalization waves, so that they can more readily manage and solve the problems in their external affairs and on the regional stage, including the relationship with extra-regional powers and the solutions to regional hot issues. In the past year several important bilateral relations between the US and Latin American countries such as those with Mexico, Cuba and Venezuela, and some issues on the regional agenda concerning trade, migration and drugs, as well as the presence in the region of Europe, Russia and China, have all but shown distinct trajectories and characteristics, while at the same time appeared to return to certain traditional patterns of regional international relations. The occurrences in the past year seemed indicative of future developments for the region fermenting new policy trends towards North America, Europe and the Asia-Pacific region, as well as pressing new intra-regional arrangements.

Keywords: Latin America; International Relations; Foreign Policy; The United States; China; Venezuela

Ⅲ Reports on Sino-Latin America Relations

Y. 6 Strategic Positioning of China-Latin America Relations amid Dual Economic and Diplomatic Transformation

Zhou Zhiwei, *Qi Chuanjun* / 113

Abstract: China and Latin America are currently facing the dual economic and diplomatic transformation. Based on the policy adjustments, Sino-Latin American relations have the feasibility of extending the "strategic opportunity period". In China's economic and diplomatic transformation, China's policy toward Latin America mainly focuses on the regional market capacity, potential of productivity cooperation, and global governance cooperation. Meanwhile, the importance of China in the Latin American dual transformation is reflected in its market demand, investment supply and diplomatic diversification. Therefore, the internal drive of Sino-Latin American relations has undergone important changes. China's policy toward Latin America embodies greater planning, and its policy instruments are more diversified. At the same time, the initiative of Latin America to cooperate with China has been significantly enhanced. Under such new circumstance, China should deal well with bilateral and multilateral dimensions of cooperation, prioritize economic cooperation, and strategically plan regarding specific country and the economic sector.

Keywords: China; Latin America; Dual Transformation; Community of Shared Future

Abstract: At present, the building of the China-LAC Community of Shared Future is increasingly becoming the foothold and fundamental goal of China-LAC developmental cooperation. Cultural building matters much important for the China-LAC Community of Shared Future because the former works well as a great sustainer of the latter. Culturally, the building of the Community involves four basic ways, i. e. , language learning, cultural promotion, academic exchange and media cooperation. The author also holds it is necessary to promote the building of the China-LAC Mechanisms of Cultural Exchange and Cultural Industrial Cooperation in the long run.

Keywords: China; Latin America; Community of Shared Future; Cultural Building

Abstract: "The Belt and Road" Initiative and Latin America are connected thanks to historical, policy and reality bases. Historically, Sino-Latin American trade created the "Pacific Silk Road"; in terms of policy, "the Belt and Road" initiative and Sino-Latin American cooperation are facilitated by compatibility in objectives, principles and content; in reality, they have kicked off connection and cooperation in certain fields, and both of them are confronted with similar challenges.

Keywords: The Belt and Road; Sino-Latin American Cooperation; Pacific Silk Road

Ⅳ National and Regional Reports

Y. 9 Brazil: Economy Recovers Steadily, Yet Political and Economic Challenges Remain

Zhang Yong / 157

Abstract: Since Michel Temer officially became the president of Brazil in 2016, his ruling journey hasn't been smoothly as expected. In 2017, although Temer weathered corruption allegations, he hit another new low in polls. Driven by private consumption and exports, Brazil's economy witnessed a stable recovery with three consecutive quarters of growth. But in the medium term, the economic growth has still been constrained by fiscal deficits and political uncertainties. Corruption investigations have caused political crises continuously, which will delay the reform of the pension system. The two-year economic recession has resulted in a rebound in poverty and unemployment, which couldn't be changed easily in the short term. With protectionism revival in the US and Europe and globalization suffering setbacks, promoting the diversification of foreign relations is still a priority for the Temer government. Party politics has entered another round of differentiation and re-organization in the coming 2018 presidential election of Brazil. The political struggle will be inevitable.

Keywords: Brazil; Michel Temer; Economic Recovery; Corruption; President Election

Y. 10 Mexico: Presidential Elections to Proceed amid Domestic and Foreign Challenges

Yang Zhimin / 170

Abstract: President Enrique Peña Nieto's low approval ratings have reflected the perception that his government will remain weak during the remainder of his term; and presidential elections in July 2018 will dominate politics. It is estimated that its GDP growth rate was 2.2% in 2017, which is higher than the regional average level but lower than that in previous year. A lack of momentum in the economy has brought uncertainties to NAFTA's renegotiation. Due to the complicated situation both internally and externally, the Left-wing populism has regained ground. Severe corruption and high rates of crime and violence have posed preeminent challenges. Although two large earthquakes hit Mexico in the year, it is assumed that the broader economic impact will be relatively contained. Under the pressure of the US's protectionism, Mexico has positively diversified its foreign strategy.

Keywords: Mexico; Presidential and Congressional Elections; Left-wing; Corruption; Foreign Strategy

Abstract: In 2017, the center-right governing coalition, Cambiemos, won a victory in October's mid-term legislative elections. Argentine political right-wing forces continued to rise. Due to the combined effects of internal and external factors, the economic recovery in Argentina was obvious. The government continued to carry out structural reforms. However, all walks of life had mixed opinions on the reform. While the tax reform was generally recognized, the labor reform was highly controversial. The economic recovery led to some improvements in social indicators, but as the inflation rate remained at a high level and the structural reforms of the government affected people's welfare, social discontentment was still on the rise. Argentina continued to pursue pluralistic diplomacy, pragmatic diplomacy and summit diplomacy, actively developed bilateral relations and sought to enhance its position and role within the framework of multilateral cooperation, showing its confidence and determination to integrate into the world and participate in international affairs.

Keywords: Argentina; Macri; Mid-term Elections; Structural Reform; Diversified Diplomacy

Abstract: In 2017, Cuba started the electoral process of the 9th Legislature National Assembly of People's Power. Despite the consequence of hurricanes, droughts, the United States' blockade policy, the deteriorating situation in Venezuela and other internal and external factors, the Cuban economy was improving slowly with the distinguished performance of the tourism sector. The Cuban government continued pushing forward the reform of state-owned enterprises, the standardization of non-state economy and the attraction of foreign investments. The government also paid attention to health and education, as well as the improvement of communication services and passenger transportation services. However, the shortage of commodity and low income level still affected social stability, and the problem of population aging remained prominent. The relation with the United States tended to be tense, that with the EU advanced steadily, and the ties with traditional friend countries were well maintained.

Keywords: Cuba; Legislature National Assembly of People's Power Election; Cuba-US Relations

Abstract: Venezuela saw its GDP shrink for the fourth year running in 2017 and the inflation skyrocketed remarkably due to expansionary monetary policies. Although there was a large increase of oil prices, crude oil outputs in the country continued to drop and failed to improve the economy. Venezuela is expected to contract consecutively in 2018. There were three major elections in 2017, including the constituent assembly, the regional and the municipal elections, which contributed to restoring political stability temporarily in the country. The ruling United Socialist Party of Venezuela (PSUV) witnessed intensified internal conflicts. The upcoming presidential election is to be a major challenge confronting the country in 2018. As an effort to combat the effects of inflation, the government raised the minimum wage three times in the year. Despite financial pressure, it still gave priority to advancing the Gran Misión Vivienda (GMVV) to improve people's housing conditions. As a result of rising domestic conflicts, Venezuela faced rising diplomatic pressure from regional countries.

Keywords: Venezuela; Constituent Assembly; Economic Recession

Abstract: In 2017, the centre-right candidate Piñera won Chile's presidential election, and the transfer of government from left-wing to right-wing was smooth. The new political power began to rise. The economy was characterized by a deficient aggregate demand and a weak growth, and the government resorted to an expansionary policy. The expansion of investments, promotion of growth expectations, and an economic stimulus will become a priority agenda of the new right-wing government for the next four years. A new round of census started, and the world's largest mining strike broke out. China and Chile signed a bilateral deal on upgrading the FTA. Bachelet expected that Chile will build a bridge between China and Latin America with the Belt and Road framework.

Keywords: Chile; Presidential Election; Sebastián Piñera; China-Chile FTA

Y. 15 Colombia: Peace Agreement Made Slow Progress

Chen Yuanting / 232

Abstract: In 2017, the government declared the conflict officially over, and the Santos administration strived to implement peace accords with the former FARC rebels before his term ends. Progress will then hinge on the outcome of the 2018 legislative and presidential elections. The economic slowdown might have bottomed out, the structural deficit target set under the fiscal rule for the central government was achieved, the deficit on current account shrank, and inflationary pressures eased. The economy is expected to make a gradual recovery in 2018. In social terms, violence occurred frequently, poverty remained the major challenge, and protests exerted pressure on the government. In foreign relations, President Santos maintained a cooperative relationship with the Trump administration; ties with Venezuela were strained by border security disputes.

Keywords: Colombia; Peace Agreement; General Election; Border Security

Y. 16 Peru: Anti-Corruption Triggered President Impeachment

Tan Daoming / 243

Abstract: The keyword in Peru's politics of 2017 is anti-corruption. The anti-corruption drama extended from the central government to local government, from the opposition to the ruling party, from ex-presidents to the current president. It was reported that Pedro Pablo Kuczynski granted the medical pardon to the jailed former authoritarian leader Alberto Fujimori, in exchange of not being impeached by Peru's opposition controlled congress. However, after the scandal of the political deal was exposed, Kuczynski finally was forced to resign. The economic growth continued, but slower than the previous year. Social governance was to be challenged on the issues of poverty reductions and anti-drug plans. The government continued to promote regional integration with expanding FTAs, and kept positive ties with China.

Keywords: Peru; Kuczynski's Administration; Anti-corruption; President Impeachment

Abstract: Evo Morales has accepted his ruling party Movimiento al Socialismo's nomination as candidate for the 2019 presidential election after 12 years in office, although this runs counter to the 2009 constitution as voters rejected the government's bid to extend presidential term limits in a referendum in February 2016. The economic growth slowed down in 2017, yet still kept positive growth. Morales' reforms failed to satisfy the demands of diverse social groups and continued to provoke various social unrests and protests. Morales' foreign policy focused on cultivating stronger relations with non-traditional partners such as China, Iran and Russia, and sought to pluralize diplomacy relationships with the aim to combine domestic development needs with foreign strategies.

Keywords: Bolivia; Economic Growth Slow Down; Non-traditional Diplomacy Relationships

Abstract: In 2017, the presidential and parliamentary elections were held in Ecuador, the candidate for the ruling party, Lenín Moreno, was elected president. But soon the ruling party divided, the main reasons were the divergence of political and economic policies and the growing contradiction between Moreno and former president Correa. The annual growth rate of GDP was 1% in 2017, which showed that the economy had a restorative growth. The rapid growth of public debt has caused great challenges to fiscal policy. The unemployment rate is low, but the under-employment rate is high, and the labor market needs to be further improved. In terms of foreign relations, the Moreno administration hopes to improve the relationship with the United States and change the hostile attitude of the former government towards the United States.

Keywords: Ecuador; General Election; Lenín Moreno

Y. 19 Uruguay: Corruption Scandal Ended, Economic Growth Accelerated

He Luyang / 274

Abstract: In 2017, Uruguay's Sendic made way for the first female vice-president. The former resigned to pay for his irregularities. Pension reform and UPM negotiations became the major challenges for FA coalition. The most notable characteristics of the Uruguayan economy in 2017 were an acceleration of economic growth, a high and persistent fiscal deficit, and a historically low rate of inflation. The security situation was grim. The tensions among the government, trade unions and the business community became the major sources of social conflicts. In 2017, Uruguay had diplomatic frictions with Brazil and Venezuela.

Keywords: Uruguay; Corruption; Pension Reform; Uruguay-Brazil Relations

Y. 20 Paraguay: Parties Preparing for Presidential Election

Li Hui / 281

Abstract: After the failure of President Carters to seek re-election, the division within the Partido Colorado deepened. There are two presidential candidates from this party, representing different political factions. In the end, MarioAbdo defeated the candidate favored by Mr. Cartes and became the presidential candidate of Partido Colorado, and he finally won the presidential election on April 22 of 2018. Paraguay's economy steadily increased in 2017, higher than the average growth rate in Latin America. Constant social unrest, frequent attacks, cross-border violent crimes expose the most serious national security precautions. Diplomatically, the Carters administration has actively consolidated its relations with Latin American countries and sought trade and investment cooperation outside the region.

Keywords: Paraguay; Election; Partido Colorado; Diplomatic Relations

Abstract: 2017 is the final year of President Solís' four-year term. Legislative fragmentation stalled further breakthrough in reform programs. In the economy arena, the situation of low-speed growth continued. The inflation rate hit the target range set by the central bank for the first time in more than two years. The fiscal deficit, the public debt ratio and the high unemployment rate were still the three major problems facing the Costa Rican economy. In the social area, the poverty rate and the Gini coefficient dropped again, but the public security situation did not improve. The homicide rate reached the standard of rampant violence for three consecutive years. In terms of external relations, Costa Rica actively participated in global and regional integration, and continued exploring how to deepen its relations with countries in the Asia-Pacific region. The establishment of diplomatic relations between China and Costa Rica entered the tenth year, and the relations between the two countries continued to improve.

Keywords: Costa Rica; Political Fragmentation; Fiscal and Tax Reform; Unemployment

Y. 22 Nicaragua: Politics Under the Control of FSLN, Economy Continued to Grow

Li Han / 299

Abstract: The ruling political party of Nicaragua, the National Liberation Sandinista Front, swept the 2017 municipal elections and President Ortega is still the most popular political figure. The economy continued its strong performance with the second-highest GDP growth among Latin American countries. The anti-poverty programs run by the government made great progress in the past ten years. Nicaragua is the 6th most gender equal country in the world and leads the regional rankings. The political and economic relationship with Venezuela was uncertain, and ties with the US were strained. Its relations with Taiwan and Russia became increasingly closer.

Keywords: Nicaragua; Ortega; FSLN; Municipal Elections; Anti-poverty Programs

Y. 23 Honduras: Presidential Election Made Politics Confusing

Han Han / 306

Abstract: In 2017, both the economic and social policy promoted Honduras' national development. With the strict macro-economic policy, Honduras ranked top among Latin-American countries because of the continuous economic growth. Some of the economic indicators were relatively higher than the region's average. Both the crime rate and the homicide rate dropped. Because candidates were controversy about the count of votes, the country was caught in political divisions and social unrest. Honduras maintained close relations with the United States, participated actively in Central-American issues, and made efforts to improve its regional influence.

Keywords: Honduras; Presidential Election; Demonstration; Honduras-US Relations

Abstract: In 2017, the political situation in El Salvador was stable and the ruling party suffered from low popularity and a weak position in the Legislative Assembly. Corruption was rampant in municipal governments, the Legislative Assembly and the judiciary branch. Nayib Bukele, mayor of San Salvador, broke with the ruling FMLN. The economy was in stagnation and trade deficit widened, but the inflow of remittances showed a robust trend. The homicide rate dropped slightly. After the abolition of the Amnesty Law, the government proceeded to investigate human rights violations that took place during the civil war. The pension reform came into effect. Salvadorians in the US are facing an increasing pressure of deportation.

Keywords: El Salvador; Corruption; Weak Economy; Homicide Rate; Pension Reform

Abstract: In 2017, the president of Guatemala, Jimmy Morales, suffered a crisis in power for corruption scandals and the expulsion of United Nations anti-corruption official. Under the influence of the crisis, the economic growth of Guatemala slowed last year, the fiscal revenue declined, and the confidence of private investment was damaged. The fiscal tightening policy was successful for two years consecutively, but the financial space was still limited. The rate of inflation was always within the target range, and there was a certain space for monetary policy. The crisis triggered a number of demonstrations, the public's dissatisfaction with the government spread and social instability increased. The expulsion of United Nations official also damaged the international reputation of Guatemala. Guatemala actively expanded its economic and trade relations with China, which was a highlight in the field of foreign relations in the year of 2017.

Keywords: Guatemala; Governance Crisis; Corruption

Abstract: The arrest of Former President Martinelli was a key political event for Panama in 2017, mirroring the two major threads of the corruption scandal and the power struggle in Panama's politics. All of these are aimed at the 2019 general elections. The economic performance was outstanding with potential vitality unleashed, mainly due to the increase of infrastructure construction and the navigation competitiveness of the newly-expanded Panama Canal. Public security was the biggest concern for the Panamanians. The government increased efforts of rectification and sought international cooperation. The establishment of diplomatic relations between China and Panama made history, providing new and important opportunities for Panama's faster economic development.

Keywords: Panama; Corruption Scandal; Infrastructure; Panama Canal; Establishment of China-Panama Diplomatic Relations

Abstract: 2017 is the second year of President Danilo Medina's second term. Even though Dr. Medina himself, as well as the PLD, emphasized several times that he would not run for the 2020 Presidential Election, Ruling party PLD raised the Open Primaries Initiative, which led to a deepened controversy between PLD and PRM. In terms of economic situation, Dominican Republic remained one of most rapidly developing countries in LAC. The excepted GDP growth,

GDP per capita growth and ratio of fiscal deficit to GDP were 5. 1% , 3. 8% and 2. 4% , respectively. CPI was lower than the target rate, the balance of trade deficit was lower than previous year, and the interest rate and foreign exchange rate were all steady. On the social aspect, corruption was the most serious social problem, causing several demonstrations within the year. However, the employment was further improved. Hurricane Irma brought significant damages to the country, yet the death rate was much lower than expected. In the aspect of foreign policy, newly-elected President of Haiti visited Dominican Republic in January and both countries reset bilateral relations in May. In September and December, International mediations to resume on Venezuelan crisis were held in Dominican Republic.

Keywords: Dominican Republic; Open Primaries; Economic Stability; Crisis Meditation

Abstract: In 2017, after two years of electoral process, Haiti finally elected a new president and formed a new government. The political situation gradually stabilized. The economic situation kept steady due to the negative effects of the 2016 hurricane "Matthew" and the positive impact of the 2017 agricultural harvest. The overall security situation was stable, but there were hidden destabilizing factors. Haiti's relations with the UN and the United States were changed with the withdrawal of MINUSTAH from Haiti and the appointment of Donald Trump as U. S. president.

Keywords: Haiti; Political Stability; Steady Economic Situation; MINUSTAH; Haiti-US Relations

Abstract: In 2017, the Caribbean area seized the opportunities for development and made progress. However, the sustainable development still faces challenges. The political situation was stable, and some general elections have been held successfully. Against the background of world economic recovery, the Caribbean economy also developed. But problems such as serious debt burden and lack of innovation ability still existed. Severe social problems such as crime, unemployment and aging cannot be ignored, and the hurricane disaster made a lot of damage. The Caribbean has made great progress in diplomacy. Regional integration was enhanced, and international organizations provided aid to the Caribbean in many aspects. At the same time, the partnership with China is getting closer, and it is to be sure that the cooperation will be deepened in the future.

Keywords: The Caribbean; Economic Recovery; Regional Integration

V Appendix Economic Statistics

S 基本子库
SUB DATABASE

中国社会发展数据库（下设 12 个子库）

全面整合国内外中国社会发展研究成果，汇聚独家统计数据、深度分析报告，涉及社会、人口、政治、教育、法律等 12 个领域，为了解中国社会发展动态、跟踪社会核心热点、分析社会发展趋势提供一站式资源搜索和数据分析与挖掘服务。

中国经济发展数据库（下设 12 个子库）

基于“皮书系列”中涉及中国经济发展的研究资料构建，内容涵盖宏观经济、农业经济、工业经济、产业经济等 12 个重点经济领域，为实时掌控经济运行态势、把握经济发展规律、洞察经济形势、进行经济决策提供参考和依据。

中国行业发展数据库（下设 17 个子库）

以中国国民经济行业分类为依据，覆盖金融业、旅游、医疗卫生、交通运输、能源矿产等 100 多个行业，跟踪分析国民经济相关行业市场运行状况和政策导向，汇集行业发展前沿资讯，为投资、从业及各种经济决策提供理论基础和实践指导。

中国区域发展数据库（下设 6 个子库）

对中国特定区域内的经济、社会、文化等领域现状与发展情况进行深度分析和预测，研究层级至县及县以下行政区，涉及地区、区域经济体、城市、农村等不同维度。为地方经济社会宏观态势研究、发展经验研究、案例分析提供数据服务。

中国文化传媒数据库（下设 18 个子库）

汇聚文化传媒领域专家观点、热点资讯，梳理国内外中国文化发展相关学术研究成果、一手统计数据，涵盖文化产业、新闻传播、电影娱乐、文学艺术、群众文化等 18 个重点研究领域。为文化传媒研究提供相关数据、研究报告和综合分析服务。

世界经济与国际关系数据库（下设 6 个子库）

立足“皮书系列”世界经济、国际关系相关学术资源，整合世界经济、国际政治、世界文化与科技、全球性问题、国际组织与国际法、区域研究 6 大领域研究成果，为世界经济与国际关系研究提供全方位数据分析，为决策和形势研判提供参考。

法律声明